Die marxistisch-leninistische Staats- und Rechtstheorie Karl Polaks

Rechtshistorische Reihe

Band 266

Peter Lang
Frankfurt am Main · Berlin · Bern · Bruxelles · New York · Oxford · Wien

Nils Reichhelm

Die marxistisch-leninistische Staats- und Rechtstheorie Karl Polaks

Peter Lang
Europäischer Verlag der Wissenschaften

Bibliografische Information Der Deutschen Bibliothek
Die Deutsche Bibliothek verzeichnet diese Publikation in der Deutschen Nationalbibliografie; detaillierte bibliografische Daten sind im Internet über <http://dnb.ddb.de> abrufbar.

Zugl.: Kiel, Univ., Diss., 2002

Die vorliegende Arbeit wurde von Herrn Prof. Dr. Jörn Eckert zur Aufnahme in die Reihe empfohlen.

D 8
ISSN 0344-290X
ISBN 3-631-50274-5

www.peterlang.de

Europäische Hochschulschriften
Publications Universitaires Européennes
European University Studies

Reihe I

Deutsche Sprache und Literatur

Série I Series I
Langue et littérature allemandes
German Language and Literature

Bd./Vol. 1423

PETER LANG
Frankfurt am Main · Berlin · Bern · New York · Paris · Wien

Die Erziehung zur Individualität und Brauchbarkeit
Das Bild vom Menschen in der Philosophie Christian Wolffs und der Arbeitspädagogik des 18. Jahrhunderts

There can be no doubt that the promise of greater freedom has become one of the most effective weapons of socialist propaganda and that the belief that socialism would bring freedom is genuine and sincere. But this would only heighten the tragedy if it should prove that what was promised to us as the Road to Freedom was in fact the High Road to Servitude.

Friedrich August von Hayek

Vorwort

Diese Untersuchung hat im Sommersemester 2002 der Rechtswissenschaftlichen Fakultät der Christian-Albrechts-Universität zu Kiel als Dissertation vorgelegen. Sie war im wesentlichen im November 2001 abgeschlossen. Später erschienene Literatur habe ich nur noch vereinzelt berücksichtigt.

Mein besonderer Dank gilt meinem Doktorvater Herrn Professor Dr. Jörn Eckert. Er hat diese Arbeit angeregt und in steter Gesprächsbereitschaft gefördert. Für die rasche Erstellung des Zweitgutachtens danke ich herzlichst Herrn Professor Dr. Robert Alexy. Bedanken möchte ich mich ferner bei all denen, die mir bei der Erstellung der Arbeit geholfen haben. Der Dr. Carl Böse – Stiftung danke ich für die Übernahme der Druckkosten.

Ohne meine Eltern wäre dieses Werk nicht entstanden. Ihnen sei es gewidmet.

Hamburg, im September 2002 Nils Reichhelm

Inhalt

Kapitel 5: Polaks Konzeption eines sozialistischen Staates

Kapitel 6: Karl Polaks Begriff des Rechts

Abkürzungsverzeichnis

ABBAW	Archiv der Akademie der Wissenschaften zu Berlin
AdW	Akademie der Wissenschaften zu Berlin
DASR	Deutsche Akademie für Staats- und Rechtswissenschaft „Walter Ulbricht“
MASCH	Marxistische Arbeitsschule
MEW	Marx, Karl / Engels, Friedrich, Werke, hrsg. vom Institut für Marxismus - Leninismus beim ZK der SED, Berlin (Ost), 1958 ff.
ND	Neues Deutschland
NJ	Neue Justiz
NKWD	Narodnyi kommissariat wnutrennynch del = Volkskommissariat für innere Angelegenheiten
PVS	Politische Vierteljahrsschrift
RGASPI	Russisches Staatliches Archiv für sozialpolitische Geschichte, Moskau
SAPMO	Stiftung Archiv der Parteien und Massenorganisationen der DDR im Bundesarchiv
SuR	Staat und Recht
ZAR	Zeitschrift der Akademie für Deutsches Recht

Einleitung

„Wenn auch das Ende der DDR-Rechtswissenschaft nicht durch deren Anfang determiniert ist, so ist sie doch ohne deren Anfang nicht zu verstehen.“[1].

Dieser Satz Hermann Klenners, eines wichtigen Rechtswissenschaftlers der DDR, mag zwar auf den ersten Blick trivial klingen; er zeigt aber auf, in welchem Maße die DDR-Wissenschaft gerade in ihren Anfangsjahren geprägt wurde. Für einen totalitären Staat wie die DDR ist es typisch, daß die Gleichschaltung der Wissenschaften in den Anfangsjahren der Staatsentwicklung erfolgt. Die Unterwerfung der Wissenschaft geschieht dabei in erster Linie durch die Machthaber und ihre politischen Handlanger. Allerdings bedarf es auch geeigneter Wissenschaftler, um eine linientreue Wissenschaft aufzubauen. Einer dieser machtergebenen Männer in der DDR war Karl Polak. Als Jurist lebte er während des Zweiten Weltkrieges in der Sowjetunion und entwickelte sich dort zum überzeugten Kommunisten. 1946 kehrte er nach Deutschland zurück. Hier etablierte sich Polak in der SED als juristischer Berater Ulbrichts und beeinflusste durch seine rechtswissenschaftliche Tätigkeit die DDR-Rechtswissenschaft erheblich. So wird er als „juristischer Ghostwriter“[2] oder aber als „juristischer Mentor“[3] Ulbrichts bezeichnet.

Polaks Arbeit wird in der vorhandenen Literatur äußerst kontrovers beurteilt. Dabei fällt auf, daß Polak vor allem von Autoren aus der ehemaligen DDR behandelt wird. Ein Grund für die Beschäftigung mit Polak mag für einige Autoren die persönliche Geschichte gewesen sein. Viele hatten im Wissenschaftsbetrieb der ehemaligen DDR direkt mit Polak zu tun[4]. Daher stellt die Analyse der Arbeiten Polaks für diese Autoren in gewisser Weise auch gleichzeitig eine Aufarbeitung des eigenen Lebens dar. In den Arbeiten der ostdeutschen Polak-Rezeption lassen sich zwei Linien ausmachen. Einerseits wird Polak als opportunistischer Apologet des „stalinisierten Rechts“ beurteilt, der für die „Deformation“ der DDR-Rechtswissenschaft verantwortlich war. Diese Position wird vor allem von Wissenschaftlern aus der ehemaligen DDR nach 1989, insbesondere im Zusammenhang mit der Babelsberger Konferenz, eingenommen[5].

---

1 Klenner, Die gescheiterte Alternative, S. 8.

2 Mollnau, Polak, S. 491.

3 Amos, Justizverwaltung, S. 203.

4 Vgl. etwa die Erfahrungen von Schöneburg. Wiedergegeben in: Eckert, Die DASR und die Babelsberger Konferenz, S. 53 ff.

5 Mollnau, Über die Wyschinski-Rezeption der Babelsberger Konferenz, NJ 91, S. 94 - 96; ders., Schwund der Mitte, FS Klenner, S. 175 - 184; Klenner, Babelsdorf 1958, Staat 92, S. 612 – 626; Heuer, Rechtsverständnis in der DDR, S. 54 f. Schon vor 1989 wurde

Andererseits wird Polak als der wissenschaftliche Übervater der DDR gelobt und die „Tiefe seiner Reflexion als Staats- und Rechtsdenker“ hervorgehoben[6]. Dabei wird er sogar mit Spinoza, Hobbes und Thibaut verglichen[7]. Diese Meinung wurde vor allem in der Rechtswissenschaft der DDR vor 1989 vertreten. Aber auch in neuester Zeit wird Polak von seinen Schülern und Schülerschülern äußerst positiv beurteilt[8]. Unbestritten ist jedoch der große Einfluss Polaks auf das DDR-Recht und die DDR-Rechtswissenschaft[9].

In der westdeutschen Literatur dagegen tauchte Polak bis vor kurzem noch kaum auf[10]. Erst kürzlich ist eine größere Arbeit über ihn veröffentlicht worden[11]. Marcus Howe beschäftigt sich in seiner Studie eingehend mit dem Leben und der Karriere Polaks. Dagegen wird das wissenschaftliche Werk Polaks nur en passant bei der Dokumentation seiner politischen Tätigkeit behandelt. Eine umfassende Darstellung der wissenschaftlichen Tätigkeit Polaks existiert daher weder in der ost- noch in der westdeutschen Literatur.

Diese Lücke zu schließen soll mit dieser Arbeit versucht werden. Dabei wird neben der Behandlung des wissenschaftlichen Werkes auch auf Polaks politisches Leben eingegangen. Diese Gewichtung entspricht seiner eigenen Einschätzung, mehr Wissenschaftler als Politiker zu sein[12].

Polak von Such kritisiert. (Such, Gegen Erscheinungen des Dogmatismus und Rechtsnihilismus in der Staats- und Rechtswissenschaft, SuR 62, S. 122 - 146).

6 Ginnow, Polak, S. 19. Nach Howe konnte Polak aus seinen “reichen rechtsphilosophischen Kenntnissen” schöpfen. (Howe, Karl Polak, S. 83) Aus der Literatur der DDR siehe insbesondere die Beiträge in den Festschriften für Polak sowie die Beiträge von Arlt und Benjamin. (Arlt, Einleitung, S. 9 - 50; Benjamin, Vorwort, S. 7 - 14). Eine gewisse Ausnahme stellen allerdings die Festschrift-Beiträge von Schöneburg und Mollnau dar, die Polak vorsichtig kritisieren. (Schöneburg, Karl Polak und die marxistisch-leninistische Staats- und Rechtstheorie in der DDR, S. 30 – 37; Mollnau, Wirkungsgeschichtliche Anmerkungen zum Werk Karl Polaks, S. 44 – 51).

7 Eine Vergleichbarkeit von einigen Thesen Thibauts mit Polaks Überlegungen unterstellt Schröder. (Schröder, Polak versus Mitteis, S. 7). Die philosophische Verwandtschaft zwischen Polak, Hobbes und Spinoza entdeckt Ginnow. (Ginnow, Polak, S. 28).

8 Siehe die Beiträge von Schröder, a.a.O. und Ginnow, a.a.O.

9 Vgl. Eckert, Die Babelsberger Konferenz, Staat 94, S. 63; Joseph, Rechtswissenschaft und SED, S. 562, 579, 581 ff.; Wagner, Benjamin, S. 156. Nach Ginnow verkörpert Polak für seine „Schüler, Anhänger, Adepten und Gegner den großen Alten“. (Ginnow, Polak, S. 19).

10 Vgl. Dreier u.a. (Hrsg.), Rechtswissenschaft in der DDR 1949 –1971, Baden-Baden 1996. Dagegen wurden andere Persönlichkeiten der DDR-Rechtsgeschichte ausführlich portraitiert. Beispielsweise liegen mehrere umfangreiche Untersuchungen über Hilde Benjamin und über Heinz Such vor. (Zu Hilde Benjamin siehe: Feth, Benjamin, Berlin 1997; Wagner, Benjamin, Aachen 1999; Zu Such siehe Stiebitz, Such, Köln u.a. 1999).

11 Howe, Karl Polak, Frankfurt (Main) 2002.

12 Brief von Polak an Ulbricht vom 7.3.1943, in: RGASPI, Bl. 34; Amos, Justizverwaltung, S. 80. Siehe auch Markovits, Die Abwicklung, S. 155; sowie Feth, Benjamin, S. 238; Howe, Karl Polak, S. 2.

Die bisherige fragmentarische Rezeption seiner staats- und rechtstheoretischen Arbeit mag im Werk selbst begründet sein[13]. Denn Polaks Opus besteht im wesentlichen aus zahlreichen Aufsätzen und kleineren Schriften, die verstreut über die Jahre erschienen. Insgesamt veröffentlichte er etwa 100 Aufsätze. Hinzu kommen noch Beiträge zu Sammelwerken sowie veröffentlichte Reden[14]. In seinen Arbeiten behandelte er verschiedene Themen, ohne daß es ihm auf systematische Vollständigkeit anzukommen schien. Ein größeres, gedanklich geschlossenes Werk hat er nicht veröffentlicht. Eine Ausnahme stellt insoweit der Sammelband „Zur Dialektik in der Staatslehre" dar, der die wesentlichen Aufsätze Polaks zu seiner Rechts- und Staatskonzeption enthält.

Polaks Werk lässt sich in drei Abschnitte unterteilen: erstens Polaks Kritik der bürgerlichen Rechtswissenschaft, zweitens, und damit zusammenhängend, die Staatslehre Polaks sowie drittens die Arbeiten Polaks zur Verfassung der UdSSR[15]. Letzteren Teil behandelte Polak unter anderem in seiner Vorlesung über „Staats- und Rechtsprobleme der Gegenwart", die er in Leipzig und Halle hielt. Da dieser Teil der Polakschen Arbeit aber unveröffentlicht blieb und die Ergebnisse dieser Überlegungen in die beiden anderen Teile seines Werkes mit einfließen, erscheint es gerechtfertigt, die Polaksche Rezeption der sowjetischen Verfassung nicht gesondert darzustellen[16]. Auch Polaks völkerrechtliche Schriften bleiben hier unberücksichtigt. Seine Anmerkungen zum Völkerrecht gleichen mehr tagespolitischen Streitschriften als wissenschaftlichen Erörterungen, so daß eine Untersuchung seiner völkerrechtlichen Arbeit wenig fruchtbar erscheint.

Im Mittelpunkt der Untersuchung stehen damit Polaks staatsrechtliche Überlegungen sowie seine Anstrengungen, die bürgerliche Rechtswissenschaft und ihren Rechtsbegriff durch eine spezifisch sozialistische Konzeption zu ersetzen.

---

13 Die bisher erschienen Arbeiten über Polak beleuchten lediglich einzelne Aspekte seiner staats- und rechtstheoretischer Überlegungen. Vgl. aus neuester Zeit Schröder, Polak versus Mitteis, S. 5 - 18

14 Eine vollständige Bibliographie befindet sich in der Festschrift: Karl Polak – Zum 80. Geburtstag, S. 103 – 123 und bei Howe, Karl Polak, S 309 - 325.

15 Zu einer etwas anderen Einteilung des Werkes von Polak siehe Arlt, Einleitung, S. 10.

16 Vgl. Arlt, Einleitung, S. 10.

Kapitel 1: Leben und Werdegang Karl Polaks

Karl Polak wurde am 12. Dezember 1905 als Sohn des Viehhändlers Siegfried Polak und seiner Frau Selma in Westerstede (Oldenburg) als zweites von vier Kindern geboren. Nach schwerer Krankheit verstarb er am 27. Oktober 1963 in Ost-Berlin[1].

A. Die Familie Polak

Ursprünglich wurde die jüdische Familie Polak in Westerstede um 1869 ansässig[2]. Aus ehemals bescheidenen Verhältnissen arbeitete sie sich stetig voran, so daß Karl Polaks Vater und dessen Bruder als erfolgreiche Viehhändler zu den wohlhabendsten und einflussreichsten Bürgern Westerstedes zählten[3]. Insbesondere durch die Versorgung der Marine während des Ersten Weltkrieges konnten die Brüder ihre Betriebe vergrößern. Polak wuchs also keineswegs in bescheidenen Verhältnissen auf, wie es in einem Nachruf des ZK heißt[4]. In dieser bürgerlich-wohlhabenden Familie spielte der jüdische Glauben nur eine untergeordnete Rolle[5]. So trat Polaks Vater genau wie dessen Bruder Ende der zwanziger Jahre aus der jüdischen Gemeinde aus[6]. Die Vermutung liegt nahe, daß diese Entscheidung finanzielle Motive hatte[7]. Erst unter den einsetzenden Verfolgungen der Nazis wandte man sich im Hause Polak stärker dem jüdischen Glauben zu. So trat die Frau von Polaks Onkel, Johanna Polak (geb. Salinger), 1934 wieder der jüdischen Gemeinde bei[8].

---

1 Nachruf des ZK für Prof. Dr. Polak, in: ND vom 29.10.1963, S. 1.

2 Vahlenkamp, Das Schicksal der jüdischen Familie Polak, S. 36.

3 Vahlenkamp, Karl Polak, S. 66.

4 Nachruf auf Polak, in: ND, 29.10.1963, S. 2. Der Nachruf ist der Kaderakte Polaks beigelegt. (SAPMO-BArch DY 30/IV 2/11/v 353, Bl. 86 –88). Ebenso Schröder, der davon spricht, daß Polak in einer „relativ vermögenden" Familie aufwuchs. (Schröder, Polak versus Mitteis, S. 8).

5 Ebenso Schröder, nach dem in der Familie Polak „der Geist des Liberalismus vorgeherrscht haben dürfte". (Schröder, Polak versus Mitteis, S. 8).

6 Vahlenkamp, Das Schicksal der jüdischen Familie Polak , S. 37.

7 Gespräch mit Vahlenkamp vom 7.11.2000.

8 Vahlenkamp, Das Schicksal der jüdischen Familie Polak, S. 38. Die bisherige Annahme, daß Polak einer streng religiösen Familie entstammte, muß daher als wenigstens zweifelhaft eingestuft werden (Vgl. Mollnau, Polak, S. 491). Diese Ansicht gründet wohl auf der Auswertung der SED-Fragebögen. In diesen hatte Polak angegeben, in einer religiösen Familie aufgewachsen zu sein.

Allein, die Rückkehr zum jüdischen Glauben war nicht das einzige Resultat der nazistischen Repressalien. Tatsächlich fügten die Nazis den Polaks erhebliches Leid zu, so daß 1945 kein einziger Familienangehöriger mehr in Westerstede ansässig war. Ein Onkel Karl Polaks, David Hoffmann aus Aurich, kam im Vernichtungslager Minsk um[9]. Dessen Kinder wanderten mit Ausnahme seines Sohnes Siegfried nach Australien aus. Siegfried Polak wurde 1935 wegen „Rassenschande“ verhaftet und starb im Gerichtsgefängnis in Oldenburg[10]. Ein anderer Onkel Polaks, Levin de Levie, wanderte 1940 mit seiner Familie aufgrund der nazistischen Repressalien nach Bolivien aus. Das einzige in Europa verbliebene Kind, Anna Pagner, verstarb mit ihren Kindern im KZ Stutthof. Ein weiterer Onkel, Carl Polak, kam zusammen mit seiner Frau Bertha Polak im März 1943 im KZ Theresienstadt um. Schließlich wurde auch die Familie des Bruders von Karl Polaks Vater, Karl Kalme Polak, Opfer der rassistischen Verfolgungen. 1937 wurde sie von den Nationalsozialisten faktisch enteignet, indem das Haus der Familie zwangsversteigert wurde. Die Frau von Karl Kalme Polak wurde daraufhin in ein Massenelendsquartier nach Hamburg deportiert, wo sie 1941 verstarb[11]. Ihre Tochter kam 1942 im Vernichtungslager Minsk um. Der ältere Sohn von Karl Kalme Polak wanderte 1937 nach Uruguay aus. Sein jüngerer Bruder ging 1936 nach Paris und kämpfte dann in Spanien bei den Internationalen Brigaden. Dort geriet er in Gefangenschaft und wurde nach Auschwitz deportiert, wo er 1943 verstarb[12].

Der Vater Karl Polaks, Siegfried Polak, verstarb im Alter von 57 Jahren am 26. Juni 1932[13]. Polaks älterer Bruder, Adolf, emigrierte als erster der Familie nach Argentinien[14]. Polaks Mutter, Selma, zog aufgrund des sich verstärkenden Antisemitismus 1932 mit ihrer Schwägerin Johanna Polak nach Oldenburg. Von dort emigrierten sie am 27. August 1938 nach Uruguay. Später zogen sie nach Buenos Aires[15]. Der jüngste Bruder Polaks, Felix, wanderte am 5. November 1938 nach Uruguay aus. Polaks Schwester Regina verzog im Juli 1938 mit ihrer Familie nach Uruguay und folgte später ihrer Mutter nach Argentinien[16].

---

9 Vahlenkamp, a.a.O., S. 39.

10 Ebd.

11 Karl Kalme Polak selbst war 1933 verstorben. (Vahlenkamp, a.a.O., S. 39).

12 Ebd.

13 Vahlenkamp, Karl Polak, S. 67.

14 Gespräch mit Vahlenkamp vom 7.11.2000. Dieser hat die Informationen von Regina Strauß (geb. Polak) erlangt.

15 Vahlenkamp, Karl Polak, S. 90f.

16 Gespräch mit Vahlenkamp vom 7.11.2000. Vgl. auch Angaben Polaks im Grundbuch der SED (21.4.1957) zu Punkt 26: Verhaftung, gerichtliche Verfolgung sowie zu Punkt 33: Auslandsaufenthalt, in: Kaderakte Polaks, SAPMO-BArch DY 30/IV 2/11/v 353 Bl. 24, 26.

B. Karl Polak

I. Schulzeit

Karl Polak wurde am 12. Dezember 1905 geboren. Er besuchte die Volksschule in Westerstede und war dort einer der besten Schüler[17]. Auf Photographien erscheint Polak als ein schmächtiger und etwas schüchterner Junge. Rückblickend schreibt er:

> „Mein Leben begann in der dunkelsten Ecke Deutschlands in einem kleinen Dorf in Oldenburg. An meiner Jugend war nichts besonderes"[18].

Ostern 1918 kam Polak auf die Städtische Oberrealschule in Oldenburg. Dort lebte er in der Woche zur Untermiete und einige Zeit auch in der Synagoge bei der Schule[19]. Diese finanzielle Belastung durch den Schulbesuch in Oldenburg konnte sich die wohlhabende Familie Polak aber leisten[20]. Polaks Leistungen auf der Oberrealschule waren durchschnittlich bis gut; und am 5. März 1925 erwarb er das Abschlusszeugnis der Oberrealschule. In einer späteren Lebenserinnerung übertreibt Polak die Religiosität der Familie und schreibt, er stamme

> „aus dem jüdischen Kleinbürgertum, das in den dunklen Agrarier-Verhältnissen dieses reaktionären Teiles Deutschlands ständig unter dem Antisemitismus zu leiden hatte. Mein Vater war Schlächter und Händler. (...) Die Isolierung, die sich aus der jüdischen Abstammung unserer Familie ergab, bewirkte in unserem Elternhaus eine düstere pessimistische Stimmung. Die Schwermut meiner Eltern ist das erste starke Erlebnis meiner Jugend. Aus ihr resultierte der Entschluss, die Kinder ganz im religiös-jüdischen Sinne erziehen zu lassen. So kam ich mit meinem 12. Lebensjahr in die Pension zu dem Vertreter der jüdischen Gemeinde in die Stadt Oldenburg und dort gleichzeitig in die Schule. Ich war mehrere Jahre dem verheerenden Einfluss dieser Erziehung unterlegen."[21]

II. Studienzeit

Nach dem Abschluß der Oberrealschule studierte Polak von 1925 bis 1929 Rechtswissenschaft in Heidelberg (1925), München (1926/27) und Frankfurt am

---

17 Vahlenkamp, Karl Polak, S. 65.

18 Selbstdarstellung in der Wahlzeitung des Kombinats Böhlen 1950, in: Berufungsakte Polak, SAPMO-BArch DR 3/B 15149 Bl. 88.

19 Vahlenkamp, Karl Polak, S. 66.

20 Fraglich und eher ideologisch bedingt erscheint daher die Darstellung im Nachruf auf Polak im „Neuen Deutschland". Dort heißt es, daß der Vater Siegfried die Ausbildung Karls nur unter Entbehrungen ermöglichen konnte. (Nachruf, in: ND vom 29.10.1963, S. 2).

21 Lebenslauf vom 1. Februar 1951, in: Kaderakte Polaks, SAPMO-BArch DY 30/IV 2/11/v 353 Bl. 55.

Main (1927-29)[22]. Nach eigenen Angaben hat er während dieser Zeit auch als Universitätsdozent gearbeitet[23]. Über seine Studienzeit schrieb Polak rückblickend:

„1925 begannen die Jahre des Lernens und Studierens für mich. Ich war zwar in diesen Jahren noch kein Marxist, aber ich gehörte den linksbürgerlichen ‚Roten Studentengruppen' an."[24]

In einem Nachruf auf Polak heißt es im „Neuen Deutschland", daß er schon an der Universität den reaktionären Charakter der bürgerlichen Rechtswissenschaft kennenlernte. Durch diese Erkenntnisse und in Auseinandersetzung mit dem aufkommenden Faschismus habe Polak den Weg zum Marxismus gefunden[25]. Allerdings sagte Polak später über seine Studienzeit:

„Ich schwamm vollauf im Fahrwasser des oberflächlichen bürgerlichen Studententums."[26]

Der Student Polak war daher ein bürgerlicher Intellektueller mit starkem theoretischen Interesse am Marxismus. Am 2. November 1929 legte er am Oberlandesgericht Frankfurt die erste juristische Staatsprüfung ab. Anschließend zog es Polak nach Berlin. Dort wurde er am Kammergericht als Referendar eingestellt und begann sich verstärkt für den Marxismus zu interessieren[27]. So nahm Polak 1932/33 an von Hermann Duncker[28] durchgeführten Kursen der marxistischen Arbeiterschulung an der MASCH in Berlin teil[29]. Weiterhin war er von 1930 bis 1933 Mitglied der „Roten Stundentengruppe" an der Humboldt Universität[30]. Sein Referendariat in Berlin wurde zunächst durch eine

22 Lebenslauf aus dem Oktober 1945, in: RGASPI, Bl. 17.

23 Fragebogen aus der Kaderakte, in: Kaderakte Polaks, SAPMO-BArch DY 30/IV 2/11/v 353 Bl. 19.

24 Selbstdarstellung in der Wahlzeitung des Kombinats Böhlen 1950, in: Berufungsakte Polak, SAPMO-BArch DR 3/B 15149 Bl. 88.

25 Nachruf auf Karl Polak, in: ND vom 29.10.1963, S. 2.

26 Lebenslauf vom 1. Februar 1951, in: SAPMO-BArch DY 30/IV 2/11/v 353 Bl. 55.

27 Mollnau, Polak, S. 491.

28 Hermann Duncker (24.5.1874 - 22.6.1960) war Mitbegründer der KPD und einer ihrer bekanntesten Wanderredner. 1933 wurde er von den Nazis verhaftet. Nach seiner Freilassung emigrierte er: Von 1936 bis 1941 lebte er in Dänemark, England, Frankriech und Marokko. Dann siedelte er in die USA über, um 1947 nach Deutschland zurückzukehren und Professor an der Gesellschaftswissenschaftlichen Fakultät der Universität Rostock zu werden. Ab 1949 war er Rektor der FDGB Gewerkschaftshochschule. (Baumgartner, Biographisches Handbuch der SBZ/DDR, S. 139). Vgl. auch Duncker u.a., Marxistische Arbeiter-Schulung, Wien/Berlin 1930; Deutschland, Hermann Duncker und die russische revolutionäre Bewegung, Berlin 1964.

29 Biographische Daten zu Karl Polak, in: FS Polak, S. 99.

30 Angaben Polaks in zwei Fragebögen aus der Kaderakte, von denen der zweite am 5.3.1946 ausgefüllt wurde. In: SAPMO-BArch DY 30/IV 2/11/v 353 Bl. 15, 33. In einem anderen Fragebogen von 1948 gibt Polak an, in den Jahren von 1927 bis 1929

halbjährige praktische Tätigkeit in der Strafanstalt Plötzensee unterbrochen[31]. Im Jahre 1933 wurde er dann aufgrund seiner jüdischen Abstammung aus dem Justizdienst entlassen[32].

Während seines Referendariats hatte Polak in Freiburg bei Erik Wolf promoviert. Diese Universität war eine der letzten, an der auch Juden promovieren konnten. Der Inhalt der Promotion zeigt, daß Polak nicht schon während des Studiums und Referendariats zum Marxisten geworden war. Die „Studien zu einer existenzialen Rechtslehre“[33] sind vielmehr von Scheler und Heidegger sowie dessen Schüler Wolf beeinflusst. Auch die Diktion Polaks ist wenig marxistisch, sondern orientiert sich vielmehr an der Sprache Heideggers. Am 2. November 1933 wurde Polak der Doktorgrad verliehen. Da er als Jude allerdings kein Zweites Staatsexamen ablegen konnte und ihm so die Arbeit als Jurist in Deutschland unmöglich geworden war, beschloß er, sein Leben radikal zu verändern. Er emigrierte über Dänemark in die UdSSR[34].

III. Exil

Ende 1933 kam Polak in der Sowjetunion an. Seine Emigration wurde durch die Vermittlung des damaligen Vizepräsidenten der Akademie der Wissenschaften der UdSSR Joffe ermöglicht. Kurz zuvor hatte die sowjetische Regierung erklärt, verfolgte Wissenschaftler aus Nazi-Deutschland aufzunehmen. Polak lebte zunächst acht Jahre in Moskau, bis er 1941 nach Taschkent evakuiert wurde. 1945 kehrte er nach Moskau zurück und zog von dort 1946 zurück nach Berlin.

1. Moskau

Polak schreibt in einem Lebenslauf über seine Exilzeit:

> „Durch die Vermittlung des (damaligen) Vizepräsidenten der Akademie der Wissenschaften der UdSSR (Joffe) erhielt ich eine Einladung zum Abhalten von Probevorlesungen über Fragen des Staates und des Rechts nach Leningrad und Moskau – wohin ich 1933 fuhr. (...) In dieser Zeit begann meine politische Entwicklung. Ich wurde durch meine Arbeit in alle

---

Mitglied der „Kommun. Studentenfraktion u. Liga für Menschenrechte“ gewesen zu sein. (A.a.O., Bl. 43). Neben Polak war auch Heinz Such, ein einflussreicher Rechtswissenschaftler in der DDR und späterer Kritiker Polaks, 1932 Mitglied der "Roten Studentengruppe" in Berlin. (Stiebitz, Such, S. 7).

31 Vahlenkamp, Karl Polak, S. 67.

32 Mollnau, Polak, S. 491.

33 Polak, Studien zu einer existenzialen Rechtslehre, Freiburg i. Br. 1933.

34 Jüdische Flüchtlinge aus Deutschland wurden in der Sowjetunion nicht als politische Emigranten angesehen, da sie nicht für eine Umgestaltung der kapitalistischen Gesellschaftsordnung eintraten. Vielmehr ordnete man sie als „Wirtschaftsflüchtlinge“ ein. (Tischler, Flucht in die Verfolgung, S. 53).

Fragen des Sowjetrechts hineingezogen – erhielt ein breites, sehr fruchtbares Betätigungsfeld, - kam in den Kreis der sowjetischen Rechtsgelehrten, – erlernte die russische Sprache."[35]

Nachdem Polak 1933 in Leningrad angekommen war, schickte ihn Joffe mit einem Empfehlungsschreiben zu Wyschinski, dem Generalstaatsanwalt Stalins[36]. Polak schrieb 1943 in einem Brief an Ulbricht, daß er lange Zeit unter „teils direkter und teils indirekter Leitung" Wyschinskis gearbeitet habe. Zu seiner Arbeit unter Wyschinski führt Polak in diesem Brief weiter aus:

„Genosse Wyschinski beauftragte mich damals, einige Vorträge über die Kriminalpolitik und die Strafrechtstheorie der deutschen Faschisten auszuarbeiten, wonach ich von ihm die Aufforderung erhielt, an dem Institut zur Erforschung des Verbrechertums zu arbeiten."[37]

So hielt Polak Vorträge, die sich etwa mit der „Ausnahmegesetzgebung" gegen die Arbeiterbewegung in verschiedenen europäischen Staaten beschäftigten[38]. In die Arbeitszeit Polaks bei Wyschinski fällt die Unionskonferenz von 1938, auf der Wyschinski seine Rechtsdefinition verkündete[39]. Als Mitarbeiter Wyschinskis nahm Polak daran teil. Diesbezüglich wird behauptet, Polak habe versucht, gegen die rechtstheoretischen Auffassungen Wyschinskis zu polemisieren. Aus Angst vor Repressalien habe er dies jedoch unterlassen[40]. Leider wird diese These nicht substantiiert. Angesichts der damaligen Situation in der Sowjetunion, in der „Abweichler" von der Generallinie Stalins reihenweise hingerichtet wurden, erscheint es wenig wahrscheinlich, daß diese Behauptung zutrifft. Um keine spekulativen Aussagen diesbezüglich zu treffen, muß die Rezeption Wyschinskis durch Polak auf Grundlage der veröffentlichten Artikel Polaks ermittelt werden. Dies geschieht im Kapitel über Polaks Rechtsbegriff.

Neben Polaks Tätigkeit bei Wyschinski am Unionsinstitut für juristische Wissenschaften bei dem Volkskommissariat für Justiz der UdSSR war Polak auch an dem Institut für Recht bei der Akademie der Wissenschaften der UdSSR (Institut Prawa) beschäftigt[41]. In der Akademie arbeitete Polak insbesondere mit

---

35 Lebenslauf Polaks vom 1.2..1951, in: Kaderakte Polaks, SAPMO-BArch DY 30/IV 2/11/v 353 Bl. 55 f.

36 Wyschinskis war auch stellvertretender Vorsitzender des Rates der Volkskommissare der UdSSR. (Tischler, Flucht in die Verfolgung, S. 3).

37 Polak, Brief an Ulbricht, Taschkent, 7.3.1943, in: RGASPI, Bl. 33.

38 Bibliographie der Werke Polaks in Moskau, in: RGASPI, Bl. 27 Nr. 13 – 20.

39 Mollnau, Vorbereitungen zur Babelsberger Konferenz im Lichte des SED-Parteiarchivs, S. 25. Zur Rechtsdefinition vergleiche das Kapitel über Polaks Rechtsbegriff.

40 Seiffert, Gegen Legenden und Mythen um die Babelsberger Konferenz, S. 189.

41 Lebenslauf Polaks vom 6.3.1946, in: SAPMO-BArch DY 30/IV 2/11/v 353 Bl. 38; Lebenslauf vom 30.6.1948, in: Berufungsakte Polak, SAPMO-BArch DR 3/B 15149 Bl. 3. Früher hieß die Akademie der Wissenschaften „Kommunistische Akademie". (Polak, Brief an Ulbricht, Taschkent, 7.3.1943, in: RGASPI, Bl. 33). Von Prof. Behrens (Dekan der Gesellschaftswissenschaftlichen Fakultät Leipzig) und später auch von Rocholl

I.P. Trainin, dem Direktor des Instituts für Recht, zusammen[42]. Während seiner Tätigkeit erhielt er dort „Betriebsschulungen"[43]. Wissenschaftlich beschäftigte sich Polak am Institut vornehmlich mit staatstheoretischen Themen. Beispielsweise hielt er Vorträge im Institut für Recht über die „Terroristischen Methoden der deutschen Regierung" sowie über die „Theorie des Staates des Deutschen Faschismus"[44]. Seine Arbeiten befassten sich zumeist mit dem teils historischen, teils aktuellen Recht europäischer Staaten[45]. Diese Themen griff Polak später bei der Ausarbeitung seiner Staatskonzeption partiell wieder auf.

Im Zuge seiner Arbeit am Institut konnte Polak 1941 eine Dissertation über das „Kriminalrecht und den Kriminalprozess zur Zeit der deutschen Bauernkriege" fertigstellen. Eine Verteidigung dieser Arbeit wurde aber durch den Ausbruch des Krieges vereitelt. Während der Evakuierung nach Taschkent ging die Promotion dann auch noch verloren, so daß Polak eine neue Arbeit anfertigen musste. An dieser neuen Dissertation arbeitete Polak dann bis zum Ende des Zweiten Weltkrieges und konnte sie am 4. Februar 1946 erfolgreich bei dem Institut für juristische Wissenschaften des Justizministeriums verteidigen[46]. So erlangte Polak mit „Die Kritik der klassischen und soziologischen Strömungen in der deutschen Strafrechtswissenschaft" in Moskau beim Zentralen Forschungsinstitut für juristische Wissenschaften beim Volkskommissariat für Justiz schließlich doch den wissenschaftlichen Grad eines Kandidaten der juristischen Wissenschaften[47].

Über Polaks persönliches Leben im Exil gibt es kaum Angaben. In der umfangreichen Exilliteratur wird er kaum erwähnt[48]. Daher liegt die Vermutung nahe, daß er sehr zurückgezogen lebte. Polaks spätere Frau, Lucie Bergmann, folgte ihm im Juni 1934 nach Moskau. Sie heirateten am 11.6.1934. Lucie Bergmann wurde 1906 in Königsberg geboren und stammte aus einfachen Verhältnissen. Nachdem ihre Familie 1911 nach Berlin evakuiert worden war, arbeitete sie dort von 1924 bis 1929 als Erzieherin. Anschließend war Lucie

---

(Referent der Landesregierung Sachsen) wird Polak unkorrekt als „*wissenschaftlicher Leiter*" des Instituts für Recht bei der Akademie der Wissenschaften bezeichnet. (Briefe von Behrens an die Landesregierung Sachsen und Empfehlung Rocholls an die Universität Leipzig, in: Berufungsakte Polak, SAPMO-BArch DR 3/B 15149 Bl. 7, 16).

42 Polak, Brief an Pieck vom 25.8.1944, in: RGASPI, Bl. 30.

43 Angabe Polaks zu Punkt 5: Schulbildung im SED-Grundbuch Polaks (21.4.1957), in: Kaderakte Polaks, SAPMO-BArch DY 30/IV 2/11/v 353 Bl. 19.

44 Bibliographie von den Arbeiten Polaks in der UdSSR, in: RGASPI Bl. 27.

45 Einen Überblick über Polaks Arbeit im Exil gibt Arlt in seiner Einleitung zum Sammelband „Reden und Aufsätze". (Arlt, Einleitung, S. 37–41).

46 Lebenslauf vom 30.6.1948, in: Kaderakte Polaks, SAPMO-BArch DR 3/B 15149 Bl. 3.

47 Fragebogen vom 5.3.1946, in: Berufungsakte Polak, SAPMO-BArch DY 30/IV 2/11/v 353 Bl. 34; Angabe Polaks zu Punkt 5: Schulbildung im SED-Grundbuch Polaks (21.4.1957), in: Kaderakte Polaks, SAPMO-BArch DY 30/IV 2/11/v 353 Bl. 19.

48 Zur Situation der deutschen Exilanten in der UdSSR siehe Tischler, Flucht in die Verfolgung, 1996.

Bergmann als Sekretärin der Krankenkasse an der Universität Berlin tätig. In Moskau übte sie bis 1937 den gleichen Beruf beim Volkskomitee für ausländische Handelsbeziehungen aus[49].

Die Polaks knüpften ihre wenigen sozialen Kontakte insbesondere im „Klub ausländischer Arbeiter"[50]. Unter anderem hatten sie 1940 Kontakt zu Elli Schmidt[51]. Auch im übrigen hielten sich Karl und Lucie Polak vorwiegend in der Emigrantenszene auf. So engagierte sich Karl Polak als Sekretär des Befreiungskommandos Ernst Thälmann[52]. Lucie ließ sich, wie viele andere deutsche Emigrantinnen auch, in einem Kurzlehrgang zur Deutschlehrerin ausbilden. Mit ihrer Lehrtätigkeit begann sie nach ihrer Evakuierung in Taschkent[53]. Das Leben der Polaks in Moskau ist höchstwahrscheinlich auch durch Stalins innenpolitischen Terror beeinflusst worden. Die Verfolgung von „Versöhnlern" und früheren „Trotzkisten" setzte innerhalb der deutschen Emigration 1935 ein[54]. Ende August 1936 fand dann der erste große Schauprozeß in Moskau statt, der einen ersten Höhepunkt der Stalinschen „Säuberungen" markierte. Mit dem zentralen NKWD-Befehl Nr. 00447 von 1937 wurden die Aktionen Stalins zum „Großen Terror" ausgeweitet[55]. Mit dem NKWD Befehl Nr. 00439 vom 25. Juli 1937 richtete sich der Terror nach den innerparteilichen „Säuberungen" dann auch gegen „Deutsche in Rüstungsbetrieben" und später gegen alle Deutsche wegen ihrer „Nationalität"[56]. Im Zuge dieser Terrorwelle wurden bis zum April

---

49 Autobiographie von Lucie Bergmann, in RGASPI, Bl. 19. Vgl. auch a.a.O., Bl. 22.

50 Stammberger/Peschke, Gut angekommen – Moskau, S. 90.

51 Stammberger/Peschke, a.a.O, S. 153. Elli Schmidt (9.8.1908-30.7.1980) besuchte von 1932 bis 1934 die „Internationale Leninschule" der Kommunistischen Internationalen in Moskau. Während dieser Zeit nahm sie das Pseudonym „Irene Gärtner" an. Nach Moskau emigrierte sie 1940 und lebte dort bis 1946. Unter anderem war sie dort Mitarbeiterin des Deutschen Volkssenders und der NKFD. 1946 kehrte sie nach Deutschland zurück und war bis 1954 Mitglied des Parteivorstandes bzw. des ZS der SED. Außerdem war sie von 1949 bis 1953 Vorsitzende des DFD. 1954 wurde sie wegen ihrer Mitwirkung in der „Hernstadt/Zaisser - Affäre" aller leitenden Funktionen enthoben. 1956 wurde sie rehabilitiert. (SBZ/DDR Handbuch, Bd. 2, S. 786).

52 Angabe Polaks zu Punkt 21: Zugehörigkeit zu Massenorganisationen im SED-Grundbuch (21.4.1957), in: Kaderakte Polaks, SAPMO-BArch DY 30/IV 2/11/v 353 Bl. 23.

53 Autobiographie Lucie Polak, RGASPI, Akte Polak, Bl. 19. Gleiches geht aus der Mitteilung an Malenkow, den Sekretär des ZK der KPdSU, vom 29.11.1945 über die Ausreise der Familie Polak nach Berlin hervor. (RGASPI, Bl. 18). In der Erinnerung einer ihrer Bekannten, Gabriele Stammberger, begann Lucie Polak schon 1936 als Deutschlehrerin zu arbeiten. (Stammberger, Peschke, Gut angekommen – Moskau, S. 96).

54 Müller, „Wir kommen alle dran" – Säuberungen, S. 131 f.

55 Müller, a.a.O., S. 154. Der Befehl 00447 des Volkskommissars für innere Angelegenheiten vom 30. Juli 1937 trug den amtlichen Titel „Über Aktionen zur Repressierung ehemaliger Kulaken, Krimineller und antisowjetischer Elemente". (Ebd.).

56 Müller, a.a.O., S. 123, 165 f.

1938 etwa 70 Prozent der Mitglieder der KPD verhaftet[57]. Die Frauen und Kinder der Verhafteten waren „buchstäblich am Verhungern“[58]. Der Familie Polaks ging es dagegen sehr viel besser. Die Polaks gehörten zu den wenigen Deutschen, die nicht direkt unter den Verfolgungen Stalins zu leiden hatten[59]. Hier kam Polak wohl seine zurückgezogene Lebensweise zugute. Außerdem dürfte er als Mitarbeiter am Moskauer Institut gute Kontakte gehabt haben und so vor ideologischen Verleumdungen relativ sicher gewesen sein.

Trotz dieser Arbeit Polaks bei der Generalstaatsanwaltschaft wurde versucht, Polak zu denunzieren. Hermann Horstmann[60] verdächtigte in einem Brief an die Deutsche Sektion der Komintern Polak ob eines auffälligen Verhaltens. Wie absurd dieser, letztlich folgenlose, Versuch war, kann nur durch eine Wiedergabe des Briefes gezeigt werden. Zum Verständnis dieser Denunziation ist auf zwei Aspekte hinzuweisen. Zunächst ist zu bedenken, daß Nichtdenunziation in der Sowjetunion seit 1926 bestraft wurde[61]. Zudem wurde in Prawda-Leitartikeln stets auf diese Denunziationspflicht hingewiesen. „Die Partei betrügt nicht nur, wer die Unwahrheit sagt, sondern auch, wer vor der Partei ihm bekannte Tatsachen verheimlicht. Der schweigende Kommunist, dem die Umtriebe des Feindes bekannt sind und der seine Organisation nicht davon in Kenntnis setzt, ist bereits kein Kommunist mehr, sondern ein Komplice des Feindes.“[62] Plausibel wird die Denunziation auch erst vor dem Hintergrund der „Kontaktschuld“. Danach reichte es nach sowjetischem Strafrecht aus, Kontakt mit einem Verbrecher gehabt zu haben, um selbst strafbar zu sein[63].

---

57 Paul Jäkel, Sekretär der deutschen Vertretung beim Exekutivkomitee der Kommunistischen Internationalen (EKKI), in einem Bericht vom 29. 4. 1938 an das ZK der KPD. (Müller, Die Akte Wehner, S. 151 ff).

58 Stammberger/Peschke, Gut angekommen – Moskau, S. 140, 149.

59 Stammberger/Peschke, a.a.O., S. 150, 153. Gegen Walter Ulbricht und seine Frau, damals noch Lotte Kühn, wurde eine „Untersuchung“ der EKKI-Kaderabteilung durchgeführt. Lotte Kühn war die früher Frau des 1936 verhafteten „Versöhnlers“ Erich Wendt. Dies hätte wegen der verwirklichten „Kontaktschuld“ für Ulbricht kritisch werden können. Dank Ulbrichts Rückhalt in der Komintern-Hierarchie verlief diese Untersuchung jedoch im Sande. Später überstand Ulbricht problemlos ein weiteres Ausschlussverfahren, das am 29.3.1939 eingestellt wurde. (Müller, „Wir kommen alle dran“ – Säuberungen, S. 141, Erl. 123.).

60 Hermann Horstmann (geb. 12.3.1893) war seit 1919 Mitglied der USPD und ab 1923 Mitglied der KPD. Er emigrierte 1933 über Frankreich, Belgien und Holland in die Sowjetunion. Dort lebte er in Moskau und arbeitete am Sender Moskau. Im Februar 1938, also kurz nach seiner Denunziation Polaks, wurde er festgenommen und verstarb in der Haft im Mai oder im Juni des gleichen Jahres. (In den Fängen des NKWD, Berlin 1991, S. 101).

61 Müller, „Wir kommen alle dran“ – Säuberungen, S. 147.

62 Für revolutionäre Wachsamkeit, Prawda vom 27.2.1937, zitiert nach Rundschau über Politik, Wirtschaft und Arbeiterbewegung 1937, S. 435.

63 Vgl. Müller, „Wir kommen alle dran" - Säuberungen, S. 156, 164. Zum Ausdruck kommt dieses Prinzip im Todesurteil des Militärkollegiums des Obersten Gerichts der

„H. Horstmann Moskau, 8.1.1938
Ul.Ogarjowa 4
Qu.68/9

An die Komintern
DEUTSCHE SEKTION

W!Genossen!

Bei einem Zusammentreffen mit dem Juristen und wissenschaftlichen Arbeiter Karl Pollak[64] wurde mir folgendes mitgeteilt:

Pollak wurde vor einigen Tagen zu der Kassenverwaltung des Instituts für Sowjetaufbau-Sowjetrecht bestellt. Der frühere Direktor des Instituts war der unterdessen verhaftete Volksfeind Paschukanis. In diesem Institut hatte auch das frühere Parteimitglied Remmele gearbeitet. Pollak, der bei dem Institut auch gelegentlich auf Vertrag zu arbeiten pflegt, wurde bei der Kassenverwaltung um Auskunft nach einem gewissen Fürst gebeten. Fürst sei Mitarbeiter der Komintern gewesen und habe sich als Sekretär von Remmele bezeichnet. Er stehe in den Büchern der Verwaltung mit einem Schuldbetrag von 3000 Rbl belastet. Dieser Betrag sei Fürst als Vorschuss (*Unterstreichung im Original – d. Verf.*) auf eine grössere Arbeit über die Bayerische Räterepublik ausgezahlt worden. Fürst habe niemals auch nur eine Zeile oder das geringste Material abgeliefert. Er sei ihnen völlig aus den Augen entschwunden, er müsse aber das Geld zurückzahlen.

Da es sich um einen angeblichen Genossen der Komintern handelt, die Tatsache eines ganz ungewöhnlich hohen Vorschusses sehr auffällig erscheint, die weitere Tatsache zu denken gibt, daß der Genosse nichts unternommen hat, um die Rückzahlung zu regeln, endlich aber auch die behauptete Verbindung zu Remmele Euch vielleicht gewisse Schlüsse vermitteln könnte, - aus all diesen Gründen hielt ich mich verpflichtet, Euch von dem nur beiläufig mir Mitgeteilten Kenntnis zu geben.

Mit kommunistischem Gruß
Horstmann“[65]

2. Taschkent

Unter dem Eindruck der herannahenden deutschen Wehrmacht wurde die Familie Polak 1941 durch das Institut für Recht der Akademie der Wissenschaften nach Taschkent evakuiert[66]. Dort arbeitete Polak durch die Vermittlung Trainins von 1942 bis 1945 als Deutschlehrer und Dozent an der Juristischen

---

UdSSR über Heinrich Süßkind vom 3. Oktober 1937; aus: Sammlung Antikominternblock, Hamburger Institut für Sozialforschung. Das Urteil ist abgedruckt in: Müller, „Wir kommen alle dran“, S. 166.

64 Es kam häufiger vor, daß der Name Polaks falsch geschrieben wurde. Insbesondere in Sitzungsprotokollen wurde aus Polak nicht selten „Pollak“ oder „Pollack“.

65 Brief von Horstmann, in: RGASPI, Bl. 35.

66 Polak, Brief an Pieck vom 25.8.1944, in: RGASPI, Bl. 30. Vgl. auch Stammberger/Peschke, Gut angekommen – Moskau, S. 219. Zur Evakuierung der in Freiheit gebliebenen Deutschen siehe Tischler, Flucht in die Verfolgung, S. 176 ff.

Fakultät[67]. Nebenbei schrieb er an seiner neuen Dissertation. An gesellschaftlicher Arbeit nahm er jedoch nicht teil[68]. Dies kann als ein weiterer Beleg für seine zurückgezogene Lebensweise gelten. Einer der raren Kontakte der Polaks war die Bekanntschaft mit Franz Leschnitzer[69].

Ursprünglich war vorgesehen, daß Polak zusammen mit der Akademie der Wissenschaften im Frühjahr 1943 nach Moskau zurückkehren sollte. Ihm wurde die Rückreise jedoch nicht gestattet. Als Grund wurde Polak gegenüber angegeben, „daß bei der damaligen Situation die Rückkehr für mich (Polak – d. Verf.) als Emigrant aus Deutschland verfrüht sei."[70] Aus Eigeninitiative konnte Polak nicht nach Moskau zurückkehren. In den Pässen der Evakuierten befand sich ein Stempel, der den Aufenthalt in nur einem bestimmten Gebiet der Sowjetunion erlaubte[71]. Ein Umzug nach Moskau wurde nur gestattet, wenn eine Arbeitsstelle glaubhaft machen konnte, daß der Rückkehrer für kriegsbedingte Arbeit unbedingt notwendig und in Moskau selbst kein Ersatz zu finden war[72].

In Taschkent wurden auch die Polaks Opfer der offenen anti-deutschen Stimmung in der Sowjetunion. Ihre Hauswirtin denunzierte sie mehrfach als deutsche Spione, so daß Karl Polak und seine Frau einige Male inhaftiert wurden. Allerdings spricht es für die guten Kontakte Polaks, daß er und seine Frau stets kurz nach ihrer Festnahme freigelassen wurden[73].

Trotzdem waren die Lebensverhältnisse für Polak in Taschkent wie für die übrigen deutschen Emigranten schwierig. Er bemühte sich daher mehrfach um seine „Reevakuierung" nach Moskau. Polak schrieb insbesondere mehrere Briefe an Ulbricht und Pieck[74], in denen er seine „Heranziehung" zur

---

67 Charakteristik Polaks von dem Direktor des juristischen Instituts in Taschkent, in: RGASPI, Bl. 29. Vgl. auch SED-Fragebogen (ohne Datum), in: Kaderakte Polaks, SAPMO-BArch DY 30/IV 2/11/v 353 Bl. 15.

68 Charakteristik Polaks von dem Direktor des juristischen Instituts in Taschkent, in: RGASPI, Bl. 29.

69 Der Schriftsteller Franz Leschnitzer (12.2.1905-16.5.1967) studierte 1924-1930 Nationalökonomie und Jura. 1931 trat er der KPD bei. Zwei Jahre später emigrierte er in die UdSSR. In Moskau lebte er bis 1941 und war dort als Lehrer und in verschiedenen literarischen Verbänden tätig. 1941 wurde er nach Taschkent evakuiert und arbeitete dort an der Hochschule. 1948 ging er zurück nach Moskau und siedelte 1959 nach Berlin (Ost) über. Dort lebte er als freischaffender Autor und Übersetzer. (Wer war wer in der DDR?, S. 519). Vgl. Leschnitzer, Von Börne bis Leonhard, 1966.

70 Polak, Brief an Pieck vom 25.8.1944, in: RGASPI, Bl. 30.

71 Tischler, Flucht in die Verfolgung, S. 181.

72 Tischler, a.a.O., S. 195.

73 Gespräch mit Wolfgang Polak vom 18.12.2000.

74 Ulbricht und Pieck selbst waren schon im März 1942 mit den führenden Kominternmitarbeitern aus ihrer Evakuierung in Ufa nach Moskau zurückgekommen. (Tischler, Flucht in die Verfolgung, S. 193).

Parteiarbeit in Moskau erbat[75]. Hierbei betonte er seine Fähigkeit und Bereitschaft, an der Entwicklung des Rechts in der KPD mitzuarbeiten. In den Briefen wird zudem deutlich, daß Polak die Partei als für seine Forschung maßgebliche Instanz ansieht. Ob er dies aus der Not oder aber aus Überzeugung heraus schrieb, muß offen bleiben. In seinem ersten Brief an Ulbricht von 1943, mit dem er erstmals Kontakt zu diesem aufnahm, heißt es:

„Der Zweck meines Schreibens ist lediglich der, meinem Wunsch Ausdruck zu geben, in irgendeiner Form einen Kontakt zu der Leitung der deutschen Partei herzustellen, in dem Bewußtsein, daß das im Deutschland der Vorhitlerepoche erworbene Wissen auf dem Gebiete der bürgerlichen Rechtstheorie, welches in der Sowjetunion durch mehr als neunjährige intensive theoretische Arbeit jene Umformung erfahren hat, wie eben der ideologische Kampf gegen die bürgerliche Theorie dies erfordert, der Sache des Kampfes gegen die deutsche Ideologie von Nutzen sein kann. (...) Es würde für mich eine große innere Befriedigung sein, wenn die deutsche Partei von den von mir erworbenen Kenntnissen in irgendeiner Weise heute Gebrauch machen könnte; ich bin allerdings zu weit vom Schuß, um von hier die Frage entscheiden zu können, auf welcher Linie ich eigentlich meine theoretische Arbeit so führen kann, daß sie einen unmittelbaren Nutzen der Partei bringen könnte. (...) Ich wäre Ihnen sehr verbunden, wenn Sie mir irgendwelche Winke für das Akute oder in baldiger Zukunft akut Werdende geben würden. Ich darf bemerken, daß ich dabei natürlich nicht an praktische aktuelle Propagandaliteratur, sondern an wirklich theoretische Fragestellung denke[76]. (...) Ich würde mich sehr freuen, werter Genosse Ulbricht, von Ihnen eine Antwort zu erhalten, welche mir die Möglichkeit geben würde, den Kontakt zur deutschen Partei in irgendeiner Weise herzustellen.“[77]

Polaks Bitte wurde von Ulbricht aber abgelehnt. Ulbricht sagte Polak lediglich zu, daß sich die Partei die Möglichkeit offen halten werde, Polak zu gegebener Zeit nach Moskau zu holen. Ein ähnliches Schicksal ereilte auch die beiden nachfolgenden Briefe Polaks an Ulbricht. Daher wandte er sich mit seiner Bitte, nach Moskau zurückkehren zu können, in einem schon fast verzweifelten Brief an Wilhelm Pieck. In diesem heißt es:

„Ich darf der Leitung der deutschen Partei versichern, daß ich nicht als enger Spezialist zu ihr kommen will, sondern als aktiver Kämpfer gegen den Faschismus, als Mensch, der sich in seinem 10jährigen Aufenthalt in der Sowjetunion zur kommunistischen Weltanschauung durchgerungen hat, und der den Mangel der Verbindung mit der deutschen Partei und der Führung in seiner theoretischen und praktischen Arbeit seitens der Partei immer stärker fühlt. Ich darf weiter versichern, daß ich als deutscher Jude mich durchaus als Deutscher und mit der freiheitlichen Tradition Deutschlands tief verbunden fühle.“[78]

---

75 Polaks Briefe an Ulbricht: 7.3.1943; 28.8.1943; 1.5.1944. Brief an Pieck: 25.8.1944. (Alle in: RGASPI, Bl. 30 (Pieck), Bl. 31, 32, 33 (Ulbricht)).

76 Vgl. jedoch Kapitel 4 E IV: Der sozialistische Rechtswissenschaftler.

77 Polak, Brief an Ulbricht vom 7. März 1943, in: RGASPI, Bl. 33.

78 Polak, Brief an Pieck vom 25.8.1944, in: RGASPI, Bl. 30.

Neben diesen Briefen an Pieck und Ulbricht versuchte Polak, seine Rückkehr nach Moskau zusätzlich in einem offiziellen Gesuch zur Zulassung zur Verteidigung seiner Dissertation sowie in persönlichen Schreiben an Joffe, Wyschinski und Trainin zu erreichen[79]. Letztlich ermöglichte die Akademie der Wissenschaften die Rückreise Polaks nach Moskau[80]. Dort nahm er seine Arbeit im Institut für Recht bei Trainin wieder auf und konnte wenig später seine Dissertation erfolgreich verteidigen.

Trotz dieses Erfolges wollte Polak zurück nach Deutschland. Er litt wohl zusehends unter dem anti-deutschen Klima in der Sowjetunion[81]. Im August 1945 bat Polak daher den Moskauer KPD-Vertreter, Försterling, ihn für die Parteiarbeit in Deutschland heranzuziehen[82].

IV. Tätigkeit in der SBZ und DDR

So gelangte Polak am 2. März 1946 nach Deutschland zurück[83]. Hier fand er eine für ihn günstige Situation vor. Der entstehenden DDR mangelte es nach dem Krieg an geeigneten Juristen. Weder in Deutschland noch unter den heimkehrenden Exilanten befanden sich ausreichend kommunistisch geschulte Rechtswissenschaftler. Dagegen besaß Polak aufgrund seiner Promotion bei Erik Wolf eine gewisse rechtsphilosophische Vorbildung. Zudem hatte er in der UdSSR bereits sozialistisches Recht angewendet, welches in der DDR überhaupt erst zu schaffen war. Polak war also theoretisch wie praktisch bestens geeignet, in der ostdeutschen Rechtswissenschaft zu arbeiten. So wurde er bei seiner Rückkehr nach Berlin mit offenen Armen empfangen. Er sollte als Politiker, aber vor allem als Wissenschaftler hervorragenden Einfluss auf die rechtliche Entwicklung der DDR nehmen.

Polaks Tätigkeit und Karriere in der DDR stand unter einem Leitspruch, den er aus seiner Emigrationszeit in Moskau von Wyschinski übernommen hatte. Danach kann man als Wissenschaftler und speziell als Rechtswissenschaftler dann am meisten bewirken, wenn man der Macht am nächsten steht[84]. Zu berücksichtigen ist dabei, daß nach Polaks Verständnis allein der Marxismus-Leninismus den Anspruch erheben konnte, wissenschaftlich zu sein. Praktische Fragen wurzelten für ihn stets in dem Problem, die Lehre des Marxismus-

---

79 Angaben in Polaks Brief an Pieck vom 25.8.1944, in: RGASPI, Bl. 30.

80 Autobiographie Polaks vom 26. Nov./Dez. (Unleserlich – d. Verf.) 1945, in: RGASPI, Bl. 24.

81 So beschrieb Polak gegenüber seiner Familie die Beweggründe der Rückkehr nach Ost-Berlin. (Gespräch mit Wolfgang Polak vom 18.12.2000).

82 Lebenslauf vom 6.3.1946, in: Kaderakte Polaks, SAPMO-BArch DY 30/IV 2 /11/v 353 Bl. 38.

83 Fragebogen vom 5.3.1946, in: a.a.O., Bl. 33; Fragebogen von 1948 in: a.a.O., Bl. 43. Die ersten Jahre Polaks in Deutschland werden vertieft beschrieben in: Howe, Karl Polak, S. 21 ff.

84 Eckert, Die DASR und die Babelsberger Konferenz, S. 55; Mollnau, Polak, S. 492.

Leninismus richtig anzuwenden. So waren praktische Probleme für ihn vor allem theoretische Aufgaben[85]. Polaks vordergründig politische Arbeit war somit gleichzeitig und nach seinem Verständnis tatsächlich wissenschaftlich[86]. Dementsprechend verfolgte Polak neben seiner eigentlichen Passion, der wissenschaftlichen Arbeit, auch seine politische Karriere. Polaks Lebenslauf ist insofern typisch für die eigentümlich enge Verquickung von Wissenschaft und Politik in der DDR. So arbeiteten Rechtswissenschaftler häufig auch im Staats- und/oder im Parteiapparat[87]. Die enge Verknüpfung von Wissenschaft und Politik spiegelte sich in Polaks Aufgabenbereich im Parteiapparat wider: Er schuf die parteioffizielle Rechtsideologie im Grundlagenbereich[88].

1. Polaks politische Karriere

Nach außen hin gipfelte Polaks politische Karriere in der Mitgliedschaft im Staatsrat 1960[89]. Diese mit großen Kompetenzen verbundene Position ist allerdings untypisch für seine politische Arbeit. Polak agierte mehr aus dem Hintergrund und nahm in organisatorischer Sicht im Staats- und Parteiapparat eher untergeordnete Positionen ein. Dies darf aber nicht darüber hinwegtäuschen, daß Polak tatsächlich Einfluss grundsätzlicher Art hatte. So hatte er persönlichen

85 Polak auf der 6. Tagung des Parteivorstandes vom 24.10.1945, in: Tagungsprotokoll SAPMO-BArch DY/30/IV 2/1 Bl. 11. Vgl. auch den Nachruf des Wissenschaftlichen Rates und des Redaktionskollegiums der Zeitschrift Staat und Recht, in dem es heißt: "Das gesamte theoretische Schaffen Karl Polaks war stets von den Bedürfnisseen der Praxis der revolutionären Arbeiterklasse und ihrer Partei (...) bestimmt." (Wissenschaftlicher Rat/Redaktionskollegium SuR, SuR 63, Dem Gelehrten Polak, S. I).

86 Dies spiegelt sich in den Protokollen der diversen Gremien und Ausschüsse, denen Polak angehörte, wider. Polaks Stellungnahmen bestanden zum allergrößten Teil aus allgemeinen Ausführungen zum Marxismus-Leninismus und wie sich diese Lehre auf das jeweilige Problem auswirkt. Rein pragmatisch argumentierte er kaum. (Vgl. zum Beispiel seine Wortmeldung während einer Sitzung der Kommission für Staats- und Rechtsfragen beim Politbüro vom 1.6.1959. Stenographische Niederschrift der Sitzung, in: SAPMO-BArch DY 30/IV 2/2.110 1 Bl. 70 f.)).

87 Dreier u.a. (Hrsg.), Rechtswissenschaft in der DDR 1949–1971, S. 30. So war etwa Wilhelm Weichelt neben seiner Tätigkeit an der DASR als Leiter der Sektion Staats- und Rechtstheorie sowie, nach Polaks Tod 1963, als Direktor des Instituts für staats- und rechtswissenschaftliche Forschung auch Vorsitzender des Verfassungs- und Rechtsausschusses der Volkskammer. (A.a.O., S. 29 f.)

88 Dagegen sollte sich Hilde Benjamin, die als Justizministerin die Rechtswissenschaft ähnlich wie Polak beeinflusste, um die positivrechtlichen Fächer kümmern, namentlich um die Straf- und Familienrechtslehre. (Dreier u.a. (Hrsg.), Rechtswissenschaft in der DDR 1949–1971, S. 39). Zu Hilde Benjamin siehe Wagner, Hilde Benjamin, 1999.

89 Zum Staatsrat siehe insbesondere Mampel, Die Funktion des Staatsrates, in: Recht in Ost und West, S. 130 ff.

Zugang zu Ulbricht und traf in Absprache mit diesem politische Entscheidungen auf informellem Wege[90].

Trotz seiner Karriere in Staat und Partei war Polak kein typischer „Apparatschik“. Er hatte sich stets eine gewisse Intellektualität bewahrt[91]. Dies konnte zwar zu Mißverständnissen führen[92] - unter anderem wurde ihm ein Hang zum Theoretisieren vorgeworfen[93] - es behinderte seinen Aufstieg aber nicht außergewöhnlich.

a) Wesentliche politische Stationen

Am 11. März 1946 wurde im Sekretariat der KPD beschlossen, Karl Polak als Leiter der Abteilung Justizfragen beim Parteivorstand anzustellen[94]. Dort war er gleichberechtigt neben Reinhold Schäfermeier[95] tätig[96]. Schon einen Monat später begründete Polak, seinem instrumentellen Rechtsverständnis entsprechend, den Vorschlag der neu entstandenen SED, die Justizverwaltung der SBZ umzustrukturieren. Dies zeigt, wie schnell Polak im Parteiapparat Einfluss gewann. Durch diesen Vorschlag sollte die Verwaltung der Länder vereinheitlicht werden, indem die Verwaltung von den Oberlandesgerichtspräsidenten auf die Justizabteilungen der örtlichen Verwaltungen übergehen sollte.

„Wir halten (...) die Übertragung der Justizverwaltung auf die rein politische Instanz der Landes- bzw. Provinzialverwaltung für zweckmäßig, da sie eine bessere Kaderauswahl und

90 Vgl. insbesondere die Akteneinheit 1119 aus dem Nachlaß Ulbricht, in der mehrere Mitteilungen von Polak an Ulbricht enthalten sind. (SAPMO-BArch NY 4182/1119).

91 Mollnau, Die Babelsberger Konferenz, ARSP 91, S. 238.

92 Weichelt, Über Mängel das Vorwärtsweisende nicht vergessen!, SuR 58, S. 528 ff.

93 Einschätzung Polaks als Abgeordneter der Volkskammer von seinem Wahlkreis Heiligenstadt vom 15.8.1958, in: Kaderakte Polaks, SAPMO-BArch DY 30/IV 2/11/v 353 Bl. 75.

94 Beschluß des Sekretariats vom 11.3.1946, in: Kaderakte Polaks, SAPMO-BArch DY 30/IV 2/11/v 353 Bl. 39.

95 Reinhold Schäfermeier (18.6.1913-7.2.1967) studierte 1934 bis 1941 Jura in Berlin und promovierte anschließend. 1945 trat er der SPD bei und wurde 1946 Mitglied der SED. Bis zum Jahre 1949 war er stellvertretender Leiter der Abteilung Justiz. Schäfermeier leitete diese Abteilung später nach dem Weggang Polaks an die Universität Leipzig kurzzeitig selbständig. Nachdem aber herauskam, daß Schäfermeier seine Mitgliedschaft in NS-Organisationen verschwiegen hatte, wurde die Abteilung aufgelöst und Schäfermeier am 21.10.1949 durch die Zentrale Parteikontrollkommission aus der SED ausgeschlossen. (Dreier u.a. (Hrsg.), Rechtswissenschaft in der DDR 1949-1971, S. 37 Erl. 7). Er flüchtete in die Bundesrepublik und arbeitete dort am Arbeitsgericht in Ravensburg. Politisch engagierte er sich in der SPD. (Wer war wer in der DDR, S. 730).

96 Die gleichberechtigte Besetzung aller wichtigen Funktionen mit einem KPD- und einem SPD-Vertreter hatte die SED auf ihrem Gründungsparteitag festgelegt. (Dreier u.a. (Hrsg.), Rechtswissenschaft in der DDR 1949-1971, S. 36 Erl. 5).

Kaderkontrolle sicherstellt, als diese durch den Oberlandesgerichtspräsidenten durchgeführt werden könnte."[97]

Wiederum ein Jahr später gestaltete Polak mit Ulbricht die 1. Juristenkonferenz der SED (1./2. März 1947). Hier wurde die marxistisch-stalinistische Rechtsposition innerhalb der Partei begründet und durchgesetzt[98].

Später sollte dieses instrumentelle Rechtsverständnis insbesondere in der Unterstellung der Rechtswissenschaft unter zwei ZK-Abteilungen zum Ausdruck kommen[99]. Die Rechtswissenschaft unterstand zum einen der Abteilung Propaganda und zum anderen der Abteilung Staatliche Verwaltung[100]. Unter Ulbricht hatte die Abteilung Staatliche Verwaltung die Vorrangstellung. Sie wurde von Ulbrichts persönlichem Vertrauten, Klaus Sorgenicht, geleitet[101].

Der Weg Polaks wird durch seine weiteren politischen Ämter dokumentiert. Als Mitglied des Verfassungsausschusses der Sowjetischen Besatzungszone gestaltete er maßgeblich die erste Verfassung der DDR von 1949[102]. Diese Tätigkeit wird unten näher dargestellt. 1947 wurde Polak Vorsitzender des neugeschaffenen Rechtspolitischen Ausschusses beim Zentralsekretariat der SED[103]. Außerdem war er persönlicher Referent Grotewohls für Verfassungsfragen. Polak versorgte ihn mit verfassungstheoretischen Texten und beeinflusste so die Verfassungsdebatte in der SBZ[104]. Mit Schaffung des

---

97 Vorschlag des ZS der SED zur Organisation der Justizabteilung in den Ländern und Provinzen vom 26. April 1946, in: Nachlaß Ulbricht, SAPMO NY 4182/1119 Bl. 38. Zur Entwicklung der Justizverwaltung in der SBZ und in der DDR siehe Amos, Justizverwaltung, 1996.

98 Stenographische Niederschrift dieser Konferenz, in: Konferenzen des PV, SAPMO-BArch IV 2/1.01/37. Vgl. Eckert, Rechtswissenschaft in der DDR 1949-1971, S. 35 f. Siehe auch das Kapitel 7 B I 1: „Polak und die Babelsberger Konferenz".

99 Dreier u.a. (Hrsg.), Rechtswissenschaft in der DDR 1949-1971, S. 36.

100 Nach dem 32. Plenum des ZK im Juli 1957 wurde die Abteilung Staatliche Verwaltung in die Abteilung Staats- und Rechtsfragen umbenannt. Die Abteilung Propaganda hieß später Abteilung Wissenschaften. (Dreier u.a. (Hrsg.), Rechtswissenschaft in der DDR 1949-1971, S. 36.) Zur Entwicklung der Abteilung Staats- und Rechtsfragen siehe Rottleuthner, Steuerung der Justiz in der DDR, S. 43 ff.

101 Dreier u.a. (Hrsg.), Rechtswissenschaft in der DDR 1949-1971, S. 15.

102 Wer war wer in der DDR, S. 667.

103 Vgl. Nachlaß Ulbricht. Personelle Besetzungen von SED-Abteilungen 1946 bis 1952. Organisationsaufbau der SED, in: SAPMO-BArch NY 4182/1120, Bl. 33, 214; Projekt der Organisation der Abteilung Justiz von Ulbricht Mitte 1946, in: SAPMO NY 4182/901 Bl. 45; sowie Aufbau des Zentralen Parteiapparates April 1946, in: Tagungsprotokoll des PV der SED, April 1946, Kommission für Staats- und Rechtsfragen, SAPMO DY 30/IV 2/2/1. Siehe auch Amos, Justizverwaltung, S. 30.

104 Vgl. Kaderunterlagen Polak, in: SAPMO DY 30/IV 2/11/v 353 Bl. 56 ff. Siehe auch die Ausarbeitungen Polaks: Recht und Justiz im neuen Deutschland (Vortrag vom 12.7.1947 in Stuttgart vor Juristen der KPD) und Marxismus und Staatslehre, in: Nachlaß Grotewohl, SAPMO-BArch, NY 4090/634 Bl. 29 – 76, Bl. 77 - 119. Im

Volksrates im März 1948 gehörte er diesem an und wurde mit dem Zusammentritt der neugewählten Volkskammer 1949 deren Mitglied und blieb dies bis zu seinem Tode.

1948 schied Polak als Leiter der Abteilung Justiz beim ZS der SED aus und wurde Professor in Leipzig. Allerdings blieb er Mitarbeiter des Parteiapparates und kehrte nach seinem gesundheitsbedingten Ausscheiden aus dem Universitätsbetrieb 1952 wieder nach Berlin zurück. Die charakteristische Verquickung von wissenschaftlicher und politischer Arbeit Polaks spiegelt sich in seiner Tätigkeit ab 1952 in der juristischen Grundlagenforschung als politischer Mitarbeiter in der Abteilung für Staats- und Rechtsfragen beim Zentralkomitee der SED wider. Maßgeblichen Einfluss auf die herrschende Staatskonzeption und damit auf die erste rein sozialistische Verfassung der DDR von 1968 hatte er zudem als Stellvertreter des Vorsitzenden des Verfassungs- und Rechtsausschusses der Volkskammer der DDR. Diesen Posten bekleidete er von 1955 bis 1963[105]. Zudem war Polak von 1957 bis 1961 Mitglied des Ständigen Ausschusses für die örtlichen Volksvertretungen[106].

Eine weitere wichtige politische Tätigkeit war Polaks Arbeit in der Kommission für Staats- und Rechtswissenschaft. In dieser „Rechtskommission" war er seit 1958 Sekretär[107]. Als Politbürokommission stand diese Kommission auf einer Stufe mit den politisch wichtigen Kommissionen wie zum Beispiel der Kommission für Sicherheit oder der Wirtschaftskommission. Der Beschluß zur Gründung dieser Kommission erfolgte nicht, wie ursprünglich geplant, durch eine spezielle Entscheidung des Politbüros, sondern gemeinsam mit allen

---

Anschreiben zu dem Vortrag fragte Polak Grotewohl, ob Änderungen notwendig seien. Dies war nicht der Fall. So hielt Polak diesen Vortrag nicht nur in Stuttgart, sondern auch auf der 1. Juristenkonferenz der SED am 1./2.3.1947, in: Konferenzen des PV, SAPMO-BArch DY 30 IV 2/1.01 37.

105 Biographische Angaben zu Polak (Schulze (Hrsg.), Festschrift Polak, S. 101).

106 Dieser Ausschuß arbeitet unter dem Vorsitz von Hermann Matern und war mit weitgehenden Kompetenzen ausgestattet, was ihn von andern Ausschüssen unterschied. So beschrieb Polak die Aufgabe eines solchen Ausschusse als die Vertretung des Staatsrates, da dieser nicht ständig tagen könne. (Polak, Die weitere Entfaltung der Demokratie, RuA, S. 297, 300) Vor allem konnte der Ausschuß Richtlinien und Durchführungsverordnungen erlassen, denen de facto Gesetzeskraft zukam. (Lapp, Die Volkskammer, S. 160 f.) Weiterhin brachte der Ausschuß eine eigene Zeitung „Sozialistische Demokratie" heraus, deren „Einschätzung" Polak oblag. (Papiere der Arbeitsgruppe zur Einschätzung der Zeitung „Sozialistische Demokratie, in: Nachlaß Matern, SAPMO-BArch NY 4076/197, Bl. 16, 221). Nach Gründung des Staatsrates stellte der Ausschuß seine Tätigkeit ein.

107 Anlage 10 zum Protokoll der Politbürositzung vom 29.7.1958, in: Kommission für Staats- und Rechtswissenschaft, SAPMO-Barch IV 2/2/603. Die Kommission für Staats- und Rechtswissenschaft wurde häufig verkürzt als „Rechtskommission" bezeichnet. (Bernhardt, DASR, S. 138).

anderen Politbürokommissionen[108]. Dies zeigt, welche Bedeutung dieser „Rechtskommission" zukam. Sie hatte weitreichende Kompetenzen, die weit über das Kerngebiet der juristischen Forschung und Lehre hinausgingen. Zu den Aufgaben der Kommission gehörten insbesondere die rechtspolitische Bewertung aller entscheidenden Gesetzesentwürfe sowie die Kontrolle von Vorlesungsprogrammen. Weiterhin überwachte sie rechtswissenschaftliche Veröffentlichungen und fällte personalpolitische Entscheidungen zur Förderung der auf der Babelsberger Konferenz festgelegten Positionen[109].

Wie bereits erwähnt, stellte die Gründungsmitgliedschaft im Staatsrat von 1960 den Höhepunkt der politischen Karriere Polaks dar[110]. Im Staatsrat war er maßgeblich am Staatsratserlaß vom April 1963 zur Neugestaltung der Rechtspflege der DDR beteiligt[111].

b) Polaks Arbeit an der Verfassung der DDR

Die Arbeit Polaks an der ersten Verfassung der DDR 1949 bildet einen wesentliche Markstein seiner politischen Tätigkeit[112]. Dabei beeinflusste er die Frage erheblich, wie ein zukünftiger deutscher Staat nach dem Zweiten Weltkrieg verfasst sein sollte. Im Mittelpunkt dieser Diskussion stand in Ost wie West die Weimarer Reichsverfassung[113].

Die Verfassungsgeschichte der DDR begann im November 1946. Zu diesem Zeitpunkt sah sich die SED genötigt, einen eigenen Verfassungsentwurf der Öffentlichkeit vorzustellen. Denn sie verfügte über Informationen, daß die Westmächte, namentlich die Amerikaner, in Kürze einen eigenen Entwurf veröffentlichen wollten. Otto Grotewohl äußerte die Befürchtung, daß die SED damit ins Abseits der verfassungsrechtlichen Diskussion in Deutschland geraten

108 Arbeitsprotokoll der Politbürositzung vom 4.3.1958, in: SAPMO-Barch J IV 2/2A/616; Arbeitsprotokoll der Politbürositzung vom 29.7.1958, in: SAPMO-Barch J IV 2/2A/643.

109 Dreier u.a. (Hrsg.), Rechtswissenschaft in der DDR 1949-1971, S. 20, 245 ff., 267 ff. m.w.N. Vgl. auch Benjamin, Zur Geschichte der Rechtspflege der DDR 1949 – 1961, S. 259 ff.; Klenner, Babelsdorf 1958, Staat 92, S. 619.

110 Zu Polaks Arbeit im Staatsrat siehe Howe, Karl Polak, S. 231 ff. Vgl. auch die biographischen Angaben zu Polak in: Schulze (Hrsg.), FS Polak, S. 101.

111 Lorenz, Polak, S. 354; Howe, Karl Polak, S. 254 ff. Erlaß des Staatsrates der DDR über die grundsätzlichen Aufgaben und die Arbeitsweise der Organe der Rechtspflege vom 4.4.1963 (GBl.-DDR I (1963), Nr. 3, S.21). In diesem Beschluß wurde das Recht als wichtiges Instrument der Organisation der gesellschaftlichen Entwicklung bezeichnet. (Vgl. Böckenförde, S. 30; siehe auch Rottleuthner, Zur Steuerung der Justiz in der DDR, S. 26).

112 Eine Darstellung der Arbeit Polaks an der Verfassung der DDR findet sich auch in: Howe, Karl Polak, S. 59 ff.

113 Triebel, Otto Grotewohl, S. 15 ff. Triebel spricht in diesem Zusammenhang auch von dem „deutschen ‚Weimar Syndrom'". (Triebel, a.a.O., S. 15, 18)

könnte[114]. So wurde die Verfassungsdebatte in der Sowjetischen Besatzungszone maßgeblich durch den „Entwurf einer Reichsverfassung“ des Zentralsekretariats der SED (ZS)[115] sowie den darauf aufbauenden „Entwurf für die Verfassung einer deutschen demokratischen Republik“ des Parteivorstandes der SED[116] bestimmt[117].

Diese Entwürfe wurden durch Polak wesentlich beeinflusst, da er als Leiter der Abteilung Justiz im zentralen SED-Parteiapparat arbeitete[118]. Insbesondere erläuterte Polak den Entwurf im Verfassungsausschuß des Parteivorstandes der SED am 11.11.1946[119]. Er legte dabei einige grundlegende Aspekte seiner Staatskonzeption in Abgrenzung zur Weimarer Reichsverfassung dar[120]. Darüber hinaus arbeitete er zusammen mit Arthur Plenikowski, dem Leiter der Abteilung Landespolitik, einen Plan aus, nach dem eine „Artikelserie zur Popularisierung des Verfassungsentwurfs“ veröffentlicht werden sollte[121]. In sämtlichen Rechtsfragen stand Polak Ulbricht sehr nahe[122], so daß Polak nicht

---

114 Stenographische Niederschrift über die Sitzung des Verfassungsausschusses am 11.11.1946, in: SAPMO-BArch DY 30/IV 2/1.01/ 23, Bl. 2, 3. Vgl. auch Howe, Karl Polak, S. 65 f.

115 Sitzungsprotokoll der ZS-Sitzung vom 13.11.1946, in: SAPMO-BArch IV 2/2.1/46.

116 Stenografische Niederschrift der 7. Tagung des Parteivorstandes der SED, SAPMO-BArch IV 2/012, 013.

117 Die Entwürfe wie auch letztlich die Verfassung waren noch keine vollständig sozialistischen Staatsordnungen. So beinhalteten die Entwürfe beispielsweise noch föderale Elemente. Dies entsprach nicht dem eigentlichen Willen der Partei, sondern wurde nur aus politischem Kalkül mit in den Entwurf aufgenommen. (Stenographische Niederschrift über die Sitzung des Verfassungsausschusses am Montag, 11. November 1946, in: SAPMO-BArch DY 30/IV 2/1.01 23, Bl. 11 f.). Vgl. auch den „Entwurf einer Verfassung für die deutsche demokratische Republik” des „Deutschen Volksrates”. Abgedruckt in: NJ 1948, S. 257.

118 Wer war wer in der DDR?, S. 667.

119 Stenographische Niederschrift über die Sitzung des Verfassungsausschusses beim Parteivorstand der SED am 11.11. 1946, in: SAPMO-BArch DY 30/IV 2/1.01/ 23, Bl. 6-18. Dieser Ausschuß bestand aus einem eilig von Grotewohl zusammengerufenen Gremium, um in der Verfassungsdebatte „die übrigen Teile Deutschlands zu zwingen, sich mit unseren Gedankengängen zu beschäftigen“. (Grotewohl, in: Stenographische Niederschrift über die Sitzung des Verfassungsausschusses beim Parteivorstand der SED am 11.11. 1946, in: SAPMO-BArch DY 30/IV 2/1.01/ 23, Bl. 2).

120 Zu Bildung, Zusammensetzung und Arbeit des Verfassungsausschusses siehe auch Howe, Karl Polak, S. 79 ff. Zu Polaks Vorträgen vergleiche Howe, a.a.O., S. 82 ff.

121 Sitzungsprotokoll der ZS-Sitzung vom 19.11.1946, in: SAPMO-BArch IV 2/2.1/48. Der Plan umfasste 20 Themen. Als Autoren waren sämtlich Mitglieder des ZS vorgesehen. Hinzu kamen Mitglieder des zentralen Parteiapparates der SED. Möglicherweise in Abstimmung mit Plenikowski war Polak auch maßgeblich an dem SED-Entwurf für die Landesverfassungen beteiligt. (Howe, Karl Polak, S. 76 f.).

122 Vgl. etwa einen Brief von Polak an Ulbricht, in dem Polak Ulbricht riet, die Änderung des „Entwurfs ... über den Präsidenten“ als „vordringlich“ zu betrachten. Dementsprechend stand dieser Punkt auch auf der Tagesordnung der folgenden Sitzung

nur in diesem Zusammenhang als „rechte Hand Ulbrichts in allen Angelegenheiten der Rechtspolitik, des Rechts und der Justiz“ bezeichnet wird[123].

Neben dieser Tätigkeit im Verfassungsauschuß des Parteivorstandes und in der Abteilung Justiz nahm Polak insbesondere durch zwei Artikel Einfluss auf die Verfassungsdebatte. Sie erschienen in der SED-Parteizeitschrift „Einheit“[124]. Beide waren als Grundsatzartikel konzipiert und gaben die parteioffizielle Bewertung und Interpretation des Verfassungsentwurfs wieder[125]. So veröffentlichte der SED-Parteivorstand eine erweiterte Fassung des zweiten Artikels in einer Auflage von 100.000 Exemplaren[126].

Die Verfassungsentwicklung sollte aber auch nach der Diskussion der Entwürfe von Polak erheblich beeinflusst werden. Mit dem Zusammentritt des Verfassungsausschusses des Deutschen Volksrates am 15.4.1948 wurde Polak dessen Mitglied. Der Deutsche Volksrat ging aus dem von der SED inszenierten „Zweiten Deutschen Volkskongreß“ hervor und bezeichnete sich als einzig legitime Repräsentation des deutschen Volkes[127]. Im Ausschuß des Volksrates ergriff Polak Partei für eine „revolutionär-demokratische Verfassung“ und bestimmte so die Diskussion. Auch dürfte Polaks frühere Arbeit für Otto Grotewohl, den Vorsitzenden des Verfassungsausschusses, als dessen persönlicher Referent die Fragestellungen in der Debatte bestimmt haben[128]. Entscheidenden Einfluss auf die Debatte hatten aber sicherlich die beiden Grundsatzreferate Polaks im Ausschuß. Hier legte er seine Sicht der historischen

---

des Parteivorstandes. (Brief in: SAPMO-BArch, NY 4182 1104, Bl. 72; Vorlage zur Sitzung des Parteivorstandes am 22. und 23.1.1947 in: SAPMO-BArch DY 30/IV 2/13/230).

123 Mollnau, Schwund der Mitte, S. 407.

124 Polak, Gewaltenteilung – Menschenrechte - Rechtsstaat, Einheit 46, S. 385 ff.; abgedruckt in: ders., Reden und Aufsätze, S. 126 ff.. Zitiert wird der Aufsatz aus dem Sammelband „Reden und Aufsätze“. Polak, Marxismus und Staatslehre, Einheit 47, S. 4 ff. Ein Exemplar des zweiten Aufsatzes befindet sich auch im Nachlaß von Otto Grotewohl. (SAPMO-BArch, NY/4090 634, Bl. 77 – 119).

125 Mollnau, Schwund der Mitte, S. 406.

126 Beschluß des ZS vom 10.12.1946, in: SAPMO-BArch IV 2/2.1/52. Polak, Marxismus und Staatslehre, 1947. Vorwort Otto Grotewohl.

127 Mampel, Die Entwicklung der Verfassungsordnung in der Sowjetzone, S. 508 f.

128 Wer war wer, S. 667; vgl. Triebel, S. 40. Polak erstattet Grotewohl regelmäßig Bericht über die Arbeit in den Ausschüssen und Unterausschüssen. Vgl. die Hausmitteilungen und die Niederschrift von einem Telefonat zwischen Polak und Grotewohl (SAPMO-BArch NY 4090 646 Bl. 27, 38 f.). Darüber hinaus gibt es zahlreiche Formulierungen Grotewohls, die stark an Polaks Diktion erinnern. So verwenden sowohl Grotewohl wie auch Polak die Formel: „Keine Menschenrechte ohne Sozialismus“. (Grotewohl, Deutsche Verfassungspläne, S. 73; Polak, Gewaltenteilung–Menschenrechte–Rechtsstaat, S. 139). Der Urheber dieser Formel kann nicht ermittelt werden. Allerdings liest sich der gesamte Beitrag Grotewohls wie eine Arbeit Polaks.

Staatsentwicklung in Deutschland dar[129]. Das erste Referat hielt Polak am 11. Mai 1948 während der dritten Sitzung des Verfassungsausschusses über „Das Verfassungsproblem in der geschichtlichen Entwicklung Deutschlands“[130]. Das zweite Referat hielt Polak während der fünften Sitzung des Ausschusses am 8. Juni 1948 über „Die Weimarer Reichsverfassung, ihre Errungenschaften und ihre Mängel“[131]. Beide Referate bildeten die wesentlichen theoretischen Grundlagen für die erste DDR-Verfassung, die am 19.3.1949 vom Verfassungsausschuß verabschiedet wurde[132].

Neben seiner Mitarbeit im Verfassungsausschuß wurde Polak auch Mitglied eines Unterausschusses, der eine Gliederung der verfassungsrechtlichen Fragen für eine spätere Abschlussdiskussion erstellen sollte. Polak erarbeitet diese zusammen mit dem CDU Politiker Brandt und stellte sie dem Verfassungsausschuß am 1.7.1948 vor[133]. Die Auswertung dieser Diskussion wurde wiederum einem Unterauschuß übertragen, dem auch Polak angehörte. Am 28.7.1948 stellte Polak dann die vom Unterauschuß ausgearbeiteten Richtlinien, eine thesenhafte Zusammenfassung der bisherigen Ergebnisse, vor. Polak war bei der Erarbeitung hierbei nach Grotewohl „federführend“ gewesen[134]. Neben seiner Arbeit in den verschiedenen Ausschüssen gestaltete Polak die Verfassung durch seine Arbeit „Volk und Verfassung“, die als erste wissenschaftliche Kommentierung der Verfassung gilt[135]. Die Verfassung wurde dann am 7.10.1949 geltendes Recht, als der Deutsche Volksrat sich als provisorische Volkskammer der DDR konstituierte und den Entwurf in Kraft setzte[136]. Zusammenfassend kann Polak damit als einer der Väter der DDR-Verfassung von 1949 bezeichnet werden.

---

129 Vgl. Schöneburg, Polak und die erste antifaschistisch-demokratische deutsche Verfassung, S. 39, 41, 43.

130 Siehe Nachlaß Ulbricht, in: SAPMO-BArch NY 4182 1127, Bl. 271 f. Abgedruckt in: Karl Polak – Reden und Aufsätze, S. 150 - 174.

131 Siehe Nachlaß Ulbricht, in: SAPMO-BArch NY 4182 1127, Bl. 272 f. Dieses Referat wurde 1950 veröffentlicht. Polak, Die Weimarer Verfassung, ihre Errungenschaften und Mängel, Berlin 1950. Abgedruckt ist das Referat auch in: Karl Polak – Reden und Aufsätze, Berlin 1968, S. 176, 231.

132 Baumgarten, Kuczynski, Stern, Antrag auf Zuwahl Polaks zum akademischen Mitglied der AdW, in: ABBAW, Bestand Akademieleitung – Personalia, Archivnummer 356, Akte Polak.

133 Stenographische Niederschrift über die Sitzung des Verfassungsausschusses beim Parteivorstand der SED am 1.7.1948, in: SAPMO-BArch NY 4090/644 Bl. 268 ff.

134 Stenographische Niederschrift über die Sitzung des Verfassungsausschusses beim Parteivorstand der SED am 20.7.1948, in: SAPMO-BArch NY 4090/644 Bl. 430.

135 Schöneburg, Polak und die erste deutsche Verfassung, S. 40.

136 Gesetz über die Konstituierung der Provisorischen Volkskammer der DDR vom 7.10.1949 (DDR-GBl. S.1); Gesetz über die Verfassung der DDR vom 7.10.1949 (DDR-GBl. S. 4 ff.).

Polak nahm auch nach 1948, neben seiner direkten politischen Arbeit, Einfluss auf das Staatsrecht der DDR, indem er eine ganze Reihe wichtiger Gesetze kommentierte[137]. Diese Kommentierungen wurden häufig in der SED-Zeitschrift „Einheit“ veröffentlicht, so daß ihnen parteioffizieller Charakter und eine dementsprechende Bedeutung zukamen[138].

2. Das Leben und Wirken des Wissenschaftlers Polak

Der Wissenschaftler Karl Polak wurde von einem seiner Schüler, Rainer Arlt, in gewisser Weise treffend charakterisiert, als er schrieb:

> „Karl Polak war bis zu seinem leider viel zu frühen Tode am 27. Oktober 1963 der hervorragende Staats- und Rechtswissenschaftler unserer Republik. Sein Werk ist uns in einer verwirrenden Vielzahl von Aufsätzen, Reden, Vorträgen und Vorlesungen hinterlassen. In welcher Form er uns aber auch entgegentritt – immer ist er in allen seinen Teilen von einer grundlegenden Idee beseelt, nämlich der Dialektik von Gesellschaft einerseits und Staat und Recht andererseits.“[139]

a) Das Wesen seiner wissenschaftlichen Arbeit

Diese emotionale Verbundenheit Polaks mit seiner wissenschaftlichen Arbeit spiegelt sich in seinem Vokabular und im radikalen Inhalt seiner Konzeptionen wider. Zutreffend schreibt Inga Markovits:

> „Immer geht es bei Polak um Extreme: um ‚fundamentale Tatsachen', ‚grundlegende Unterschiede', ‚grundlegende Veränderungen'. Seine Beweisführung kennt weder Kompromisse noch Schattierungen. Die Welt ist in Hell und Dunkel aufgeteilt: richtig steht gegen falsch, neu gegen alt, objektiv gegen subjektiv, bewußt gegen spontan, Freund oder Feind. ‚Es gibt hier nur ein Entweder/Oder' ist eine seiner Lieblingsformulierungen. (...) Hier geht es nicht um anstudierte ideologische Exerzitien. (...) Hier brennt ein anderes Feuer als die künstlich genährten Flämmchen, die durch die Aufsätze der meisten anderen Rechtstheoretiker in der DDR flackerten.“[140]

Da es Polak stets um „grundlegende“ Zusammenhänge ging, ist sein Werk durch extreme Abstraktion gekennzeichnet. Zwar behandelt er in seinen Arbeiten durchaus bestimmte Gesetze; allerdings bespricht er diese im Sinne seines Wissenschaftsverständnisses nicht unter rechtlichen Aspekten. Vielmehr ähneln seine Ausführungen Abhandlungen über den Marxismus-Leninismus. Daher ist es irreführend, wenn es in einem Nachruf auf Polak heißt, „daß in den

137 Vgl. die Bibliographie in der Festschrift von 1987 sowie die Kapitel 2 und 3 in Polak, Reden und Aufsätze.

138 Vgl. Mollnau, Schwund der Mitte, S. 406, 411.

139 Arlt, Einleitung, S. 9.

140 Markovits, Abwicklung, S. 156. Die Familiengeschichte der Polaks begründet die Vermutung, daß die Vertreibung und Vernichtung seiner Familie durch die Nationalsozialisten Gründe für Polaks leidenschaftliche Arbeit waren.

Arbeiten von Karl Polak niemals beschreibend über das Wesen von Staat und Recht meditiert wird, sondern stets die gesellschaftlich-gestaltende Kraft des sozialistischen Staates aufgedeckt wird."[141] Zutreffend, wenn auch etwas polemisch, wäre es gewesen, wenn es geheißen hätte: „Weil Polak stets versuchte, die gesellschaftlich-gestaltende Kraft des sozialistischen Staates aufzudecken, meditierte er über das Wesen von Staat und Recht."

Charakteristisch für Polaks wissenschaftliches Opus ist dessen große Zersplitterung[142]. Dies hängt mit der Arbeitsweise Polaks zusammen. Stets behandelte er einzelne Aspekte eines übergeordneten Themas, ohne diese einzelnen Gedanken zu einem systematisch geschlossenen Gesamtwerk zusammenzufassen. Eine gewisse Ausnahme stellt daher der einzige zu seiner Lebenszeit veröffentlichte Sammelband „Zur Dialektik in der Staatslehre" dar. Dieses Buch ist gleichzeitig sein wichtigstes Werk, das zudem als Lehrbuch in der rechtswissenschaftlichen Ausbildung der DDR verwendet wurde. Posthum wurden zwei weitere Sammelwerke veröffentlicht[143].

b) Polaks Professur in Leipzig

Eine Bestätigung Polaks wissenschaftlicher Arbeit war seine Professur in Leipzig[144]. 1949 begann er dort zunächst ohne reguläre Professur zu arbeiten und hielt als Privatdozent Vorlesungen.

Diese musste er in einem speziellen Umfeld halten[145]. So mangelte es der Leipziger Universität nicht nur an Lehrkräften, sondern auch an Lehr- und Büromaterialien. Hinzu kam, daß zwei Drittel aller Gebäude im Zeiten Weltkrieg vernichtet oder schwer beschädigt worden waren. Trotz dieser Widrigkeiten konnte der Lehrbetrieb 1946 wieder aufgenommen werden. Gegen den Willen der Studenten und der noch vorhandenen Professorenschaft wurden die Lerninhalte dann im Sinne der neuen Machthaber sozialistisch umgestaltet. Beispielsweise sollte Heinz Such, seit Oktober 1946 Lehrbeauftragter und nach 1949 kommissarischer Verwalter des Lehrstuhls für Bürgerliches Recht, sozialistische Vorlesungsinhalte einführen und ausbauen. Als Vorstandsmitglied der SED-Betriebsgruppe Leipzig für den Fachbereich Jura erhielt Such zudem politische Aufträge[146]. Daneben diente aber insbesondere die vom Land Sachsen

---

141 Wissenschaftlicher Rat/Redaktionskollegium SuR, SuR 63, S. V.

142 Vgl. Arlt, Einleitung, S. 11; Wissenschaftlicher Rat/Redaktionskollegium SuR, Dem Gelehrten Polak, SuR 63, S. I.

143 Polak, Reden und Aufsätze, Berlin (Ost) 1968; Polak, Staat - Demokratie - Leitung, Berlin (Ost) 1985.

144 Vgl. hierzu Howe, Karl Polak, S. 107 ff.

145 Polak hielt in Leipzig zunächst an zwei aufeinanderfolgenden Tagen Vorlesungen. Er blieb jedoch in Berlin wohnen und pendelte zwischen Leipzig und Berlin (Auszug aus Protokoll aus der Sitzung des Zentralsekretariats vom 12.4.48, in: SAPMO-BArch DY 30/IV 2/11/v 353 Bl. 41).

146 Siehe Stiebitz, Such, S. 17 f.

kontrollierte Personalpolitik dazu, den Marxismus-Leninismus an der Universität zu implementieren. Die Einstellungen neuer Lehrer orientierten sich nicht mehr an fachlicher Eignung der Bewerber, sondern an ihrer Parteizugehörigkeit[147]. Insbesondere im juristischen Bereich mangelte es an geeigneten Lehrkräften, die neben ihrer juristischen auch eine marxistische Ausbildung vorweisen konnten. So war es Polak möglich, in Leipzig zunächst ohne reguläre Professur zu arbeiten. Seine bisherige Ausbildung sowie die schwierige Situation der Universität ebneten ihm den Weg.

In diesem politisch sensiblen Umfeld wählte Polak als Thema seiner Antrittsvorlesung ein Thema, das paradigmatisch für seine weitere Tätigkeit war: „Krisis und Neubau der Staatswissenschaft“[148]. Dementsprechend hielt er eine Vorlesung über „Allgemeine Staatslehre“. Sie entsprach den politischen Vorstellungen der Landesverwaltung, denn sie enthielt einen an der marxistischen Geschichtstheorie orientierten Abriß verschiedener Staatslehren[149]. Dieser Überblick war ein zentraler Teil der wissenschaftlichen Arbeit Polaks und diente ihm als Grundlage seiner eigenen Staatskonzeption. Insbesondere ging Polak in der Vorlesung auf die bürgerliche Staatslehre in Deutschland sowie auf die Entwicklungen der Staatslehre während des „proletarischen Aufschwungs“ ein.

Die Universität sowie die Landesregierung waren sehr zufrieden mit den Vorlesungen Polaks und wollten ihn längerfristig an die Universität binden[150]. An dieser Zufriedenheit änderte sich während der gesamten Vorlesungszeit nichts. Polaks Gehaltsforderungen wurde dementsprechend stets entsprochen[151]. Während der Verhandlungen über eine längerfristige Tätigkeit in Leipzig äußerte er den Wunsch, an der Gesellschaftswissenschaftlichen Fakultät zu unterrichten. Erst wenn die Juristenausbildung reformiert werde, wolle er an die Juristenfakultät gehen. Dies zeigt seine innere Überzeugung von der Notwendigkeit einer grundlegenden Reform des Rechts. Seinen Wunsch, nicht an der Juristenfakultät zu unterrichten, setzte er auch gegen Regierungs- und Universitätsvertreter durch[152]. Am 12. Oktober 1949 wurde er als Ordinarius für Staatslehre berufen und wurde am 1.April 1949 als Professor an der Karl-Marx-Universität eingestellt. Schließlich wurde er am 28. Juli 1950 zum Professor für

---

147 Stiebitz, a.a.O., S. 19.

148 Auszugsweise abgedruckt in: NJ 1949, S. 78 – 81.

149 Disposition vom 30.6.1948, in: Berufungsakte Polak, SAPMO-BArch DR 3/B 15149 Bl. 5, 6. Abgedruckt ist diese Disposition im Anhang.

150 Brief der Landesregierung Sachsen an Polak, in: SAPMO-BArch DR 3/B 15149 Bl. 11. Vergleiche auch den Brief von Rocholl, dem Referenten der Landesregierung Sachsen, an den Dekan der Juristenfakultät der Universität Leipzig, in dem Rocholl Polak als „hochbegabt“ bezeichnet. (A.a.O., Bl. 16).

151 Korrespondenz Polaks mit der Landesregierung Sachsen, in: SAPMO-BArch DR 3/B 15149 Bl. 60, 64, 86.

152 Gedächtnisprotokoll Rocholls von einem Gespräch mit Polak vom 25.3.49, in: SAPMO-BArch DR 3/B 15149 Bl. 25.

Staatsrecht, Staatslehre und Völkerrecht an der Juristenfakultät berufen[153]. Der Dekan der Juristischen Fakultät, Jacobi, hatte dies in einem Schreiben an die Landesregierung Sachsen vom 19. Mai 1950 mit der Notwendigkeit begründet, die bis auf zwei Mitglieder zusammengeschmolzene Fakultät personell zu verstärken[154].

Im Wintersemester 1950 hielt Polak eine Vorlesung über „Staats- und Rechtsprobleme der Gegenwart"[155]. Hier ging Polak auf die Entwicklung der sozialistischen Staatslehre seit 1848 ein. Im Mittelpunkt stehen dabei die staatstheoretischen Ausführungen Marxens und Lenins. Polak hob hervor, daß er „die Vorlesung geschichtlich halten" werde[156]. 1950 hielt Polak zudem Gastvorlesungen in Halle über „Staats- und Verfassungsprobleme der Gegenwart"[157].

Hinzuzufügen ist, daß Polak seine politische Arbeit nach dem Beginn seiner Tätigkeit in Leipzig 1948 keineswegs beendete. Zwar schied er durch einen Beschluß des Zentralsekretariats der SED aus der von ihm geleiteten Abteilung Justiz aus[158]. Dennoch blieb er unter Entbindung von der Büroarbeit weiterhin im Apparat des Zentralsekretariats. So bezog Polak auch nach 1948 weiter das gleiche Gehalt und gleiche Versorgungsbezüge[159].

c) Gesundheitliche Probleme

Polaks Arbeit in Leipzig endete im Wintersemester 1952. Im Januar 1952 schied er wegen gesundheitlicher Probleme aus dem Universitätsbetrieb aus[160]. Er hatte zeitlebens keine besonders gute Konstitution[161] und litt ständig unter Asthma[162]. Entscheidend für seinen Abschied vom Universitätsbetrieb dürfte aber seine Depression gewesen sein. Nach der Diagnose des behandelnden Arztes war

153 Berufungsurkunde Polaks, in: SAPMO-BArch DR 3/B 15149 Bl. 78.

154 Brief vom Dekan an die Landesregierung Sachsen vom 19.5.1950, in: SAPMO-BArch DR 3/B 15149 Bl. 74.

155 Stundenweise Aufteilung der Vorlesung „Staats- und Rechtsprobleme der Gegenwart" für 3. Semester für Juristenfakultät Leipzig (29. Sept. 1950), in: SAPMO-BArch DR 3/B 15149 Bl. 86. Der Vorlesungsplan ist im Anhang abgedruckt.

156 Anmerkung Polaks zur Vorlesung, in: SAPMO-BArch DR 3/B 15149 Bl. 86.

157 Berufungsakte Polak, in: SAPMO-BArch DR 3/B 15149 Bl. 112, 123.

158 Auszug aus dem Protokoll einer Sitzung des Zentralsekretariats vom 12.4.48, in: SAPMO-BArch DY 30/IV 2/11/v 353 Bl. 41.

159 Ebd.

160 Brief Polaks an die Universitätsleitung vom 7.1.1952, in: SAPMO-BArch DR 3/B 15149 Bl. 126.

161 So verbrachte Polak Ende 1948 mehr als einen Monat im Erholungsheim Börnicke. (Auszug aus dem Protokoll der Sitzung des Zentralsekretariats vom 23.11.48, in: DY 30/IV 2/11/v 353 Bl. 42).

162 Daher bestand er auch darauf, in Leipzig eine „absolut trockene" Wohnung zu bekommen. (Gedächtnisprotokoll Rocholls von einem Gespräch mit Polak vom 25.3.49, in: SAPMO-BArch DR 3/B 15149 Bl. 25).

diese Depression eine Spätfolge einer Hirngrippe und durch die immense Arbeitsbelastung ausgelöst worden, der sich Polak ausgesetzt habe[163]. Zur stationären Behandlung wurde Polak im Juli 1951 in die Psychiatrische und Nervenklinik in Leipzig eingewiesen.

Anlaß für den gesundheitlichen Zusammenbruch Polaks könnte ein wissenschaftlicher und persönlicher Angriff auf ihn gewesen sein, dem er sich von Teilnehmern eines Ausbildungslehrgangs in Forst-Zinna ausgesetzt sah[164]. Dieser Lehrgang im Frühling und Sommer 1951 diente dazu, junge Juristen marxistische zu schulen. Ihre Ausbildung sollte sie auf eine spätere wissenschaftliche Karriere im Lehrbetrieb der DDR-Hochschulen vorbereiten[165]. Zu den von Polak betreuten Teilnehmern gehörten Hermann Klenner, Ulrich Krüger und Karl-Heinz Schöneburg. Einige Teilnehmer dieses Lehrgangs hatten Polak in einem 125 Seiten langen Pamphlet schwere wissenschaftliche und persönliche Vorwürfe gemacht. So wurde ihm vorgeworfen, er vertrete „rein idealistische Positionen und käme so zu einer völligen Ignorierung der Bedeutung von Stalin und Engels für die Staatstheorie". Außerdem vertrage sich Polaks „Gier nach Geld (...) nicht mit bolschewistischer Moral". Schließlich verdächtigte man den „Gen. Polak nicht nur ein objektiver, sondern auch ein subjektiver Schädling" zu sein[166]. Warum diese Verdächtigungen ohne Folgen geblieben sind, kann nur vermutet werden. So wird vertreten, daß Ulbricht die entsprechenden Papiere anforderte und unter Verschluß nahm[167].

Gegen die Vermutung, daß dieser Angriff direkt zu Polaks gesundheitlichen Problemen geführt hat, spricht jedoch, daß Polak bereits im Februar 1951 die Bewilligung eines Kuraufenthaltes in der UdSSR beantragt hatte. Dem entsprach das Sekretariat des ZK jedoch nicht[168].

Jedenfalls bat Polak wegen „gesundheitlicher Probleme" dann im Januar 1952 um Beurlaubung von seiner Professur in Leipzig[169]. Seinem Urlaubswunsch wurde sofort entsprochen. Polak kehrte danach nicht wieder nach Leipzig zurück, sondern ließ sich bis zu seinem Tod stets für ein weiteres Jahr

---

163 Befundbericht betr. Polak von Oberarzt Dr. Müller-Hegemann der Psychiatrischen und Nervenklinik der Universität Leipzig vom 10.7.1951, in: SAPMO-BArch DR 3/B 15149 Bl. 125.

164 Vgl. Howe, Karl Polak, S. 122 ff.

165 Arlt, Die Rezeption der sowjetischen Rechtswissenschaft, S. 165, 186.

166 Nachlaß Ulbricht, SAPMO-BArch NY 4128/1124 Bl. 209 – 335.

167 Dreier u.a. (Hrsg.), Rechtswissenschaft in der DDR 1949-1971, S. 38). Dieser Vermutung widerspricht jedoch Howe, der aber auch keine definitive Erklärung für die politische Folgenlosigkeit der Aktion finden kann. (Howe, Karl Polak, S. 127 f.).

168 Aktennotiz aus der Kaderakte Polak, in: SAPMO-BArch, DY 30/IV 2/11/v 353 Bl. 5.

169 Polak bat am 7. Januar 1952 wegen gesundheitlicher Probleme um Beurlaubung für das Frühjahrssemester 1952. (Brief an die Universitätsleitung, SAPMO-BArch DR 3/B 15149 Bl. 126) Er wurde daraufhin vom 1.1.1952 - 31.3.1952 beurlaubt. (Brief an Polak, a.a.O., Bl. 127).

beurlauben[170]. Wissenschaftlich arbeitete Polak im Anschluß an seine Beurlaubung von der Professur ab dem 1. März 1952 als juristischer Mitarbeiter der Nationalrates der „Nationalen Front des demokratischen Deutschland"[171] und vor allem als wissenschaftlicher Mitarbeiter bei der ZK-Abteilung Staatliche Verwaltung[172].

d) Polak an der Akademie der Wissenschaften

Gesondert hervorgehoben werden muß Polaks Tätigkeit an der Akademie der Wissenschaften zu Berlin. Dort existierte ab 1955 eine Sektion Rechtswissenschaft unter der Leitung Arthur Baumgartens, in der Polak Sekretär wurde. 1959 wurde diese Abteilung dann zur Sektion Staats- und Rechtswissenschaften, in der Polak als nichtakademisches Gründungsmitglied ebenfalls als Sekretär arbeitete[173]. 1961 stellten die Akademiemitglieder Arthur Baumgarten, Jürgen Kuczynski, Leo Stern und Streisand einen Antrag auf Zuwahl von Polak zum Mitglied der Akademie. In diesem Antrag wurde Polak als ein Staatswissenschaftler ersten Ranges in der DDR, „ja des ganzen sozialistischen Lagers" gewürdigt. Polaks Buch „Zur Dialektik in der Staatslehre" sei eine der eindrucksvollsten Leistungen der Staats- und Rechtswissenschaft der DDR, weil es die Grundzüge einer „dialektischen Staatslehre" schaffe. Polak betone in diesem Buch den Unterschied zwischen der Natur- und Vernunftrechtslehre, wie sie im Kampf des aufsteigenden Bürgertums entstand, einerseits und der spätbürgerlichen positivistischen Staats- und Rechtswissenschaft andererseits. Letztere löse den Staat und sein Recht aus der Gesellschaft mit ihren lebendigen Kräften heraus. Dagegen leite Polak die Entstehung des sozialistischen Staates aus den gesellschaftlichen Entwicklungsgesetzen ab. Weiterhin wird hervorgehoben, daß Polak maßgeblich an der Verfassung von 1949 mitgearbeitet habe. Diesen Gedanken folgend faßte die Klasse für Philosophie, Geschichte, Staats- und Rechtswissenschaften am 4. Mai 1961 den Beschluß, Polak als akademisches Mitglied aufzunehmen, und ernannte ihn am 15. Juni zum Mitglied der Akademie.

Im Dezember 1961 wirkte er bei der Gründung der „Arbeitsstelle für die Staats- und Rechtsfragen der sozialistischen Länder" an der Akademie mit und

---

170 Aktenvermerke in der Berufungsakte, in: SAPMO-BArch DR 3/B 15149 Bl. 128, 131, 132, 135, 148, 155.

171 Dort bezieht Polak einen Monatslohn von 1.700,- DDR-Mark und erhält einen PKW inklusive Fahrer (Kaderakte Polaks, SAPMO-BArch DY 30/IV 2/11/v 353 Bl. 59, 64).

172 Kaderakte Polaks, SAPMO-BArch DY 30/IV 2/11/v 353 Bl. 67, 68. Vgl. Howe, Karl Polak, S. 157 ff.

173 ABBAW, Bestand Akademieleitung - Personalia, Archivnummer 356, Akte Nr. 34, Abschnitt Gründung, Aufgabenstellung der Sektion. Die Aufgabe der Sektion bestand in der Koordinierung der Forschung durch Zusammenführung tonangebender Vertreter von Theorie und Praxis.

gab maßgeblich den Aufgabenbereich vor[174]. Daneben war er noch Mitglied des Instituts für Rechtsphilosophie[175]. Schließlich sollte Polak den Vorsitz der neuen „Arbeitsstelle für Völkerrecht" übernehmen. Sein früher Tod hinderte ihn allerdings daran. In einem Nachruf von Baumgarten hieß es dazu, daß Polak insbesondere als Völkerrechtler nicht zu ersetzen gewesen sei[176].

3. Denunziation

Trotz seiner wissenschaftlichen wie politischen Bedeutung wurde Polak auch Opfer einer Denunziation. Diese blieb allerdings nicht nur wegen ihrer Belanglosigkeit ohne Folgen. Der Hintergrund der Verleumdungsversuche könnte die angespannte Stimmung in den Ländern des Warschauer Paktes gewesen sein. So wurde 1949 im Anschluß an die Verhaftung eines angeblichen westlichen Spions in Prag, Noel H. Field, in den Staaten der sowjetischen Einflußzone jeder der Spionage verdächtigt, der irgendwie mit Field in Kontakt gekommen war. Auch in der SED wurden daraufhin Mitglieder überprüft[177]. Im Zuge dieser parteiinternen Untersuchungen veröffentlichte das ZK gemeinsam mit der Parteikontrollkommission eine Erklärung „zu den Verbindungen ehemaliger deutscher politischer Emigranten zu dem Leiter des Unitarian Service Committee Noel H. Field"[178]. In dieser Schrift ermahnte die Partei zu erhöhter Wachsamkeit gegenüber imperialistischen Agenten. Die Erklärung wurde am 24. August 1950, also einige Tage vor der ersten Denunziation Polaks, herausgegeben. Auch aufgrund dieser zeitlichen Nähe liegt die Vermutung nahe, daß es eine Verbindung zwischen der Veröffentlichung und der Verleumdung Polaks durch ein SED-Mitglied gab[179].

Max Schreiber aus dem SED Kreisvorstand Aue (Sachsen) versuchte Polak durch zwei Schreiben zu diskreditieren. Das erste, eine Aktennotiz, richtete Schreiber an ein Mitglied des Sekretariats der Landesleitung Sachsen der SED, Arthur Schliebs, um „seiner Besorgnis" wegen der anstehenden Abstimmung

---

174 ABBAW, Bestand Klassen, Nr. 87. Die Hauptaufgabe dieser Arbeitsstelle war die Erforschung der sowjetischen Rechtswissenschaft und –praxis. Dies geht sowohl aus einer Aktennotiz der Abt. Kader und Arbeit von der Sekretärbesprechung der Akademie Parteileitung, als auch aus einem Brief von Polak an den Generalsekretär der AdW zu Berlin, Prof. Rienäcker, vom 4.2.1963 hervor. (ABBAW, a.a.O.).

175 ABBAW, Bestand Klassen, Nr. 126, Abschnitt Gründung.

176 Nachruf von Baumgarten, in: ABBAW, Bestand Akademieleitung – Personalia, Archivnummer 356; Akte Nr. 34.

177 Kessler, Die SED und die Juden, S.67 ff.

178 Kessler, a.a.O., S. 70.

179 Zu einem ähnlichen Ergebnis gelangt auch Howe, für den Polak allerdings Opfer einer „Antizionismuskampagne" war. (Howe, Karl Polak, S. 117 ff.)

über den Kandidatenvorschlag zur Volkskammerwahl am 30. August 1950 Ausdruck zu verleihen[180].

Das zweite Schreiben ging am 2. September 1950 an Schliebs, weil Schreiber „soeben die Erklärung des ZKs unserer Partei zur Verbindung von Funktionären der SED mit amerikanischen Agenten durchgearbeitet hat“[181]. Schreiber verdächtigte Polak, amerikanischer Agent zu sein.

Inhaltlich ging es in beiden Briefen Schreibers um folgendes: Polak reiste mit der sächsischen Delegation, zu der auch Schreiber gehörte, zum III. Parteitag der SED. Der Bus blieb liegen, so daß die Reisenden den Weg zu Fuß fortsetzen mußten. Polak vergaß sein Gepäck im Bus, was er aber erst später bemerkte. Sehr erregt bestand er darauf, von der Volkspolizei zum Bus zurückgebracht zu werden[182]. Schreiber konnte dies nicht nachvollziehen und fand es verdächtig, warum sich Polak wegen eines vergessenen Mantels derartig aufregte[183]. Zudem bemerkte Schreiber, daß Polak sein VVN-Abzeichen unter seinem Rockaufschlag trug. Schreiber fragte Polak nach einer Erklärung. Dieser wurde sehr nervös und „stammelte zusammenhangslos“[184]. Polak erklärte dann, „das könne er sich wegen seiner exponierten Stellung nicht leisten.“[185] Dies rief allgemeine Empörung unter den Umstehenden hervor. Schreiber unterrichtete Erich Richter, den 1. Kreissekretär von Leipzig, über diesen Vorfall. Richter wiederum wunderte sich nicht darüber, da Polak „zu den unsicheren Kantonisten gehöre“[186].

Der zweite Teil der Denunziation galt Polak als Professor. Schreiber befragte Studenten der Leipziger Universität, die mit dem gleichen Bus gefahren waren, über den oben geschilderten Vorfall[187]. Die Studenten hätten sich schlecht über Polak geäußert. So sei Polak kein Vorbild für die „Genossen Studenten“[188]. Außerdem soll Polak bei Erläuterungen zum Marxismus-Leninismus einen objektivistischen, klassenversöhnlerischen Standpunkt eingenommen haben. Dies sei Schreiber auch „konkret“ durch eine Leipziger Studentin bestätigt worden[189].

Der erste Brief wurde von Schliebs am 31. August 1950 an das Zentralkomitee der SED in Berlin weitergeleitet. Dort wurde aber beschlossen, nichts

---

180 Aktennotiz von Schreiber an Schliebs vom 30.8.1950, in: SAPMO-BArch DY 30/IV 2/11/v 353 Bl. 48.

181 Brief von Schreiber an Schliebs vom 2.9.1950, in: SAPMO-BArch DY 30/IV 2/11/v 353 Bl. 50.

182 Aktennotiz von Schreiber an Schliebs vom 30.8.1950 (a.a.O.).

183 Brief von Schreiber an Schliebs vom 2.9.1950 (a.a.O).

184 Ebd.

185 Ebd.

186 Brief von Richter an Schreiber, in: SAPMO-BArch DY 30/IV 2/11/v 353 Bl. 50.

187 Aktennotiz vom 30.8.1950 sowie Brief vom 2.9.1950 (jeweils a.a.O.).

188 Aktennotiz vom 30.8.1950 (a.a.O.)

189 Ebd.

weiter zu unternehmen. Die relevanten Schreiben sollten lediglich zur Kaderakte gelegt werden[190].

Über den weiteren Verlauf des zweiten Versuchs der Denunziation, in dem Polak der Spionage verdächtigt wurde, geht aus der Kaderakte nichts hervor. Die Vermutung liegt nahe, daß die Absurdität der Vorwürfe zu einer Einstellung des Verfahrens geführt hat.

4. Der Status Polaks

Polaks Status in der DDR war durch zwei Faktoren gekennzeichnet. Einerseits besaß er durchaus Einfluß. Andererseits entsprach dieser aber formal nicht seinen Positionen in der Partei- oder Staatshierarchie. Polak hatte keine nach außen exponierte, mit politischer Macht versehene Position inne. Seine Stellung entsprach mehr der einer grauen Eminenz, die im Hintergrund die Fäden zog. Beispielhaft für seine zurückgezogene Arbeit ist, daß zwei hervorragenden Persönlichkeiten aus der SBZ/DDR mit der Person Polak keine Erinnerungen verbinden. Markus Wolf war er weder persönlich noch namentlich bekannt[191]. Wolfgang Leonhard erinnerte sich nur entfernt an den Namen Polak[192]. Allerdings war Polak nicht zuletzt aufgrund seiner maßgeblichen Beteiligung an der Babelsberger Konferenz sehr wirkungsmächtig[193] und populär. 1958 wurde ihm die Medaille „Kämpfer gegen den Faschismus 1933-1945" verliehen. 1959 erhielt er den „Vaterländischen Verdienstorden in Silber"[194]. Mollnau schreibt, daß Polak

> „von einer Gruppe interessierter Rechtswissenschaftler (...) zu einem Mythos, zu einer rechtsideologischen Kultfigur aufgebaut wurde. (...) Das geschah teilweise in grotesker Form. So trugen beispielsweise Studenten und Lehrkräfte der Hallenser Juristenfakultät am 1. Mai 1960 Transparente mit sich, auf denen sie mitteilten, die Werke von Marx, Engels, Lenin und Polak eifrig studieren zu wollen, um gute Juristen der DDR zu werden." [195]

---

190 Handschriftliche Notiz auf dem Anschreiben von Schliebs, in: SAPMO-BArch DY 30/IV 2/11/v 353 Bl. 49. Die Unterschrift des Anordnenden ist unleserlich.

191 Brief von Wolf an den Verfasser vom 16. August 2000.

192 Gespräch des Verfassers mit Leonhard vom 17. November 2000. Bei Recherchen in seinem Privatarchiv stieß Leonhard dann auf eine Vorlesung Polaks. (Vgl. seine Mitschrift von dem Vortrag Polaks vor der SED-Parteihochschule vom 4.2.1948).

193 Zum Beispiel wurde sein Buch „Zur Dialektik in der Staatslehre" zum obligatorischen Bestandteil der Ausbildung der Mitarbeiter der DASR. (Kommission der Akademieparteileitung der SED zur Erforschung und Propagierung der Betriebsgeschichte, Die Akademie für Staats- und Rechtswissenschaft der DDR 1948-1987, Abriß, Teil 1, Potsdam 1988, S. 57 – 64 (63). Abgedruckt bei: Eckert, Die DASR und die Babelsberger Konferenz, Anhang 7, S. 110).

194 SED-Grundbuch, in: SAPMO-BArch DY 30/IV 2/11/v 353 Bl. 21.

195 Mollnau, Vorbereitungen zur Babelsberger Konferenz im Lichte des SED-Parteiarchivs, S. 26.

Auch nach seinem Tod 1963 kümmerte man sich um sein Ansehen. Die Abteilung Staats- und Rechtsfragen beim ZK der SED beschloß ein Programm zu Polaks Erbpflege, „das den Kult um ihn noch steigern sollte“[196]. 1966 verabschiedete das Sekretariat des ZK ein Konzept zur Pflege des Nachlasses von Karl Polak. Danach sollte aus dem Bücherbestand Polaks eine Bibliothek ‚Prof. Dr. Karl Polak' bei der DASR eingerichtete und der Nachlaß von Reiner Arlt, Rektor der DASR, systematisch gesichtet werden[197]. Allerdings wurde lediglich letzteres umgesetzt. Als Ergebnis seiner Sichtung veröffentlichte Arlt 1968 den Sammelband „Reden und Aufsätze“[198].

Auf die Bedeutung Polaks deutet auch folgende Episode hin, die aber auch zeigt, daß Polaks Status überhöht wird, wenn er als „Chefideologe Ulbrichts“[199]. charakterisiert wird: 1968 wurde an der DASR von Arlt beschlossen, Polaks Vorlesungen in einem zweibändigen Buch „Über die Geschichte der Staatstheorie“ zu veröffentlichen[200]. Das Buch sollte, genau wie Polaks Hauptwerk „Zur Dialektik in der Staatslehre“, im Akademie Verlag erscheinen, der ein großes Interesse an der Veröffentlichung bekundet hatte. Die zu veröffentlichenden Vorlesungen enthielten eine Darlegung der Geschichte der Staatstheorie von Augustinus bis zu Lenins Werk „Zwei Taktiken der Sozialdemokratie“. Geplant war weiterhin, ein Kapitel über die Auffassungen Polaks zur Entwicklung der Staatstheorie nach Lenin anzufügen, das Arlt verfassen würde. Arlt begründete sein Interesse an der Veröffentlichung in einem Brief an den Direktor des Akademieverlages, Werner Mussler, folgendermaßen:

> „Ich kenne auf dem Gebiet der politischen Lehrmeinungen in der marxistischen, auch der Literatur der Sowjetunion nichts Vergleichbares.“

Weiterhin bestand laut Arlt ein persönliches Interesse von Walter Ulbricht an den Schriften Polaks und deren Veröffentlichung. Zudem sollte Ulbricht von Arlt für die Abfassung eines Geleitwortes gewonnen werden. Allerdings wurde das Buch nicht veröffentlicht. Geplant war, daß Arlt dem Akademie Verlag bis 1970 ein Manuskript zusendet. Zu dieser Zeit arbeitete Arlt an der DASR allerdings an der Herausgabe eines marxistisch-leninistischen Wörterbuches. Aufgrund der angespannten Personallage wurde auf die Erstellung des Manuskripts verzichtet. Dies deutet darauf hin, daß das Interesse an einer Veröffentlichung von seiten des Verlages und Ulbrichts doch nicht so groß war, wie von Arlt

196 Ebd.

197 Dreier u.a. (Hrsg), Rechtswissenschaft in der DDR 1949 – 1971, S. 432 ff.; vgl. auch Howe, Karl Polak, S. 288 f. m.w.N.

198 Reden und Aufsätze, hrsg. v. Arlt, Berlin (Ost) 1968.

199 Stiebitz, Such, S. 126. Ähnlich Joseph, der Polak als „rechtstheoretischen Berater Walter Ulbrichts“ bezeichnete. (Joseph, Stalinismus und Rechtswissenschaft, S. 292).

200 ABBAW, Bestand Akademie-Verlag Nr. 2662 (Abgelehnte Werke des Akademie-Verlages) Abschnitt 121 Polak.

behauptet. Auch war Polaks Status in der DDR nicht immer ungefährdet, wie etwa der Vorfall von Forst Zinna zeigt. Durch seine parteinahe Arbeit und persönliche Beziehung zu Ulbricht vermochte er aber stets, seine Position zu verteidigen[201].

Die Arbeiten Polaks selbst wurden bis 1971 sehr häufig in Fachzeitschriften würdigend zitiert. Mit dem Tode Ulbrichts 1971 jedoch ging sein äußerlich sichtbarere Einfluß auf die rechtswissenschaftliche Forschung zurück[202]. Zu Beginn der achtziger Jahre wurde Polak dann wiederentdeckt: Es gab einen „Karl Polak – Preis" an der DASR für hervorragende Nachwuchswissenschaftler[203]. Und 1985 wurde ein Buch mit ausgewählten Schriften Polaks herausgegeben[204]. In dessen Einleitung schrieb Benjamin über Polak:

> „Als Politiker, Lehrer und Erzieher hat er maßgeblich die nachfolgenden Generationen der Staats- und Rechtswissenschaftler der DDR geformt. Die Auseinandersetzung mit seinem Werk kann kein theoretisch ambitionierter Staats- und Rechtswissenschaftler umgehen."[205]

Festzuhalten ist: Polak gehörte zu den wirkungsreichsten Rechtswissenschaftlern der DDR[206].

Diese Stellung Polaks in der DDR wird am deutlichsten durch die vielen Nachrufe auf ihn dokumentiert. So erschien im Neuen Deutschland vom 28. Oktober 1963 ein Nachruf der Redaktion. Einen Tag später veröffentlichte das ZK im gleichen Blatt einen langen Nachruf. Darin wurde Polaks „tiefe Liebe zum deutschen Volk und seinen einfachen Menschen und (sein) glühender Haß gegen seine Verderber und Unterdrücker" hervorgehoben. Der Staatsrat veröffentlichte seinen Nachruf im ND ebenfalls am 29. Oktober 1963 auf Seite 2[207]. Hierin wurde insbesondere das arbeitsreiche Leben Polaks gewürdigt. Zudem erhielt Lucie Polak Kondolenzbriefe vom Präsidenten der Akademie der

---

201 Zur nicht immer unumstrittenen Position Polaks siehe auch Howe, Karl Polak, S. 221 ff., 225 ff.

202 Mollnau zählte von 1960 bis 1971 insgesamt 471 Aufsätze in der Zeitschrift „Staat und Recht", in denen Polak zitiert wurde. Zwischen 1972 und 1985 wurde Polak nur noch in 91 Fällen herangezogen. (Mollnau, Wirkungsgeschichtliche Anmerkungen, S. 44 ff.).

203 Howe, Karl Polak, S. 292.

204 Michael Benjamin war Herausgeber des Bandes „Staat, Demokratie, Leitung – Aus Schriften und Aufsätzen von Karl Polak, Berlin (Ost) 1985".

205 Benjamin, Vorwort, S. 7 f.

206 Klenner, Die gescheiterte Alternative, S. 12; vgl. weiterhin Poppe/Weichelt, Karl Polaks Beitrag zur Herausbildung einer marxistisch-leninistischen Staats- und Rechtswissenschaft der DDR, S. 5.

207 Die Nachrufe sind der Kaderakte Polaks beigelegt. (SAPMO-BArch DY 30/IV 2/11/v 353 Bl. 86-88).

Wissenschaften zu Berlin, Werner Hartke, sowie vom Präsidenten der ungarischen Akademie der Wissenschaften, Istvan Rusznyak[208].

Die Trauerfeier zu Ehren von Polak fand am 1. November 1963 in der großen Halle des Krematoriums Berlin-Baumschulenweg statt. Beigesetzt wurde er am 18. November 1963 auf dem Zentralfriedhof in Berlin-Friedrichsfelde[209]. Die Rede auf der Trauerfeier hielt Hans Rodenberg, Mitglied des ZK und des Staatsrates[210].

---

208 Kondolenz in: ABBAW, Bestand Akademieleitung – Personalia, Archivnummer 356, Akte Nr. 34.

209 Anwesende Prominente waren unter anderem Prof. Artur Baumgarten, die Justizministerin Hilde Benjamin, Prof. Arlt, Prof. Schöneburg sowie Generalstaatsanwalt Streit. (SAPMO-BArch DY 30/IV 2/11/v 353, Bestandsergänzung aus SgY 18/52 vom 25. 12. 1999).

210 Auszüge aus der Rede sind abgedruckt im ND vom 2.11.1963, S.2. Rodenberg gehörte zu den einflußreichsten NKWD-Informanten. (Vgl. Leonhard, Gestohlenes Leben, S. 70, 97, 101, 170).

Kapitel 2: Polaks Dissertation „Studien zu einer existenzialen Rechtslehre“

Polak promovierte 1933 mit „Studien zu einer existenzialen Rechtslehre“ in Freiburg bei Erik Wolf[1]. In dieser Arbeit beschäftigte sich Polak mit der Existenzialphilosophie Schelers und Heideggers, was sicherlich auf den Einfluß seines Doktorvaters Wolf zurückzuführen ist. Die Lehre des Marxismus-Leninismus wird dagegen nicht einmal erwähnt. Erst nach 1933, in der Sowjetunion, begann Polak, rechtliche Überlegungen auf der Grundlage dieser Lehre anzustellen. Umgekehrt beschäftigte er sich nach 1933 auch nicht mehr wissenschaftlich mit dem Existenzialismus, sondern machte sich über ihn lustig[2]. Die Dissertation nimmt daher eine Sonderstellung in seinem wissenschaftlichen Oeuvre ein. Diese Diskontinuität in Polaks Denken mag die Vermutung nahe legen, daß die Darstellung der Dissertation von keinem Interesse für das Verständnis des eigentlichen Werkes Polaks ist. Für den Inhalt der späteren Arbeiten trifft diese Vermutung durchaus zu. So sind der Existenzialismus und der Marxismus keine wissenschaftlichen Lehren, die sich gegenseitig bedingen. Allerdings wird die Darstellung der Dissertation zeigen, daß Polak sowohl während seiner Promotion als auch in seinem späteren Leben von der Suche nach letztgültigen Wahrheiten getrieben war. Nach 1933 tauschte er lediglich die Deutungsachse des Existenzialismus gegen die Lehre des Marxismus-Leninismus aus. Die Wiedergabe der Dissertation zeigt auch, daß Polak schon in der Frühphase seiner wissenschaftlichen Entwicklung mehr Philosoph als Jurist war. Daher dient die Darstellung von Polaks Dissertation nicht nur der Vollständigkeit, sondern zeigt darüber hinaus, von welch grundsätzlicher Natur die wissenschaftliche Arbeit Polaks ist.

A. Inhalt

In seiner Dissertation versucht Polak, Ansätze für eine existenziale Rechtskonzeption zu erarbeiten. Er gewinnt sie aus einer Kritik der Rechtsbegriffe von Kelsen und Stammler und diskutiert im Zuge dieser Kritik die kartesianische Ontologie[3]. Insbesondere stellt Polak dar, wie das Recht im Gefolge von Descartes als etwas Gegebenes und nicht als etwas Seiendes untersucht wird.

1 Polak, Studien zu einer existenzialen Rechtslehre, Freiburg i.Br. 1933.
2 Polak, Justizerneuerung, S. 24.
3 Die Darstellung der Dissertation folgt allein dem Gedankengang Polaks. Innere Widersprüche oder Ungenauigkeiten der Arbeit bleiben außer Betracht.

Diese „Vergegenständlichung des Rechts“ ist für Polak gleichbedeutend mit der „Entfremdung des Rechts von der Existenz“[4]. Mittels einer hermeneutischen Deutung der menschlichen Existenz anhand der Lehre Heideggers versucht er, die Vergegenständlichung aufzulösen. Polak behauptet, daß rechtliche Probleme dann in einem „völlig anderen Licht“ erscheinen[5].

I. Vergegenständlichung des Rechts

Zunächst stellt Polak die Vergegenständlichung des Rechts anhand des Stammlerschen sowie des Kelsenschen Rechtssystems dar.

1. Stammlers Konzeption

Polak beginnt mit einer Illustration der Rechtsdefinition Stammlers[6]. Stammler fragt nach Polak zunächst danach, was Recht ist. Dabei wolle Stammler das Recht weder empirisch noch a priori definieren[7]. Stammler verfolge einen eigenen Ansatz. Er nenne ihn zwar „empirisch“, vertrete aber einen eigenen Erfahrungsbegriff. Diesen nenne Stammler die „innere Erfahrung“. Die innere Erfahrung definiere Stammler als das, was „in mir auftritt, wenn mir Gegenstände in der äußeren Erfahrung gegeben sind“[8]. Die äußere Erfahrung setze sich nach Stammler aus der Sammlung von Fakten zusammen. Demnach umfasse die innere Erfahrung im rechtlichen Bereich dasjenige, was in mir auftritt, wenn mir rechtliche Gegenstände begegnen. Aus der inneren Erfahrung wolle Stammler das Recht herleiten. Stammler unterteile dabei das Bewußtsein des Menschen in zwei Reiche: das Reich der Wahrnehmung und das Reich des Wollens. Das Recht als etwas Zweckgerichtetes liege im Reich des Wollens[9]. Dabei unterfalle es hier einer besonderen Art des Wollens, dem „verbindenden Wollen“. Dies sei dadurch gekennzeichnet, daß sich der Einzelne des Wollens anderer bedient und dadurch seine Zielsetzung selbst bestimmt[10]. Gemäß Polak ist das verbindende Wollen Stammlers gegenüber dem Wollen der Einzelnen autonom und gleichbleibend[11]. Damit habe Stammler das Recht als vom Menschen unabhängig definiert[12].

---

4 Polak, Studien zu einer existenzialen Rechtslehre, S. 5.

5 Ebd.

6 Zu Stammler siehe Emge, Rudolf Stammler zum Gedächtnis, ZAR 38, S. 332-335; Müller, Die Rechtsphilosophie des Marburger Neukantianismus, 1994.

7 Polak, Studien zu einer existenzialen Rechtslehre, S. 7.

8 A.a.O., S. 8.

9 A.a.O., S. 9 f.

10 A.a.O., S. 11.

11 A.a.O., S. 11, 12.

12 A.a.O., S. 12.

2. Kelsens Konzeption

Im Anschluß stellt Polak Kelsens[13] Entwicklung der Rechtsdefinition dar. Kelsen gehe bei der Entwicklung seines Rechtsbegriffs vom Staat aus. Er suche „nach dem Akte, in dem der Staat zur Geltung kommt"[14]. Dabei wolle er den Staat weder rein naturwissenschaftlich, als „Wechselwirkung psychischer Elemente", noch als Fiktion einer mystischen Volksseele verstehen[15]. Um den Staat zu definieren, greife Kelsen auf Simmel[16] zurück. Dieser habe zwischen konkreten staatlichen Prozessen und deren Inhalten unterschieden. Der Mensch nehme am Staat teil, ohne in ihm aufzugehen. Der Staat und auch das Recht würden daher bei Kelsen selbstherrlich bleiben[17].

3. Die ontologischen Prämissen Descartes`

Somit betrachten sowohl Stammler als auch Kelsen nach Polak das Recht als etwas ein-für-alle-Mal-Seiendes. Daher würden sie auch nicht nach dem Seinsgrund des Rechts selbst fragen[18]. Diese Ansicht gründe auf ihrem Wissenschaftsbegriff. Für beide sei wissenschaftliche Erkenntnis lediglich durch die Analyse von etwas Seiendem und nicht von etwas Relativem möglich[19]. Nach Polak folgen sie insoweit Descartes: Für diesen müssten wissenschaftliche Erkenntnisse die Sicherheit von mathematischen Sätzen besitzen[20]. Mathematische Sätze wiederum seien etwas ein-für-alle-Mal-Seiendes und würden von Descartes als nicht hinterfragbares Fundament der Welt betrachtet[21]. Daher mache die Nichthinterfragbarkeit das Wesen des Rechts als etwas ein-für-alle-Mal-Seiendes aus[22].

Für Polak ist es aber ungewiss, ob lediglich das „Immerwährende" das eigentliche Sein darstelle und ob es tatsächlich nicht hinterfragbar sei. Damit Descartes zu dieser Annahme gelangen könne, müsse er implizit ein Bild vom Menschen voraussetzen. Danach sei der Mensch dauerhaft und an-sich: „Ich bin, ich existiere". Mit dem ego werde gleichsam das Urbild alles Sein, der Ausgangspunkt der Welt gefunden. Damit sei nach Descartes das Seiende für den

---

13 Zu Kelsen vergleiche Métall, Hans Kelsen – Leben und Werk, 1969.

14 Polak, Studien zu einer existenzialen Rechtslehre, S. 12.

15 A.a.O, S. 13. Als Beleg führt Polak an: Kelsen, Der soziologische und der juristische Staatsbegriff, S. 4, 6 ff.

16 Zu Simmel siehe Helle, Soziologie und Erkenntnistheorie bei Georg Simmel, 1988.

17 Polak, Studien zu einer existenzialen Rechtslehre, S. 13.

18 A.a.O., S. 21.

19 A.a.O., S. 21 f.

20 A.a.O., S. 23. Als Beleg führt Polak an: Descartes, Meditationen XII, S. 7; sowie Heidegger, Sein und Zeit, S. 96.

21 Polak, a.a.O., S. 24 f.

22 A.a.O., S. 26. Als Alternative zu dieser statischen Betrachtung des Rechts nennt Polak Smends Integrationslehre (Polak, a.a.O., S. 26 Erl. 1; Smend, Verfassung und Verfassungsrecht, S. 17 f.).

Menschen stets da, solange dieser in der Welt ist. Descartes gehe somit davon aus, daß der Mensch zwar das Sein in seiner Eigenart betrachten kann, dieser jedoch nicht erkennen könne, warum das Sein ist. Auf das Recht übertragen bedeute dies: Der kartesianische Wissenschaftler könne das Recht in seinen existierenden Formen systematisieren und deuten, „verschlossen bleibt ihm aber, warum das Recht sich als an-sich-Seiendes (...) darbietet.“[23]

Aus der Konzeption des Menschen als etwas selbständig Seiendem folgt für Polak, daß das Sein der Welt vom Menschen unabhängig ist. Dieser Ich-Welt Dichotomie entspreche die Dichotomie von Individuum und Gemeinschaft sowie die Subjekt-Objekt Dichotomie. Polak stellt fest, daß

„diese Gegenüberstellung zweier Ansichseiender (...) auch die Situation (ist), bei der die rechtsphilosophische Forschung anhebt. Damit ist aber (...) immer schon eine bestimmte Seinsart von Subjekt und Staat vorweggenommen“[24].

Daraus folgt für Polak auch das Verhältnis der Menschen untereinander. Als autonome Subjekte bedürfen sie einander nicht. Die Menschen leben für Polak nach der kartesianischen Konzeption daher nicht miteinander, sondern nebeneinander[25]. Diese Konzeption der isolierten Existenz des Einzelnen ist Anlaß für Polaks Kritik der kartesianischen Ontologie.

II. Ontologie bei Scheler und Heidegger

Nach Polak existiert der Mensch nämlich „mit“ den anderen. Die Suche nach diesem „Mit-Sein“ der Menschen ist daher der Leitfaden für den Gang seiner weiteren Überlegungen. Dabei wird das Recht als etwas Seiendes betrachtet werden, in dem das Dasein mit anderen Dasein – also nicht isoliert - ist[26]. Hierbei bezieht sich Polak auf die Konzeptualisierung der menschlichen Existenz von Scheler und vor allem von Heidegger[27].

1. Die menschliche Existenz

Zunächst versucht Polak, die menschliche Existenz zu definieren. Er knüpft dabei an das Kelsensche „Erleben“ an[28]. Für diesen erlebe der seiende Mensch den Staat beziehungsweise das Recht und könne daher anstreben, mit Staat und Recht, die der Sphäre des Sollens angehören, in Einklang zu leben[29]. Daraus

23 A.a.O., S. 27.
24 A.a.O., S. 31.
25 A.a.O., S. 32.
26 A.a.O., S. 33.
27 Ebd.
28 A.a.O., S. 36 f.
29 A.a.O., S. 19.

folgert Polak im Anschluß an Scheler[30] folgendes: Soweit Recht und Staat als für sich existierende Phänomene betrachtet werden, sind sie verschieden vom Erleben dieser Phänomene. Das Dasein von Staat und Recht als ideale Systeme im Sinne Kelsens gründe daher im Erleben derselben, so daß dieses Dasein stets das Erleben voraussetzt[31].

Unter Erleben versteht Polak unter Bezugnahme auf Scheler den „unmittelbaren schöpferischen Akt" oder anders „das Offenbarwerden, das Aufblitzen von etwas in den Erlebnissen"[32]. Die Erlebensakte werden für Scheler und Polak in der Person vereint[33]. Dabei vertritt Polak im Anschluß an Scheler einen speziellen Personenbegriff. Eine Person sei weder ein Ding mit einer raum-zeitlichen Existenz noch der Zusammenhang aller Erlebensakte, sondern sei in jedem konkreten Akt[34]. Das Erleben der Erlebnisse mache daher die menschliche Existenz aus[35]. Im Unterschied zur Konzeption Kelsens und Stammlers wird der Mensch von Polak und Scheler daher nicht als etwas betrachtet, was mit sich selbst identisch bleibt. In der Existenzphilosophie Polaks wird der Mensch als etwas immer-anders-Werdendes begriffen[36].

2. Analyse der Existenz

Die Existenz oder das „Dasein" des Menschen ist für Polak, der insoweit Heidegger folgt, durch zwei Modalitäten gekennzeichnet[37]. Zum einen ist das Dasein ein „in-sein"[38]. Zum anderen existiert das Dasein immer nur als Möglichkeit[39].

Das „in-sein" erläutert Polak im Anschluß an die Schelersche Seinsart der Akte[40]. Genau wie die Akte, so sei auch das Dasein immer „bei etwas"[41]. Es sei nicht isoliert, sondern stets in der Welt. Polak scheidet dabei die Welt des Gegenständlichen von der Welt des Daseins. Die erste Welt umfasse das an sich Vorhandene[42]. Demgegenüber definiert Polak die Welt des Daseins als dasjenige

30 Scheler, Der Formalismus in der Ethik und die materiale Wertethik, S. 201.
31 Polak, Studien zu einer existenzialen Rechtslehre, S. 37.
32 Polak, a.a.O., S. 38; sowie Scheler, Versuche einer Philosophie des Lebens, S. 138.
33 Scheler, Der Formalismus in der Ethik und die materiale Wertethik, S. 399 ff; Polak, Studien zu einer existenzialen Rechtslehre, S. 38.
34 Scheler, a.a.O., S. 400 f; Polak, a.a.O., S. 39.
35 Polak, a.a.O., S. 40.
36 Ebd.
37 Bei dieser Analyse stützt sich Polak insbesondere auf Heideggers Werk „Sein und Zeit" (Polak, Studien, S. 41 Erl. 1).
38 Polak, a.a.O., S. 42 f.; Heidegger, Sein und Zeit, S. 54.
39 Polak, a.a.O., S. 45; Heidegger, a.a.O., S. 43, 44.
40 Polak, a.a.O., S. 41.
41 A.a.O., S. 42.
42 Ebd.

„was dem Dasein dadurch, daß es ist und indem es ist, je gegeben ist."[43] Erst durch das in-der-Welt-Sein sei das Dasein also überhaupt, und so komme es zu einer gewissen Identität zwischen Dasein und Welt[44]. Daraus folgt für Polak, daß das Dasein immer der Welt entspricht, bei der es ist[45]. Da nun das Dasein in-der-Welt-ist aber nicht an-sich-ist, bestehe stets die Möglichkeit, daß es auch anders sein kann. Wäre dies nicht der Fall, so wäre das Dasein nicht mehr flexibel, sondern fest, also „an-sich"[46]. Daher sei die konkrete Seinsart immer nur die Möglichkeit des Seins[47]. Damit ist für Polak die Behauptung widerlegt, daß lediglich das Bleibende das eigentlich Seiende sei[48].

III. Ontologie des Rechts

Hiervon ausgehend untersucht Polak die Seinsart des Rechts. Das Recht ist für ihn in seiner Welt an-sich und doch mit dem Dasein verknüpft. Durch letzteres hebt sich Polaks Rechtsbegriff von dem Kelsens und Stammlers ab. Polak erläutert seine Auffassung mit einem Vergleich:

> „Eine Gruppe von Menschen ist auf ein über dieser schwebendes Luftschiff gerichtet. Dieses Schiff wechselt in jedem Augenblick seinen Platz, bald hebt es sich hell gegen eine dunkle Wolke ab, bald erscheint es als dunkler Fleck vor dem helleren Himmel. Für jeden der Einzelnen, der es sieht, ist es derselbe Gegenstand, trotzdem sein Aussehen sich beständig ändert, und die ganze Gruppe der Menschen sieht des weiteren denselben Gegenstand."[49]

Ähnlich wie das Luftschiff sei nun das Recht. Werde über die Gerechtigkeit eines richterlichen Urteils diskutiert, so „halten sich alle bei demselben Gegenstand auf, der in der Welt eines jeden ist"[50]. Wie das Luftschiff oder das Recht, so sei alles in der Welt Vorhandene, das Seiende, dem Dasein offenbar[51]. Diesen Vorgang, in dem das Sein in die Welt des Daseins gelangt, nennt Polak das „Entdecken". Das Dasein sei demnach seinem Wesen nach „entdeckend"[52]. Da das Recht etwas an-sich-Bestehendes sei, werde es vom Dasein auch nicht

43 Ebd. Polak verweist hier auf Scheler, Der Formalismus in der Ethik und die materiale Wertethik, S. 408 – 411: „Person und Welt"; sowie auf Heidegger, Sein und Zeit, S. 63 ff.
44 Polak, Studien zu einer existenzialen Rechtslehre, S. 43.
45 Ebd.
46 A.a.O., S. 46.
47 A.a.O., S. 45.
48 A.a.O., S. 44.
49 A.a.O., S. 50.
50 A.a.O., S. 51.
51 A.a.O., S. 53.
52 A.a.O., S. 52.

verändert[53]. Das Sein bei an-Sich-Seiendem belasse die Gegenstände so wie sie sind[54]. Polak spricht auch von „Freigabe des Daseins" indem es entdeckt wird[55]. Das Entdeckte wird somit als Erlebtes freigegeben[56].

Wenn das Dasein nun beim Entdeckten sei, so treffe es dort auf andere Dasein. Denn als Unverborgenes sei das Entdeckte nie nur für ein Dasein alleine dar[57]. Selbst wenn das Dasein an sich allein ist, so ist es für Polak immer mit anderen. Denn allein-sein bedeute nichts anderes, als nicht mit-anderen-sein. „Das Alleinsein ist also ein Modus des Mitseins"[58]. Das Dasein existiert daher stets „mit" anderen[59]. Dabei müsse niemand zur Teilnahme am Vorkommenden herangezogen werden, da das Entdeckte schlechthin an-sich da sei[60].

Auf das Recht bezogen bedeutet dies für Polak folgendes: Das Recht ist ein ideales Vorkommendes[61]. Daher gibt es keinen rechtlich richtigen Sachverhalt, der nicht auch für andere da wäre. Dieses notwendige Mit-Sein begründet das Sein der „Rechtsgenossen"[62]. Das Sein dieser Rechtsgenossen ist dabei durch den Modus der Unauffälligkeit gekennzeichnet. Auffällig werden Menschen erst dadurch, daß sie sich nicht als das erweisen, was sie durch die Teilnahme am Recht eigentlich sein sollten[63]. Dies ist für Polak dann der Fall, wenn sie sich faktisch anders verhalten, als es die vorausgesetzte Teilnahme[64] vorschreibt[65]. In diesem Fall wird das Fundament, auf dem sich das Dasein gründet, beschädigt. „Die Existenz weiß sich gefährdet"[66]. Entspreche jedoch das faktische Verhalten dem Recht beziehungsweise dem entdeckten Ideal, so ist die Existenz „geborgen"[67]. Diese Einsicht stellt für Polak die Wurzel einer existenzialen Täterlehre dar[68].

53 A.a.O., S. 53. In der kartesianischen Terminologie würde es heißen, das Recht werde vom Dasein nicht „affiziert".

54 A.a.O., S. 54; Heidegger, Sein und Zeit, S. 85.

55 „Entdeckend ist das Dasein zugleich freigebend." (Polak, a.a.O., S. 55).

56 Polak, a.a.O., S.56.

57 A.a.O., S. 59.

58 Ebd.

59 A.a.O., S. 61. Die Hervorhebung entstammt dem Original.

60 A.a.O., S. 61, 62.

61 A.a.O., S. 61.

62 Ebd.

63 A.a.O., S. 62.

64 Dies erinnert an die „unausweichliche Präsupposition", die Habermas bei der Begründung seiner Diskursethik unterstellt. Diese „Präsuppositionen" sind für ihn die Diskursregeln. Ein Verstoß gegen diese Regeln führt dabei zu einem „performativen Widerspruch". (Habermas, Diskursethik, S. 100). Zu den Diskursregeln, auf die sich Habermas bezieht, siehe Alexy, Eine Theorie des praktischen Diskurses, 1978.

65 Polak, Studien zu einer existenzialen Rechtslehre, S. 62.

66 A.a.O., S. 63.

67 Ebd.; Heidegger, Sein und Zeit, S. 192.

68 Polak, a.a.O., S. 63.

Polaks Idee vom Recht ist gekennzeichnet durch dessen spezielle Seinsart. Wie ein fahrendes Luftschiff, so ist auch das Recht an-sich und doch auch für jeden vorhanden. Indem es für jeden vorhanden ist, so sind die Rechtsgenossen auf eine existenziale Weise miteinander verbunden. Diese Verbundenheit ist allerdings gefährdet, wenn sich die Rechtsgenossen nicht rechtmäßig verhalten.

Solche oder ähnliche Überlegungen zu einer existenzialen Rechtslehre führt Polak nach 1933 nicht weiter. Allerdings enthält die Dissertation zwei Gedanken, die wegweisend für Polaks spätere Arbeiten sind. So betont Polak im letzten Kapitel das „mit-sein" der „Rechtsgenossen". Diese Verbundenheit der einzelnen Menschen wird auch seine später entwickelte marxistische Konzeption von Staat und Recht bestimmen. Freilich sind die Menschen für Polak in der sozialistischen Gesellschaft nicht existenzial, sondern durch ihre Klasse sowie durch ihre gemeinsame Erkenntnis der Richtigkeit der Marxschen Lehre notwendig verbunden[69].

Ein weiterer wegweisender Gedanke aus Polaks Dissertation ist seine Kritik der kartesianischen Beschränkung der Untersuchung des Rechts auf dessen äußere Form. Diese Überlegung übernimmt Polak in modifizierter Form bei seiner Kritik des „bürgerlichen Positivismus". Sowohl nach Descartes als auch im bürgerlichen Positivismus werde die eigentliche Seinsart des Rechts nicht erforscht. In beiden Fällen werde der Staat als vom einzelnen Menschen unabhängig konstruiert. Im bürgerlichen Rechtsstaat werde der Staat aber nicht existenzial vom Menschen getrennt, sondern durch die geschichtliche Abstraktion[70]. Der sozialistische Staat dagegen entspringt für den Marxisten Polak ebenso wie das sozialistische Recht „unmittelbar" aus der gesellschaftlichen Entwicklung[71].

Polaks Dissertation enthält somit einige grundlegende Überlegungen, die später durch die Einführung des Marxismus-Leninismus als neue Deutungsachse modifiziert wurden.

69 Vgl. etwa Polak, Zur Dialektik in der Staatslehre, S. 346.
70 Polak, Krisis und Neubau der Staatswissenschaft, S. 80.
71 Polak, Zur Dialektik in der Staatslehre, S. 397.

Kapitel 3: Marxistische Grundbegriffe

Polaks Rechtsauffassung, die er in den Jahren nach seiner Dissertation entwickelte, wurzelt in der Lehre des Marxismus-Leninismus. Daher ist es zunächst notwendig, die für das Recht relevanten Grundaussagen des Marxismus-Leninismus darzustellen.

A. Marxismus-Leninismus

Die Aussagen des Marxismus-Leninismus über das Recht entstammen der Theorie des dialektischen und historischen Materialismus. Diese Theorie besteht in ihrem Kern aus einer bestimmten philosophischen Seinslehre, einer darauf aufbauenden Sozialtheorie und einer Geschichtsphilosophie[1].

Die philosophische Seinslehre baut auf dem Axiom auf, das eigentlich wirklich Seiende sei nur das materielle Sein[2]. Gegenüber diesem Sein sei alles Geistige akzessorisch. Aus dieser materiellen Seinslehre des Marxismus ergibt sich für die Sozialtheorie die These, daß die gesellschaftliche Ordnung ihren Grund in den tatsächlichen, wirtschaftlich-sozialen, Gegebenheiten habe. Diese These führt zur Lehre von Basis und Überbau. Danach ist Grundlage jeder Gesellschaftsordnung die ökonomische Basis. Darüber erhebt sich als Reflex dieser Basis ein geistiger Überbau[3].

Die ökonomische Basis besteht im wesentlichen aus den Produktivkräften und den Produktionsfaktoren. Die wichtigste Produktivkraft ist der Mensch. Produktionsfaktoren sind die Hilfsmittel des arbeitenden Menschen. Dazu zählen Werkzeuge, Maschinen sowie die industrielle Technik. Die Verbindung von Produktivkräften und Produktionsfaktoren bringt spezifische Produktionsverhältnisse hervor. Diese Verhältnisse werden durch bestimmte Besitz- und Machtverhältnisse gekennzeichnet, die eine spezifische Eigentumsordnung und Klassenstruktur der Gesellschaft implizieren.

Über dieser Basis erhebt sich der Überbau. Dieser Überbau besteht aus zwei Elementen. Es gibt den juristisch-politischen Überbau und den ideologischen Überbau[4]. Der ideologische Teil wird bestimmt durch eine spezielle Bewusstseinsform. Hierunter fallen insbesondere Moral und Religion. Interes-

---

1 Die Dreiteilung der marxistischen Lehre wird von Böckenförde übernommen. (Böckenförde, Die Rechtsauffassung im kommunistischen Staat, S. 4 ff.).

2 Marx, Zur Kritik der politischen Ökonomie, Vorwort, MEW, S. 8; Lenin, Materialismus und Empiriokritizismus, Werke, S. 33.

3 Marx, a.a.O.

4 Ebd.

sieren soll im Rahmen dieser Arbeit aber vor allem der juristisch-politische Überbau. Im wesentlichen besteht dieser Teil des Überbaus aus dem Staat und dem Recht. Interessant ist das Verhältnis des Überbaus zur Basis. Nach der ursprünglichen Konzeption des materialistischen Basis-Überbau-Modells war der Inhalt dieses juristischen Überbaus allein bestimmt durch die ökonomischen Herrschaftsverhältnisse. Dieses Verhältnis blieb in der marxistisch-leninistischen Rechtswissenschaft aber nicht unverändert. Die Beziehung von Staat und Recht als Teilen des Überbaus zu der ökonomischen Basis ist insbesondere für den Rechtsbegriff Polaks von Interesse, so daß die Entwicklung dieses Verhältnisses unten in einem eigenen Abschnitt dargestellt werden soll.

Neben diese Sozialtheorie von Basis und Überbau steht im Marxismus-Leninismus die Geschichtsphilosophie. Nach dieser Geschichtsphilosophie, dem historischen Materialismus, entfaltet sich die Gesellschaft im Laufe der Geschichte durch eine determinierte dialektische Entwicklung der Basis. Die dialektische Bewegung resultiert aus den materiellen Widersprüchen, die in jeder Gesellschaftsordnung angelegt sind. Diese Widersprüche wurzeln in der Entwicklung von Produktionsfaktoren und Produktionsverhältnissen. Zu einem bestimmten Zeitpunkt werden neue Produktionsverhältnisse derartig übermächtig, daß sie bestimmend werden. Es kommt schließlich zum „dialektischen" Umschlag in eine neue Form der Produktionsverhältnisse und damit zur Entstehung einer neuen Basis. Dieser Umschlag in der Basis führt dann notwendigerweise zu einem Umschlag des Überbaus. Diese Gesetzmäßigkeit der menschlichen Entwicklung wird dabei lediglich vom Proletariat erkannt[5].

Der Umschlag im Überbau erfolgt aber nicht unbedingt zu gleicher Zeit. Er kann sich als historischer Prozeß vollziehen. Daher können alte und neue Bewusstseinsformen nebeneinander stehen und sich bekämpfen, bis sich das neue höherwertige Bewußtsein durchsetzt. Polak geht in seinen Arbeiten von dieser Konkurrenzsituation aus[6]. Bei ihm stehen sich kapitalistische und sozialistische Bewußtseinsformen gegenüber. Sehr häufig spricht er davon, wie wichtig es sei, die alten Bewußtseinsformen der kapitalistischen Gesellschaft durch neue, sozialistische, zu ersetzen.

Dieser materielle, gesellschaftliche Entwicklungsprozeß vollzieht sich in fünf Stufen. Der Ausgangspunkt ist der Urkommunismus, in dem es nur Gemeineigentum gab. Danach folgte die erste „antagonistische", also von Klassengegensätzen bestimmte, Gesellschaftsform. Es ist die Geschlechterordnung, an

---

5 Marx/Engels, Die deutsche Ideologie, MEW, S. 69. „Diese Klasse erfasst mit ihrem Bewußtsein und mit ihrer Praxis sofort das Ganze der gesellschaftlichen Entwicklung, dringt in die Gesamtzusammenhänge der Entwicklung der menschlichen Gesellschaft ein, die ihr als einheitlicher Prozeß entgegentritt." (Polak, Über die marxistisch-leninistischen Grundlagen des Völkerrechts, S. 1110).

6 „Der Kapitalismus setzt sich niemals ‚rein' durch". (Polak, Über die marxistisch-leninistischen Grundlagen des Völkerrechts, S. 1107). Vgl. weiterhin ders., Gesellschaftliche Gesetzmäßigkeit und Völkerrechtswissenschaft, S. 3.

die sich der Feudalismus, der Kapitalismus und schließlich der Sozialismus anschließen. Polaks Überlegungen beziehen sich auf den Übergang vom Kapitalismus zum Sozialismus. Am Ende des Sozialismus steht die klassenlose Gesellschaft, in der alle gesellschaftlichen Widersprüche beseitigt sind und es zu einer neue Identität des Menschen mit der Gesellschaft und mit sich selbst kommt. Das Besondere an dieser Geschichtsentwicklung ist ihre Determination. Polak spricht daher auch von einer „gesetzmäßigen" und „objektiven" Entwicklung. Diese Entwicklung vollzieht sich in Form von Klassenkämpfen[7]. Eine bestimmte Klasse wird herrschend, bis sie von einer neuen, fortschrittlichen abgelöst wird. Am Ende dieser gesetzmäßigen Entwicklung führt das Proletariat die geschichtliche Vollendung herbei, die Aufhebung der Klassengegensätze.

In dieser Arbeit wird nicht untersucht, ob die dargestellten Grundaussagen des Marxismus-Leninismus richtige Erkenntnisse sind oder ob sie lediglich schlichte Behauptungen darstellen. Vielmehr soll Polaks Auffassung vom Recht dargestellt werden, die im Marxismus-Leninismus wurzelt und auch nicht darüber hinausgeht. Das Besondere an Polaks rechtswissenschaftlichem Werk ist, daß er die Lehre des Marxismus-Leninismus konsequent verfolgt und sie auf die Rechtswissenschaft überträgt. Dabei spielt insbesondere der historische Materialismus eine Hauptrolle in Polaks Konzeptionen.

B. Recht und Staat als Teile des Überbaus

Polak hat Staat und Recht eine besondere Rolle im Aufbau des Sozialismus zugewiesen. Ohne zuviel vorwegzunehmen, kann festgestellt werden, daß er Staat und Recht als Instrumente dieses Aufbaus ansieht. Aufgrund des streng materialistischen Ansatzes des Marxismus ist diese Position allerdings nicht unproblematisch. Es bedarf daher einer kurzen Darstellung, wie sich das zunächst einseitige Verhältnisses von Basis zu Überbau, die Grundlage für Stellung und Funktion von Staat und Recht, in der sozialistischen Rechtstheorie gewandelt hat. Durch die Illustration wird dann auch Polaks Rechtsverständnis deutlicher.

I. Darstellung bei Marx

Ausgangspunkt dieser Entwicklung sind die Aussagen von Karl Marx, die er über das Recht gemacht hat. Dabei lassen sich tiefergehende rechtliche Ausführungen bei ihm kaum finden[8]. Marx belässt es bei einer allgemeinen Standortbe-

---

7 Marx/Engels, Manifest der Kommunistischen Partei, MEW, S. 462.

8 Vgl. Eckert, Babelsberger Konferenz, Staat 94, S. 65. Zu einer dennoch tiefergehenden Analyse zur Stellung von Staat und Recht bei Marx vergleiche Maihofer, Demokratie und Sozialismus, 1968.

stimmung des Rechts. Nach ihm bestimmt das Sein das Bewußtsein[9]. Eine Ausdrucksform des Bewußtseins ist das Recht. So formulierte Marx im Kommunistischen Manifest an die Adresse der Bourgeoisie:

„Eure Ideen sind selbst Erzeugnisse der bürgerlichen Produktions- und Eigentumsverhältnisse, wie euer Recht nur der zum Gesetz erhobene Wille eurer Klasse ist, ein Wille dessen Inhalt gegeben ist in den materiellen Lebensbedingungen eurer Klasse.“[10]

Daher kann nach Marx

„das Recht (...) nie höher sein als die ökonomische Gestaltung und dadurch bedingte Kulturentwicklung der Gesellschaft.“[11]

Die Relation zwischen Sein und Bewusstsein, Basis und Überbau, ist demnach einseitig[12]. In dem Moment, in dem sich die ökonomische Basis ändert, ändert sich auch, rascher oder langsamer, der ganze Überbau. Nach der Marxschen Lehre kommt es daher darauf an, die Basis zu verändern. Das Recht als Teil des Überbaus verändert sich als Folge gewissermaßen nebenher.

II. Darstellung bei Engels

Diese strenge Akzessorietät des Rechts hat Friedrich Engels in einigen Spätbriefen relativiert[13]. Für ihn standen Basis und Überbau in einer Wechselbeziehung. Beides seien Kräfte, aber von unterschiedlichem Gewicht. Auch das Recht als Teil des juristisch-politischen Überbaus war für ihn eine Kraft und wirkte auf die Basis zurück[14]. Damit erkannte Engels eine gewisse Eigenständigkeit des Überbaus, und damit des Rechts, an.

9 Marx, Zur Kritik der politischen Ökonomie, Vorwort, MEW, S. 8.

10 Marx/Engels, Manifest der Kommunistischen Partei, MEW, S. 477.

11 Marx, Kritik des Gothaer Programms, MEW, S. 21.

12 Lediglich eine Stelle in Marxens Werk scheint auf eine Wechselwirkung zwischen Basis und Überbau hinzudeuten. „Die spezifisch ökonomische Form, in der unbezahlte Mehrarbeit aus den unmittelbaren Produzenten ausgepumpt wird, bestimmt das Herrschafts- und Knechtschaftsverhältnis, wie es unmittelbar aus der Produktion selbst hervorwächst und seinerseits bestimmend auf sie zurückwirkt.“ (Marx, Das Kapital, MEW, S. 799). Vor allem aber war es Engels, der die einseitige Ableitung kritisierte. Siehe sogleich im Text sowie Röhrich, Marx und die materialistische Staatstheorie, S. 58.

13 Zum Teil werden diese Briefe Engels auch als „Altersbriefe“ bezeichnet. (Vgl. Schüßler u.a., Staat, Recht und Politik im Sozialismus, S. 279).

14 Briefe von Engels an Schmidt, Bloch und an Mehring, Ausgewählte Schriften, S. 456 – 466. Insbesondere Brief an Bloch (21./22. September 1890), a.a.O., S. 458 f. Vgl. dazu auch Klenner, Vom Recht der Natur zur Natur des Rechts, S. 172.

Diese Einschränkung des Dogmas von der Akzessorietät hatte aber wenig Einfluß auf die sozialistische Rechtstheorie[15].

III. Darstellung bei Lenin

Wladimir Iljitsch Lenin hat keinen entscheidenden Beitrag zur marxistischen Rechtsdogmatik geleistet. Lediglich eine These über das Recht hat einen gewissen Bekanntheitsgrad erreicht:

„Ein Gesetz ist eine politische Maßnahme, ist Politik."[16]

Lenin betont damit, daß das sozialistische Recht kein spontanes Element ist, sondern das Ergebnis klassenmäßiger, also politischer, Tätigkeit[17]. Dies stellt aber keine neue Erkenntnis gegenüber den Marxschen Ausführungen dar[18]. Bemerkenswert ist Lenins praktische Leistung und ihre Wirkung auf die proletarische Rechtstheorie oder besser, ihre diesbezügliche Wirkungslosigkeit. Lenin hat die zunächst diagnostische und prognostische Theorie Marx' in eine revolutionär-politische Theorie umgewandelt. Die Oktoberrevolution ist Zeugnis für diese Veränderung der Theorie. Im Zuge dieser Revolution hat Lenin die Gesellschaft und auch das Recht von oben verändert, anstatt diese Veränderung einfach von der Basis her geschehen zu lassen, wie es sich nach der ursprünglichen Theorie Marx' hätte zutragen müssen[19]. Diese Widersprüchlichkeit von Theorie und Praxis hat die marxistische Rechtstheorie aber nicht dazu veranlasst, ihre Position grundlegend zu verändern[20].

IV. Modifikation bei Stalin

Eine Modifikation der marxistischen Rechtsdogmatik wurde erst 1951 durch die „Linguistenbriefe" von Josef Stalin herbeigeführt[21]. In dieser Arbeit ging es um die Lösung eines Minoritätenproblems in der Sowjetunion. Für die sozialistische Rechtstheorie wichtig war jedoch, daß Stalin anerkannte, daß die Sprache, obwohl sie dem Überbau zugehörig ist, kein reiner „Basisreflex" sei, sondern ihr

15 Böckenförde, Die Rechtsauffassung im kommunistischen Staat, S. 26.

16 Lenin, Über eine Karikatur auf den Marxismus, Werke, S. 40. Zur Auseinandersetzung damit siehe Tumanow, Bürgerliche Rechtsideologie, S. 91 ff.

17 Siehe Tumanow, a.a.O., S. 90.

18 Vgl. Böckenförde, Die Rechtsauffassung im kommunistischen Staat, S. 26.

19 Seton-Watson, Von Lenin bis Malenkow, S. 38 ff. Vgl. weiterhin Schapiro, The Origins of the Communist Autocracy, S. VI, 52 ff.

20 Vgl. Böckenförde, Die Rechtsauffassung im kommunistischen Staat, S. 26.

21 Böckenförde, a.a.O., S. 28; Stiebitz, Such, S. 56. Zu Stalin vergleiche Markovits, Sozialistisches und bürgerliches Zivilrechtsdenken in der DDR, S. 25; vgl. auch Westen, Die rechts-theoretischen und rechtspolitischen Ansichten Josef Stalins, 1959.

eine gewisse Eigenständigkeit zukomme. Stalins These lautete folgendermaßen: Der Überbau ist nur bei seiner Entstehung basisakzessorisch[22]. Unabhängig ist dagegen der fortdauernde Inhalt des Überbaus. Ist der Überbau erst einmal entstanden, wird er relativ selbständig. Er übernimmt dann die Funktion, seine Basis zu entwickeln und zu festigen.

„Der Überbau wird von der Basis ja gerade dazu geschaffen, um ihr zu dienen“[23].

Das Recht als Teil des Überbaus erhält dadurch selbst ein aktives Moment. Das Recht ist nun ein Mittel, um der Basis zu dienen, sie zu entwickeln und weiterzugestalten. Nach der Stalinschen Überlegung ist das Recht nunmehr zwar basisbezogen, aber nicht mehr basisreflexiv. Das Ziel wird zwar von der Basis vorgegeben. Aber die Verwirklichung kann selbständig geschehen. Die Neuerung liegt folglich darin, daß das Recht ein Mittel wird, welches den revolutionären Prozeß von sich aus vorantreibt. Das Recht wird als Instrument des sozialistischen Aufbaus verwendet[24].

Mit dieser Schrift Stalins hat nach Aussage eines sowjetischen Rechtstheoretikers eine „neue Etappe in der Entwicklung der marxistisch – leninistischen Theorie“ begonnen[25]. Stalin hat damit das Verhältnis von der

---

22 Nach Böckenförde ist diese Stalinsche Distanzierung vom eher normativ geprägten Rechtsbegriff Wyschinskis der Grund, warum die Rechtsdefiniton von Wyschinski in den sechziger Jahren kritisiert wurde. (Böckenförde, a.a.O., S. 33) Diese Überlegung Böckenfördes erscheint nicht zwingend zu sein. Zum einen wurden Stalins Briefe schon 1951 veröffentlicht, wohingegen Wyschinskis Rechtsbegriff erst zehn Jahre später kritisiert wurde. Zum anderen fällt auf, daß die Kritik an Wyschinski zeitlich eng mit dem XX. und XXII. Parteitag der KPdSU zusammenhängt. Daher erscheint es naheliegender, daß die Kritik an Wyschinskis Rechtsbgeriff Teil der allgemeinen Kritik des Stalinismus war. (In diesem Sinne auch Mollnau, Die Babelsberger Konferenz, ARSP 91, S. 238, 240).

23 Stalin, Der Marxismus und die Fragen der Sprachwissenschaft, S. 7 f.

24 Vgl. Jewgenjew, Stalins Artikel: Über den Marxismus in der Sprachwissenschaft und die Aufgaben der sowjetischen Rechtswissenschaft, S. 154.

25 Mankowski, in: Sowjetische Beiträge zur Staats- und Rechtstheorie, Berlin-Ost 1955, S. 154. Zitiert nach Böckenförde, Die Rechtsauffassung im kommunistischen Staat, S. 28. Die sozialistische Rechtswissenschaft vollzog mit dieser Neuorientierung die tatsächliche Entwicklung nach. Nach der russischen Oktober-Revolution wurde die ökonomische Basis vom Überbau her, durch staatliche Maßnahmen und Umgestaltung des Rechts, betrieben. Hier wurde nicht die überreife kapitalistische Gesellschaft von der sozialistischen abgelöst. Vielmehr wurde in der von oben gelenkten und geplanten Revolution eine feudale und agrarische Gesellschaft umgestürzt. (Vgl. Schapiro, The Origins of the Communist Autocracy, S. VI, 52 ff, Hattenhauer, Europäische Rechtsgeschichte, S. 660). Die Umwälzung des gesellschaftlichen Seins erfolgte also vom revolutionären Bewußtsein der Partei, als Elite des Proletariats, her. Die Praxis erwies sich damit als die beste Lehrmeisterin der Theorie (Vgl. Wyschinski, Die Hauptaufgaben der Wissenschaft vom sozialistischen Sowjetrecht, S. 75).

Basis zum Überbau neu bestimmt. Diese Neuorientierung wurde in den fünfziger Jahren von der kommunistischen Rechtstheorie übernommen. Gerade in der Rechtswissenschaft der DDR fiel das stalinsche Gedankengut auf fruchtbaren Boden[26]. Die Rezeption erfolgte insbesondere durch zwei Konferenzen im Jahre 1951[27]. Zunächst organisierte die SED im Juni 1951 eine „Theoretische Konferenz", in deren Mittelpunkt die Schrift Stalins stand[28]. Im Dezember wurde dann unter der Regie der SED in Leipzig eine weitere „Theoretische Konferenz" veranstaltet[29].

Es wird sich zeigen, daß Polak gerade die gestaltende Seite des Rechts betont und damit direkt in der Tradition Stalins steht.

Anzumerken ist allerdings, daß Stalin das sozialistische Recht in seinem Wesen nicht völlig veränderte. Bei Marx war das Recht bloß das akzessorische Abbild der Basis. Das Recht war damit Ausdruck der bestehenden Produktionsverhältnisse. Bei Stalin dient das Recht darüber hinaus dazu, eine bestimmte Formation der Produktionsverhältnisse zu erreichen. Daher greift das Recht der Entwicklung teilweise vor. Nach beiden Konstruktionen ist das sozialistische Recht jedoch untrennbar mit der spezifisch sozialistischen Gesellschaftsform verbunden. Bei Marx ist es dessen Ausdruck, bei Stalin dessen vorweggenommener Ausdruck. Der materiale Inhalt der stalinistischen Neupositionierung des Rechts ist daher minimal[30]. Aus diesem Grund erscheint es kaum berechtigt, von spezifisch stalinistischem Recht zu sprechen[31].

---

26 Dreier u.a. (Hrsg.), Rechtswissenschaft in der DDR 1949 –1971, S. 35; Böckenförde, Die Rechtsauffassung im kommunistischen Staat, S. 30. Als Beispiel ist Klenner zu nennen. Dieser zitiert in seiner Ausarbeitung des Verhältnisses Stalin zwar nicht, folgt diesem aber im Ergebnis. Wissenschaftlich begründet Klenner seine Ausführungen mit Hinweisen auf Marx und Engels. (Klenner, Von dem Recht der Natur zur Natur des Rechts, S. 172). Ebenfalls in dieser Stalinschen Tradition stehen Dötsch, Zum Verhältnis von bürgerlichem Staat und Recht, S. 11; Gysi, Zur Vervollkommnung des sozialistischen Rechts, S. 9; Schüßler u.a., Staat, Recht und Politik im Sozialismus, S. 276.

27 Stiebitz, Such, S. 73.

28 Vgl. Kröger, Die II. Parteikonferenz der SED, NJ 52, S. 337.

29 Vgl. Polak, Bericht über die theoretische Konferenz in Leipzig am 15./16.12.1951, NJ 52, S. 7; Neye, Von der theoretischen Konferenz in Leipzig, NJ 52, S. 56 ff.

30 Zur begrifflichen Klärung sei hier angemerkt, daß im Weiteren die Begriffe „sozialistisch", „marxistisch-leninistisch" und „proletarisch" bedeutungsgleich verwendet werden, wenn nichts Gegenteiliges deutlich gemacht wird. Insoweit wird Polaks Terminolgie gefolgt.

31 Daher gilt die tatsächliche Herrschaftspraxis als das entscheidende Definitionsmerkmal des Stalinismus. So wird die Auflösung des Rechts in den politischen Willen des Staatsführers oder der Spitze des Parteiapparates unter die Herrschaftspraxis der Ära Stalins (1927-1953) subsumiert. (Dreier u.a. (Hrsg.), Rechtswissenschaft in der DDR 1949 – 1971, S. 16).

Kapitel 4: Polaks Kritik der bürgerlichen Rechtswissenschaft und sein Entwurf einer sozialistischen Rechtswissenschaft

A. Einführung und Überblick

In Polaks wissenschaftlichem Werk, das er in der SBZ und DDR schuf, nehmen die Aufsätze zur Methode der „bourgeoisen" Jurisprudenz einen beträchtlichen Anteil ein[1]. Dabei fällt auf, daß er insbesondere zu Beginn seiner am Marxismus ausgerichteten Arbeit Überlegungen zur Provenienz und den Erscheinungsformen der bürgerlichen Rechtswissenschaft anstellt[2]. Die hierbei gewonnenen Erkenntnisse waren grundlegend für seine eigene Rechts- und Staatskonzeption. So bezeichnete er die Methode der bürgerlichen Rechtswissenschaft als den „eigentlichen Angelpunkt für das Verständnis des Wesens" der Staats- und Rechtswissenschaft[3]. Die Darstellung seiner Kritik an der bürgerlichen Rechtslehre wird daher zeigen, welche zentralen Anliegen Polak in seinem wissenschaftlichen Werk verfolgte.

Inhaltlich bestehen Polaks Überlegungen aus einer Kritik des Positivismus[4] und des Neukantianismus[5]. Darüber hinaus setzte er sich später mit der Moral in der bürgerlichen Rechtslehre auseinander[6].

Nachdem Polak seine Kritik ausgearbeitet hatte, begann er, eine eigene Methode zu entwickeln. Dies soll aber nicht heißen, daß er aufgehört hätte, die bürgerliche Rechtswissenschaft anzugreifen. Vielmehr war eine Beschäftigung mit der bürgerlichen Jurisprudenz für seine wissenschaftliche Arbeit unerlässlich. Denn Polak gewann seine eigene Konzeption direkt aus einer historisch-materialistischen Beurteilung der bürgerlichen Rechtslehre. Die wesentlichen

1 Vgl. etwa Polak, Krisis und Neubau der Staatserneuerung, NJ 49; ders., Zur Dialektik in der Staatslehre, S. XI. Genau wie Polak, so wendet sich auch Carl Schmitt gegen den Positivismus in der Rechtswissenschaft. Für Schmitt ist jedoch nicht der historische Materialismus die entscheidende Deutungsachse, sondern der politische Kampf. (Schmitt, Der Weg des deutschen Juristen, DJZ 34, S. 691).

2 Vgl. etwa Polak, Marxismus und Staatslehre, Einheit 47; Der Niedergang der Staatswissenschaft in Deutschland, NJ 48; Justizerneuerung, 1948; Krisis und Neubau der Staatserneuerung, NJ 49.

3 Polak, Krisis und Neubau der Staatserneuerung, NJ 49, S. 80.

4 Polak, Zur Dialektik in der Staatslehre, S. XI. Polak kritisiert die bürgerliche Rechtswissenschaft auch noch als „Formalistischen Dogmatismus" (Marxismus und Staatslehre, Einheit 47, S. 4), „Dogmatismus" und „Etatismus" (Zur Dialektik in der Staatslehre, S. 404). Dies stellt jedoch lediglich eine begriffliche Differenzierung dar. Inhaltlich stimmen die Kritikpunkte mit der Positivismuskritik überein.

5 Polak, Marxismus und Staatslehre, Einheit 47, S. 9 ff.

6 Polak, Zur Dialektik in der Staatslehre, S. 289 ff.

Gedanken seiner Rechtskonzeption veröffentlichte er gegen Ende seines wissenschaftlichen Lebens insbesondere in seinem Hauptwerk „Zur Dialektik in der Staatslehre“[7].

Diese Entwicklung einer speziell sozialistischen Rechtswissenschaft durch Polak wird nachgezeichnet. Es wird hierbei dargestellt, auf welchem Wege Polak das spezifisch Rechtliche aus der Rechtswissenschaft verdrängte und diese Wissenschaft zu einer historisch-gesellschaftlichen Teildisziplin des Marxismus-Leninismus umgestaltete.

B. Polaks Kritik des „Positivismus“

Polaks Kritik der bürgerlichen Rechtswissenschaft ist vor allem eine Kritik des „Positivismus“. Denn für ihn stellt die „Positivität“ der bürgerlichen Rechtswissenschaft deren grundlegende Eigenschaft dar. Problematisch bei der Darstellung der Polakschen Positivismuskritik ist, daß er einen speziellen Positivismus-Begriff vertritt[8]. In Abgrenzung zum herkömmlichen Positivismus in seiner ursprünglichen und in seiner speziell rechtswissenschaftlichen Ausformung ist daher zunächst zu klären, was Polak meint, wenn er vom Positivismus spricht.

I. Begriff des Positivismus bei Comte

Begründer des Positivismus ist Auguste Comte[9]. Ausgangspunkt der Überlegungen Comtes ist die Vorstellung, daß die Menschheitsgeschichte einen jahrtausendelangen Bildungsprozeß darstellt, der zur „allgemeinen Erziehung der menschlichen Vernunft“ führt[10]. Dabei durchläuft die menschliche Erkenntnis

7 Vgl. vor allem Polak, a.a.O., S. 389 ff.

8 Vgl. Beyer, Besprechung von „Zur Dialektik in der Staatslehre“, ARSP 60, S. 307.

9 Als grundlegend gilt dabei das Werk von Comte, Rede über den Geist des Positivismus/Discours sur l'esprit positif, 1966. Eine geschlossene Theorie des Positivismus findet sich auch bei David Hume. Daher wird auch dieser als „wahrer und einziger Vater des Positivismus“ bezeichnet. (Windelband, Geschichte der neueren Philosophie, § 34 (349); Tripp, Einfluss des naturwissenschaftlichen, philosophischen und historischen Positivismus, S. 52)

10 Comte, Philosophie première, S. 463. Genau wie Marx teleologisiert also auch Comte die Geschichte. Trotz dieser und anderer Parallelen beider Denker fällt Marxens Urteil über seinen Zeitgenossen drastisch aus: „Ich studiere jetzt nebenbei Comte, weil die Engländer und Franzosen soviel Lärm um den Kerl machen. Was sie daran besticht, ist das Enzyklopädische, la synthèse. Aber das ist jammervoll gegen Hegel (obgleich Comte als Mathematiker und Physiker von Profession ihm überlegen, d.h. überlegen im Detail, Hegel ist unendlich viel größer im ganzen). Und dieser Scheißpositivismus erschien 1832!“ (Brief von Marx an Engels vom 7.7.1866, MEW, S. 232). Zu den Parallelen vgl. Fuchs-Heinritz, Auguste Comte, 308 ff.

drei Stadien[11]. Das erste Stadium ist das theologische, das zweite das metaphysische Stadium[12]. Das dritte und letzte Stadium ist das wissenschaftliche oder „positive“ Stadium. Diese Stadien bezeichnen dabei die jeweilige Methode der Philosophie[13]: Am Anfang der Entwicklung des menschlichen Geistes steht die theologische Philosophie, während die positive Philosophie den Endpunkt der Entwicklung markiert. Den Übergang zwischen beiden bildet die metaphysische Philosophie. Hier interessiert allein das letzte, das positive Stadium.

In diesem Zeitalter beschränkt sich nach Comte die wissenschaftliche Erkenntnis auf das, was durch empirische Beobachtung feststellbar ist. Sie lässt dagegen alles weg, was die empirische Beobachtung übersteigt. Gegenstand der Wissenschaft sind daher nur Tatsachen sowie äußere Zusammenhänge von Tatsachen[14]. Es ist geradezu das Ziel der positiven Wissenschaft, die wissenschaftliche Erkenntnis

> „so weit wie möglich von der unmittelbaren Erforschung zu entbinden, indem sie diese durch (...) rationale Voraussicht ersetzt“[15].

Voraussicht besteht immer darin,

> „eine Tatsache unabhängig von ihrer unmittelbaren Erforschung aufgrund ihrer Verbindung mit anderen bereits gegebenen Tatsachen zu erkennen.“[16]

II. Rechtspositivismus

Das positive Denken untersucht daher die Gesetzmäßigkeiten, welche die Phänomene regieren, und fragt nicht nach den letzten Ursachen der Phänomene. Für die positivistische Rechtswissenschaft bedeutet dies die ausschließliche Beschäftigung mit dem geltenden, positiven Recht. Dabei existieren vielfältige

---

11 Comte, Considérations philosophiques sur les sciences et les savants, S. 146.

12 Das erste Stadium kann auch als das fiktive, das zweite als das abstrakte Stadium bezeichnet werden.

13 Zusammenfassend hierzu, Fuchs-Heinritz, Auguste Comte, S. 98 ff.

14 Welzel. Naturrecht und materiale Gerechtigkeit, S.184; Comte, Philosophie première, S. 25 f. Im Discours stellt Comte sechs Bedeutungen von „positiv” zusammen, die im Zusammenspiel diese neue Philosophie kennzeichnen (Comte, Rede über den Geist des Positivismus/Discours sur l'esprit positif, S. 85):
- das Tatsächliche im Gegensatz zum Eingebildeten,
- das Nützliche im Gegensatz zum Überflüssigen (im Bereich der Erkenntnis),
- die Gewißheit im Gegensatz zum Ungewissen,
- das Genaue im Gegensatz zum Ungenauen,
- die Fähigkeit zum Organisieren statt zum Zerstören (Comte, a.a.O., S. 85 – 87)
- relativ im Gegensatz zu absolut (im Bereich des Denkens) (Comte, a.a.O, S. 91).

15 Comte, a.a.O., S. 35.

16 A.a.O., S. 45.

Erscheinungsformen des Rechtspositivismus, so daß es nicht möglich ist, von „dem Rechtspositivismus" schlechthin zu sprechen[17]. Jedoch ist es eine zentrale rechts-positivistische These, daß Recht und Moral begrifflich zu trennen sind[18]. Daher ist unter Gesetzespositivismus insbesondere die Auffassung zu verstehen, nach der jedes ordnungsgemäß gesetzte und sozial wirksame Gesetz ohne Rücksicht auf seinen Inhalt verbindlich ist[19]. Der positivistische Begriff vom Recht enthält also keine moralischen Elemente. Dies mündet schließlich darin, daß jeder beliebige Inhalt Recht sein kann[20].

III. Positivismus bei Polak

1. Polaks Begriff des Positivismus

Polak unterscheidet nicht zwischen einem allgemein-wissenschaftstheoretischen Positivismus und einem speziellen Rechtspositivismus, sondern spricht pauschal von dem „Positivismus". Polak definiert den Positivismus als die bewusste Trennung von Recht und gesellschaftlicher Geschichte[21]. Dadurch werde das Recht von seinen historisch-politischen Wurzeln gelöst[22]. In der Rechtswissenschaft führe dies dazu, daß Rechtsgeschichte und –philosophie bloßes „Beiwerk" der Jurisprudenz werden[23].

„Aus der philosophischen Staatslehre wird das juristisch-dogmatische Staatsrecht"[24].

---

17 Hoerster, Einleitung, S. 6.

18 A.a.O., S. 7; vgl. Hart, Der Positivismus und die Trennung von Recht und Moral, 1971.

19 Bergbohm, Jurisprudenz und Rechtsphilosophie, S. 539, 549; Ellscheid, Das Naturrechtsproblem, S. 23.

20 Kelsen, Reine Rechtslehre, S. 201. Zum Streit um den Rechtspositivismus vergleiche Alexy, Begriff und Geltung des Rechts, 1991.

21 Polak, Zur Dialektik in der Staatslehre, S. 24, 26; ders., Der Niedergang der Staatswissenschaft in Deutschland, NJ 48, S. 42.

22 Diese Trennung von Historischem und Rechtlichem subsumiert Polak auch unter den Begriff der Abstraktion. (Vgl. etwa Polak, Zur Dialektik in der Staatslehre, S. 197, 224; ders., Disposition zu Referat Ulbrichts, in: SAPMO-BArch IV 2/13/483). Ulbricht sagt nun in seinem Babelsberger Referat, daß „jede Abstraktion zum leeren Formalismus führt". (Konferenz in Babelsberg. Protokoll, S. S. 26). Hierzu stellt Klenner fest, daß Ulbricht „nicht einmal begriffen (habe), daß jede als allgemeine Verhaltensregel gewonnene Rechtsnorm innerhalb des statute law (...) die Abstraktionstätigkeit des menschlichen Verstandes zur schlichten Voraussetzung hat." (Klenner, Babelsdorf 1958, Staat 92, S. 622). Wie das gesamte Referat, so entstammt auch diese Passage aus der Feder Polaks. Ulbricht verwendet damit den Polakschen Abstraktionsbegriff. Daher ist die Kritik Klenners der Sache nach überflüssig. Die Vermutung liegt nahe, daß Klenner die entsprechende Passage bewußt schief interpretiert hat, um sie leichter kritisieren zu können.

23 Polak, Zur Dialektik in der Staatslehre, S. 24; ders., Krisis und Neubau der Staatswissenschaft, NJ 49, S. 79.

24 Polak, Krisis und Neubau der Staatswissenschaft, NJ 49, S. 79.

Polak beschreibt dies so:

„Staat = geordneter Mechanismus, Staatswissenschaft = saubere Darstellung dieses Mechanismus“[25].

Diese ahistorische Methode zeichne die bürgerliche Rechtswissenschaft aus und fände auf allen ihren Teilgebieten Anwendung. Neben dem Staatsrecht hebt Polak dabei insbesondere die bürgerliche Völkerrechtswissenschaft hervor[26].

Als geistigen Vetter des Positivismus bezeichnet Polak den Agnostizismus[27]. Der Agnostizimus leugne die Erkennbarkeit der Realität der Außenwelt, des „Ding an sich“, das hinter den Erscheinungen steht und wirkt[28]. Die Erscheinungen würden „an sich“, also als die letzte Wirklichkeit betrachtet[29].

2. Ursprung und Entwicklung des Positivismus

Nach Polak war die bürgerliche Rechtswissenschaft jedoch nicht immer positivistisch. Vielmehr habe sie sich im Laufe der Geschichte erst zu einer ahistorischen Wissenschaft entwickelt. Diese Entwicklung war für Polak keineswegs zufällig, sondern durch die Gesetze des historischen Materialismus determiniert. Nach dieser Lehre war das Bürgertum zu einem bestimmten Zeitpunkt in der Geschichte nicht mehr die fortschrittliche Klasse und vertrat daher keine zeitgemäßen Ideen. Daraus folgt für Polak, daß die bürgerliche Rechtswissenschaft ihr Recht von einem bestimmten Zeitpunkt ab nicht mehr historisch-rational begründen konnte, sondern zur „positivistischen“ Wissenschaft verkam, welche die bestehenden, historisch überholten Verhältnisse verteidigte[30]. Den Ursprung dieser Entwicklung macht Polak an drei Tatsachen fest. Erstens diskutiert er den Rechtsstaatsbegriff Kants, dessen Auflösung für ihn der geistige Ursprung des Positivismus ist. Zweitens versucht Polak zu zeigen, wie der Positivismus durch die deutsche Staatsgründung von 1871 zur herrschenden Lehre in der Rechtswissenschaft wurde. Drittens, und letztens, macht Polak die herrschende Hegelrezeption für die Entwicklung des Positivismus verantwortlich.

---

25 Polak, a.a.O., S. 80.
26 Polak, Zur Dialektik in der Staatslehre, S. 468.
27 Vgl. Polak, a.a.O., S. 232. Damit folgt Polak Lenin. Dieser hatte behauptet, daß ein Agnostiker „reiner Positivist“ sei. (Lenin, Materialismus und Empiriokritizismus, Werke, S. 101).
28 Polak, Zur Dialektik in der Staatslehre, S. 214.
29 Ebd.
30 Polak, Der Niedergang der Staatswissenschaft in Deutschland, NJ 48, S. 42.

a) Kants Rechtsstaatbegriff als Ausgangspunkt

An den Anfang der Entwicklung des Positivismus stellt Polak den Rechtsstaatbegriff von Immanuel Kant. Die Konzeption Kants war für ihn richtig und gut. Allerdings habe die bürgerliche Wissenschaft diesen Entwurf nicht zeitgemäß interpretieren können, so daß mit der „Auflösung“ des Kantschen Rechtsstaatsbegriffs der Siegeszug des Positivismus begonnen habe[31].

Kant begründet den Rechtsstaat im Wege eines fiktiven Gesellschaftsvertrages, den die Bürger im Naturzustand schließen[32]. Der Naturzustand ist nach Kant durch seine Rechtlosigkeit gekennzeichnet, da in ihm die private Willkür und damit die unbegrenzte Freiheit aller regiert[33]. Demgegenüber stellt das Recht für Kant die vernunftgebotene Beziehungsform von Freiheitswesen dar. Die Überwindung des Naturzustandes ist für ihn daher vernunftnotwendig. Im Rechtsstaat herrscht nach Kant somit nicht mehr der partikulare, sondern der allgemeine Wille. Es kommt zum öffentlichen Rechtszustand. Dabei hat der Staat die Grundordnung so zu gestalten, daß sie – gemäß Kants Maßstab für reine praktische Vernunft – durch ein streng allgemeines Gesetz bestimmt ist. Die Grundordnung ist so einzurichten, „wie ein Volk mit reifer Vernunft sie sich selbst vorschreiben würde“[34].

An diesem Punkt setzt Polak an. Für ihn hat Kant das Recht als Ausdruck der allgemeinen menschlichen Vernunft konzipiert. Mit der Entfaltung der Vernunft und ihrer Herrschaft entfalte sich das Recht. Der Staat sei daher dem Recht unterworfen und könne nur dessen Ausdruck sein. Indem der Staat die Durchsetzung des Rechts garantiere, diene er der Vernunft[35]. In der Endphase der kapitalistischen Herrschaft wird für Polak jedoch das Verhältnis von Staat und Recht umgekehrt: Das Recht wird den staatlichen Zwecken untergeordnet[36]. In dieser zeitgeschichtlichen Epoche, die für Polak spätestens mit der Gründung der Pariser Kommune 1871 begonnen hat, würde sich ein Volk mit reifer Vernunft eine proletarische Ordnung geben. Denn nach den Entwicklungsgesetzen des historischen Materialismus kann eine bestimmte Staatsform nur so lange richtig und vernünftig sein, wie sie Ausdruck der jeweiligen Entwicklungsstufe der menschlichen Gemeinschaft ist. Demgemäß ist nach der Überwindung des Kapitalismus für Polak allein die proletarische Staatsform vernünftig. Die Bourgeoisie unterdrücke durch ihre Herrschaft die historische Vernunft und mache

31 Polak, Zur Dialektik in der Staatslehre, S. 25.

32 Vgl. Kant, Der Streit der Fakultäten, S. 90 f., siehe auch ders., Metaphysik der Sitten. Metaphysische Anfangsgründe der Rechtslehre, S. 216 f.

33 Kant, Metaphysik der Sitten. Metaphysische Anfangsgründe der Rechtslehre – Das Privatrecht, §§ 42, 44.

34 Kant, Der Streit der Fakultäten, S. 91; vgl. auch ders., Metaphysische Anfangsgründe der Rechtslehre – Das Staatsrecht, S. 327.

35 Polak, Zur Dialektik in der Staatslehre, S. 25.

36 Ebd.

sich so auch das Recht untertan. Staatlicher Zweck sei nunmehr die Verteidigung der bestehenden gesellschaftlichen Machtverhältnisse, also die Unterdrückung des Volkes[37]. Damit ist für Polak das Recht nicht mehr Ausdruck der allgemeinen Vernunft. Mithin existiere der Rechtsstaat im Sinne Kants in der Endphase der kapitalistischen Herrschaft nicht mehr.

Diese Umkehrung von einem vernünftigen zu einem unvernünftigen Rechtsstaat hat für Polak zur Folge, daß die bürgerliche Rechtswissenschaft „ihren" Staat nicht mehr durch gute, also historisch richtige, Gründe rechtfertigen kann[38]. Trotzdem stehe die bürgerliche Rechtswissenschaft zu dem „unvernünftigen" bürgerlichen Staat. Daher musste sie nach Polak dazu übergehen, die bestehenden Verhältnisse nicht mehr zu analysieren, sondern sie lediglich zu beschreiben und zu beschönigen. Damit sei der Positivismus in die bürgerliche Wissenschaft eingezogen.

b) Die deutsche Staatsgründung 1871 als Markstein

Den anderen Markstein in der Entwicklung des Positivismus stellt für Polak die deutsche Staatsgründung 1871 dar. Dieses Ereignis habe das deutsche Staatsbewusstsein entscheidend geprägt. Der deutsche Staat wurde 1871 nach Polaks Verständnis nicht vom Volk, sondern vom „halbfeudalistischen Junkertum" gegründet[39]. Der Grund hierfür liegt nach Polak in der fehlgeschlagenen Revolution von 1848. Dieser Volksaufstand habe erstmals den Interessenantagonismus der bürgerlichen Gesellschaft zutage treten lassen[40]. Allerdings konnte sich das Proletariat 1848 nicht durchsetzen, so daß sich der deutsche Staat des 19. Jahrhunderts nicht nach der Gesetzmäßigkeit des historischen Materialismus entwickelte. Für Polak war der Staat daher kein Produkt der „natürlichen Entwicklung der gesellschaftlichen Kräfte"[41]. Er stellt weiterhin fest, daß sich diese „unnatürliche" staatliche Entwicklung im Bewußtsein des Volkes niedergeschlagen habe. Aufgrund seiner Erfolglosigkeit sei es sich nie seiner eigentlichen Kraft bewußt geworden. Daraus resultiert der für Polak typisch deutsche Glaube an die unbedingte Macht der „Hydra der Staatsgewalt"[42].

Aus diesem Glauben heraus habe sich dann der staatswissenschaftliche Positivismus gebildet[43]. Für Polak waren die deutschen Staatstheoretiker gar

---

37 Polak, a.a.O., S. 29.
38 Polak, a.a.O., S. 219 f.
39 Polak, Marxismus und Staatslehre, Einheit 47, S. 4.
40 Vgl. Polak, Zur Dialektik in der Staatslehre, S. 7.
41 Polak, Marxismus und Staatslehre, Einheit 47, S. 4.
42 Ebd.
43 Polak bezeichnet diese Methode auch als „formal-juristisch", „dogmatisch-deskriptiv" oder „logizistisch" im Gegensatz zur marxistischen „gesellschaftlich-analytischen Methode". Inhaltlich ergeben sich aber keine Unterschiede. (Vgl. Polak, Krisis und Neubau der Staatswissenschaft, NJ 49, S. 80; sowie ders., Marx` Kritik der hegelschen Staatslehre, NJ 49, S. 237).

nicht in der Lage, den Staat zu hinterfragen. Sie nähmen nicht die gesellschaftlichen Kräfte in den Blick, welche die Staatsform bestimmen. Stattdessen beschränke sich die Rechtswissenschaft auf reine Beschreibung und Apologetik des Staates[44]. So wurde der Staat nie als Geburt des militaristischen preußischen Junkertums, der Kapitalisten, gesehen, sondern als Staat schlechthin[45]. Für Polak nimmt die deutsche Rechtswissenschaft unter den bürgerlichen dabei eine besonders formale Position ein. Anders als in der französischen, angloamerikanischen oder russischen Jurisprudenz wehre sich gerade die deutsche Rechtswissenschaft gegen Einflüsse der Geschichts- oder Wirtschaftswissenschaft[46]. Den letzten Versuch, Recht als gesellschaftliches Phänomen zu untersuchen, unternahmen laut Polak Otto von Gierke und die historische Schule[47].

c) Hegels Staatsphilosophie als theoretisches Fundament

Diese apologetische Sichtweise des Staates gründet für Polak auch auf der Rezeption der Staatsphilosophie von Georg Wilhelm Friedrich Hegel. Nach der herrschenden Rezeption habe Hegel den Staat als höchste Vollendung des Gemeinwesens gesehen[48]. Diese These habe die deutsche Staatswissenschaft auf den preußischen Staat bezogen[49]. Zu dieser positivistischen Interpretation Hegels wäre man aber nur gelangt, weil fälschlicherweise Hegels These vom Staat als der „Wirklichkeit der sittlichen Idee“ von dessen dialektischer Gesellschaftslehre getrennt worden sei. Der Dialektik sei keine Beachtung geschenkt worden. Gerade sie habe aber gelehrt, alle Widersprüche bis zu Ende durchzufechten[50]. Indem man nun mit Hegel den Staat als sittlichen Endpunkt betrachtet hätte, konnte man sich darauf beschränken, die bestehenden Verhältnisse zu untersuchen. Infolgedessen wäre der Staat Bismarcks idealisiert worden[51].

---

44 Polak, Marxismus und Staatslehre, Einheit 47, S. 5; ders., Zur Dialektik in der Staatslehre, S. 5.

45 Ebd.

46 Polak, Marxismus und Staatslehre, Einheit 47, S. 5 f.

47 Polak, a.a.O., S. 6. Gierke war im 19. Jahrhundert Wortführer der Kritik des Rechtspositivismus. Eine umfassende Kritik veröffentlichte er 1883 in seinem Aufsatz „Labands Staatsrecht und die deutsche Rechtswissenschaft“, Schmollers Jahrbuch 1883, S. 1097 ff. Zur historischen Rechtsschule vergleiche auch Coing, Europäisches Privatrecht, S. 41 ff.

48 Polak, Der Niedergang der Staatswissenschaft in Deutschland, NJ 48, S. 39.

49 Ebd. Als Vertreter der deutschen Staatswissenschaft führt Polak hier beispielhaft Rümelin und Rössler an. (Rümelin, Reden und Aufsätze, S. 59 ff.; sowie Rössler, Allgemeine Staatslehre, S. XVII).

50 Polak, Der Niedergang der Staatswissenschaft in Deutschland, NJ 48, S. 39.

51 Polak, a.a.O., S. 39, 41.

d) Anmerkung zu Polaks Herleitung des Positivismus

Etwas unklar bleibt dabei, in welchem Verhältnis die Rezeption Hegels zur Auflösung des Kantschen Rechtstaatsbegriffs für Polak steht. Es fällt lediglich auf, daß Polak die Auflösung des Kantschen Rechtsstaatsbegriffes als notwendige Folge der Weiterentwicklung der Menschheit betrachtet. Die Auflösung war kein bewusster Prozess, den einzelne Wissenschaftler unterstützt hätten. Die Hegelrezeption gründet für Polak zwar letztlich auch nur auf den marxistischen Entwicklungsgesetzen; indes wird Polak hier etwas konkreter und verweist auf tatsächliche wissenschaftliche Forschung. Hegels Staatsphilosophie könnte daher als theoretisches Fundament der positivistischen Wissenschaft in Deutschland bezeichnet werden.

Das letztlich aber ungeklärte Verhältnis der beiden Quellen des Positivismus resultiert nun daraus, daß keine systematisch geschlossene Untersuchung des Positivismus durch Polak existiert. Vielmehr untersucht er in einzelnen Aufsätzen verschiedene Seiten des Themas, ohne dabei auf vorherige Überlegungen einzugehen oder das Verhältnis der einzelnen Aspekte zu klären.
Jedenfalls bleibt festzuhalten, daß Polak den Ursprung der positivistischen Position in der bürgerlichen Rechtswissenschaft letztlich mit ihrer historischen Rückständigkeit begründet.

3. Entwicklung und Vertreter

Die bürgerliche Rechtswissenschaft war somit für Polak geradezu verdammt, nach der Entstehung des Proletariats, „ihren" Staat zu rechtfertigen. Dieser Ansatz durchzog für ihn sämtliche Bereiche der bürgerlichen Jurisprudenz[52]. Er gesteht zwar zu, daß vereinzelt auch bürgerliche Wissenschaftler das historische Recht erforschten. Allerdings geschah dies in seinen Augen in einer unzulänglichen Art und Weise. Die Rechtsgeschichte im 19. und 20. Jahrhundert bestand für Polak aus reiner Faktensammlung. Man hätte nicht versucht, nach den wahren Ursachen der geschichtlichen Ereignisse zu suchen. Die Rechtsgeschichtswissenschaft sei daher keine „wissenschaftliche" Forschung und hätte an der Positivität der bürgerlichen Rechtswissenschaft nichts ändern können[53]. Hier wird deutlich, welch exklusiven Wissenschaftsbegriff Polak vertritt. Wissenschaftlichkeit beginnt für ihn erst dort, wo sich die Forschung an der Lehre des Marxismus-Leninismus orientiert. Die Rechtsgeschichtswissenschaft hätte sich also, um wissenschaftlich im Sinne Polaks zu sein, an den Grundsätzen des historischen Materialismus orientieren müssen.

52 Vgl. Polak, Carl Schmitt als Staatstheoretiker des deutschen Faschismus, S. 55, 66; sowie ders., Zur Dialektik in der Staatslehre, S. 5.

53 Polak, Wesen und Wert der Rechtsgeschichte, NJ 47, S. 55 f.

Demnach waren sämtliche Rechtswissenschaftler aus dem bürgerlichen Lager Positivisten. Einige von ihnen hebt Polak besonders hervor[54]. Im Mittelpunkt seiner Ausführungen stehen dabei Grotius, Laband, Gerber und Jellinek. Dabei widerspricht sich Polak hinsichtlich ihrer Bedeutung für den Positivismus. So behauptet er einerseits, daß Grotius Vater der bürgerlichen Rechtswissenschaft sei[55]. Auf der anderen Seite soll aber Gerber mit seinem Werk „Grundzüge eines Systems des deutschen Staatsrechts" Vater der Positivisten-Schule sein[56]. Widersprüchlich ist es auch, wenn Polak sowohl Laband als auch Jellinek als die wichtigsten Systematiker des Positivismus bezeichnet[57]. Diese ungenaue geistesgeschichtlich-systematische Einordnung legt den Verdacht nahe, daß es Polak nicht darum ging, ein wissenschaftlich exaktes Bild der „bürgerlichen" Rechtswissenschaft zu zeichnen. Vielmehr kam es ihm darauf an, zu zeigen, wie einzelne wichtige bürgerliche Denker den Positivismus begründeten, um damit die gesamte bürgerliche Rechtswissenschaft aburteilen zu können.

a) Begründung durch Hugo Grotius

Hugo Grotius ist für Polak der geistige Vater der bürgerlichen Rechtswissenschaft[58]. Nach Grotius seien die Eigentums-, die Vertrags- sowie die Handelsfreiheit die Grundlagen der menschlichen Gemeinschaft. Ergänzt werde dieses System der Freiheiten durch die Bestrafung einer Freiheitsverletzung. Grotius betrachte daher die ganze Welt aus der Perspektive des globalen Warenaustausches[59]. Die drei Freiheiten seien dabei göttlich und daher unabänderlich[60]. Für Polak ist aber nicht diese religiöse Herleitung entscheidend. Er erblickt vielmehr die „tatsächliche Praxis des Handelsverkehrs" als Grotius' maßgebliche Letztbegründung.[61]. Diese Deduktion aus dem Tatsächlichen ist für Polak die Grundlage alles bürgerlichen Rechtsdenkens. Grotius beuge sich unter

54 Als Vertreter des Positivismus nennt Polak neben den im Text Erwähnten Julius Stahl, Ernst Mayer sowie Lorenz von Stein. (Polak, Zur Dialektik in der Staatslehre, S. 25 ff.)

55 Polak, Gesellschaftliche Gesetzmäßigkeit und Völkerrechtswissenschaft, S. 6.

56 Polak, Zur Dialektik in der Staatslehre, S. 219. Gerber, Grundzüge eines Systems des deutschen Staatsrechts, Leipzig 1869. Polak schreibt auch, daß „seit Treitschke .... die Staatslehre die Ausschmückung des bismarckschen Staatswesens" war. Demnach erscheint Treitschke als geistiger Vater des Positivismus. (Polak, Volkssouveränität und Staatsgestaltung im kommenden Deutschland, NJ 48, S. 244).

57 Polak, Krisis und Neubau der Staatswissenschaft, NJ 49, S. 79; ders., Zur Dialektik in der Staatslehre, S. 223, sowie ders., Wesen und Wert der Rechtsgeschichte, NJ 47, S. 54. Zu Laband vergleiche auch Polaks Darstellung in: Zur Dialektik in der Staatslehre, S. 27 ff.; sowie ders., in: Marxismus und Staatslehre, Einheit 47, S. 6 f.

58 Polak, Staat und Recht bei Grotius und Spinoza, NJ 50, S. 104, 107.

59 Polak, a.a.O., S 106.

60 Polak, a.a.O., S. 104. Vgl. Grotius, Von der Freiheit des Meeres S. 24.

61 Polak, a.a.O., S. 106.

die „Gesetze der (...) kapitalistischen Verhältnisse“[62]. Darüber hinaus liege Grotius` Konzeption das typisch kapitalistische Menschenbild zugrunde[63]. Der Mensch werde lediglich als Teil des Warenverkehrs wahrgenommen. Dies führe zu einer entmenschlichten Wahrnehmung des Menschen im Recht und letztlich zu dessen Vernichtung.

Diese Rezeption Grotius` mutet etwas eigenwillig an und weicht von der herrschenden Meinung ab. Beispielhaft sei hier auf die Darstellung Hattenhauers hingewiesen[64]. Danach war für Grotius die Natur die Vernunft an sich[65]. Was vernünftig war, war gut. Das ius naturae nahm dadurch die oberste Stelle der Rechtshierarchie ein und löste damit das bis dahin herrschende ius divinum ab. Die Vernunft war zwar aus dem Willen Gottes hervorgegangen. Dann allerdings, in der Welt, war das Vernünftige, also auch das Naturrecht, unveränderlich. Selbst für Gott war es verbindlich[66]. Dies war der neuartige Ansatz Grotius`[67]. Da Grotius sich von der herrschenden Lehrmeinung löste, kann man schwerlich davon sprechen, daß er sich unter die kapitalistischen Verhältnisse einordnete. Diese Polaksche Grotius-Interpretation steht auch nicht in Einklang mit dem Leben von Grotius. Dieser stammte zwar aus einer reichen Patrizierfamilie, galt als „Wunderkind“ und gehörte damit zur „herrschenden Klasse“. Allerdings wurde er frühzeitig Opfer der Politik. Da Grotius sich in der niederländischen Glaubensfrage auf die unterlegene Seite der Arminianer und Remonstranten schlug, war er von 1619 bis 1621 Gefangener der Calvinisten. Nach seiner Flucht lebte er zurückgezogen in Frankreich[68]. Daher spricht auch der Lebenslauf Grotius` gegen Polaks Apologetik-Vorwurf[69].

b) Durchbruch bei Gerber

Ein anderer hervorragender Positivist für Polak war Karl Friedrich Wilhelm Gerber. Dieser habe den Positivismus in der bürgerlichen deutschen Rechtslehre zum Durchbruch gebracht. Gerber trenne die philosophische und politische Staatsbetrachtung von der juristischen. Dabei betone er, daß der Staat nicht als historische Erscheinung aufgefasst werden kann. Der Staat sei auch kein Konglomerat versammelter Naturgewalten und gehorche daher keiner fremden naturgesetzlichen Ordnung[70]. Damit werde der Staat allein in seiner

62 Polak, a.a.O., S. 105.
63 Polak, a.a.O., S. 107.
64 Hattenhauer, Europäische Rechtsgeschichte, S. 387 ff.
65 Grotius, Vom Recht des Krieges und des Friedens, I 1, 10 1.
66 Grotius, a.a.O., I 1, 10 5.
67 Hattenhauer, Europäische Rechtsgeschichte, S. 388 f.
68 Hattenhauer, a.a.O., S. 387.
69 Diese verzerrte Darstellung der Staatslehre Grotius` durch Polak kritisiert auch Klenner. (Klenner, Vom Recht der Natur zur Natur des Rechts, S. 26).
70 Polak, Zur Dialektik in der Staatslehre, S. 222. Auszugsweise ist dort abgedruckt: Gerber, Grundzüge eines Systems des deutschen Staatsrechts, S. 216.

tatsächlichen Gestalt Gegenstand der Rechtswissenschaft, so daß lediglich dessen „Persönlichkeit“ mit ihrem Inhalt, ihren Grenzen und Relationen zu untersuchen sei. Für Polak begeht Gerber damit den klassischen bürgerlichen Fehler, den Staat der Gesellschaft gegenüberzustellen anstatt ihn aus der Gesellschaft heraus zu konstruieren. Damit tue Gerber so, als ob der Staat nach seinen eigenen, vom Menschen unabhängigen, Gesetzen funktioniere[71]. Durch diese „positivistische Konstruktion“ verliert der Mensch für Polak seinen alles bestimmenden Platz[72].

c) Festigung durch Laband

Den gleichen Vorwurf der Abstraktion richtet Polak an Paul Laband. Polak betont dabei, daß Laband dem Positivismus endgültig zum Durchbruch verholfen habe[73]. Dessen Standardwerk „Das Staatsrecht des Deutschen Reiches“[74] ist für Polak das wichtigste Werk der positivistischen Rechtswissenschaft[75]. Laband gehe in seinem Buch davon aus, daß die politischen Verhältnisse gefestigt seien. Es sei somit müßig, die Erwünschtheit der Verfassung des Norddeutschen Bundes beziehungsweise des Deutschen Reiches zu diskutieren[76]. Insoweit spreche Laband auch von der „normativen Kraft des Faktischen“[77]. Für ihn sei es daher nun Aufgabe der Jurisprudenz, die Grundprinzipien der Verfassung wissenschaftlich zu erfassen[78].

d) Systematisierung bei Jellinek

Nachdem der Rechtspositivismus nach Polak durch Grotius, Gerber und Laband begründet wurde, sei er von Jellinek am umfassendsten und wirkungsmächtigsten systematisiert worden[79]. Jellinek ist für Polak das „Genie der bürgerlichen Borniertheit“[80]. Neben der schon von Gerber vorgenommenen Trennung von juristischer und naturwissenschaftlicher Methode wende sich Jellinek vor allem gegen die Einheit von Theorie und Praxis. Die Jurisprudenz habe nur Normen, also „Abstrakta“, zu erforschen[81]. Die Rechtswissenschaft

71 Vgl. Polak, Zur Dialektik in der Staatslehre, S. 219 f.. Auszugsweise ist dort abgedruckt Gerber, a.a.O., S. 216 f.

72 Polak, a.a.O., S.219.

73 Polak, a.a.O., S. 27; ders., Krisis und Neubau der Staatswissenschaft, NJ 49, S. 79.

74 Laband, Das Staatsrecht des Deutschen Reiches, Tübingen 1876 – 1882.

75 Polak, Zur Dialektik in der Staatslehre, S. 27.

76 Polak, a.a.O., S. 29. Hier ist auszugsweise abgedruckt: Laband, a.a.O., Bd. 1, S. V.

77 Abgedruckt bei Polak, Marxismus und Staatslehre, Einheit 47, S. 6; sowie ders., Krisis und Neubau der Staatswissenschaft, S. 79.

78 Polak, Zur Dialektik in der Staatslehre, S. 29.

79 Polak, a.a.O., S. 223.

80 Polak, a.a.O., S. 292.

81 Polak, a.a.O., S. 224. Hier ist auszugsweise abgedruckt: Jellinek, System der subjektiven öffentlichen Rechte, S. 16.

könne daher insbesondere nicht das Wesen und die Rolle des Privateigentums im menschlichen Leben untersuchen. Für Polak wird dadurch das Privateigentum zur „Grundlage des juristischen Denkens“[82].

Jellinek entwickle die abstrakte Position des Staates auch in anderer Hinsicht weiter. Der Staat war nach Polak schon in der Konstruktion Gerbers eine über dem Volk stehende Größe. Darauf aufbauend komme Jellinek zu der Erkenntnis, daß allein der souveräne Staatswille die Freiheiten und Rechte der Menschen schaffe[83]. Somit gebe es auch kein Begrenzungskriterium für staatliche Macht. Sobald diese ihren Willen verwirklichen könne, sei sie auch Staatsmacht. Daher sei für Jellinek auch eine Räuberbande, die willensfähig ist, ein Staat[84]. Für Polak ist dies typisch für den bürgerlichen Positivismus: der Staat wird als „pures Machtinstrument“ definiert[85]. Dies führe in der bürgerlichen Rechtswissenschaft dazu, bürgerlichen Staat und Räuberbande nicht mehr unterscheiden zu können. Darüber hinaus behauptet Polak, daß die Ununterscheidbarkeit von Staat und Räuberbande auch nie im bürgerlichen Lager bestritten wurde[86].

Fraglich erscheint, ob diese pauschale Verurteilung „der“ bürgerlichen Wissenschaft korrekt ist. Der Unterschied zwischen Räuberbanden und Staaten wurde schon von Augustinus behandelt.

„Remota itaque iustitia quid sunt regna nisi magna latrocinia? quia et latrocinia quid sunt nisi parva regna?“[87]

Aus diesem Vergleich von "Räuberbanden", die eine Anzahl von Menschen beherrschen, und "Reichen" folgert Alexy, daß Ordnungen zumindest einen Anspruch auf Richtigkeit erheben müssen, um ein Rechtssystem darzustellen. Die Ordnung einer Räuberbande gelte lediglich zum Nutzen der Banditen. Das unter ihnen geltende prädatorische System vermittle den Beherrschten daher keine subjektiven Rechte gegenüber den Räubern. Somit sei diese räuberische Ordnung schon aus begrifflichen Gründen kein Rechtssystem[88].

Dies zeigt, daß in der Wissenschaft, die Polak als bürgerlich qualifizieren würde, sehr wohl der Unterschied zwischen Staat und Räuberbande gesehen und analysiert wurde. Darüber hinaus wird auch der Ansicht von Jellinek widersprochen. Daher zeigt auch dieses Beispiel, wie problematisch es von Polak ist, von „der bürgerlichen Wissenschaft“ als einem monolithischem Gebilde zu sprechen.

---

82 Polak, Zur Dialektik in der Staatslehre, S. 225.
83 Polak, a.a.O., S. 226. Hier ist auszugsweise abgedruckt: Jellinek, a.a.O., S. 82.
84 Polak, a.a.O., S. 227. Hier ist auszugsweise abgedruckt: Jellinek, a.a.O., S. 30.
85 Polak, a.a.O., S. 227.
86 Ebd.
87 Augustinus, De civitate dei/ Der Gottesstaat, S. 222.
88 Alexy, Begriff und Geltung des Rechts, S. 60.

4. Kritische Stationen des Positivismus

Nachdem Jellinek den Positivismus in der Rechtswissenschaft zur vollen Blüte gebracht hatte, gab es für Polak jedoch drei historische Konstellationen, die zur Überwindung dieser Lehre in Gesamtdeutschland noch vor 1945 hätten führen können. Allerdings scheiterte eine Ersetzung des Positivismus durch eine „wahre Wissenschaft", welche nach Polak zu den eigentlichen Wurzeln des Staates und seines Wesens durchgedrungen wäre. Die drei kritischen Situationen in der Geschichte waren die jeweiligen Entstehungsphasen der verschiedenen deutschen Staatsverfassungen im 20. Jahrhundert.

a) Weimarer Republik

Die erste Station, die für Polak zur Überwindung des Positivismus hätte führen können, war die Gründungszeit der Weimarer Republik[89]. Zu diesem Zeitpunkt hätte die Möglichkeit bestanden, den Volkswillen zur Grundlage des neuen Rechts und seiner Wissenschaft zu machen. Polak stellt jedoch fest, daß diese Chance versäumt wurde. Anstatt die historische Rückständigkeit des deutschen Staates und seiner Wissenschaft offen zu legen, wäre der Untergang der alten Rechtsformen mystisch umschrieben worden. Dementsprechend hätte man das Recht nicht historisch-politisch erforscht, sondern sich mit „Wert- und Existenzphilosophie" beschäftigt und rechtliche Probleme „existenzial", „psychoanalytisch" und „phänomenologisch" analysiert[90].

b) Nationalsozialismus

Die zweite kritische Situation für den Positivismus war nach Polak die Zeit nach 1933. Die Ungerechtigkeit des Nazi-Regimes hätte ein Umdenken in der Rechtswissenschaft bewirken müssen. Es sei zwar das problematische Verhältnis von Recht und Moral in der Wissenschaft diskutiert worden[91]. Allerdings hätten die deutschen Juristen „Hitlers und Himmlers Wahnsinnsbefehle" im entscheidenden Moment als ordnungsgemäß erlassene Gesetze angewendet, ohne ihre rechtliche Geltung zu hinterfragen. Aufgrund der evidenten Ungerechtigkeit der Nazi-Gesetze war die Verblendung der Juristen für Polak nicht zu rechtfertigen. Vielmehr erklärt Polak diese Juristen zu Verbrechern, die sich dem befohlenen Unrecht hätten widersetzen müssen[92].

Dieses Verhalten erklärt sich für Polak durch drei Gründe. Erstens waren die deutschen Juristen daran gewöhnt, „blind" der herrschenden Macht zu dienen.

---

89 Polak, Justizerneuerung, S. 23.

90 Polak, a.a.O., S. 24. Polak verschweigt hier, daß seine eigene Dissertation eine „existenziale Rechtslehre" zum Inhalt hatte. (Polak, Studien zu einer existenzialen Rechtslehre, Freiburg i.Br. 1933).

91 Polak, Justizerneuerung, S. 25.

92 Polak, a.a.O., S. 26.

Daher verstanden sie ihr Tun auch nicht als eine hinterfragende Tätigkeit, was für Polak der zweite Grund ist. Schließlich hätten sie es auch aufgrund ihrer persönlicher Feigheit nicht gewagt, den Gesetzen zuwiderzuhandeln[93].

c) Die Jahre nach 1945

Ebenso wie in den Zeit nach 1933, so sei es der deutschen Rechtswissenschaft auch in der Nachkriegszeit nicht gelungen, ihre positivistische Methode zu überwinden. Zwar hätte es nach dem Zusammenbruch des Nazi-Regimes Versuche gegeben, Gerechtigkeit und Recht notwendig zu verknüpfen, um es weniger anfällig für seinen Missbrauch zu machen[94]. Allerdings seien sämtliche Versuche untauglich gewesen. Insbesondere beklagt Polak die bloß formale Argumentation[95]. Es werde kein Maßstab angeboten, um die inhaltliche Richtigkeit von Gesetzen beurteilen zu können. Daher seien sämtliche Versuche, den Positivismus zu überwinden,

> „ideologische Gebilde zur Rechtfertigung der bürgerlichen Macht"[96].

5. Polaks Verurteilung des Positivismus

Polak stellt nun fest, daß der Staat in der bürgerlichen Rechtswissenschaft „als faktisches politisches Machmittel" betrachtet und lediglich durch die „Macht des Faktischen" gerechtfertigt werde. Daher beschäftige sich die bürgerliche Rechtswissenschaft auch ausschließlich mit dem historisch überholten Recht und Staat, ohne nach deren „wahren gesellschaftlichen" Wurzeln zu suchen. Die historische Rückständigkeit der bürgerlichen Wissenschaft äußere sich darin, daß sie dem tatsächlichen gesellschaftlichen Sein ein Sollen gegenübergestellt. Für Polak ist dabei das gesellschaftliche Sein dadurch geprägt, daß die Menschen zum Sozialismus streben, wohingegen die bourgeoisen Herrscher ihre alte Ordnung zu bewahren suchen. Die bürgerliche Rechtswissenschaft könne dem Sein, das sie nicht versteht und nicht verstehen kann, lediglich eine „Schablone des Gewünschten, des Genormten" gegenüberstellen[97]. Damit werde im bürgerlichen Denken das fortschreitende Sein mit einem bürgerlich-starren

---

93 Polak, a.a.O., S. 25.

94 Polak, a.a.O., S. 26.

95 Polak kritisiert insbesondere einen Versuch von Hallstein, einen obersten Maßstab für Gerechtigkeit zu finden. (Polak, Justizerneuerung, S. 27. Zu Hallstein vergleiche Loth, Walter Hallstein: der vergessene Europäer?, 1995). Daneben verwirft er auch einen Ansatz der Evangelischen Akademie, nach welcher der Staat „Wahrer des richtigen Rechts" ist. (Polak, Justizerneuerung, S. 27 f. Abgedruckt ist hier eine Stellungnahme der Juristentagung der Evangelischen Akademie der Landeskirche Württemberg, aus: SJZ, S. 255).

96 Polak, Zur Dialektik in der Staatslehre, S. 229.

97 Polak, a.a.O., S. 427.

und historisch überholten Sollen konfrontiert, anstatt die beiden Kategorien wie im Sozialismus in Einklang zu bringen[98].

Für die bürgerliche Rechtswissenschaft bedeute dies, daß sie von den Menschen fordere:

> „Paßt Euch dem genormten, dem institutionalisierten Zustand an, beugt Euren Willen unter diesen!“[99]

Darum sei sowohl die bürgerliche Rechtswissenschaft als auch ihre Rechtspraxis nichts als

> „der Ausdruck der Unterwerfung unter den besehenden Zustand der bürgerlich-kapitalistischen Machtverhältnisse, die bloße Beschreibung, Beschönigung und Rechtfertigung des spontan Wirkenden.“[100]

Polak kommt daher zu folgendem vernichtenden Urteil:

> „Diese Wissenschaft ist Apologetik. Sie kann daher nur den Staat aus dem Staate, das Recht aus dem Recht oder den Staat aus dem Recht, das Recht aus dem Staat erklären und sich so in einem circulus vitiosus bewegen. (...) Das aber ist die völlige Aufgabe des Wissenschaftsstandpunktes.“[101]

C. Polaks Kritik des Neukantianismus

Eine spezielle Spielart des Positivismus ist für Polak der „bürgerliche“ Neukantianismus. Daher wird auch dieser von ihm in typisch marxistischer Manier heftig kritisiert. Polak bemängelt im Kern, daß die Neukantianer wie die Positivisten nicht die Lehre des historischen Materialismus, sondern „abstrakte“, also von der Gesellschaft unabhängige, Ideen als Grundlage ihrer Überlegungen nähmen. Dabei hat Polak wiederum eine spezielle Vorstellung von dieser Wissenschaftsrichtung, die von der geläufigen Definition abweicht.

I. Begriff des Neukantianismus

Herkömmlicherweise versteht man unter dem Neukantianismus eine philosophische Schule, die sich seit der zweiten Hälfte des 19. Jahrhunderts bemüht, die

---

98 Polak, a.a.O., S. 429. Inwieweit Sein und Sollen im sozialistischen Recht bei Polak harmonieren wird dargestellt in Kapitel 6 III 3.

99 Polak, Zur Dialektik in der Staatslehre, S. 428; vgl. auch Polak, a.a.O., S. 434.

100 Polak, a.a.O., S. 344.

101 Polak, a.a.O., S. 379 und S. 344. Für Polak entspricht das Verhältnis von bürgerlicher zu sozialistischer Rechtswissenschaft dem Verhältnis von Astrologie zu Astronomie. (Polak, a.a.O., S. 447).

Erkenntnistheorie Kants zu erneuern und für Einzelwissenschaften zu nutzen. Eine These des Neukantianismus ist, daß es einen kategorialen Unterschied zwischen Sein und Sollen gibt[102]. Dies bedeutet, daß daraus, daß etwas ist, nicht abgeleitet werden kann, daß es sein soll[103]. In der neukantianischen Rechtswissenschaft bei Stammler und Radbruch wird daher zwischen Recht und Rechtsidee unterschieden[104].

II. Vertreter

Regelmäßig werden zwei verschieden Richtungen oder „Schulen" des Neukantianismus unterschieden. Dies sind die Marburger und die Heidelberger Richtung[105]. In der Rechtsphilosophie waren es insbesondere der „Marburger" Stammler und der „Heidelberger" Radbruch, die den Neukantianismus vertraten. Der Heidelberger Neukantianismus zeichnet sich dadurch aus, daß er zwischen die erklärenden Wissenschaften und die philosophischen Wertlehren die wertbezogenen Kulturwissenschaften einschiebt. In der Rechtswissenschaft unterscheidet Radbruch daher zwischen der Rechtssoziologie, der Rechtsphilosophie und der Rechtswissenschaft im engeren Sinne. Letzteres ist die Rechtsdogmatik als wertbeziehende Lehre vom positiven Recht eines bestimmten Rechtsystems. Der Marburger Stammler definiert den Gegenstand der Rechtsphilosophie etwas anders[106]. Für ihn gehören diejenigen Fragen zum Gebiet der Rechtsphilosophie, die sich dem „Rechtsgelehrten" bei seiner Tätigkeit notwendig stellen, allerdings „sämtlich die Eigenschaft aufweisen, daß sie sich durch das bloße Betrachten von bestimmtem geschichtlichen Recht nicht erledigen lassen."[107] Solche originär rechtsphilosophischen Probleme sind für Stammler die Fragen nach „Begriff, Zwang und Inhalt" des Rechts[108]. Darüber hinaus soll Stammler später versucht haben, sich von dieser sozialphilosophischen Problemstellung zu emanzipieren, um eine Theorie der reinen Rechtserkenntnis zu finden[109].

---

102 Vergleiche zum Beispiel Radbruch, Rechtsphilosophie, § 2 Abschn. 1, § 3 Abschn. 9.

103 Dreier/Paulson, Einführung, S. 236 f.

104 Radbruch, Rechtsphilosophie, § 3 Abschn. 9.

105 Wichtige Repräsentanten des Marburger Neukantianismus waren Hermann Cohen und Paul Natorp. Aus Heidelberg kamen Wilhelm Windelband und Heinrich Rickert. (Vgl. Dreier/Paulson, a.a.O., S. 237; Müller, Die Rechtsphilosophie des Marburger Neukantianismus, 1994).

106 Zu Stammler siehe Müller, a.a.O, S. 64 ff., 97 ff., 140 ff.

107 Stammler, Die Lehre von dem richtigen Rechte, S. 111.

108 Stammler, a.a.O., S. 114.

109 So etwa Müller, a.a.O, S. 140; Wielikowski, Die Neukantianer in der Rechtsphilosophie, S. 26.

III. Neukantianismus bei Polak

1. Polaks Begriff des Neukantianismus

Polak folgt in seiner Darstellung nicht der herkömmlichen Definition. Weder unterscheidet er zwischen verschiedenen Schulen, noch geht er gesondert auf die Grundthese des Neukantianismus ein. Er ist für Polak schlicht eine Blüte des „abstrakten und flachsten Formalismus`"[110]. Bedeutende Vertreter sind für ihn Stammler und Kelsen[111]. Dabei zeichne sich der Neukantianismus dadurch aus, daß er den Grundsatz der abstrakten Gesetzlichkeit und der formalen Gleichheit aus metaphysischen Grundsätzen ableitet[112]. Der „metaphysische Grundsatz" dieser Lehre sei der kategorische Imperativ Kants[113].

> „Diese Ideologie verschleiert die Ideologie der Bourgeoisie (...) durch die Fiktion transzendenter (...) Normen, denen überstaatliche Geltung zukomme und die aus der `allgemeinen menschlichen` Vernunft (...) entspringen sollten."[114]

2. Polaks Kritik

Hinter diesen Ausführungen Polaks könnte man vermuten, daß er auf eine Verteidigung seines eigenen Rechtsbegriffs abzielt. Da, wie sich zeigen wird, Polak jegliche Abstraktion von der konkreten historischen Situation ablehnt, könnte in seiner Rechtsdefinition ein fester oder überzeitlicher Maßstab für den Rechtsinhalt fehlen[115]. Es gäbe dann in seinem Rechtsbegriff nichts, was einer Radbruchschen Rechtsidee, einem Rechtswert oder dem Naturrechtsgedanken entsprechen würde[116]. Für die Richtigkeit dieser Vermutung spricht, daß Polaks Recht insgesamt, sowohl von seiner Wirklichkeitsseite als auch von seiner ideenmäßigen Seite, in die Gesellschaft einbezogen ist und eine bestimmte gesellschaftliche Funktion hat. Allein, Polak geht auf diesen Widerspruch nicht

---

110 Polak, Marxismus und Staatslehre, Einheit 47, S. 9.

111 Ebd. Dreier und Paulson verweisen darauf, daß Kelsens Reine Rechtslehre gelegentlich dem Marburger Neukantianismus zugerechnet wird. Sie würden ihn allerdings eher der Heidelberger Richtung zuordnen. (Dreier/Paulson, a.a.O., S. 237, Erl. 6).

112 Polak, Marxismus und Staatslehre, Einheit 47, S. 9 f.

113 Polak, a.a.O., S. 9.

114 Polak, Carl Schmitt als Staatstheoretiker des deutschen Faschismus, S. 58.

115 Schon Marx bezeichnete die Hegelsche Auffassung, wonach das Recht die Selbstbewegung der Rechtsidee sei, als Mystizismus. (Marx, Zur Kritik der Hegelschen Rechtsphilosophie, MEW, S. 240 ff., 287 ff., 312 ff) Und Engels schrieb in einem Brief an Marx, es sei ein starker Aberglaube von Lassalle, „noch an die `Rechtsidee`, das absolute Recht zu glauben." (Brief an Marx vom 2.12.1861, MEW, S. 203).

116 Bei Radbruch ist das „Recht (...) die Wirklichkeit, die den Sinn hat, dem Rechtswerte, der Rechtsidee zu dienen. Der Rechtsbegriff ist also ausgerichtet an der Rechtsidee. Die Idee des Rechts kann nun keine andere sein als die Gerechtigkeit." (Radbruch, Rechtsphilosophie, § 4 S. 34).

ein. Stark simplifizierend wendet er sich der gesellschaftlichen Realität zu. Zunächst stellt Polak fest, daß die bürgerliche neukantianische Wissenschaft durch die Anwendung des kategorischen Imperativs von Kant die formale Gleichheit aller Menschen anerkenne. Dies sei auch eine der wichtigsten Erkenntnisse der bürgerlichen Wissenschaft. Allerdings würde die „bürgerliche Rechtsideologie" nie zugeben, daß diese Erkenntnis spezifisch bürgerlich ist. Stattdessen hätte man sie für allgemeingültig erklärt. Damit übersehe die bürgerliche Rechtswissenschaft die Gesetzmäßigkeit der historischen Entwicklung, wonach sich die Fortschrittlichkeit dieses Gedankens darauf beschränke, den dogmatischen Feudalismus mit seiner Lehre vom Ständestaat zu überwinden. Zur Zeit von Stammler und Kelsen war die gesellschaftliche Entwicklung nach Polak schon weiter fortgeschritten. In dieser Epoche sei das Bürgertum nicht mehr die progressive Klasse gewesen, deren Ideen die Entwicklung vorangetrieben hätten. Vielmehr hätte das Bürgertum die gesellschaftliche Entwicklung gehemmt, so daß auch der bürgerliche Neukantianismus zur „Fessel (...) für die breiten Massen des Volkes" geworden sei[117]. Daher stelle die bürgerliche Idee der formalen Gleichheit lediglich ein Hemmnis für die Gesellschaftsentwicklung dar. Maßgebend musste für Polak nun die Idee einer tatsächlichen gesellschaftlichen Gleichheit werden, die lediglich im sozialistischen Staat verwirklicht werden konnte.

Polak übersieht freilich, daß Radbruch als Vertreter des Neukantianismus die Probleme einer bloß rechtsformalen Gleichheit durchaus erkannt hat. Radbruch forderte, diesen demoliberalen Gedanken der Gleichheit um den sozialen Gedanken der Ausgleichung zu ergänzen. Erst ein derart soziales Recht würde der Billigkeit zu einem Sieg über die „erstarrte" formale Gleichheit verhelfen[118]. Polaks pauschale Kritik des Neukantianismus kann daher neben ihrer Simplifizierung dieser Lehre auch inhaltlich nicht überzeugen.

D. Polaks Kritik der Moral in der bürgerlichen Rechtswissenschaft

Neben dem bürgerlichen Positivismus kritisiert Polak auch die bürgerliche Moral. Er konzentriert sich dabei auf die Darstellung der Funktion der Moral in der bürgerlichen Rechtswissenschaft. Die Moral ist für ihn ein ideologisches Mittel, um die tatsächlichen Interessenwidersprüche in der bürgerlichen Gesellschaft und die Wahrheit des historischen Materialismus zu verschleiern[119]. Die Moral im bürgerlichen Staat werde stufenweise mit dem Niedergang der Bourgeoisie zu einem Herrschaftsinstrument degradiert und müsse schließlich ganz

117 Polak, Marxismus und Staatslehre, Einheit 47, S. 10.

118 Radbruch, Rechtsphilosophie, S. 37, 69. Vgl. zudem Rümelin, Die Billigkeit im Recht, 1921.

119 Polak, Zur Dialektik in der Staatslehre, S. 289, 290, 298.

aus der bürgerlichen Wissenschaft verschwinden. In ihrer Verdunkelungsfunktion entspreche die Moral dabei der Religion[120]. Dies erklärt sich daraus, daß sowohl Moral als auch Religion Teile des ideologischen Überbaus der marxistischen Sozialtheorie sind[121].

Polak beschreibt die verschiedenen Positionen der Moral parallel zur Entwicklung der Bourgeoisie. Von der Machtergreifung des Bürgertums ausgehend, kommt es für Polak in der Geschichte des Kapitalismus zu einer Relativierung und schließlich zur Zerstörung der bürgerlichen Moral.

I. Die bürgerliche Moral zur Zeit der „Machtergreifung der Bourgeoisie"

Polak geht davon aus, daß zu einem bestimmten Zeitpunkt der Geschichte das Bürgertum nach der Lehre des historischen Materialismus die fortschrittlichste Klasse war. In dieser Phase hatte die Moral noch eine legitime Funktion, die Polak folgendermaßen beschreibt: Nach den Konzeptionen der fortschrittlichen Denker der Bourgeoisie in der Epoche des Kampfes gegen die feudale Klasse war eine Handlung dann schlecht, wenn sie nicht vernünftig oder natürlich war[122]. Das Vernünftige und Natürliche ist für Polak immer das historisch Notwendige. Als sich die Bourgeoisie in Übereinstimmung mit den Gesetzen des historischen Materialismus anschickte, die Macht zu übernehmen, entsprach das kapitalistisch Vernünftige dem historisch Notwendigen. Daher entsprach die Moral der gesellschaftlichen Entwicklung. Für Polak gründet die Moralität einer Handlung daher in ihrer gesellschaftlichen Richtigkeit und Bewusstheit[123].

Als Vertreter einer derartigen Morallehre bezeichnet Polak Kant. Dessen Kategorischer Imperativ lautet:

„Handle so, daß jederzeit die Maxime deines Handelns das allgemeine Gesetz des Handelns der Menschen sein kann."

Polak deutet dies folgendermaßen:

„Bringe dein individuelles Handeln mit dem für die Existenz der Gesellschaft Notwendigen in Übereinstimmung!"[124]

Der kategorische Imperativ Kants leitet nach dieser Lesart die Moralität des individuellen Tuns aus dem Objektiv-Geschichtlichen, also aus dem historischen Materialismus, her. Die äußere Zwangsnorm, das Recht, stimmt so mit der

---

120 Polak, a.a.O., S. 295.

121 Vergleiche hierzu Kapitel 3 A.

122 Polak, Zur Dialektik in der Staatslehre, S. 300. Polak spricht hier etwas nebulös von „Bestimmungsgründen", die „dem menschlichen Handeln entsprechen" müssten.

123 Polak, a.a.O., S. 301.

124 Ebd.

Moral überein. Die Phase, in der das Bürgertum noch die fortschrittliche Klasse war, ging für Polak aber vorüber. Das Proletariat wurde nach den Gesetzen des historischen Materialismus zur historisch höherwertigen Klasse. Polak macht diese gesellschaftliche Veränderung in der Morallehre bei Feuerbach fest[125]. Dieser habe in seiner Theorie vom Strafrecht das Recht von der Moral getrennt. Er habe erkannt, daß den äußeren Geboten des Strafrechts keine innere Pflicht mehr korrespondierte. Die Moral des Bürgertums war nach Polak historisch überholt und konnte daher bei den Menschen keine innere Verpflichtung mehr erzeugen[126]. Die Moral stimme nun nicht mehr mit den Bestimmungsgründen des historischen Materialismus überein.

II. Die Relativierung der Moral

Um dies zu verschleiern, habe die bürgerliche Wissenschaft eine subjektive Morallehre entwickelt. Leider expliciert Polak diesen Gedanken kaum. Polak stellt diese Entwicklung so dar, als ob es bis zu diesem Zeitpunkt eine allgemeinverbindliche Geschichtsdeutung und Moral gegeben hätte. Wenn nicht Polaks historische Einordnung des Relativismus dagegen spräche, könnte man vermuten, daß er mit dieser Subjektivierung der Moral die Säkularisierung in der Moraltheorie meint. Die bis dahin herrschende christliche Morallehre wurde zu einem bestimmten Zeitpunkt von materialen Gerechtigkeitstheorien vom Vernunftrechtstyp abgelöst[127]. Hier diente nicht mehr Gott, sondern die Vernunft des Menschen als Begründungsendpunkt einer Moraltheorie.

Jedenfalls führt der Relativismus nach Polak dazu, daß es keine objektiven moralischen Gebote mehr gibt. Durch diese Versubjektivierung der Morallehre werde die Ohnmacht des Indivduums verschleiert, das in der Lebenswirklichkeit auf sich allein gestellt und gegenüber dem Kapital ohnmächtig sei. Es könne sich lediglich „über den Übelstand der Gesellschaft und Geschichte entrüsten"[128]. Die Moral werde aus dem Recht entfernt, so daß sie ihre gesellschaftliche Relevanz verliere[129]. Stattdessen werde sie als „Freiheit nach innen" konstruiert und sei demnach Privatsache[130]. Die bürgerliche Moral wird für Polak demnach relativistisch, weil sie „objektiv" nicht mehr richtig sein kann.

Zum Beleg für diese „Verhöhnung" der Moral zieht Polak Zitate von Rudolf von Ihering und von Jellinek heran. Nach von Ihering ist die Moral der Egoismus der Gesellschaft. Daher unterscheiden sich für Polak bürgerliche Moral und

125 Zu Feuerbach siehe Braun, Solidarität oder Egoismus, 1994.
126 Polak, Zur Dialektik in der Staatslehre, S. 301.
127 Zu Vertretern dieser Gerechtigkeitstheorie zählen Hobbes und Kant.
128 Polak, a.a.O., S. 290.
129 Dies ähnelt dem Positivismus-Vorwurf von Polak.
130 Polak, a.a.O., S. 291.

Egoismus der Sache nach nicht mehr[131]. Für Jellinek gäbe es kein objektiv richtiges Sittengesetz. Lediglich dem Naturrecht komme eine „unbedingte Notwendigkeit zu"[132]. Für Polak führen diese Untersuchungen über die Relativität der Moral als vorbereitender Akt direkt zur Zerstörung der Moral.

III. Die „historisch notwendige" Zerstörung der Moral

Erreicht werde die Zerstörung der Moral durch Nietzsche[133]. Durch die Subjektivierung der Moral fehlt es für Polak an allgemeinverbindlichen Richtlinien. Aufgrund dieser Relativierung der Moral konnte Nietzsche behaupten, daß es gar keine objektiv moralischen Handlungen gebe[134]. Allenfalls möglich sei eine subjektiv moralische Deutung dieser Phänomene[135]. Die Moral werde als „Herdentiermoral" lächerlich gemacht und komme allenfalls als Wolfsgesetz vor[136]. Hierdurch werde der Gedanke der Solidarität aus der bürgerlichen Gesellschaft entfernt, so daß in dieser Gesellschaftsordnung kein Platz mehr sei für Moral im eigentlichen Sinne[137].

Durch diese Rezeption der Moralgeschichte kommt es für Polak zu einem gesetzmäßigen Verfall der Moral[138]: Ursprünglich begründete und rechtfertigte die Moral die bürgerliche Macht. Je mehr sich jedoch der Klassenkampf entfaltete, desto weniger konnte die Moral die historisch überholte Herrschaft des Kapitals fundieren. Als der Klassenkampf offen zutage trat, mußte es die bürgerliche Morallehre in Gestalt von Nietzsche schließlich aufgeben, die Macht der Bourgeoisie durch moralische Konstruktionen zu rechtfertigen und zu verhüllen[139].

Ganz anders sieht es nach Polak dagegen in der sozialistischen Rechtswissenschaft aus: Diese ist die historisch höherwertige Wissenschaft. Als solche befindet sie sich in der gleichen Situation wie die bürgerliche Rechtswissenschaft zur Zeit der bourgeoisen Machtergreifung. Ihre „Moral" ist demnach zeitgemäß, so daß sie die sozialistische Wissenschaft legitim begründen kann.

---

131 Polak, Zur Dialektik in der Staatslehre, S. 292. Abgedruckt ist hier eine Passage aus : v. Ihering, Der Zweck im Recht, Bd. II, S. 194.

132 Polak, a.a.O., S. 292. Abgedruckt ist hier eine Passage aus Jellinek, Die socialethische Bedeutung von Recht, Unrecht und Strafe, S. 50.

133 Polak, a.a.O., S. 293. Zu Nietzsche siehe May, Nietzsche's Ethics and his War on "Morality", 1999.

134 Polak, a.a.O. Abgedruckt ist hier eine Passage aus: Nietzsche, Wille zur Macht, S. 524, 185.

135 Polak, a.a.O. Abgedruckt ist hier eine Passage aus: Nietzsche, Jenseits von Gut und Böse, S. 135.

136 Polak, a.a.O., S. 296.

137 Ebd.

138 Polak, a.a.O., S. 293.

139 Polak, a.a.O., S. 294.

E. Polaks sozialistische Rechtswissenschaft

I. Begriff der Rechtswissenschaft bei Polak

Bevor nun auf den Inhalt der sozialistischen Rechtswissenschaft eingegangen wird, bedarf es zunächst einer begrifflichen Klarstellung. Polak spricht fortwährend von der „Staats- und Rechtswissenschaft“[140]. Daher liegt die Vermutung nahe, daß er die Wissenschaft vom Staat von der Rechtswissenschaft unterscheidet. Es sprechen jedoch gute Gründe dafür, die beiden Wissenschaften nicht zu trennen. Sowohl der sozialistische Staat als auch das sozialistische Recht haben nach Polak eine gemeinsame Grundlage:

> „die Klasse, deren Wille wiederum bestimmt wird durch ihre materiellen Lebensbedingungen“[141].

Daher müssten Staat und Recht als Komponenten einer Größe betrachtet werden[142]. Demgegenüber ist es für Polak „bürgerlich“, Staat und Recht voneinander zu trennen[143]. Folglich komme es im Sozialismus zu einer

> „Einheit von Staat, Recht und Gesetz in dem Klassenwillen“[144].

Damit sind der sozialistische Staat und das sozialistische Recht untrennbar verbunden, so daß sich auch Staats- und Rechtswissenschaft verbinden. Hinzu kommt, daß für Polak sowohl Staat als auch Recht als Instrumente des sozialistischen Aufbaus dienen. Beide Wissenschaften seien daher vor allem staatliche Leitungstätigkeit[145]. Diese Verschmelzung von Staat und Recht im Polakschen Rechtsdenken rechtfertigt es, vereinfachend und umfassend allein von „Rechtswissenschaft“ zu sprechen[146].

---

140 Vgl. Polak, a.a.O., S. 164, 201. Dort spricht Polak auch vom „Staats- und Rechtsdenken“. Auch geht es ihm oft um die „Staats- und Rechtsideologie“. (A.a.O., S. 205, 302, 442).

141 Polak, Über die weitere Entwicklung der sozialistischen Rechtspflege der DDR, SuR 61, S. 641; ders., Zur Dialektik in der Staatslehre, S. 395.

142 Polak, Zur Dialektik in der Staatslehre, S. 201, 228, 237, 252, 393, 418.

143 Polak, a.a.O., S. 393; ders., Über die weitere Entwicklung der sozialistischen Rechtspflege der DDR, SuR 61, S. 641.

144 Polak, Zur Dialektik in der Staatslehre, S. 398.

145 Polak, a.a.O., S. 390 ff.

146 Staat und Recht sind in der marxistisch-leninistischen Rechtstheorie wesensmäßig nicht nur bei Polak verwandt. Grund dafür ist, daß sie im Ergebnis ein- und derselben Quelle entspringen: der Spaltung der Gesellschaft in Klassen. (Klenner/Mollnau, Konzeptionelle Gedanken zum Lehrbuch Rechtstheorie Sozialismus, in: Nachlaß Walter Ulbricht, SAPMO-BArch NY 4182/1127 Bl. 360 f.).

Dabei weist die Rechtswissenschaft, wie Polak sie betreibt, eine Besonderheit auf. Er beschäftigt sich vornehmlich mit einer allgemeinen Theorie des Staates und des Rechtes. Dies bedeutet, daß für ihn die Rechtswissenschaft nicht einzelne Rechtsgebiete, sondern diejenigen Grundsätze zu analysieren hat, die grundlegend sind für das Verständnis von Staat und Recht[147]. Zwischen Privatrecht und Staatsrecht zu unterscheiden und sie unter gesonderten Aspekten zu untersuchen, ist für Polak dagegen typisch bürgerlich[148].

II. Rechtswissenschaft als positiv-materialistische Wissenschaft

Die Grundthese Polaks bezüglich der Rechtswissenschaft lautet: Die sozialistische Rechtswissenschaft baut auf der Erkenntnis und der bewussten Durchsetzung des historischen Materialismus sowie der materialistischen Dialektik auf[149]. Es geht ihm also um die Durchsetzung der marxistischen Methode innerhalb der Rechtswissenschaft[150]. Dagegen sei es nicht Aufgabe der sozialistischen Rechtswissenschaft, das sozialistische Recht aus sich heraus zu konstruieren. Vielmehr leite das sozialistische Recht seine Existenz aus der proletarischen Revolution ab[151]. Als Bestandteil der „wissenschaftlichen Weltanschauung" des Proletariats, also als Bestandteil des Marxismus-Leninismus, faßt Polak das Recht als soziale Erscheinung dialektisch-materialistisch. Die Rechtswissenschaft wird damit zu einer positiv-materialistischen Wissenschaft. Polak folgt damit dem Marxschen Dogma, daß die „wirkliche Wissenschaft" da beginnt, „wo die Spekulation aufhört, beim wirklichen Leben."[152]

Dadurch kommt es bei Polak zu einer eigentümlichen, dialektischen Verbindung von Theorie und Praxis[153]. Von der Grundthese ausgehend fordert er,

147 Dies kommt beispielhaft in einem Diskussionsbeitrag Polaks auf einer Senatssitzung der Akademie „Walter Ulbricht" zum Ausdruck. (Sitzungsprotokoll, in: ZK Abteilung Staats- und Rechtsfragen SAPMO-BArch DY 30 IV 2/13/473 Bl. 59).

148 Polak bezieht sich hierbei explizit auf Engels. (Polak, Zur Dialektik in der Staatslehre, S. 388) Nach Engels werden in der bürgerlichen Rechtswissenschaft „Staatsrecht und Privatrecht als selbständige Größen behandelt, die ihre unabhängige geschichtliche Entwicklung haben, die in sich selbst einer systematischen Darstellung fähig sind und ihrer bedürfen." (Engels, Ludwig Feuerbach, Neue Zeit 86, S. 197).

149 Polak, Zur Dialektik in der Staatslehre, S. 344; sowie ders., Der Auftrag der Babelsberger Konferenz, SuR 59, S. 484. Beispielsweise besteht für Polak die Völkerrechtswissenschaft aus der „Erkenntnis der objektiven Gesetzmäßigkeit der Entwicklung der Beziehung der Völker und Staaten". (Polak, Zur Dialektik in der Staatslehre, S. 463).

150 Polak, Zur Dialektik in der Staatslehre, S. 426, 428; ders., Über die weitere Entwicklung der sozialistischen Rechtspflege in der DDR, SuR 61, S. 611.

151 Polak, Zur Dialektik in der Staatslehre, S. 389.

152 Marx/Engels, Die deutsche Ideologie, MEW, S. 27.

153 Polak, Der Auftrag der Babelsberger Konferenz, SuR 59, S. 490. In diesem Sinne stellt Polak fest: „Die Theorie geht in die Praxis über, wie die Praxis selbst zur Verwirklichung der Theorie wird." (Polak, Marxismus und Staatslehre, Einheit 47, S. 27 f.).

Theorie und Praxis nicht als zwei getrennte Größen zu betrachten. Ausdruck dieser Trennung sei die ahistorische, positivistische Methode der bürgerlichen Rechtswissenschaft[154]. Im Sozialismus aber sei die Wissenschaft, da sie auch die Durchsetzung des historischen Materialismus einschließt, niemals nur Theorie, sondern immer auch Teil der Praxis und muß sich an ihr messen lassen[155].

„Die Staats- und Rechtswissenschaft aber soll der staatlichen Leitungstätigkeit helfen, den gesellschaftlichen Umwälzungsprozeß zu beherrschen und zu meistern. (...) Die sozialistische Staatslehre - ebenso wie die sozialistische Staatspraxis - erfährt Schritt um Schritt ihre Bereicherung und Vertiefung, da sie in wachsendem Maße in die Bedingungen und Gesetzmäßigkeiten der gesellschaftlichen Entwicklung einzudringen, diese bewusst zu machen und auf der höheren Stufe der Bewußtheit die gesellschaftliche Praxis zu organisieren hat."[156]

Durch diese Bewußtseinserweiterung werde die bürgerliche Spontaneität in der Staatspraxis überwunden[157]. Die sozialistische Rechtswissenschaft sei demnach auch „Leitungstätigkeit"[158]. Damit erfasse und gestalte das sozialistische Recht selbst die tatsächliche Entwicklung der Gesellschaft[159].

III. Rechtswissenschaft als politische Wissenschaft

Das Recht wiederum ist laut der Marxschen Rechtsdefinition[160] für Polak die „Frucht der Gesellschaftsentwicklung"[161]. Dabei sei die Gesellschaftsentwicklung eine politische Aufgabe, so daß die Schaffung des neuen Rechts im Aufgabenbereich der politischen Arbeit liege, die nach den Gesetzen des historischen Materialismus geleistet werde. Die Aufgabe der wissenschaftlichen sowie der politischen Arbeit bestehe nun darin, praktische Erfahrung zu verallgemeinern. Diese Verallgemeinerung findet ihren Ausdruck in den Parteibeschlüssen. Die Beschlüsse wiederum basieren auf der Anwendung des

---

154 Polak, a.a.O., S. 492.
155 Polak, a.a.O., S. 490.
156 Polak, Zur Dialektik in der Staatslehre, S. 422, 336.
157 Polak, Der Auftrag der Babelsberger Konferenz, SuR 59, S. 490.
158 Polak, Zur Dialektik in der Staatslehre, S. 390.
159 Polak, a.a.O., S. 392. Dieser engen Verbindung von Theorie und Praxis entsprechend begrüßt es Polak, daß in der Babelsberger Akademie „Walter Ulbricht" bei den staatsrechtlichen Vorlesungen der reale Staat der DDR an die Stelle des abstrakten Begriffes des Staates treten sollte. „Das eröffnet dem Studierenden den Weg, tief in unsere Staatspraxis einzudringen, ihre letzten Bestimmungsgründe, ihre Richtung und Funktion im nationalen wie im internationalen Rahmen zu erfassen." (Polak, Der Auftrag der Babelsberger Konferenz, SuR 59, S. 488).
160 Marx, Kritik des Gothaer Programms, MEW, S. 21.
161 Polak, Justizerneuerung, S. 65.

Marxismus – Leninismus in der tatsächlichen historischen Situation[162]. Mithin interpretieren die Parteibeschlüsse für Polak verbindlich, ob und inwieweit eine veränderte gesellschaftliche Situation der Basis erreicht ist. Die Wissenschaft müsse somit vom historischen Entwicklungsstand ausgehen und die politische Arbeit dabei unterstützen, die in der Staats- und Rechtspraxis wirkende Gesetzmäßigkeit des historischen Materialismus „aufzudecken“[163]. Grundlage der Rechtswissenschaft seien demnach die Parteibeschlüsse[164]. Konkret bedeutet dies für Polak:

„Rechtsnormen (sind) im Sinne der Beschlüsse der Partei“ anzuwenden[165]. „So erscheint die Partei als regulatives Prinzip einer (...) auf abstrakten Rechtsbegriffen begründeten Rechtspraxis“[166].

Für Polak sind somit

„Wissenschaftlichkeit und Parteilichkeit des Rechts identisch“[167].

---

162 Polak, Diskussionsbeitrag auf der Lehrerkonferenz der Akademie am 31. Januar 1962, in: Sitzungsprotokoll, SAPMO DY 30/IV 2/13/478, Bl. 50. Dies bedeutet für Polak die Verallgemeinerung der Erfahrungen des praktischen Kampfes, die Herausarbeitung der Widersprüche und die Festlegung der nächsten Aufgaben zur Durchsetzung der objektiven Gesetzmäßigkeiten. (Polak, a.a.O., Bl. 51).

163 Polak, Zur Dialektik in der Staatslehre, S. 373.

164 Polak, a.a.O., S. 433. Daher hat Arlt Recht, wenn er sagt: „Karl Polak kommt das Verdienst zu, das Staats- und Rechtsdenken in unserer Republik – ausgehend von den entsprechenden Beschlüssen und Hinweisen der Sozialistischen Einheitspartei Deutschlands - (...) mächtig gefördert zu haben“. (Arlt, Einleitung, S. 9).

165 Polak, Diskussionsbeitrag auf der Senatssitzung vom 5.7.1955 der Akademie für Staats- und Rechtswissenschaft „Walter Ulbricht“ zu den auf dieser Sitzung vorgelegten Erziehungszielen der einzelnen Institute, in: Sitzungsprotokoll, SAPMO-BArch DY 30 IV 2/13/473 Bl. 58.

166 Polak, Zur Dialektik in der Staatslehre, S. 380. Hiermit rückt Polak in die Nähe des von ihm heftig kritisierten Carl Schmitt. Nach Schmitt hat der Richter insbesondere bei der Auslegung der Generalklauseln von den Anschauungen einer bestimmten führenden und maßgebenden Gruppe Menschen auszugehen. Im „Dritten Reich“ war die Weltanschauung der Nazis bindend. (Vgl. Schmitt, Neue Leitsätze für die Rechtspraxis, JW 33, S. 2794; ders., Über die drei Arten rechtswissenschaftlichen Denkens, S. 88 ff.) Weiterhin war nach Schmitt Hitler selbst Quelle des Rechts. „Aus dem Führertum fließt das Richtertum“. Träger des politischen Willens war allein die NSDAP. (Schmitt, Der Führer schützt das Recht, DJZ 34, S. 947, 948) Bei Polak ist die Partei die höchste Autorität, unter die sich das Recht zu beugen hat. Zum kritischen Verhältnis Polaks zu Schmitt vergleiche den Aufsatz Polaks „Carl Schmitt als Staatstheoretiker des deutschen Faschismus“, in: Reden und Aufsätze, S. 53 ff.

167 Polak, Über die weitere Entwicklung der sozialistischen Rechtspflege der DDR, SuR 61, S. 630.

Durch diese Akzessorietät der Wissenschaft von der Politik und insbesondere von den Parteibeschlüssen verbleiben der Wissenschaft kaum noch originäre Aufgaben. Dies stellt für Polak aber kein Defizit der Wissenschaft dar. Vielmehr ist das Gegenteil der Fall:

„Unsere Wissenschaft, die ja die Wirklichkeit und Wahrheit unseres Staates aufzudecken hat, ist erst dann am Ziel, wenn sie unsere Staatsmacht als die Macht der gesellschaftlichen Umwälzung darzustellen in der Lage ist; und das kann sie nur durch die konsequente Anwendung der marxistisch-leninistischen Theorie. So führen wir unsere Staatswissenschaft auf ihren wirklichen Grund."[168]

Polak kann daher die sozialistische Rechtswissenschaft definieren als die

„Wissenschaft von den politischen Bewegungsgesetzen der Völker und vor allem unseres eigenen Volkes"[169].

Damit wird die Rechtswissenschaft zum politischen Marxismus-Leninismus[170].

„Die Staats- und Rechtswissenschaft hat ihm gegenüber nichts Neues, nichts Originelles zu erfinden."[171]

Die Rechtswissenschaft verliert dadurch ihre Eigenständigkeit und wird zum Bestandteil der Lehre vom dialektischen und historischen Materialismus[172]. Mithin wird die sozialistische Rechtswissenschaft für Polak vor allem Gesellschafts- und Geschichtswissenschaft.

---

168 Polak, Der Auftrag der Babelsberger Konferenz, SuR 59, S. 489; ders., Zur Dialektik in der Staatslehre, S. 197.

169 Polak, Justizerneuerung, S. 64.

170 Polak, Neubau und Krisis der Staatswissenschaft, NJ 49, S. 80. Vgl. Poppe/Weichelt, Karl Polaks Beitrag zur Herausbildung einer marxistisch-leninistischen Staats- und Rechtswissenschaft in der DDR, S. 8. Bezeichnend für diese Inhaltsbestimmung der sozialistischen Rechtswissenschaft ist folgender Satz Polaks: „Die Anwendung der marxistisch-leninistischen Lehre, die Walter Ulbricht als den eigentlichen Gegenstand der Staats- und Rechtswissenschaft betrachtet, das ist zugleich die Erarbeitung der Praxis." (Polak, Zur Dialektik in der Staatslehre, S. 422).

171 Polak, Zur Dialektik in der Staatslehre, S. 428.

172 Polak, a.a.O., S. 429. Arlts Einschätzung von Polak ist daher zutreffend: „Polak forderte von einer demokratischen Rechtswissenschaft, daß sie die Wissenschaft von den politischen Bewegungsgesetzen der Völker und insbesondere des eigenen Volkes sei." (Arlt, Einleitung, S. 16).

1. Rechtswissenschaft als Gesellschaftswissenschaft

Nach Polak ist die Grundlage der Staats- und Rechtslehre die Gesellschaft selbst und ihre marxistischen Entwicklungsgrundsätze[173]. Das sozialistische Recht ist „der Ausdruck dieser Entwicklungsgesetze“ und damit Teil der gesellschaftlichen Bewegung[174]. Dieses Recht wirkt auf den Menschen daher als gesellschaftliche Kraft ein. Die Beziehung vom Bürger zum Staat entspricht der Beziehung des Gesellschaftsmitglieds zur Gesellschaft. Mithin sind für Polak sozialistische Rechtsbeziehungen immer sozialistische Gesellschaftsbeziehungen[175]. Daher kann er Rechtswissenschaft wissenschaftlich nur als Gesellschaftswissenschaft betreiben[176].

„Es geht (...) um die Ausgestaltung der Staats- und Rechtswissenschaft zu der Lehre von der Wirksamkeit der staatlichen Leitungstätigkeit und des Rechts als Hebel dieses naturgeschichtlichen Prozesses, der unsere sozialistische Entwicklung, die Herausbildung der sozialistischen Gesellschaftsverhältnisse in unserem Land darstellt.“[177]

Der Mensch wird hierbei als Teil einer Klasse wahrgenommen. Er kann nach Polak nicht wie in der bürgerlichen Rechtslehre als Individuum betrachtet werden. Gegenstand der Wissenschaft müsse das gesellschaftliche Dasein der Menschen als Klasse im Staat und ihrer Rolle in dessen Entwicklung sein[178].

Beispielhaft führt Polak an, daß es daher falsch wäre, das Wahlrecht des Einzelnen oder aber seine Rechte gegenüber dem Staat zu analysieren. Damit würde der Mensch als abstraktes Individuum im Verhältnis zum Staat betrachtet[179]. Vielmehr müsse das Verhältnis des Volkes als Ganzem zum Staat untersucht werden. Auszugehen hat die Rechtswissenschaft dabei von den Erkenntnissen über die gesellschaftliche Entwicklung. Diese Erkenntnis bringt die Partei der Arbeiterklasse hervor, so daß, wie oben dargelegt, für Polak die Wissenschaft die Parteibeschlüsse zur Forschungsgrundlage hat[180].

---

173 Polak, Zur Dialektik in der Staatslehre, S. 251.

174 Polak, a.a.O., S. 423.

175 Polak, a.a.O., S. 437.

176 Polak, Marxismus und Staatslehre, Einheit 47, S. 22; ders., Zur Dialektik in der Staatslehre, S. 379.

177 Polak, Zur Dialektik in der Staatslehre, S. 427.

178 Polak, Zur Dialektik in der Staatslehre, S. 251; ders., Über die weitere Entwicklung der sozialistischen Rechtspflege der DDR, SuR 61, S. 631.

179 Polak, Zur Dialektik in der Staatslehre, S. 251.

180 Polak, Diskussionsbeitrag auf der Lehrerkonferenz der Akademie am 31. Januar 1962, in: Sitzungsprotokoll, SAPMO DY 30/IV 2/13/478 Bl. 50; ders., Zur Dialektik in der Staatslehre, S. 433. Dementsprechend sticht für Benjamin die „unbedingte Parteilichkeit“ Polaks hervor. Polak gehe bei der Analyse der Staats- und Rechtsentwicklung konsequent von den Parteibeschlüssen aus. (Benjamin, Vorwort, S. 8).

2. Rechtswissenschaft als geschichtliche Wissenschaft

Das zweite Merkmal der sozialistischen Rechtswissenschaft ist für Polak die geschichtliche Bedingtheit von Staat und Recht. Grundlegend dafür ist das Marxsche Dogma, daß der Mensch dem Staat immer als Teil einer Klasse entgegentritt. Diese Beziehung verändere sich gemäß dem historischen Materialismus nach feststehenden Gesetzen. Daher müsse die Rechtswissenschaft die Geschichte analysieren, um die jeweiligen Staats- und Rechtsformen aus dem historisch richtigen Blickwinkel untersuchen zu können. Die Rechtswissenschaft ist für Polak also notwendigerweise eine geschichtliche Wissenschaft[181]. Ohne die Kenntnis der historischen Kräfte bliebe die Rechtswissenschaft „an der Oberfläche“ und verkomme zum bürgerlichen Positivismus.

IV. Der sozialistische Rechtswissenschaftler

Für Polak hat sich die Rechtswissenschaft also der Politik unterzuordnen, wobei diese Unterordnung durch die gesellschaftlich-historische Bedingtheit der Wissenschaft begründet wird. Damit Polaks Konzeption einer derartig untergeordneten Wissenschaft vollständig wird, muß er auch den Personen, welche diese Wissenschaft betreiben, eine entsprechende Position zuordnen. Aufgrund der allumfassenden Definitionsmacht der Partei muß die Arbeit des sozialistischen Wissenschaftlers

> „fest auf dem Boden der Generallinie der Partei gründen und auf die Durchsetzung der Politik der Partei gerichtet sein“[182].

Dabei hat er seine spezifischen Aufgaben aus der Generallinie der Partei abzuleiten[183]. Praktisch wird diese Verbindlichkeit nach Polak durch eine hierarchisch-zentralistische Organisation im Sinne des demokratischen Zentralismus erreicht, der auch im Wissenschaftsbetrieb zur Anwendung komme[184]. Der Wissenschaftler wird damit ebenso wie die Wissenschaft zum Instrument

181 Polak, Wesen und Wert der Rechtsgeschichte, NJ 47, S. 54.

182 Polak, Diskussionsbeitrag auf der Lehrerkonferenz der Akademie am 31. Januar 1962, in: Sitzungsprotokoll, SAPMO DY 30/IV 2/13/478, Bl. 50

183 Polak, a.a.O., Bl. 58. Ähnlich äußerte sich Polak während einer Sitzung der Kommission für Staats- und Rechtswissenschaft beim Politbüro des ZK am 25. Februar 1960. Danach kann die „Wissenschaftlichkeit“ der wissenschaftlichen Arbeit nur dann gewährleistet werden, wenn zentral herausgearbeitete Entwicklungslinien als Maßstab gelten. (Sitzungsprotokoll, SAPMO-BArch DY 30/IV 2/2.110 3, Bl. 84).

184 Polak, Diskussionsbeitrag während der Sitzung der Kommission für Staats- und Rechtswissenschaft beim Politbüro des ZK am 25. Februar 1960, in: Stenografische Niederschrift der Sitzung, SAPMO-BArch DY 30/IV 2/2.110 3, Bl. 84. Zum staatsorganisatorischen Konzept des demokratischen Zentralismus siehe Kapitel 5 C III 4.

des Proletariats. Für Polak bedeutet dies, daß der Wissenschaftler seine neutrale Stellung verliert und zum „politischen Kämpfer" wird[185].

Praktisch bedeutet diese Instrumentalität des Wissenschaftlers, daß er verpflichtet ist, Propaganda für den Sozialismus zu betreiben. Für Polak stellt dies konsequenterweise auch eine Qualifizierung wissenschaftlicher Arbeit dar[186]. Ein Referat zu halten, das die Massen fasziniert, ist nach Polak komplizierter, als abstrakte rechtliche Probleme zu erörtern[187].

Der Stellung des Wissenschaftlers entspricht für Polak die Stellung der Rechtspflegeorgane, insbesondere der Richter und Staatsanwälte[188]. Nach Polaks Vorstellung müssen diese nicht nur juristische Kenntnisse vorweisen. Sie haben zudem über ein „fundiertes" gesellschaftswissenschaftliches Grundwissen zu verfügen. Weiterhin müssen sie „die Probleme der gesellschaftlichen Entwicklung beherrschen und über gründliche ökonomische Kenntnisse verfügen."[189] Richter haben also geschulte Marxisten zu sein und den Parteibeschlüssen zu gehorchen. So werden sie zu einem Instrument zur Durchsetzung der „sozialistischen Gesetzlichkeit" degradiert[190].

Aber die Konsequenzen dieser Konzeption waren in der DDR noch weitreichender. Indem Polak nun bei der Rechtsanwendung maßgeblich den Parteiwillen als oberste Autorität heranzieht, wird damit faktisch die staatliche Willensbildung und damit das Gesetz umgangen[191]. Die Volksvertretung ist bei

---

185 Polak, Marxismus und Staatslehre, Einheit 47, S. 27. Dieses Verständnis von einem sozialistischen Rechtswissenschaftler wird auch in einem „Regiekonzept für eine Beratung der Abteilung Staatliche Verwaltung mit Rechtswissenschaftlern" vom Oktober 1955 deutlich. Dort heißt es: „Der sozialistische Rechtswissenschaftler ist ein Kämpfer an der politischen Front. Der Kampf findet dabei in der täglichen rechtswissenschaftlichen Arbeit statt." (SAPMO-BArch IV/2/13/473); abgedruckt bei: Dreier u.a. (Hrsg.), Rechtswissenschaft in der DDR 1949 –1971, S. 87). Polak war vermutlich Miturheber dieser Schrift (Dreier u.a. (Hrsg), a.a.O., S. 84, Erl. 67).

186 Polak, Beitrag zur Diskussion über die Beziehung zur UdSSR im ZK, in: Sitzungsprotokoll, SAPMO – DY 30/IV 2/13/558, Bl. 127. Dies steht in einem gewissen Widerspruch zu Polaks Aussage in einem Brief an Ulbricht von 1943, in dem er bemerkt, keine „praktische aktuelle Propagandaliteratur" machen zu wollen. (Polak, Brief an Ulbricht vom 7.3.1943, in: RGASPI, Bl. 34). Vgl. Kapitel 1 B III 2: Exil.

187 Polak, Beitrag zur Diskussion über die Beziehung zur UdSSR im ZK, a.a.O. Bl. 127.

188 Polak, Berichterstattung, S. 13.

189 Ebd.

190 Polak, a.a.O., S. 7, 9. Mollnau spricht in diesem Zusammenhang davon, daß der Richter ein „werkzeughafter Exekutor der Politik der Parteiführung" sein sollte. (Mollnau, Sozialistische Gesetzlichkeit in der DDR, S. 72). Ähnliches schreibt Eckert, nach dem der Richter zu einem „instrumentum vocale" degradiert wurde. (Eckert, Babelsberger Konferenz, Staat 94, S. 66).

191 In welcher Weise die Partei tatsächlich die Justiz und damit die Rechtsanwendung gesteuert hat, zeigt Rottleuthner in der vom Bundesministerium der Justiz herausgegeben Untersuchung. (Rottleuthner, Steuerung der Justiz in der DDR, Köln 1994, S. 9 ff.). Die Bedeutung der Partei bei der Rechtsanwendung wird noch deutlicher, wenn man weiß,

Polak zwar formal noch oberster Souverän[192]. Tatsächlich aber wird sie zum Forum der „Werktätigen“, die sich hier das Wissen um die Gesetzmäßigkeit der gesellschaftlichen Entwicklung unter Führung der Partei erschließen[193]. Die staatlichen Organe sind lediglich Erfüllungsgehilfen der Partei. Faktisch wird daher die Partei zum Souverän des sozialistischen Staates[194].

F. Ergebnisse

Polaks Kritik der bürgerlichen Rechtswissenschaft führt ihn direkt zu einer Theorie der sozialistischen Rechtswissenschaft. An der bürgerlichen Methode kritisiert er insbesondere deren positivistischen Ansatz. Darunter versteht Polak die Abstraktion des Rechts von der Geschichte. Als Spielart des Positivismus bezeichnet er den Neukantianismus und kritisiert seine formale Gleichheitskonzeption unter dem gleichen Aspekt. Dabei verkennt er die Bemühungen Radbruchs, den demoliberalen Gedanken der formalen Gleichheit durch die Einführung der „Billigkeit“ zu ergänzen.

Ein zweiter Aspekt, den er an der bürgerlichen Wissenschaft kritisiert, ist die Funktion der Moral. Mit dem stufenweisen Niedergang der bürgerlichen

---

daß die tatsächliche Einfußnahme ebenso umfangreich war wie die normative. (Rottleuthner, a.a.O., S. 39).

192 Siehe Kapitel 5 C III. 4. b) (4) (b) (bb).

193 So zum Beispiel Petzold/Jahn, Die weitere Entwicklung der sozialistischen Rechtspflege erfordert eine höhere Qualität der Rechtsprechung, NJ 61, S. 118; Petzold, Beschlüsse der SED – das feste Fundament des sozialistischen Rechts, SuR 61, S. 673.

194 Joseph, Stalinismus und Rechtswissenschaft, DuR 91, S. 285; Rode, Maß aller Politik, S. 34. In der Rechtswirklichkeit äußerte sich dies in der Tätigkeit des Politbüros. Das Politbüro verfügte eine Reihe von Regelungen, die zwar formell keine Gesetze darstellten, es aber rechtsfaktisch waren. So entstanden beispielsweise Notstandsregelungen. Eine der ersten dieser Regelungen wurde 1965 im Vorfeld der Verfassungsgebung von 1968 durch das Politbüro erlassen und sah die Einrichtung von Internierungslagern für Systemfeinde im Notstandsfall vor. (Mollnau, Sozialistische Gesetzlichkeit in der DDR, S. 79). Später, in den achtziger Jahren, wurden in der DDR Gesetzesnormen „faktisch (...) durch den Staatsratsvorsitzenden außer Kraft gesetzt und nicht (...) durch ein Änderungsgesetz. Wie so oft legitimierte das Parlament vollzogene Änderungen erst nachträglich durch die Verabschiedung eines entsprechenden Gesetzes.“ (Rode, Maß aller Politik, S. 30). Diese parteiliche Praxis wurde 1968 verfassungsrechtlich in Art. 1 Abs. 1 S. 2 DDR-Verfassung verankert: „Sie (die DDR – d. Verf.) ist die politische Organisation der Werktätigen in Stadt und Land, die gemeinsam unter Führung der Arbeiterklasse und ihrer marxistisch-leninistischen Partei den Sozialismus verwirklichen.“ (DDR-GBl. I 1968, S. 199) Nach der Verfassungsänderung von 1974 stand die DDR noch deutlicher unter der Führung der Partei: „Sie ist die politische Organisation (...) unter Führung der Arbeiterklasse und ihrer marxistisch-leninistischen Partei.“ (DDR-GBl. I 1974, S. 432).

Herrschaft wird auch die bürgerliche Moral als zeitbedingtes Phänomen entlarvt und muß schließlich durch Nietzsche „zerstört" werden.

Das bürgerliche Recht und seine Wissenschaft können für Polak damit nicht mehr durch gute Gründe gerechtfertigt werden, da sie historisch überholt sind. Die Rechtswissenschaft muß nun entsprechend der erreichten Stufe der gesellschaftlichen Entwicklung konzipiert werden. An die kapitalistische Epoche schließt sich für den Marxisten Polak der Sozialismus an. Daher muß die sozialistische Rechtswissenschaft vor allem eine historische und gesellschaftliche Wissenschaft sein. Erst dann können Recht und Staat im Sozialismus adäquat erforscht werden. Die Rechtswissenschaft hat sich daher den Gesetzen des historischen und dialektischen Materialismus unterzuordnen und wird damit abhängig von der Politik der Arbeiterpartei, welche als oberster Interpret des Marxismus fungiert. Die Rechtswissenschaft löst sich für Polak völlig von ihrem ursprünglichen Gegenstand und wird zur Teildisziplin des Marxismus-Leninismus. Dadurch verliert sie jegliche eigenständige Bedeutung.

G. Polaks Kritik „revisionistischer" Positionen

Dieser Einordnung der sozialistischen Rechtswissenschaft durch Polak wurde in der DDR-Rechtswissenschaft weitestgehend zugestimmt. Allerdings gab es zwei grundlegende Positionen, die in einem gewissen Widerspruch zur Konzeption Polaks standen.

Dies ist zum einen die sogenannte „Erbe-These". Zum anderen geht es darum, ob das Recht eine selbstherrliche Kraft gegenüber dem Staat und der Gesellschaft ist[195]. Für Polak stellten diese Strömungen in der sozialistischen Rechtslehre einen Rückfall in die bürgerliche Rechtsauffassung dar.

I. Polaks Stellung gegenüber der „Erbe-These"

Die Diskussion um die „Erbe-These" bildet eine Grundlagenkontroverse in der sozialistischen Rechtswissenschaft[196]. Wie auch andere wissenschaftliche Streitigkeiten so kann ihre Dimension erst vor ihrem machtpolitischen Hintergrund verdeutlicht werden[197]. Nach dem XXII. Parteitag der KPdSU im Oktober 1961 kam es zu einer gewissen Liberalisierung in der DDR. So entstanden auch neue Freiheiten in der Rechtswissenschaft[198]. Diese wissenschaftlichen Freiheiten ermöglichten die Entwicklung und Veröffentlichung der sogenannten

195 Polak, Zur Dialektik in der Staatslehre, S. 273 ff.

196 Eckert, u.a. (Hrsg), Rechtswissenschaft in der DDR 1948 – 1971, S. 15.

197 „Die (...) Grundlagenkontroversen sind im Überschneidungsbereich von Rechtswissenschaft, Rechtspolitik und Rechtspraxis angesiedelt." (Ebd).

198 Wagner, Hilde Benjamin, S. 256; Dreier u.a. (Hrsg.), Rechtswissenschaft in der DDR 1948 – 1971, S. 20.

„Erbe-These". Neben ihrer wissenschaftlichen Bedeutung spielte die „Erbe-These" auch in der Politik eine gewisse Rolle. Die ZK-Abteilung Wissenschaften versuchte diese wissenschaftliche Position in ihrem ständigen Zwist mit der ZK-Abteilung Staats- und Rechtsfragen zu ihrem Vorteil zu nutzen. Insbesondere durch die Babelsberger Konferenz von 1958 war die Abteilung Wissenschaften ins zweite Glied zurückgedrängt worden. Nun versuchte diese nach dem XXII. Parteitag neuen politischen Einfluss zu gewinnen, indem sie die 1962 entwickelte und veröffentlichte „Erbe-These" unterstützte. Letztlich behielt allerdings die Abteilung Staats- und Rechtsfragen die Oberhand[199].

In der Diskussion um die „Erbe-These" nahm Polak eine zentrale Rolle ein. In Folge seiner heftigen Kritik an der „These" wurde die Diskussion eingestellt und gelangte erst in den achtziger Jahren wieder in den wissenschaftlichen Blickpunkt[200]. Problematisch und klärungsbedürftig ist allerdings, ob Polak auch vor der Veröffentlichung seiner Kritik im Jahre 1962 schon eine derart ablehnende Haltung gegenüber der „Erbe-These" eingenommen hatte.

1. Inhalt der „Erbe-These"

Die Diskussion um die „Erbe-These" in den sechziger Jahren wurde angestoßen durch einen Aufsatz eines Autorenkollektivs unter der Leitung von Hans Nathan[201]. Die Arbeitsgruppe veröffentlichte im Jahre 1962 ihren Aufsatz „Thesen über das deutsche staats- und rechtswissenschaftliche Erbe"[202]. Auch wenn die Überschrift des Aufsatzes und sein Inhalt darauf hindeuten, daß es mehrere „Thesen" gab, so wurde doch vor allem eine Aussage des Aufsatzes kontrovers diskutiert. Daher kann von einer „Erbe-These" gesprochen werden. Diese umstrittene These lautet: Das Recht wird von der historisch fortschrittlichsten Klasse unter Berücksichtigung vorangegangener Forschung geschaffen. Diese These gründet auf der Annahme, daß sich die Menschheit nach den Gesetzen des historischen Materialismus fortentwickelt. Diese progressive

---

199 Dreier u.a. (Hrsg.), a.a.O., S. 21.

200 Joseph, Rechtswissenschaft und SED, S. 584.

201 Diese Arbeitsgruppe als „Urheber" der Erbe-These zu bezeichnen, wäre etwas ungenau. Zwar stand die These dieser Gruppe im Mittelpunkt der Diskussion. Allerdings wurde das Erbe-Problem 1962 nicht neu entdeckt. So veröffentlichte Hermann Klenner schon 1952 einen weitgehend unbeachteten Aufsatz, der sich dieser Thematik annahm. (Klenner, Über unser staatswissenschaftliches Erbe, NJ 52, S. 58 ff.).

202 Nathan u.a., Thesen über das deutsche staats- und rechtswissenschaftliche Erbe, SuR 62, S. 830 - 837. Mitglieder der Arbeitsgruppe waren: Buchda (Jena), Klenner (Berlin), Schöneburg (Babelsberg), Lieberwirth (Halle), M. Benjamin (Babelsberg), Brehme (Leipzig), Haney (Jena), Hartmann (Berlin), Heuer (Berlin). Aufgrund dieser Thesen ist die Aussage Böckenfördes zumindest ungenau, daß es nach der sozialistischen Rechtskonzeption keine inhaltliche Kontinuität zwischen den Rechtstypen der verschiedenen Epochen gibt. (Böckenförde, Die Rechtsauffassung im kommunistischen Staat, S. 34).

Entwicklung finde auch in der Erkenntnis über Staat und Recht statt[203]. Dabei erkenne die progressive Klasse das Recht immer besser. Sie fange hierbei nicht von vorn an, sondern gehe von dem vorhandenen Material aus.

„Sie übernimmt, erweitert, korrigiert die überkommenen Erkenntnisse zur Bewältigung der eigenen historischen Aufgaben. (...) Alle von den Ideologen früherer progressiver Klassen gewonnenen Erkenntnisse über das Wesen von Staat und Recht sind in der proletarischen Staats- und Rechtswissenschaft aufgehoben worden. (...) Damit besteht das staats- und rechtswissenschaftliche Erbe aus allen progressiven Elementen der Staats- und Rechtsideologie."[204]

Diese Kontinuitäts-These ist der Kernstreitpunkt. Den Vertretern dieser These ging es darum, das sozialistische Recht organisch aus dem bürgerlichen Recht entwickeln zu können. Dadurch wurde es möglich, Anleihen aus dem bürgerlichen Recht zu übernehmen[205].

Diese Hauptthese wurde durch eine Hilfsthese untermauert. Die Hilfsthese besagt, daß sich der Klassenkampf in Westdeutschland nicht nur zwischen Bourgeoisie und Proletariat abspielt. Vielmehr bestehe der

„entscheidende gesellschaftliche Widerspruch (...) zwischen den aggressiven Monopolkapitalisten und allen friedliebenden Kräften, wodurch selbst Teile der Bourgeoisie in Widerspruch zum Monopolkapital geraten und zum Bündnispartner des Proletariats werden."[206]

Damit wurde anerkannt, daß auch „ideologische Vertreter der nationalen Bourgeoisie zu teilwissenschaftlichen Aussagen" fähig sind. Dies wurde indes umgehend eingeschränkt. Zwar werde in gewissen bürgerlichen Schriften ein „echtes wissenschaftliches Anliegen" sichtbar. Allerdings könne dies nicht zum

---

203 Nathan u.a., Thesen über das deutsche staats- und rechtswissenschaftliche Erbe, SuR 62, S. 831.

204 Nathan u.a., a.a.O., S. 832. Auch abgedruckt bei Polak, Zur Dialektik in der Staatslehre, S. 387.

205 Nathan hatte auf seine bürgerliche Ausbildung und seine Verbundenheit zur bürgerlichen Rechtswissenschaft schon 1960 auf einer Sitzung der Kommission für Staats- und Rechtswissenschaft beim Politbüro des ZK hingewiesen. Damals entschuldigte er sich für seine bürgerlichen Wurzeln. „Für die älteren Genossen, die zum Teil, wie auch ich, als bürgerliche Juristen großgeworden sind und jahrelang praktiziert haben, die das bürgerliche Recht studiert haben, ist es ganz besonders schwer, die nun einmal eingefahrenen Bahnen zu verlassen. (...) Solange es sich darum handelt, unser Recht lediglich zu demokratisieren, also in den ersten acht bis zehn Jahren, haben wir an der Spitze mitgestanden und mitgezogen und getan, was wir konnten. Jetzt, wo es sich darum handelt, das sozialistische Recht zu schaffen, kommen wir nicht mehr mit." (Stenographische Niederschrift der Sitzung der Kommission für Staats- und Rechtswissenschaft beim Politbüro des ZK vom 25. Februar 1960, SAPMO-BArch VI 2/13/48, S. 51).

206 Nathan u.a., Thesen über das deutsche staats- und rechtswissenschaftliche Erbe, SuR 62, S. 835.

staats- und rechtswissenschaftliches Erbe zählen, „weil die marxistische Staats- und Rechtstheorie nicht auf ihrem Werk aufzubauen braucht.“[207]

> „Der Grad der Wissenschaftlichkeit (...) ist letztlich davon abhängig, wieweit der betreffende fortschrittliche Ideologe zur Erkenntnis der gesellschaftlichen Widersprüche vorstößt, das heißt letztlich sich der Position der Arbeiterklasse nähert.“

Dieser Aufsatz hatte einen Aufschrei in der DDR-Wissenschaft zur Folge. Es wurden viele Artikel veröffentlicht, welche die Urheber des Revisionismus und anderer bürgerlicher Denkarten bezichtigten[208]. Diese Kritik soll hier außer Betracht gelassen werden. Es interessiert allein Polaks Position zu dieser streitigen Frage.

2. Polaks Position

Polaks Haltung zur Erbe-These ist nicht eindeutig. Er scheint zwei Meinungen dazu vertreten zu haben, die zeitlich hintereinander lagen. Dabei soll als „Frühe Meinung“ diejenige bezeichnet werden, die er bis zum Jahre 1962 vertrat. Als „Späte Meinung“ wird seine Position nach 1962 bezeichnet.

a) Frühe Meinung

Die „Erbe-These“ wurde 1962 veröffentlicht. Bis dahin gab es daher auch keine explizite Stellungnahme Polaks. Allerdings existieren verschiedene Äußerungen Polaks, die in einem gewissen Zusammenhang mit dem Erbe-Problem stehen. Insbesondere im Hinblick auf seine eindeutig ablehnende Haltung nach 1962 lohnt es sich, diese Äußerungen zu untersuchen. Bei der Analyse von Polaks Werk ergeben sich Anhaltspunkte, die dafür sprechen, daß auch Polak die Erbe-These vertrat, wie auch solche, die dagegen sprechen.

(1) Anhaltspunkte für eine Billigung der These

(a) Staatsrecht

Polak hielt Vorlesungen und schrieb Aufsätze über die historische Entwicklung des Staatswesens[209]. Darin zeichnete er die Evolution des Staates nach, indem er

---

207 Ebd.

208 Vgl. zum Beispiel Arlt/Lungwitz, Die Entwicklung des sozialistischen Rechts und die bürgerlichen Traditionen, SuR 63, S. 800 – 819; Gottschling/Kuntschke/Schröder, Marxistisch-Leninistischer Geschichtsbegriff und staats- und rechtswissenschaftliches Erbe, SuR 63, S. 819 – 830; Kintzel/Köppen/Ulrich, Zu den Thesen über das staats- und rechtswissenschaftliche Erbe, SuR 62, S. 1574 - 1590.

209 Vgl. etwa: Polak, Das Verfassungsproblem in der geschichtlichen Entwicklung Deutschlands, 1948; ders., Die Weimarer Verfassung, ihre Errungenschaften und Mängel, 1948; ders., Die schöpferische Rolle der Volksmassen und der Staat, in: Zur Dialektik in der Staatslehre, 1963, S. 42 – 73.

einzelne Staatskonzeptionen darstellte. Insbesondere ging er auf Spinoza, Hobbes und Rousseau ein[210]. Er zeigte auf, inwieweit die drei Philosophen die gesellschaftliche Entwicklung in ihren Theorien verarbeiteten und beeinflussten. Überragende Bedeutung hatte für ihn dabei Spinoza. Dieser war für Polak der geistige Vater der Dialektik.

Von „Spinoza (...) geht die Entwicklungslinie zur modernen Dialektik, zum dialektischen Materialismus."[211]

Er sei der „Vorläufer von Hegel und von Marx"[212]. Polak zeichnet damit eine lineare Entwicklung der Staatskonzeptionen. Daher geht er davon aus, daß eine Staatskonzeption eines Denkers in der Tradition eines anderen steht[213]. Insbesondere Spinozas Staatskonzeption steht in Polaks Darstellung seiner eigenen recht nahe[214].

(b) Methode des Naturrechts

1948 und 1949 beschrieb Polak die Methode des Naturrechts als eine revolutionäre Lehre. Diese naturrechtliche Methode analysiere und kritisiere die bestehenden gesellschaftlichen Verhältnisse vom Standpunkt der Natur des Menschen und der Gesellschaft[215]. Diese Methode bezeichnet Polak als „wahrhaft wissenschaftlich"[216]. Ähnlich konzipiert Polak die sozialistische Rechtswissenschaft. Sie unterziehe die bürgerliche Jurisprudenz einer gesellschaftlichen Kritik[217], die das reale Zusammenleben der Menschen in den Mittelpunkt rücke[218]. Demnach hat die sozialistische Rechtslehre die Methode der Naturrechtler übernommen. Polak beschreibt dies in seinem 1948 erschienen Aufsatz „Krisis und Neubau der Staatswissenschaft"[219]. Er fordert sogar, „von den gro-

---

210 Polak, Zur Dialektik in der Staatslehre, S. 46 ff.

211 Polak, Staat und Recht bei Grotius und Spinoza, NJ 50, S. 104.

212 Polak, a.a.O., NJ 50, S. 150.

213 Schöneburg und Hauschild interpretieren Polaks Haltung ebenso. Nach Hauschild ging es Polak darum, „die Aussagen der Verfassung, die der Errichtung des kommunistischen Systems dienlich sein konnten, herauszuarbeiten, zu modifizieren und für eine neue Verfassung in Anwendung zu bringen". (Hauschild, Von der Sowjetzone zur DDR, S. 76). Für Schöneburg hat Polak das „Erben" im Verfassungsrecht als einen „konkret-historischen Akt" betrachtet. (Schöneburg, Polak und die erste antifaschistisch-demokratische deutsche Verfassung, S. 45).

214 Siehe hierzu Kapitel 5 C. II. 1. b) (1) (b).

215 Polak, Justizerneuerung, S. 33 f; ders., Krisis und Neubau der Staatswissenschaft, NJ 49, S. 78 f.

216 Polak, Justizerneuerung, S. 34.

217 Polak, a.a.O., S. 38.

218 Polak, a.a.O., S. 35. Auch später noch behielt er seine Beschreibung der naturrechtlichen Methode bei. Vgl. Polak, Zur Dialektik in der Staatslehre, S. 300.

219 Polak, Krisis und Neubau der Staatswissenschaft, NJ 49, S. 80 f.

ßen Klassikern zu lernen"[220]. Klassiker sind für ihn Spinoza, Hobbes, Montesquieu und Rousseau[221]. Die sozialistische Methode steht also in deren Tradition. Daher entwickelt sich auch die Wissenschaft zumindest seit der Einführung der naturrechtlichen Methode kontinuierlich.

(c) Grundrechte

Ebenfalls 1948 stellte Polak fest, daß die bürgerlichen Freiheiten die besten Errungenschaften der modernen Kultur seien. Hierzu zählt er unter anderem die Gleichheit vor dem Gesetz sowie die Gewissens-, Rede- und Versammlungsfreiheit[222]. Diese Rechte wurden in die DDR-Verfassung von 1949 mit ausdrücklicher Befürwortung Polaks übernommen[223]. Dies könnte für eine Befürwortung der „Erbe-These" sprechen. Allerdings hatte der Sozialismus 1949 in der DDR nach der herrschenden Lehre noch nicht vollständig gesiegt. Vielmehr existierte noch eine gewisse Konkurrenz zur Sozialdemokratie und zum Kapitalismus. Daher kann auch die Verfassung noch nicht als ausschließlich sozialistisch bezeichnet werden. Die Aufnahme der Grundrechte in die Verfassung ist eher als Zugeständnis an die faktischen Machtverhältnisse zu bewerten. Auch Polaks Bemerkung ist nicht zwingend als Befürwortung der „Erbe-These" auszulegen. Denn die positive Einschätzung der bürgerlichen Grundrechte bezog sich lediglich auf die kapitalistische Epoche der Menschheit. Es ist daher noch nicht gesagt, daß sie auch das progressive Erbe der bürgerlichen Epoche darstellen und von der sozialistischen Wissenschaft zu übernehmen waren. Somit kann aus der Äußerung Polaks nicht zwingend eine Befürwortung der „Erbe-These" abgeleitet werden, obwohl diese Folgerung nahe liegt.

(d) Strafrecht

Polak äußerte sich im Juni 1959 in der Kommission für Staats- und Rechtsfragen beim Politbüro über das Verhältnis vom Allgemeinen zum Besonderen Teil des Strafgesetzbuches. Für Polak war die Herausbildung des Allgemeinen Teils und

---

220 Polak, a.a.O., S. 80. Polak hebt 1959 in seinem Beitrag zur Festschrift für Arthur Baumgarten zudem lobend hervor, daß Baumgarten die Methode des Naturrechts angewendet hat. Dieser Beitrag erschien 1963 im Anhang seines Werkes „Zur Dialektik in der Staatslehre". „Er (Baumgarten – d. Verf.) greift die Fragestellung des Naturrechts und der Aufklärung wieder auf. (...) Baumgarten tritt von Anbeginn in die wissenschaftliche Arena mit dem Versuch, diese geistigen Fundamente, die einst den Höhepunkt der bürgerlichen Wissenschaft bestimmten, zu erneuern." (Polak, Zur Dialektik in der Staatslehre, S. 556, 557. Der Artikel ist auch abgedruckt unter dem Titel „Der Weg Arthur Baumgartens zum Marxismus", FS Arthur Baumgarten, 1960).

221 Polak, Krisis und Neubau der Staatswissenschaft, NJ 49, S. 81.

222 Polak, Justizerneuerung, S. 45.

223 Polak, a.a.O., S. 45 f.; ders., Marxismus und Staatslehre, Einheit 47, S. 11.

damit die exakte Formulierung der Strafrechtsprinzipien ein großer Fortschritt in der Strafrechtsgeschichte, der nicht rückgängig gemacht werden dürfe[224]. Allgemeiner und Besonderer Teil wurden auch in dem bürgerlichen deutschen Strafgesetzbuch von 1871 getrennt. Die Herausbildung des Allgemeinen Teils erfolgte somit in der „bürgerlichen" Epoche der Rechtswissenschaft. Polak befürwortete demnach, fortschrittliche Gedanken aus einer „überwundenen Etappe der Menschheitsgeschichte" zu übernehmen.

(e) Wesen der Rechtsgeschichte

1947 verfaßte Polak einen Aufsatz über das Wesen der Rechtsgeschichte. Diese sei ein ewiger Wandel der Rechtsformationen[225]. Hierbei schrieb Polak dem Historiker die Fähigkeit zu, sehen zu können, „was am Alten tot ist"[226]. Aus dieser Feststellung lässt sich im Umkehrschluß folgendes feststellen: Wenn der Forscher erkennt, was am Alten tot ist, so erkennt er auch, was am Alten nicht tot, also lebendig ist. Teile des Alten bestehen demnach aus toten und nichttoten Teilen. Polak schreibt zwar nicht explizit, daß Teile des Alten in der nachfolgenden „Rechtsformation" fortbestehen. Allerdings liegt diese Folgerung nahe.

(f) Marx – Zitat

Polaks Vorlesungen von 1949 bis 1951 wurden 1968 abgedruckt[227]. In dieser Abhandlung zitiert Polak Marx. Dabei geht es in dem Zitat um die Selbstverwirklichung der Menschen in einem Staat neuen Typus`.

„'Es wird sich zeigen,' schreibt Marx, ‚daß es sich nicht um einen großen Gedankenstrich zwischen Vergangenheit und Zukunft handelt, sondern um die *Vollziehung* der Gedanken der Vergangenheit. Es wird sich endlich zeigen, daß die Menschheit keine *neue* Arbeit beginnt, sondern mit Bewußtsein ihre alte Arbeit zustande bringt.'"[228] (Hervorhebung durch Polak – d. Verf.)

Schon durch die Hervorhebung zeigt Polak seine zustimmende Haltung zum Zitat. Das Zitat selbst macht deutlich, daß das Neue immer in der Vergangenheit wurzelt. So zeigen der Vollzug der vergangenen Gedanken in der Gegenwart

---

224 Polak, Diskussionsbeitrag während der Tagung der Kommission für Staats- und Rechtswissenschaft beim Politbüro am 27. Juli 1959, in: Stenographisches Sitzungsprotokoll, SAPMO-BArch DY 30/IV 2/2.110 2, Bl. 44.

225 Polak, Wesen und Wert der Rechtsgeschichte, NJ 47, S. 54.

226 Ebd.

227 Polak, Karl Marx – Begründer der Staats- und Rechtstheorie der Arbeiterklasse, S. 35 – 102.

228 Marx, Briefe aus den „Deutsch-Französischen Jahrbüchern". Marx an Ruge im September 1843, MEW, S. 346. Abgedruckt bei Polak, a.a.O., S. 57.

sowie der „fehlende Gedankenstrich" die Verbundenheit zwischen Altem und Neuen.

(g) Gespräch mit Schöneburg

Schließlich spricht auch noch eine historische Episode für Polaks Billigung der „Erbe-These". Als Schöneburg, einer der Urheber der „Erbe-These", einen Entwurf der Thesen ausgearbeitet hatte, ging er damit zu seinem Lehrer Polak. Polak widersprach den Ausarbeitungen nicht. Schöneburg zeigte sich vielmehr überrascht von der Stellung, die Polak später bezog[229].

(2) Anhaltspunkte gegen eine Billigung der These

Neben diesen Hinweisen, daß Polak ein Befürworter der „Erbe-These" war, existieren auch Äußerungen von ihm, die das Gegenteil nahelegen.
Polak schrieb 1950, daß mit „den Volksdemokratien (...) eine neue geschichtliche Epoche" anhebt. Es

> „bildet sich eine (...) grundlegend verschiedene Staatsordnung heraus".

Dabei entfalte sich ein „qualitativ" neuer Staatstyp[230]. Polak beschreibt hier den Unterschied zum bürgerlichen Staat und Recht. Damit verneint er eine Verbindung zwischen den Epochen. Ähnlich äußert sich Polak in einem Aufsatz aus dem Jahre 1959[231].
Weiterhin bestritt Polak schon 1959 eine Kontinuität in der Entwicklung des Völkerrechts[232]. Er behauptete, daß auf Grundlage der Oktoberrevolution von 1917 und dem darauf folgenden Siegeszug des Sozialismus nach dem Zweiten Weltkrieg eine neue Ära des Völkerrechtes begonnen hatte. So werde in der Charta der Vereinten Nationen zum ersten Mal der Krieg nicht mehr als legitimes Mittel der Politik verteidigt, sondern geächtet. Auch die Anerkennung der nationalen Selbstbestimmung und der staatlichen Souveränität waren für Polak neue Momente im Völkerrecht[233].

(3) Zwischenbilanz

Nach der Analyse der Arbeiten Polaks bis zum Jahre 1962 kann nicht festgestellt werden, daß er eine eindeutige „Frühe Meinung" vertreten hat. Vielmehr stehen seine Äußerungen in einem gewissen Widerspruch. Die Vermutung liegt nahe,

---

229 Eckert, Die DASR und die Babelsberger Konferenz, S. 66.
230 Polak, Staatsform und Verfassungsstruktur der Volksdemokratie, NJ 50, S. 291.
231 Polak, Die Staatsfrage im „Achtzehnten Brumaire", FS Jacobi, S. 87; abgedruckt ist dieser Aufsatz auch in Polak, Zur Dialektik in der Staatslehre, S. 3 – 41.
232 Polak, Zur Lage der Staats- und Rechtswissenschaft in der DDR, SuR 59, S. 1348.
233 Ebd.

daß dies auch Folge seiner unsystematischen Arbeitsweise war. Allerdings sprechen mehr Gründe dafür, daß Polak die „Erbe-These“ implizit befürwortet hat.

b) Späte Meinung

Nachdem Polaks „Frühe Meinung“ lediglich annäherungsweise durch eine Auslegung seiner Schriften und Äußerungen herausgearbeitet werden konnte, kann seine „Späte Meinung“ anhand expliziter Äußerungen Polaks dargestellt werden. Prononciert äußerte sich Polak zu dem Problem des rechtswissenschaftlichen Erbes 1962 in seinem Aufsatz „Der Rechtspflegebeschluß des Staatsrats und die Lage in der Staats- und Rechtswissenschaft“[234]. Sowohl in diesem Aufsatz als auch in der dritten Auflage der „Dialektik“ von 1963 betont er, daß der sozialistische Staat und sein Recht etwas qualitativ völlig Neues seien[235]. Sie stünden außerhalb jeder Tradition. Weder die imperialistischen, noch die fortschrittlichen Rechtstheorien hätten sie beeinflusst[236].

Polak begründet seine Auffassung mit der gesellschaftlichen und historischen Bedingtheit von Staat und Recht. Für ihn sind Staat und Recht untrennbar mit der Diktatur des Proletariats verbunden. Diese Gesellschaftsform könne aber eben erst durch die völlige Umstürzung der Verhältnisse entstehen. Daher müsse Gleiches mit dem Recht geschehen. Die sozialistische Staatswissenschaft baut für Polak nämlich auf der Erkenntnis und Durchsetzung des historischen Materialismus auf[237]. Andernfalls käme man zu einer Loslösung des Rechts von den tatsächlichen Produktionsverhältnissen. Damit werde die Entwicklung des Rechts von der gesellschaftlichen Entwicklung abstrahiert und das Recht verfüge über eine gegenüber der Geschichte eigenständige Bedeutung. Diese Auffassung entspreche aber der zu überwindenden bürgerlichen Methode[238].

Polak gesteht zwar zu, daß es die Aufgabe der rechtsgeschichtlichen Forschung ist, progressive Ideen zu untersuchen. Allerdings sei der historische Kampf der Arbeiter etwas völlig Neuartiges. Die Arbeiter dürften sich nicht

234 Polak, Der Rechtspflegebeschluß des Staatsrats und die Lage in der Staats- und Rechtswissenschaft, Einheit 62, S. 74 - 84.

235 Polak, Zur Dialektik in der Staatslehre, S. 272 Erl. 6, S. 388.

236 Hierin Polak folgend: Arlt/Lungwitz, Die Entwicklung des sozialistischen Rechts und die bürgerlichen Traditionen, SuR 63, S. 800 – 819; Kintzel/Köppen/Ulrich, Zu den Thesen über das staats- und rechtswissenschaftliche Erbe, SuR 62, S. 1574 ff. Diese Einschätzung des sozialistischen Rechtsbegriffes teilt auch der „bürgerliche“ Böckenförde. Seiner Meinung nach entwickelt sich das sozialistische Recht entsprechend den gesellschaftlichen Epochen. Daher sind die verschiedenen, diesen Perioden zuzuordnenden, Rechtstypen substantiell voneinander verschieden. „Es gibt keine sich durchhaltende Kontinuität zwischen den einzelnen Rechtstypen.“ (Böckenförde, Die Rechtsauffassung im kommunistischen Staat, S. 34).

237 Polak, Zur Dialektik in der Staatslehre, S. 344.

238 Polak, a.a.O., S. 272 Erl. 6.

darauf beschränken, die kapitalistische Staatsideologie „zu übernehmen, zu erweitern, zu korrigieren." Ebenso wie die „Staatsmaschine", so sei auch diese Ideologie vollständig „zu zerbrechen". Polak verweist hierbei auf den XX. und XXII. Parteitag der KPdSU, auf denen völlig neue Ideen zum Kampf um den Sozialismus hervorgebracht wurden. Die „Verfeinerungen" des Rechts, wie die Aufspaltung des Rechts in das Privat- und Staatsrecht, seien eine typisch bürgerliche Taktik, um die antagonistischen Widersprüche im Recht und damit in der Gesellschaft zu verschleiern[239].

Die „Erbe-These" gründet für Polak daher auf einer falschen Auffassung vom Wesen des sozialistischen Staates und des Rechtes[240]. Die These könne nur richtig sein, wenn Staat und Recht gesondert von der „durch die Klasse und die Partei bewirkte Durchsetzung der Entwicklung der Gesellschaft zum Sozialismus und Kommunismus"[241] betrachtet würden. Diese Auffassung steht für Polak in der Tradition der voluntaristischen Rechtsauffassung Wyschinskis[242]. Hiernach sei der Staat Schöpfer des Rechts und nicht die gesellschaftliche Wahrheit. Diese Auffassung sei freilich nicht haltbar, da Grundlage des Rechts nur die objektive Gesetzmäßigkeit, also die Wahrheit, sein könne[243]. Anzumerken ist, daß Wyschinski nach dem XX. und XXII. Parteitag der KPdSU als Mitläufer Stalins in Ungnade gefallen war und seine Rechtslehre nicht mehr offen rezipiert werden durfte.

Durch diese harsche Kritik Polaks wurde die Erbe-Thematik vorerst tabuisiert[244]. Erst in den 80er Jahren wurde die Erbe-These wieder von Rechtswissenschaftlern und Historikern diskutiert[245].

3. Ergebnis

Polak hat zumindest nach 1962 die Erbe-These eindeutig abgelehnt. Seine Meinung vor 1962 kann nur anhand von Indizien erschlossen werden. Es spricht allerdings einiges dafür, daß er die These bis 1962 befürwortet hat. Dieser Meinungswechsel kann verschiedene Gründe haben, wobei sich drei Möglichkeiten ergeben. Polak könnte sich willkürlich aus machtpolitischen Gründen gegen die „Erbe-These" gewandt hat. Er könnte sich aber auch aufgrund neuer wissenschaftlicher Erkenntnisse eine andere Meinung gebildet haben. Schließlich könnte es aber auch sein, daß er seine Meinung erst 1962 bei seiner

239 Polak, a.a.O., S. 388.
240 Polak, a.a.O., S. 389.
241 Ebd.
242 Vgl. Polak, a.a.O., S. 389 f.
243 Ebd.
244 Joseph, Rechtswissenschaft und SED, S. 584.
245 Vgl. Schöneburg, Hegel: Erbe und Tradition in der Staats- und Rechtstheorie, SuR 81, S. 980 ff.; Meier/Schmidt, Erbe und Tradition in der DDR, 1988.

expliziten Auseinandersetzung mit der „Erbe-These“ gebildet hat, so daß sich seine Position in Wahrheit nie geändert hätte.

Poppe, Weichelt[246] und Heuer[247] vertreten die Auffassung, daß Polak in seinen letzten Lebensjahren eine neue Ansicht zur Erbe-Problematik entwickelt habe. Seine früheren Vorlesungen über Rechtsgeschichte seien Belege dafür, daß für Polak das sozialistische Verfassungsrecht durchaus aus anderen Konzeptionen heraus entstanden sei[248]. Allerdings gibt kein Autor Gründe für den Meinungswechsel an. Auch auf andere Weise kann der „Meinungswechsel“ nicht eindeutig begründet werden.

Daher kann eine Klärung nur annäherungsweise erfolgen. Bei dem Streit um die „Erbe-These“ ging es im Kern darum, inwieweit in der DDR-Rechtswissenschaft auf Erkenntnisse der bürgerlichen Rechtswissenschaft zurückgegriffen werden kann. Dies wiederum war für die Frage bedeutsam, ob Elemente der Rechtsstaatlichkeit, wie subjektive Rechte oder Verfahrensgarantien, in das Recht der DDR einfließen sollten[249]. Dergleichen war für Polak nicht möglich, da die sozialistische Rechtswissenschaft letztlich eine Teildisziplin des Marxismus-Leninismus war. Auf der Unselbständigkeit des Rechts baut daher auch seine Argumentation auf. Dementsprechend lautet sein Hauptvorwurf an die Vertreter der „Erbe-These“, daß sie dem Recht eine spezifische, selbständige Position innerhalb der sozialistischen Ordnung zuordneten. Letztlich scheint das Erbe-Problem für Polak also ein Streit um die Eigenständigkeit oder die „Spezifik“ des Rechts zu sein.

Die Auffassung vom Recht und seiner Wissenschaft als einer dem Marxismus-Leninismus untergeordneten Größe entwickelte Polak schon vor 1962 und sie bildet den Kern seiner Rechtskonzeption[250]. So kann Polak seine „Späte Meinung“ aus allgemeinen Überlegungen herleiten, die im Einklang mit seiner sonstigen Arbeit stehen. Auch ist kein Bruch in seiner Argumentation erkennbar. Es erscheint daher wenig wahrscheinlich, daß Polak seine Meinung tatsächlich jemals geändert hat. Näher liegt die Vermutung, daß Polak seine wissenschaftlichen Anschauungen im Laufe der Zeit mehr und mehr zugespitzt hat. Als nun der konkrete Anlaß für eine Äußerung zum Erbe-Thema gegeben war, konnte er seine radikalisierte Auffassung veröffentlichen. Machtpolitische Gründe mögen ihr übriges getan haben. So verteidigte Polak mit seinen Angriffen das parteioffizielle Rechtsverständnis und festigte seine Stellung als

---

246 Poppe/Weichelt, Karl Polaks Beitrag zur Herausbildung einer marxistisch-leninistischen Staats- und Rechtswissenschaft der DDR, S. 17 f.

247 Heuer, Demokratie und Ökonomie, S. 22 f.

248 Poppe/Weichelt, Karl Polaks Beitrag zur Herausbildung einer marxistisch-leninistischen Staats- und Rechtswissenschaft der DDR, S. 17 f.

249 Joseph, Rechtswissenschaft und SED, S. 583.

250 Vgl. Polak, Neubau und Krisis der Staatswissenschaft, NJ 49, S. 80; ders., Zur Funktion der Moral in der bürgerlichen Staats- und Rechtslehre, SuR 60, S. 1199; siehe auch ders., Marxismus und Staatslehre, Einheit 47, S. 17 f.

führender Rechtstheoretiker der DDR. Ein weiteres Beispiel für diese geistige Entwicklung Polaks ist sein verändertes Grundrechtsverständnis. Nachdem er in seinen früheren Schriften noch die Existenz liberaler Grundrechte in der DDR begrüßte, so bekämpfte er dies später[251]. Daher erscheint es plausibel, den Grund für Polaks „Meinungswechsel" darin zu suchen, daß er seine eigentliche wissenschaftliche Meinung nie qualitativ geändert hat. Sein Denken hat sich lediglich quantitativ verändert, d.h. er vertrat seine These vom Recht als einer dem politischen Marxismus-Leninismus untergeordneten Größe stetig konsequenter. So kam es zu den widersprüchlichen Aussagen von ihm. Insbesondere die Widersprüche zwischen „Später Meinung" und Polaks rechtsgeschichtlichen Überlegungen können nicht aufgeklärt werden.

II. Polaks Kritik der Spezifik des Rechts

Polak bekämpfte noch eine andere wissenschaftliche Position, die seiner Meinung nach einer revisionistischen Haltung entsprang. Es handelt sich um das schon oben angesprochene Problem, ob das Recht gegenüber Staat und Gesellschaft eine eigenständige Stellung einnimmt.

Für Polak ist es die Aufgabe des Rechts, als Instrument zur Entwicklung des Sozialismus zu dienen. Dabei verlaufe die Entwicklung des Rechts nach den gleichen Gesetzen wie die Entwicklung der Gesellschaft[252]. Aus dieser Rückkopplung des Rechts an die gesellschaftliche Entwicklung ergibt sich das Problem, inwieweit dem Recht noch eine eigenständige Position zukommt. Polak nimmt sich dieses Themas an und kritisiert die Konzeptionen, in denen dem Recht im Sozialismus eine spezifische Funktion zugewiesen wird. Namentlich setzt er sich mit dem Entwurf von Eduard Bernstein und vor allem mit der Spezifik-These von Heinz Such auseinander.

1. Vertreter der Spezifik-These

a) Eduard Bernstein

Eduard Bernstein[253] war zwar kein wissenschaftlicher Kontrahent Polaks in der DDR; trotzdem soll auf seine Position wegen ihrer Bedeutung für Polak kurz eingegangen werden. Bernstein ist für Polak einer der Hauptvertreter der Revisionisten[254], der das Recht als selbstherrliche Kraft in der gesellschaftlichen

---

251 Siehe den Abschnitt „Grundrechte" in Kapitel 5 C. III. 3.

252 Polak, Zur Dialektik in der Staatslehre, S. 176.

253 Zu Bernstein siehe Steinberg, Hans-Josef, Karl Kautsky und Eduard Bernstein, in: Deutsche Historiker, Bd. 4 (1972), S. 58 ff.

254 Bernstein wird in der rechtswissenschaftlichen Literatur der DDR auch als „,Stammvater' des Revisionismus in der deutschen Sozialdemokratie" bezeichnet. (Schüßler u.a., Staat, Recht und Politik im Sozialismus, S. 251).

Entwicklung betrachtet hätte[255].

Nach Polak habe Bernstein am Marxismus die Betonung der Ökonomie bemängelt. Hingegen habe Marx der „Rechtsform" und ihrer spezifischen Wirkung nicht die gebührende Aufmerksamkeit gewidmet[256]. Das Recht könne, so Bernstein, von den Proletariern genutzt werden, ihre Situation in der kapitalistischen Gesellschaft zu verbessern. Dadurch sei es möglich, schon in dieser Gesellschaftsform Güter gerecht zu verteilen[257]. Eine gerechte soziale Ordnung, in der das Proletariat nicht mehr ausgebeutet wird, könne nach Bernstein daher auch unter kapitalistischen Produktionsverhältnissen mit sozialen Gesetzen aufgebaut werden. Für Bernstein liege der Fehler Marxens somit darin, daß dieser zu Unrecht nur die ökonomischen Verhältnisse in der Geschichte betrachtet hätte.

b) Heinz Such

Ein anderer Vertreter der Spezifik-These ist Heinz Such[258]. Such war als Dozent an der Juristischen Fakultät der Universität in Leipzig Zeitgenosse und Kollege Polaks[259]. Ihre Auseinandersetzung war vielbeachtet[260]. Sie endete damit, daß Such, der schon im Gefolge der Babelsberger Konferenz in Ungnade gefallen war[261], weiterhin als ein bürgerlich-revisionistischer Denker galt und dementsprechend kritisiert wurde[262].

Such vertrat seine Auffassung vor allem in seinem Aufsatz „Für eine schöpferische Staats- und Rechtswissenschaft, gegen Dogmatismus und Rechtsnihilismus" von 1962. Hier setzte sich Such explizit mit Polaks Rechtskonzeption auseinander und kritisierte deren Inhaltsleere[263]. Die Äußerung dieser Missbilligung erfolgte ebenso wie die Entwicklung der „Erbe-These" im politischen Tauwetter, das durch den XXII. Parteitag der KPdSU ausgelöst worden war[264].

255 Polak, Zur Dialektik in der Staatslehre, S. 278, 514.

256 Polak, a.a.O., S. 278.

257 Polak, a.a.O., S. 277 f. Vgl. Bernstein, Der Sozialismus einst und jetzt, S. 124 f.

258 Zu Such siehe Stiebitz, Heinz Such, 1999.

259 Vgl. Brief vom Dekan der Juristenfakultät der Universität Leipzig an die Landesregierung Sachsen v.19.5.1950, in: Berufungsakte Karl Polak, SAPMO-BArch, DR 3/B 15149, Bl. 74, 78.

260 Vgl. etwa Lungwitz, Die neue Qualität des sozialistischen Rechts muß eingehender begründet werden, SuR 62, S. 1325; Arlt/Lungwitz, Die Entwicklung des sozialistischen Rechts und die bürgerlichen Traditionen, SuR 63, S. 800.

261 Ulbricht, in: Protokoll zur Babelsberger Konferenz, S. 36. Vgl. hierzu Stiebitz, Heinz Such, S. 122 f.

262 Stiebitz, a.a.O. S. 156.

263 Such, Gegen Erscheinungen des Dogmatismus und Rechtsnihilismus in der Staats- und Rechtswissenschaft, SuR 62, S. 127.

264 Stiebitz, Heinz Such, S. 156.

Suchs Kritik beginnt mit seiner Feststellung, daß alle Erscheinungen des Überbaus die Aufgabe hätten, den Sozialismus durchzusetzen. Insoweit unterscheide sich das Recht nicht von der Moral, Literatur oder der Satire. Falls man bei einer derartigen inhaltsleeren Rechtsdefinition verharren würde, geriete man in eine rechtsnihilistische Position[265]. Daher ergänzt Such seine Rechtskonzeption durch einen weiteren Gedanken. Das Eigenständige des sozialistischen Rechts ist für ihn „das Wechselverhältnis zwischen der gesamtstaatlichen Leitung und der kollektiven planmäßigen Zusammenarbeit der Werktätigen“[266]. Die Stichhaltigkeit dieser Annahme soll hier aber nicht weiter interessieren.

Die Spezifik-These findet bei Such zudem eine wissenschaftstheoretische Ausprägung. Nach Such gibt es neben der historischen Wissenschaft noch eine theoretisch-systematische Wissenschaft. Die Rechts- und Staatstheorie sei daher eine Wissenschaft anderer Gattung als die Geschichte der Rechts- und Staatstheorie. Bei dieser stehe die Dialektik des

> „Gestern zum Heute im Mittelpunkt, um die Lehren aus der Geschichte mit dem Blick auf das Morgen zu ziehen“[267].

Die Rechtswissenschaft sei dagegen eine systematisch-theoretische Wissenschaft. Eine derartige Wissenschaft sei zwar auch dialektisch. Allerdings stehe sie auf dem Boden der aktuellen historischen Entwicklungsetappe. Sie untersuche die Widersprüche und Lösungen im konkreten staatlichen System. Die Rechtswissenschaft muß sich nach Such daher auf einzelne Analysen der zu regelnden Verhältnisse beschränken. Bei ihr stehe daher die Gegenwart im Vordergrund. Sie wolle lehren, „wie unmittelbar das Morgen zum Heute gemacht wird“[268].

---

265 Such, Gegen Erscheinungen des Dogmatismus und Rechtsnihilismus in der Staats- und Rechtswissenschaft, SuR 62, S. 125.

266 Such, a.a.O., S. 136.

267 Such, a.a.O. S. 144 f.

268 Ebd. Bemerkenswert ist die Stellungnahme des Redaktionskollegiums der Zeitschrift „Staat und Recht“ zu dem Artikel Suchs: „Der Stil und die Formulierung dieses Artikels (ist) so unverständlich (...), daß es sehr schwer fällt, zu begreifen, was Such eigentlich will“. (Entwicklung und Aufgaben der Zeitschrift „Staat und Recht“ in der Auswertung der Beschlüsse des Staatsrates vom 30. Januar und 24. Mai 1962, S. 3, in: SAPMO-BArch IV 2/13/22).

2. *Polaks Stellungnahme*

a) Zu Bernstein

Polaks Kritik der Selbständigkeitsthese Bernsteins lehnt sich an Engels an[269]. Für diesen war es eine „blödsinnige" Vorstellung der Revisionisten, daß Marx und er selbst die historische Wirksamkeit des Rechts verkannt hätten. Aus der Tatsache, daß sie dem Überbau, also auch dem Recht, keine selbständige Entwicklung zuerkannt hätten, könne noch nicht dessen historische Unwirksamkeit gefolgert werden[270]. Nach Polak verkennt Bernstein, daß dem Recht stets die Struktur der bestehenden Gesellschaftsverhältnisse innewohnt. Das sozialistische Recht könne demnach erst durch die Überwindung der kapitalistischen Produktionsverhältnisse verwirklicht werden[271].

Diese Überlegung verdeutlicht Polak an dem Prinzip „Gleicher Lohn für gleiche Arbeit". Durch diese Lohngerechtigkeit werde eine gerechte Verteilung der produzierten Güter sichergestellt. Für Bernstein wäre dies daher ein Prinzip, das zu sozialen Verhältnissen innerhalb der kapitalistischen Gesellschaft führen würde. Dabei unterlaufe Bernstein aber ein fundamentaler Fehler. Auch wenn Lohngerechtigkeit eingeführt würde, so blieben die kapitalistischen Produktionsverhältnisse unangetastet. Das ausbeuterische „Arbeiter-Lohn-Verhältnis" bleibe bestehen[272]. Hieran wird für Polak die Unmöglichkeit deutlich, aus bloß formaler, also bürgerlicher, Gleichheit auch materielle Gleichheit und Gerechtigkeit herzustellen[273].

b) Zu Such

Auch die Bemühungen Suchs, dem Recht eine eigenständige Position beizuordnen, um nicht in eine rechtsnihilistische Position zu geraten, wurden von Polak scharf angegriffen. Suchs Aufspaltung der Wissenschaften führt laut Polak dazu, die Geschichte nicht mehr als einheitliches Geschehen wahrzunehmen. Zum einen gehe es für Such um die Dialektik des Gestern zum Heute; zum anderen um die des Heute zum Morgen. Die Geschichte sei damit

269 Polak, Zur Dialektik in der Staatslehre, S. 273 ff.; Engels, Brief an Mehring v. 14.7.1893, Ausgewählte Schriften, S. 469.

270 Engels, Brief an Bloch v. 21./22.9.1890, a.a.O., S. 458 f.; ders., Brief an Mehring v. 14.7.1893, a.a.O, S. 469.

271 Polak, Zur Dialektik in der Staatslehre, S. 279. Polaks Kritik des Revisionismus unter diesem Gesichtspunkt hebt Röder hervor. (Röder, Der Beitrag Karl Polaks zur Analyse und Kritik bürgerlicher Staatlichkeit, S. 39).

272 Polak, Marxismus und Staatslehre, Einheit 47, S. 17 f. Polak gibt mit diesen Ausführungen Marxens Kritik an den sogenannten „Katheder-Sozialisten", namentlich an dem Programm Lassalles, wieder. Diese vertraten die These, den Sozialismus durch gerechte Güterverteilung auch unter kapitalistischen Produktionsverhältnissen verwirklichen zu können. (Vgl. Marx, Kritik des Gothaer Programms, MEW, S. 20 f.).

273 Polak, Marxismus und Staatslehre, Einheit 47, S. 17.

kein einheitlicher Prozeß mehr. Stattdessen werde die Gesellschaft einmal dialektisch, das andere mal systematisch untersucht. Im Bereich der Rechtswissenschaft verdränge die Systematik die Dialektik. Für Polak spaltet Such damit die Geschichte auf: hier die Geschichte der Gesellschaft, dort die Geschichte des Rechts. Staat und Recht würden somit nicht aus der Bewegung der Klassenkämpfe heraus entwickelt. Vielmehr seien sie dann abstrakte Konstruktionen.

Staat und Recht dienen damit nach Polak nur noch der Lösung von praktischen Problemen. Dadurch hätte sich die Rechtswissenschaft von den Grundsätzen des historischen Materialismus entfernt. Mithin ist die Selbständigkeitsthese Suchs für Polak eine Form des Revisionismus und zu verwerfen[274].

Ähnlich argumentierte Polak in einer Rezension eines Aufsatzes von Mitteis[275]. Mitteis forderte, daß die Rechtsgeschichte nach der juristischen Methode zu betreiben sei[276]. Dem widerspricht Polak unter Bezugnahme auf Hegels These: „Alles was ist, ist vernünftig“. Dieser Satz zeige, daß alle gesellschaftlichen Phänomene, und somit auch das Recht, geschichtlich bedingt seien. Die historisch-dialektische Vernunft liege im Sein selbst. Daher könnten Geschichte und Recht nicht nach verschiedenen Vernunftkriterien beurteilt werden. Sie sind für Polak untrennbar verknüpft[277].

3. Ergebnis

Polak widerspricht den Versuchen, dem Recht eine eigenständige Position im sozialistischen System zuzuordnen. Dies entspricht seiner Einordnung der Rechtswissenschaft als Teildisziplin des Marxismus-Leninismus. Das sozialistische Recht hat sich der Politik unterzuordnen und kann auch lediglich in der sozialistischen Gesellschaftsformation seine Aufbau-Aufgabe erfüllen. Damit ist das Recht für Polak völlig abhängig von der politischen Geschichte.

Mollnau vertritt diesbezüglich die These, daß Polak seine Position nicht aus wissenschaftlichen Gründen bezogen hat. Vielmehr sei seine Haltung machtpolitisch motiviert gewesen[278]. Ausgangspunkt der Überlegung Mollnaus ist, daß sich die SED-Parteibürokratie das Recht gefügig machen wollte. Dazu musste sie sich über das Recht stellen können. Dies wäre nicht möglich gewesen, wenn man eine relative Eigenständigkeit des Rechts akzeptiert hätte. Gerade das wäre aber mit einer Bejahung der Spezifik der Fall gewesen. Daraus wäre aber eine relative Selbständigkeit des Rechts auch gegenüber der Partei

---

274 Polak, Zur Dialektik in der Staatslehre, S. XV, S. 276 f. Erl. 10, S. 385. Polak folgend: Lungwitz, Die neue Qualität des sozialistischen Rechts muß eingehender begründet werden, SuR 62, S. 1325.

275 Polak, Wesen und Wert der Rechtsgeschichte, NJ 47, S. 56 f. Zur Kontroverse zwischen Polak und Mitteis siehe Schröder, Polak versus Mitteis, S. 5 - 18.

276 Mitteis, Rechtsgeschichte und Gegenwart, NJ 47, Nr. 2.

277 Polak, Wesen und Wert der Rechtsgeschichte, NJ 47, S. 57.

278 Mollnau, Über die Wyschinski-Rezeption der Babelsberger Konferenz, NJ 91, S. 96.

gefolgt. Die Partei hätte das Recht nicht nach ihrem Belieben formen können. Vielmehr wäre es „nur ein kleiner Schritt“ gewesen, „die Partei dem Recht als Maß“ zu unterwerfen[279]. Das Vorhaben der Partei wäre gescheitert. Um dies zu verhindern, hätte Polak dem Recht jegliche Eigenständigkeit abgesprochen.

Diese Äußerungen sind der Sache nach zutreffend. Sie als Kritik einzuordnen, ist jedoch missverständlich. Vielmehr wird hier ein besonderer Aspekts der Polakschen Rechtskonzeption dargestellt. Für Polak ist das Recht das Instrument des Staates. Daher müssen sich der Staat und seine Führung, die Partei, das Recht gefügig machen. Nur dann kann der Staat die Gesellschaft leiten. Mithin haben wissenschaftliche Ausführungen Polaks auch immer machtpolitische Implikationen. Die Behauptung, Polaks Position wäre ausschließlich machtpolitisch motiviert gewesen, ist somit unzutreffend.

279 Ebd.

Kapitel 5: Polaks Konzeption eines sozialistischen Staates

A. Einführung

Nach dem Zweiten Weltkrieg stand man in Deutschland vor der Frage, wie ein zukünftiger Staat verfasst sein sollte. Hier standen sich verschiedene Entwürfe gegenüber, die kontrovers diskutiert wurden. Die verfassungsrechtliche Debatte in der SBZ wurde dabei maßgeblich von Polak mitbestimmt[1]. Aber nicht nur in der Entstehungsphase, auch danach hatten Polaks staatskonzeptionelle Überlegungen Einfluss auf das Staatsrecht der DDR. So wurde durch Polaks maßgeblichen Einfluss die von der Verfassung geforderte Einführung einer Verwaltungsgerichtsbarkeit verhindert[2]. Auf welcher theoretischen Grundlage dies basierte, wird zu zeigen sein.

Die verfassungsrechtliche Diskussion der Nachkriegszeit wurde von der Frage beherrscht, wie es trotz Gewaltenteilung und anderer rechtsstaatlicher Prinzipien der Weimarer Reichsverfassung zu einer Diktatur auf deutschem Boden kommen konnte[3]. So ging der im November 1946 von der SED ausgearbeitete Verfassungsentwurf für Deutschland von einer mangelhaften Umsetzung demokratischer Prinzipien in der Reichsverfassung aus und wollte diese Defizite überwinden[4]. Auch für Polak stellte das Verhältnis einer neuen, sozialistischen Verfassung zur Weimarer Reichsverfassung ein Schlüsselproblem dar[5]. Er versuchte es zu lösen, indem er einzelne staatsrechtliche Fragestellungen aus dem Blickwinkel der marxistisch-leninistischen Staatstheorie betrachtete.

Hierzu ist anzumerken, daß sich die Staatsbegriffe in der Geschichte des Marxismus-Leninismus voneinander unterschieden, so daß Polak sich nicht auf „die" sozialistische Staatstheorie berufen konnte. Sowohl Marx als auch Lenin und Stalin vertraten eigene Staatskonzeptionen[6]. In seiner Exilzeit wurde Polak

---

1 Siehe Kapitel 1 B IV 1 a), b).

2 Vgl. Art. 138 DDR-Verfassung. Die Einführung einer Verwaltungsgerichtsbarkeit verhinderte das Zentralsekretariat auf der Grundlage der Arbeit eines „Arbeitsausschusses für Staats- und Verfassungsrecht" bei der Abteilung für Staatliche Verwaltung des ZK der SED, in dem Polak den Ton angab: „Ein Gesetz über die Verwaltungsgerichtsbarkeit wird bis auf weiteres nicht von der Republik erlassen." (Beschluß, in: SAPMO-BArch J IV 2/3 A – 73; vgl. Mollnau, Sozialistische Gesetzlichkeit in der DDR, S. 68 Erl. 18).

3 Mollnau, Schwund der Mitte, S. 405.

4 Da der Entwurf jedoch einen parteipolitischen Kompromiß darstellte, stand er noch in partieller Kontinuität zur Weimarer Verfassung. (Mollnau, Schwund der Mitte, S. 407).

5 Polak, Volkssouveränität und Staatsgestaltung im kommenden Deutschland, NJ 48, S.244.

6 Vgl. Meissner, Der Staatsbegriff aus der Sicht der UdSSR und DDR, S. 91.

mit dem Stalinschen Zuschnitt der Lehren von Marx und Lenin konfrontiert. Inwieweit er sich davon beeinflussen ließ[7], kann durch einen Vergleich der Konzeptionen geklärt werden[8]. Zudem wird die Staatskonzeption Polaks verständlicher, wenn zunächst die Staatsbegriffe von Marx, Lenin und Stalin in ihren Grundzügen illustriert werden[9].

B. Sozialistische Staatskonzeptionen

I. Der marxistische Staatsbegriff

Marx hat in seinem wissenschaftlichen Werk keine systematisch geschlossene Staatskonzeption hinterlassen[10]. Allerdings läßt sich sein Staatsbegriff in Umrissen aus seinen Schriften herausarbeiten. Der Staatsbegriff von Marx basiert auf der materialistischen Annahme, daß die politische Machtverteilung und damit die Staatsform durch die Produktionsverhältnisse bedingt sind[11]. Diese wiederum verändern sich nach den Gesetzen des historischen Materialismus. Damit ist das Eigentum an den Produktionsmitteln die exklusive Quelle jeder Herrschaft. Der Staat als Herrschaftsorganisation gründet daher auf der organisierten Gewalt der besitzenden Klasse zur Unterdrückung der nicht besitzenden[12]. Der Staat wird aufgrund der eindeutigen Verteilung der Macht von Marx somit als Diktatur konzipiert. Die Inhalte der Diktatur können dabei am effektivsten in einem Einheitsstaat durchgesetzt werden[13].

Marx` Aussagen über den Staat beruhen vor allem auf empirischen Aussagen zu einzelnen Ereignissen der französischen Geschichte. Die Theorie der Zerschlagung des bürgerlich-kapitalistischen Staates findet erst bei Engels eine konzeptionelle Verallgemeinerung[14]. Nach Engels wurden demokratische Elemente in der bürgerlich-kapitalistischen Frühform entwickelt, um im Verlauf der gesetzmäßigen historischen Entwicklung durch die Spätform der proletarisch-

---

7 Vgl. Mollnau, Schwund der Mitte, S. 413.

8 Nach Meissner hat Polak den „marxistisch-leninistischen Staatsbegriff in seiner stalinistischen Ausprägung“ näher behandelt. (Meissner, a.a.O., S. 100).

9 Von einer Darstellung der Einstellung zur Partei und ihrem Verhältnis zum Staat im Marxismus einerseits und im Leninismus andererseits wird an dieser Stelle abgesehen.

10 Röhrich, Marx und die materialistische Staatstheorie, S. 1.

11 Marx, Zur Kritik der politischen Ökonomie, Vorwort, MEW, S. 8. Vgl. auch Engels, Das Begräbnis von Karl Marx, MEW, S. 335. Hier umschrieb Engels den anthropologischen Grund dieser determinativen Kraft der Basis bzw. der Ökonomie dahingehend, „daß die Menschen vor allen Dingen zuerst essen, trinken, wohnen und sich kleiden müssen, ehe sie Politik, Wissenschaft, Kunst, Religion usw. treiben können“.

12 Marx/Engels, Die deutsche Ideologie, MEW, S. 62; sowie Engels, Der Ursprung der Familie, des Privateigentums und des Staats, MEW, S. 166 f.

13 Vgl. Marx/Engels, Manifest der Kommunistischen Partei, MEW, S. 481.

14 Röhrich, Marx und die materialistische Staatstheorie, S. 48.

sozialistischen Demokratie abgelöst zu werden[15]. Diese ihrerseits bildete lediglich den Übergang zu einer klassenlosen und damit herrschaftsfreien Idealgesellschaft. Der geschichtlich notwendige Prozeß führte nach Engels zu immer vollkommeneren Formen der Demokratie bei gleichzeitigem Abbau der Diktatur, also der Repressivgewalt des Klassenstaates, und schließlich zum „Absterben des Staates“[16]. Auf diese Weise solle die Herrschaft von Menschen über Menschen beseitigt und durch die Verwaltung von Sachen ersetzt werden[17]. Dabei setze die Ersetzung der einen Herrschaftsform durch die andere eine gewisse soziale und wirtschaftliche Reife der Mehrheit des Volkes voraus. Von Marx und Engels wurde die demokratische Republik als die spezifische Form der Diktatur des Proletariats angesehen. Marx nahm dabei die Pariser Kommune von 1871 als ein geeignetes Vorbild[18].

II. Der leninistische Staatsbegriff

Die Staatskonzeption von Lenin modifizierte die Staatslehre von Marx und Engels in einigen Punkten. Lenin orientierte sich insoweit an einigen Aussagen Engels'[19]. Die wesentlichen Modifikationen seien hier herausgegriffen.

Lenin veränderte den Marxschen Staatsbegriff insofern, als er die diagnostische Staatslehre von Marx zu einer revolutionären Handlungsanleitung umgestaltete[20]. Die Leninsche Staatslehre ist eine Theorie der gesellschaftlichen Praxis. Damit ist sie nicht mehr auf die Wesenserkenntnis des Staates ausgerichtet, sondern wird zur Bewegungslehre von Gesellschaft und Staat, die den historischen Prozeß der Umgestaltung vom bürgerlichen zum sozialistischen Staat beschreibt. Lenins Staatsbegriff ist folglich durch seine Dynamik gekennzeichnet. Er definiert den Staat ähnlich wie Marx und Engels als einen Zwangsapparat zur Aufrechterhaltung der Klassenherrschaft. Der Motor dieses Apparates ist die Gewalt. Für Lenin weist daher jeder Staat gewisse diktatorische Elemente auf. Im Falle des sozialistischen Staates komm es dabei zur

15 Engels, Der Ursprung der Familie, des Privateigentums und des Staates, MEW, S. 169.

16 Engels, Herrn Eugen Dührings Umwälzung der Wissenschaft, MEW, S. 262.

17 Dieser Satz stammt ursprünglich von Saint-Simon und beruht auf der Einsicht, daß, nachdem man sich über letzte Ziele einig geworden ist, die Wahl der Mittel lediglich ein technisches Problem und kein politisches oder moralisches Problem ist. (Berlin, Two Concepts of Liberty, S. 118).

18 Marx, Der Bürgerkrieg in Frankreich, MEW, S. 342; sowie ders., Erster Entwurf zum „Bürgerkrieg in Frankreich“, MEW, S. 541 f. Vgl. dazu die Studie von Miliband, Marx und der Staat, 1971.

19 Röhrich, Marx und die materialistische Staatstheorie, S. 3.

20 Böckenförde, Die Rechtsauffassung im kommunistischen Staat, S. 22; Röhrich, a.a.O., S. 50.

unbeschränkten Diktatur[21]. Daher betont Lenin mehr noch als Marx den Gewaltcharakter der Diktatur und behauptet:

„Eine unbeschränkte, außergesetzlich, sich auf Gewalt im direkten Sinne des Wortes stützende Macht – das eben ist die Diktatur“[22].

Eine wesentliche Neuerung Lenins war seine Rechtfertigung einer Minderheitendiktatur. Nach seiner „Imperialismustheorie“[23] war das von den bürgerlich-demokratisch Staaten bestimmte „kapitalistische Weltsystem“ als Ganzes reif für den revolutionären Umsturz. Für Lenin war damit die Durchsetzung des Rätesystems in Russland durch die bolschewistische Partei theoretisch gerechtfertigt.

Weiterhin verteidigte Lenin den Fortbestand der Diktatur des Proletariats in einer längeren Übergangsperiode, was in einem gewissen Widerspruch zur Lehre vom „absterbenden Staat“ steht. Der Staat stirbt bei Lenin erst in einer zweiten Phase der nachrevolutionären Gesellschaft langsam ab[24]. Schließlich ist für Lenin der proletarische Staat eine Erziehungsdiktatur: Der Staat hat die Aufgabe, durch eine Umformung des menschlichen Bewusstseins einen neuen, kommunistischen Menschen zu schaffen[25].

III. Die Staatsauffassung Stalins

Stalin ging vom Staatsbegriff Lenins aus[26]. Das heißt insbesondere, daß der Staat für ihn ein Werkzeug beim Aufbau einer sozialistischen Gesellschaft darstellt und mit unbeschränkter Macht ausgestattet ist. Stalin wandte sich, mehr noch als Lenin, gegen ein Absterben des Staates. Er forderte die „maximale Verstärkung“ des Staates zur Herbeiführung der revolutionären Veränderungen. Dies begründete Stalin 1933 mit der These vom „verschärften Klassenkampf

---

21 Lenin, Staat und Revolution, Werke, S. 413.

22 Lenin, Der Sieg der Kadetten und die Aufgaben der Arbeiterpartei, Werke, S. 241. Dementsprechend wird Lenin bei Meissner zitiert: Der Staat ist eine „durch nichts, durch keine Gesetze, durch keinerlei Regeln beschränkte, sich unmittelbar auf die Gewalt stützende Macht“. (Abgedruckt bei Meissner, Der Staatsbegriff aus der Sicht der UdSSR und DDR, S. 407). Zum Diktaturbegriff Lenins vgl. Fetscher, Karl Marx und der Marxismus, S. 149.

23 Lenin, Der Imperialismus als höchstes Stadium des Kapitalismus, Werke, S. 271 ff.

24 Lenin, Staat und Revolution, Werke, S. 482.

25 Dies stellt eine Umkehrung der Basis-Überbau Lehre dar, was die marxistischen Wissenschaftler aber nicht veranlasste, diese Lehre umzuformen. Eine Veränderung des materialistischen Dogmas erfolgte erst durch Stalins „Linguistenbriefe“. (Vgl. Kapitel 3 B III, IV).

26 Stalins Staatsauffassung wurde insbesondere durch Wyschinski systematisiert. (Wyschinski, Die Lehre Lenins-Stalins von der proletarischen Revolution und vom Staat, 1949).

beim Aufbau des Sozialismus". Danach wird die Aufhebung der Klassen nur durch eine Verstärkung des Klassenkampfes erreicht. Die maximale Verstärkung des Staates ist nach ihm notwendig, um „die Überreste der sterbenden Klasse zu vernichten"[27].

Darüber hinaus postulierte Stalin 1950 den Fortbestand des Staates auch in einer vollsozialiserten Gesellschaft. Dies begründete er mit zwei innenpolitischen Staatsaufgaben. Zum einen müsse der Staat durch Eingriffe von oben den Aufbau und die Vervollkommnung des Sozialismus sowie des Kommunismus beschleunigen und gegen die „kapitalistische Umkreisung" verteidigen[28]. Zum anderen habe der Staat nach Stalin die Aufgabe, die Kontinuität der gegebenen Machtverhältnisse, d.h. des unter Stalin entstandenen autokratisch-totalitären Herrschaftssystems, zu gewährleisten. Stalin betont damit die gestaltende Rolle des Staates. Theoretisch gerechtfertigt wird diese Selbständigkeit des Staates als Teil des Überbaus gegenüber der Basis durch Stalins Linguistenbriefe. Dieses instrumentelle Verständnis des Staates kommt am deutlichsten in folgender These Stalins zum Ausdruck, die er unter Berufung auf Lenin aufgestellt hatte:

„Die Diktatur des Proletariats ist die durch kein Gesetz beschränkte und sich auf Gewalt stützende Herrschaft des Proletariats über die Bourgeoisie – eine Herrschaft, die die Sympathien und die Unterstützung der Werktätigen und ausgebeuteten Massen besitzt."[29]

Es wird deutlich, daß von einer spezifisch stalinistischen Staatskonzeption kaum die Rede sein kann. Es werden lediglich schon vorhandene marxistisch-leninistische Positionen zugespitzt. Daher kann festgestellt werden, daß der Stalinismus keine qualitative Deformation des Sozialismus war, sondern seine „politisch reale Existenz."[30]. Der Staat unter Stalin wird vielmehr durch die Herrschaftspraxis der Jahre von 1927 bis 1953 gekennzeichnet. Bemerkenswerte Merkmale dieser Herrschaftsform sind die Ein-Mann-Diktatur mit Personenkult sowie die gewalttätige Bekämpfung und Vernichtung von vorgeblichen „Klassenfeinden"[31].

IV. Zwischenbilanz

Die vorgestellten Staatskonzeptionen zeichnen sich vor allem dadurch aus, daß sie nur in Grundzügen formuliert wurden. Insbesondere für Marx war der

27 Stalin, Die Ergebnisse des ersten Fünfjahrplans, Werke, S. 189.

28 Stalin, Der Marxismus und die Frage der Sprachwissenschaft, S. 60 f.

29 Stalin, Fragen des Leninismus, S. 44. Ebenso Wyschinski, Fragen des Rechts und des Staates bei Marx, S. 18.

30 Eckert, Die Babelsberger Konferenz, Der Staat 94, S. 62.

31 Vgl. Dreier u.a. (Hrsg.), Rechtswissenschaft in der DDR 1949 –1971, S. 16. Hier werden weitere Merkmale der stalinistischen Herrschaftspraxis aufgeführt.

kommunistische Staat erst in ferner Zukunft erreichbar[32]. Sein Werk besteht vornehmlich aus einer Kritik der kapitalistischen Verhältnisse im 19. Jahrhundert. Denkbar war der sozialistische Umbruch nur als weltweiter, einheitlicher Prozeß. Demgegenüber waren Lenins und Stalins Konzepte stark von der konkreten Situation in der Sowjetunion geprägt und durchaus von machtpolitischen Überlegungen motiviert. Eine umfassende, systematische und allgemeingültige Staatskonzeption konnte jedoch keiner anbieten.

Aus dieser Situation resultierte eine gewisse theoretische Unsicherheit in der Staatsrechtswissenschaft der DDR. Dieses „theoretische Vakuum" wurde durch eigenständige Überlegungen kompensiert. Zu den Einflussreichsten gehörten die von Karl Polak[33].

C. Polaks Staatskonzeption

I. Überblick

Polaks Staatskonzeption ist geprägt von historischen und politischen Ausführungen. Spezifisch rechtliche Überlegungen stellt er kaum an. In einzelnen Aufsätzen legt er seine Gedanken dar, ohne jemals eine systematisch geschlossene Theorie vorzulegen. Lediglich in seinem Hauptwerk „Zur Dialektik in der Staatslehre" führt Polak zusammenhängend mehrere Aspekte seiner Vorstellung vom Staat aus. Dieser fragmentarische Charakter der Polakschen Arbeit erschwert es, seine staatskonzeptionellen Gedanken zu analysieren. Der besseren Darstellungsmöglichkeit halber wird jedoch versucht, Polaks Auffassung von einem sozialistischen Staat als konzeptionelle Einheit vorzustellen.

Polaks Idee eines sozialistischen Staates ist von seiner historischen Situation geprägt. Nach dem Zweiten Weltkrieg wurde in den osteuropäischen Staaten sowie im Osten Deutschlands unter dem Schutz der Siegermacht Sowjetunion ein Gesellschaftssystem installiert, das als „Volksdemokratie" bezeichnet wurde[34]. Ursprünglich sollte dieser Begriff eine Zwischenetappe bezeichnen, die zwischen den historischen Etappen der Menschheitsgeschichte, Kapitalismus und Sozialismus, lag[35]. Aber schon Ende der Vierziger Jahre hatte sich die Bedeutung der Volksdemokratie gewandelt. Jetzt sah man in ihr eine Form der Diktatur des Proletariats. Durch diesen vorverlagerten Übergang zum Sozialismus rückten die volksdemokratischen Staaten und insbesondere die SBZ/DDR

32 Eckert, Die Babelsberger Konferenz, Staat 94, S. 67. Den fragmentarischen Charakter der Staatstheorie Marxens hebt auch Röhrich hervor. (Röhrich, Marx und die materialistische Staatstheorie, S. 2).

33 Mollnau, Schwund der Mitte, S. 414; Eckert, a.a.O., S. 63; vgl. auch Wagner, Hilde Benjamin, S. 156.

34 Mampel, Die Entwicklung der Verfassungsordnung in der Sowjetzone, S. 456.

35 Eckert, Die Babelsberger Konferenz, Staat 94, S. 62.

in die Nähe der Sowjetunion[36]. Auch für Polak entwickelten sich die Volksdemokratien in demselben Rahmen wie die Sowjetunion[37]. Er greift daher Elemente der leninistischen Staatsorganisation, wie den „demokratischen Zentralismus", und auch Stalins Idee von der „allseitigen Verstärkung des Staates" auf.

In Polaks Staatskonzeption geht es vornehmlich darum, das Verhältnis der Staatsmacht zur Gesellschaftsentwicklung zu klären[38]. Dieses Verhältnis bestimmt auch die zentralen Inhalte seiner Staatskonzeption. Grundlegend für Polak ist dabei der instrumentelle Charakter des Staates. Daraus ergeben sich gewisse Prinzipien der Staatsorganisation, die Polak in seiner Version des „Demokratischen Zentralismus" zu konzeptualisieren versucht. Zentrales Thema ist hierbei, wie die Volkssouveränität als staatstragendes Prinzip begründet und umgesetzt werden kann. Hieraus folgt dann der Grundsatz der Gewalteneinheit und die Vorrangstellung der Arbeiterschaft im Volk. Dies wiederum führt zur zentralen Position der Arbeiter-Partei im sozialistischen Staat.

Polak geht bei allen Überlegungen davon aus, daß sich die Gesellschaftsentwicklung nach den Gesetzen des historischen Materialismus vollzieht. Bemerkenswert ist jedoch, daß Polak nicht zwischen den einzelnen Stadien des Überganges vom Kapitalismus zum Sozialismus und zum Kommunismus differenziert, wie es insbesondere Lenin und Stalin taten.

Gemäß Polaks historisch-materialistischem Ansatz ist seine Staatstheorie vor allem Ideologiekritik und eine Theorie von der Zerschlagung des bürgerlichen Staates[39]. Ökonomische Aspekte werden, im Gegensatz zu vielen anderen marxistischen Staatstheorien, in seiner Konzeption kaum behandelt[40]. Polak konzentriert sich vielmehr auf die historische Entwicklung der Staatsidee. Im Mittelpunkt steht hierbei die Kritik des bürgerlichen Staates, aus der er dann seine eigene Konzeption eines sozialistischen Staates gewinnt.

---

36 Eckert, a.a.O., S. 63; Mampel, Die Entwicklung der Verfassungsordnung in der Sowjetzone, S. 457, 466.

37 Polak, Staatsform und Verfasungsstruktur der Volksdemokratien, NJ 50, S. 292 f.

38 Polak, Zur Dialektik in der Staatslehre, S. X. Vgl auch: Poppe/Weichelt, Karl Polaks Beitrag zur Herausbildung einer marxistisch-leninistischen Staats- und Rechtswissenschaft in der DDR, S. 5; Arlt, Einleitung, S. 13; Wissenschaftlicher Rat/Redaktionskollegium SuR, SuR 63, Dem Gelehrten Polak, S I.

39 Im Rahmen seiner ideologiekritischen Ausführungen stützt sich Polak vor allem auf die frühen Schriften Marxens. Bei seinen Ausführungen über die Zerschlagung des bürgerlichen Staates lehnt sich Polak hauptsächlich an den „Achtzehnten Brumaire des Louis Bonaparte" von Marx an. (Marx, Der achtzehnte Brumaire des Louis Bonaparte, MEW, S. 111-207).

40 Unter anderem wurde von Offe eine Theorie des staatsmonopolistischen Kapitalismus entworfen. (Offe, Strukturprobleme des kapitalistischen Staates, 1972). Eine Kritik der Stamokap-Theorie findet sich bei Esser, Einführung in die materialistische Staatsanalyse, 1975.

Als paradigmatisch kann dabei folgender Satz Polaks gewertet werden, welchen er den DDR-Rechtswissenschaftlern ins Stammbuch schrieb:

„Die ideologischen Grundlagen (...) des bürgerlichen Staatsrechts auf der einen, (...) des proletarischen Staatsrechts auf der anderen Seite und damit auch die prinzipiellen Differenzen, sind nicht aus der isolierten Staatsbetrachtung abzuleiten, sondern nur aus der Geschichtsauffassung der einen und der anderen Klasse."[41]

Verfassungsprobleme sind für Polak daher vor allem geschichtlich-politische Probleme. Bezeichnend dafür ist sein Verfassungsverständnis:

„Sie (die Verfassung – d. Verf.) ist in erster Linie ein politisches und erst in zweiter Linie ein juristisches Dokument."[42]

Polak steht damit gewissermaßen in der Tradition der Staatslehre Lenins. Dessen Staatslehre war nicht auf eine statische Wesenserkenntnis des Staates ausgerichtet, die den Staat als soziale Gegebenheit betrachtet. Vielmehr stellt sie eine Konzeption der gesellschaftlichen Bewegung vom Kapitalismus zum Sozialismus dar[43].

Dieser Überlegung folgend, begreift Polak seinen sozialistischen Staat als die dialektische Negation des bürgerlichen Staates. Daher ist es notwendig, Polaks Auffassung vom bürgerlichen Staat und seiner Entwicklung in seinen Grundzügen darzustellen[44]. Anzumerken ist, daß diese zeitgeschichtlichen Ausführungen Polaks nach der Gründung der DDR 1949 zunehmend seltener wurden und Polak dafür mehr und mehr staatskonzeptionelle Überlegungen anstellte[45].

Das zentrale Problem seiner Überlegungen in der Umbruchssituation nach dem Zweiten Weltkrieg war für ihn, wie der Staat und die Justiz zu ordnen

41 Polak, Der Auftrag der Babelsberger Konferenz, S. 491. Trotz dieser Aussage Polaks gewinnt er seine eigene sozialistische Staatskonzeption aus einer Kritik einzelner bürgerlicher Rechtsinstitute. Er bezieht sich allerdings stets auf das zugrundeliegende Geschichtsverständnis, so daß seine Herleitungsweise seiner Staatskonzeption nicht im Widerspruch zu obigem Satz steht.

42 Polak, Das Verfassungsproblem in der geschichtlichen Entwicklung Deutschlands, in: Reden und Aufsätze, S. 160.

43 Daher stellt die Staatslehre Lenins auch eine Handlungsanleitung dar. Lenin, Staat und Revolution, Berlin (Ost) 1959, passim. Siehe auch Mampel, Die Entwicklung der Verfassungsordnung in der sowjetisch besetzten Zone Deutschlands von 1945 bis 1963, JöR 64, S. 456 ff.

44 Dieser Einschätzung entspricht Arlts Stellungnahme: Polak behandelte „die Verfassungsprobleme nicht vom rein staatsrechtlichen, sondern vom politisch-geschichtlichen Boden". (Arlt, Einleitung, S. 16).

45 Vgl. Ginnow, Polak, S. 21.

seien, um „demokratischen" Grundsätzen zu entsprechen[46]. Er geht dabei von der Fragestellung aus, ob es dafür ausreicht, die Weimarer Reichsverfassung wieder einzuführen. Letztlich verneint er dies, weil die Weimarer Verfassung ein Produkt der historischen Entwicklung bürgerlicher Staatskonzepte sei[47].

II. Der bürgerliche Staat

Der bürgerliche Staat ist nach Polak durch die Herrschaft des Kapitals gekennzeichnet. Diese Herrschaft stehe jedoch seit der Entstehung des Proletariats im Widerspruch zur gesellschaftlichen Realität. Tatsächlich sei nicht mehr die Bourgeoisie, sondern das Proletariat die stärkste Klasse. Dies folgt für Polak aus den Gesetzen des historischen Materialismus. In dieser historischen Konstellation benutzt das Kapital nach Polak den Staat als Instrument, um seine Herrschaft über die Gesellschaft, vornehmlich über die Arbeiter, zu festigen und den objektiven Geschichtslauf zu hemmen. Der Staat sei daher kein Teil der Gesellschaft, sondern stehe über ihr[48].

Wie es zu dieser Situation kam, stellt Polak in Aufsätzen und Vorlesungen über die Entstehungsgeschichte des bürgerlichen Staates dar. Er trägt mit diesem historischen Ansatz nicht nur dem historischen Materialismus Rechnung, sondern auch einer Forderung Lenins, der es für das „Allernotwendigste" einer Staatsbetrachtung hielt, „den grundlegenden historischen Zusammenhang nicht außer Acht zu lassen"[49].

1. Historische Entwicklung

Polak folgt in seiner Darstellung der historischen Entwicklung des Staates den Überlegungen Marxens[50]. In seinen Ausführungen sind deshalb entscheidende Stationen der staatlichen Evolution der Feudalismus, die „bürgerlichen Revolutionen"[51] sowie die Gründung des deutschen Kaiserreiches von 1871 und darüber hinaus die Weimarer Republik. Problematisch ist allerdings, daß Polak

46 Für Schröder hat die Polaksche „Geschichtsentwicklung" die Richtung, „den durch die preußisch-deutschen Zustände gezeugten nationalen Chauvininismus und seine politisch-ideologischen Nachwirkungen zu eliminieren." (Schröder, Polak versus Mitteis, S. 12).

47 Vgl. beispielsweise Polak, Volkssouveränität und Staatsgestaltung im kommenden Deutschland, NJ 48.

48 Polak, Krisis und Neubau der Staatswissenschaft, NJ 49, S. 79.

49 Lenin, Über den Staat, Werke, S. 463.

50 Anzumerken ist, daß sich die Rezeptionen der Marxistischen Geschichtstheorie in Teilbereichen unterscheiden. (Vgl. Kunkel, Geschichte als Prozeß?, 1987).

51 Vgl. Jaeck, Die französische bürgerliche Revolution von 1789 im Frühwerk von Karl Marx, 1979. Vgl. auch Stalins Schrift „Fragen des Leninismus", die als Zusammenfassung der Auffassungen von Marx, Engels und Lenin gedacht war. (Stalin, Fragen des Leninismus, S. 670).

die historische Entwicklung nicht durchgehend betrachtet, sondern lediglich ausgewählte Aspekte beleuchtet. So steht im Zusammenhang mit den „bürgerlichen Revolutionen" die Darstellung der philosophischen Grundlagen im Mittelpunkt, wie sie von Spinoza, Hobbes und Rousseau gelegt wurden. Mit der Darstellung des deutschen Kaiserreichs konzentriert sich Polak jedoch auf die Verfassungsrealität in Deutschland. Daher sind gewisse Brüche in der Darstellung der Polakschen Entstehungsgeschichte des bürgerlichen Staates unvermeidlich.

a) Feudalismus

Die Entstehung des modernen Staates hat bei Polak ihren Ursprung im Mittelalter. Zu dieser Zeit, so Polak, war das Volk quasi Privateigentum des Königs[52]. Der Machthaber habe von Gottes Gnaden geherrscht, so daß die Religion als Legitimation der Königsherrschaft fungierte. Daher sei der Staat nach der herrschenden klerikalen Staatslehre auf die Gesellschaft „aufgepfropft"[53]. Gemäß Polak entwickeln sich in dieser Epoche die ersten Lehren von einem Staat, der den „wahren" Bedürfnissen der Menschen angepasst ist. Allerdings seien in dieser Epoche die Produktivkräfte und damit die schöpferischen Kräfte der Massen noch zu schwach entwickelt gewesen. Daher hätten sich die Lehren vom „wahren Staat" nicht durchsetzen können, sondern existierten lediglich in Form von Utopien oder als „Traum vom Paradies"[54].

b) „Bürgerliche Revolutionen"

Diese Utopien konnten sich für Polak erst durch einen grundlegenden Wandel der gesellschaftlichen Verhältnisse in der Realität durchsetzen. Eine entsprechende Veränderung sei durch die „drei großen bürgerlichen Revolutionen" in Holland[55], England[56] und Frankreich[57] erreicht worden. Dagegen habe die

52 Polak, Zur Dialektik in der Staatslehre, S. 45; ders., Volk und Verfassung, S. 7.

53 Polak, Zur Dialektik in der Staatslehre, S. 48.

54 Polak, a.a.O., S. 45. Unklar bleibt bei Polak, ob er mit seinen Ausführungen auf bestimmte Lehren anspielt. Als Ursprung utopischen Staatsdenkens gilt Platons „Politeia" (ca. 374 v. Chr.). Eine erste Blüte utopischer Staatsromane setzte im Gefolge von Thomas Morus` „Utopia" (1516) ein. Das bedeutendste Werk dieser Epoche war T. Campanellas „Sonnenstaat" (1623). Diese Tradition wurde im 18. Jahrhundert durch J.G. Schnabels „Insel Felsenburg" (1731-43) fortgeführt. (Vgl. hierzu Seeber/Berghahn, Einleitung).

55 Die Entwicklung der Vereinigten Provinzen der Niederlande wurde durch den Befreiungskampf gegen die Spanier gegen Ende des 16. Jahrhunderts angestoßen. Es kam dann zu einer Spaltung der Niederländer zwischen Monarchisten, den Oraniern, und dem liberalen Bürgertum. (Huizinga, Holländische Kultur im siebzehnten Jahrhundert, 1977; siehe auch Kreische, Konstruktivistische Politiktheorie bei Hobbes und Spinoza, S. 27 ff.).

56 Zu Religion und Politik im englischen Bürgerkrieg siehe, Kreische, a.a.O., S. 15 ff.

deutsche Staatsentwicklung nicht die Phase der „bürgerlichen Revolution" durchlaufen[58]. Zwar habe das deutsche Volk während der Revolution von 1848 seinen Willen geäußert. Allerdings konnte es sich nicht gegen die herrschende Monarchie durchsetzen[59]. Daher blieb das deutsche Volk nach Polak den Prinzipien von Gehorsam und Unterwerfung verhaftet, so daß die fehlende Revolution die deutsche Staatsentwicklung maßgeblich bestimmt habe[60]. Die obrigkeitsstaatliche Tradition prägte für Polak die Staatsgründung 1871 und beherrschte den deutschen Staat bis 1945[61].

Die Zeitspanne, in der die „bürgerlichen Revolutionen" stattfanden, umfasst das 16. bis 18. Jahrhundert. Ausgangspunkt dieser Entwicklung war für Polak der wachsende Wohlstand des Bürgertums[62]. Dadurch sei es geistig selbständiger geworden und hätte die tatsächlichen feudalen Verhältnisse einer vernunftgeleiteten Analyse unterzogen. Dabei seien die Widersprüche „zwischen bestehendem Zustand (...) auf der einen und der menschlichen Praxis auf der anderen Seite aufgedeckt" worden[63]. Die Menschen hätten die Notwendigkeit der Veränderung entdeckt und dafür gekämpft. Als geistige Begleiter der „bürgerlichen Revolutionen" benennt Polak Baruch de Spinoza, Thomas Hobbes und Jean-Jacques Rousseau[64]. Dabei hebt Polak als besonderes gemeinsames Merkmal ihre gesellschaftskritische Methode hervor.

(1) Baruch de Spinoza bei Polak

Baruch de Spinoza[65] ist für Polak geistiger Vater der gesellschaftskritischen Dialektik[66] und der erste große Materialist der modernen Philosophie[67]. Polak

---

57 Polak, Zur Dialektik in der Staatslehre, S. 46.
58 Polak, Volk und Verfassung, S. 7.
59 Polak, Das Verfassungsproblem in der geschichtlichen Entwicklung Deutschlands, in: Reden und Aufsätze, S. 159 f.
60 Polak, Volk und Verfassung, S. 7.
61 Polak, a.a.O., S. 8 f.
62 Polak, Zur Dialektik in der Staatslehre, S. 299 f.
63 Polak, a.a.O., S. 46.
64 Ebd.
65 Zu Spinoza siehe Gullan-Whur, Within Reason: A Life of Spinoza, 2000.
66 Polak, Staat und Recht bei Grotius und Spinoza, NJ 50, S. 105. Hier taucht eine bemerkenswerte Ähnlichkeit zu der Spinoza-Rezeption Carl Schmitts auf. Spinoza war für Schmitt einer der Urväter des zersetzenden modernen Liberalismus. (Vgl. Kreische, Konstruktivistische Politiktheorie bei Hobbes und Spinoza, S. 11).
67 Polaks Einordnung Spinozas als einen klassischen Staatstheoretiker ist nicht weit verbreitet. Spinoza wird selten in Einführungswerken zur politischen Ideengeschichte erwähnt. Kommt dies doch einmal vor, so wird sein Werk als „insgesamt freiheitlichere Variante zur Hobbesschen Legitimation des Absolutismus" eingeordnet, oder es wird festgestellt, daß „Spinozas politisches Denken (...) ideengeschichtlich kaum zur Wirkung gekommen" sei. (Zu ersterem Schwan, Politische Theorien des Rationalismus und der Aufklärung, S. 187; zu letzterem Saner, Baruch de Spinoza, S. 369; zu ähnli-

interpretiert ihn derart, daß sich Spinozas und seine eigenen staatstheoretischen Überlegungen teilweise decken. Zwei Erkenntnisse Spinozas stehen im Mittelpunkt von Polaks Ausführungen: zum einen der Freiheitsbegriff Spinozas, zum anderen dessen Konzeption vom politischen Staat[68].

(a) Der Begriff der Freiheit bei Spinoza

Nach Polak definiert Spinoza den Begriff der Freiheit als die Herrschaft über die Wirklichkeit durch das Wissen um ihre Gesetzlichkeit. Die Freiheit verleihe dem Menschen die Fähigkeit, gesellschaftliche Hürden als solche zu erkennen und zu überwinden.

„Freiheit ist also die Selbstverwirklichung des Menschen."[69]

Zutreffend deutet Polak damit die Freiheit bei Spinoza als „positive" Freiheit[70]. Nach der positiven Freiheitskonzeption ist ein Mensch dann frei, wenn er sein eigenes Schicksal bestimmen kann[71]. Allerdings unterschlägt Polak Spinozas Begründung der Freiheit durch die Rückkopplung des Einzelnen an Gott[72].

(b) Der Staat bei Spinoza

Nach Polak stellt dieser Freiheitsbegriff Spinozas die Grundlage für dessen Staats- und Politikverständnis dar. Spinoza begreife Politik als die Selbstbefreiung des menschlichen Wesens[73]. Damit verwende Spinoza Politik und Religion als Gegenbegriffe. Anders als die Religion führe die Politik nicht zur ohnmächtigen Vereinzelung. Vielmehr würden in der politischen Gemeinschaft die freien Willen der Einzelnen zu einem Kollektivwillen zusammenfließen und die Vereinzelung überwunden werden. Der Kollektivwille ziehe den Einzelwillen auf eine höhere Ebene, nämlich auf die des politischen Willens. Für Polak

---

chen Einschätzungen vergleiche die Hinweise bei Walther, Institution, Imagination und Freiheit bei Spinoza, S. 246).

68 Polak, Staat und Recht bei Grotius und Spinoza, NJ 50, S. 149 f.

69 Polak, a.a.O., S.149.

70 Die Unterteilung der Freiheit in „negative" und „positive" Freiheit wird von Isaiah Berlin übernommen. (Berlin, Two Concepts of Liberty, 1969). Berlin benennt Spionza als einen Vertreter der positiven Freiheit. (Berlin, a.a.O, S. 142, 146). Allerdings enthält Spinozas Freiheitskonzeption auch Elemente der negativen Freiheit. (Parkinson, Spinoza on the Freedom of Man, S. 42, 51). Zu den Freiheitskonzepten Berlins siehe Gray, On Negative and Positive Liberty, 1989.

71 Berlin, a.a.O., S. 131. Vgl. Spinoza, Ethik, S. 264. Der Freiheitsbegriff Polaks wird im Rahmen seiner Grundrechtskonzeption erläutert.

72 Spinoza, Ethik, S. 118. Vgl. zudem Parkinson, Spinoza on the Freedom of Man and the Freedom of the Citizen, S. 44, 47 f.

73 Polak, Staat und Recht bei Grotius und Spinoza, NJ 50, S. 149.

ist dies der „politische Staat“[74]. Allerdings habe Spinoza trotz aller Richtigkeit dieser Erkenntnisse nicht die Tiefe von Hegel oder Marx erreichen können. Er habe nämlich nicht die bürgerliche Ökonomie als die Kraft erkannt, die hinter den bestehenden Verhältnissen wirkte[75]. Daher habe Spinoza die Wirklichkeit nicht vollends analysieren können.

Neben dieser Standortbestimmung des Staates als kollektiver Institution beschäftigt sich Polak auch mit Spinozas demokratietheoretischen Überlegungen. Er geht davon aus, daß für Spinoza die Demokratie die natürliche Staatsform sei[76]. Spinoza begründe dies mit seiner naturwissenschaftlichen Naturrechtskonzeption. Aufgrund seiner „geometrischen Methode“[77] gehe Spinoza von der Realität aus und stelle dem faktischen Staat den „Vernunftstaat“ gegenüber[78]. Nach Spinoza habe jeder Mensch vor jedweder staatlichen Gemeinschaft natürliche Rechte[79]. Daher seien alle Menschen gleich. Diese Gleichheit werde in der Demokratie am besten verwirklicht, denn dort übertrage der Einzelne zwar seine Rechte auf die Gemeinschaft, er bleibe aber stets Teil des Kollektivs. Der Mensch übertrage seine Rechte daher nicht vollständig auf ein übergeordnetes Gebilde, sondern könne stets auf den Staat einwirken. Für Spinoza seien damit alle Menschen gleichermaßen in der Lage, über ihr eigenes Schicksal zu entscheiden. Wie im natürlichen Zustand, so hätten auch in der Demokratie alle Menschen gleiche Rechte[80]. Damit hätte Spinoza den Staat als Teil der Gesellschaft konstruiert[81].

Polak folgert aus dieser Konzeption der Demokratie, daß der Staat im Willen des Volkes zu verankern ist[82]. Im Gegensatz hierzu stehe der absolutistische Staat. Dieser schwebt für Polak „über“ der Gesellschaft, so daß die Wohlfahrt

---

74 Polak, a.a.O., S. 150.

75 Polak, a.a.O., S. 150 f.

76 Polak, a.a.O., S. 152. Auch nach Negri stellt Spinozas Staatskonzeption eine „nicht mystifizierte Form der Demokratie (...) auf dem Boden des Materialismus“ dar. (Negri, Die wilde Anomalie, S. 10). Ebenso Steffen, nach dem bei Spinoza „die Demokratie als die natürlichste Staatsform gelten“ muß. (Steffen, Recht und Staat im System Spinozas, S. 71). Nach Spinoza selbst wird in seiner „Abhandlung vom Staate“ gezeigt, „wie eine Gesellschaft mit monarchischer Regierung und wie eine solche mit aristokratischer Regierung einzurichten ist, damit sie nicht der Tyrannei verfällt und damit Friede und Freiheit der Bürger unangetastet bleiben.“ (Spinoza, Abhandlung vom Staate, S. 53.) Vgl. zur Demokratie als Urform des Staates, Spinoza, Theologisch-Politischer Traktat, S. 237 ff.

77 Polak, Zur Dialektik in der Staatslehre, S. 47.

78 Polak, Staat und Recht bei Grotius und Spinoza, NJ 50, S. 153.

79 Polak, a.a.O., S. 151.

80 Polak, Staat und Recht bei Grotius und Spinoza, NJ 50, S. 152. Vgl. Spinoza, Theologisch-Politischer Traktat, S. 240.

81 Polak, Zur Dialektik in der Staatslehre, S. 48.

82 Polak, Staat und Recht bei Grotius und Spinoza, NJ 50, S. 152.

der Gesellschaft sowie die Gleichbehandlung aller von der Gesinnung der Regierenden abhängig sei[83].

Spinoza frage nun, wie die Menschen in der Realität den demokratischen Staat nach ihrem Willen gestalten können[84]. Dabei stelle er fest, daß der Mensch nicht nur vernünftig ist[85]. Daher könne allein der reale Mensch Grundlage eines Staates sein. Ein Staat, der lediglich aus vernünftigen Menschen besteht, existiere allenfalls im „Märchen"[86]. Folglich entstehe das Problem, daß die Menschen durch den Staat ungerecht behandelt werden könnten. Im Staat komme es daher darauf an, daß die Verwaltung gerecht und „sicher" ist[87]. „Sicher" könne die Verwaltung nach Spinoza nur sein, wenn sie auf einer objektiven Grundlage fußt[88]. Sie habe daher auf dem Bewußtsein über die tatsächlichen Grundlagen des menschlichen Lebens zu gründen, worüber der Staat die Menschen aufzuklären habe[89].

Diese „objektive Grundlage" erblickt Polak in der marxistischen Sozial- und Geschichtstheorie. Dementsprechend interpretiert er die „Sicherheit" als die Anpassung des Staates an die jeweilige Gesellschaftsform, so daß der Staat zur Zeit Spinozas an die kapitalistische Basis anzupassen war[90]. Für Polak vertritt Spinoza daher eine Konzeption, in welcher der Staat als Erzieher der Gesellschaft fungiert. Es wird sich zeigen, daß diese Polaksche Interpretation des Staatsbegriffs Spinozas seiner eigenen Konzeption recht nahe kommt.

(c) Anmerkung zu Polaks Interpretation der Staatslehre Spinozas

Die Interpretation der Staatslehre Spinozas durch Polak bedarf einer Anmerkung. Zutreffend ist Polaks Annahme, daß für Spinoza der Staat die Menschen „sicher" leben lassen muß[91]. Diese Sicherheit aber als Übereinstimmung mit den Entwicklungsgesetzen der Gesellschaft zu interpretieren, ist wenig überzeugend. Es liegt näher, dies als die Hobbessche Einschränkung der absoluten

83 Polak, Zur Dialektik in der Staatslehre, S. 47.

84 Polak, Staat und Recht bei Grotius und Spinoza, NJ 50, S. 154. Für Polak stellt der theologisch-politische Traktat den „höchsten Punkt im Denken Spinozas" dar. In diesem Werke wende sich Spinoza von seiner idealisierten Naturrechtskonzeption ab (Polak, a.a.O., S. 153 f.).

85 Polak, a.a.O., S. 153 f.

86 Polak, a.a.O., S. 154.

87 Ebd.; ders., Zur Dialektik in der Staatslehre, S. 47. Vgl. Spinoza, Abhandlungen vom Staate, S. 58.

88 Polak, Zur Dialektik in der Staatslehre, S. 46 f.

89 Polak, a.a.O., S. 47 f.; ders., Staat und Recht bei Grotius und Spinoza, NJ 50, S. 154.

90 Polak, Zur Dialektik in der Staatslehre, S. 47.

91 Spinoza, Theologisch-Politischer Traktat, S. 52, 232 ff.; ders., Abhandlung vom Staate, S. 58.

Handlungsfreiheit auszulegen[92]. Um diese Vermutung plausibel zu machen, muß Spinozas Gedankengang stark vereinfacht nachvollzogen werden. Spinoza geht von dem natürlichen Verlangen des Menschen aus, sein eigenes Wesen zu erhalten[93]. Da der Mensch freilich nicht nur vernünftig sei, gefährde er im Naturzustand Dritte. Daher habe der Staat die Menschen voreinander zu schützen und könne dementsprechende Gesetze erlassen[94]. Dies ähnelt der Hobbeschen Konstruktion des Staates als Leviathan. Da Spinoza einen positiven Freiheitsbegriff vertritt, hat der Staat nach ihm auch die Freiheit des einzelnen Menschen zu gewährleisten[95]. Dies steht in Übereinstimmung mit der Gewährleistung der Sicherheit: Der Staat nütze dem Einzelnen nur dann, wenn er ihm ein sicheres Leben garantiert. Damit gewährleiste der Staat dem Einzelnen die Freiheit, ein rationales Leben zu führen[96]. So ist die positive Freiheit mit der „Sicherheit" in Spinozas Staat verknüpft.

Es fällt auf, daß Spinoza bei seiner Staatskonzeption vom Einzelnen ausgeht. Die Einbeziehung der Gesellschaft und ihrer Entwicklung als entscheidende Deutungsachse durch Polak, muß daher als typisch marxistische Auslegung dieser Staatslehre bewertet werden. Somit liegt die dargestellte Interpretation der „Sicherheit" im Staate Spinozas näher, als Polaks Sicht der Dinge.

(2) Thomas Hobbes bei Polak

Der zweite klassische Staatsphilosoph aus der Epoche der „bürgerlichen Revolutionen" ist für Polak Thomas Hobbes[97]. Entscheidend für Hobbes Statatskonzeption sei, daß dieser den Staat wie Spinoza nicht metaphysisch begründe, sondern betone, daß seine Staatsbegründung ein Resultat naturwissenschaftlicher Erkenntnis[98] sei. Hobbes stelle den Menschen und die gesellschaftliche Realität in den Mittelpunkt seiner Betrachtung[99]. Daher ist Hobbes für Polak ein Philosoph der „kapitalistischen Revolution", welche den Klerikalismus überwand[100].

---

92 Ebenso Schwan, Politische Theorien des Rationalismus und der Aufklärung, S. 187; Parkinson, Spinoza on the Freedom of Man, S. 50.

93 Spinoza, Ethik, S. 118. Daher ist der Selbstmord nach Spinoza ein Akt von jemandem, der völlig von externen Faktoren beeinflusst wurde. (Spinoza, Ethik, S. 205, 207).

94 Vgl. Spinoza, Theologisch-Politischer Traktat, S. 232 ff., 302 f.

95 Spinoza, a.a.O., S. 301.

96 Vgl. Parkinson, Spinoza on the Freedom of Man, S. 50.

97 Polak, Zur Dialektik in der Staatslehre, S. 48 ff.; ders., Thomas Hobbes und der Staat, Sinn und Form 50, S. 133. Zu Hobbes vgl. Baumgold, Hobbe`s Political Theory, 1988.

98 Hobbes übernahm wie Spinoza die Naturwissenschaftlichkeit der Wissenschaften von Descartes (Curley, Descartes against the Sceptics, S. 11 ff.).

99 Polak, Zur Dialektik in der Staatslehre, S. 50.

100 Die Einordnung Hobbes` in eine politische Richtung ist äußerst schwer. So war Hobbes für Carl Schmitt neben Spinoza der Urvater des zersetzenden modernen Liberalismus. (Vgl. Schmitt, Der Leviathan in der Staatslehre des Thomas Hobbes, S. 86; hierzu siehe

Hobbes begründet die Notwendigkeit eines Staates, indem er vom Naturzustand ausgeht. Dieser komme aufgrund der Natur des Menschen einem Bürgerkrieg gleich[101]. Die Menschen müssten erst einen Staat bilden, um aus dem Naturzustand herauszutreten[102]. Dazu hätten sie sich dem Recht des Naturzustandes zu begeben, „alles haben zu können“[103]. Dies geschehe durch einen Vertrag zwischen allen Menschen, nach dem sie alle Macht dem Staat, dem „Leviathan“, übertragen. Für Polak ermöglicht dieser Vertrag den Menschen, sich zu gesellschaftlichen Wesen zu entwickeln.

„Der Staat ist die Kraft der Vergesellschaftung des Menschen, die Kraft, die ihn aus dem Naturzustand hebt.“[104]

Polak hebt damit die Fortschrittlichkeit im Denken Hobbes´ hervor, so daß dieser in das Schema des historischen Materialismus passt.

(3) Jean-Jacques Rousseau und die Diktatur der Jakobiner bei Polak

Schließlich führt Polak Jean-Jacques Rousseau an, den er für einen der wichtigsten politischen Denker überhaupt hält[105]. Rousseaus vertragstheoretische Überlegungen zur Demokratie beruhen wesentlich auf dem volonté générale, dem Gemeinwillen des Volkes. Das entscheidende demokratische Element bei Rousseaus Überlegungen zum contrat social ist die Aussage, daß das Volk als einheitliches „Ganzes“ Souverän bleibt[106]. Der Regierung komme lediglich die Rolle zu, als Mittler zwischen dem Volk an sich und dem Volk als Souverän zu fungieren. Rousseau definiert diese Souveränität selbst als die „Ausübung des Gemeinwillens“[107] und stellt damit ein übergeordnetes,

---

Kreische, Konstruktivistische Politiktheorie bei Hobbes und Spinoza, S. 11). Carl Ludwig Haller sprach von Hobbes als dem „Ahnvater aller Jakobiner“ (zitiert bei: Kersting, Die politische Philosophie des Gesellschaftsvertrages, S. 15). Für Kreische hingegen steht der Hobbessche Leviathan „für ein staatsautoritäres Politikmodell, (...) das der Ideologie des Absolutismus (...) verpflichtet ist.“ (Kreische, a.a.O., S. 10, 131). Für eine derartige Einordnung ist neben anderen auch Schwan. (Schwan, Politische Theorien des Rationalismus und der Aufklärung, S. 187). Unbestritten ist aber, daß Hobbes' politische Theorie das gesellschaftliche Ordnungsproblem des Staates durch eine theoretische Klärung zu lösen versucht, ohne auf metaphysische Sicherheiten rekurrieren zu müssen. (Kraynak, History and Modernity in the Thought of Thomas Hobbes, S. 165; sowie Kersting, a.a.O., S. 23).

101 Polak, Zur Dialektik in der Staatslehre, S. 49 f. Vgl. Hobbes, Leviathan, S. 82 f.

102 Polak, a.a.O., S. 50.

103 Polak, a.a.O., S. 49. Abgedruckt ist hier eine Passage aus: Hobbes, Naturrecht und allgemeines Staatsrecht in den Anfangsgründen, S. 98 f. Vgl. Hobbes, Leviathan, S. 85.

104 Polak, a.a.O., S. 49.

105 Polak, a.a.O., S. 50 ff.

106 Rousseau, Gesellschaftsvertrag, S. 62 ff.

107 Rousseau, a.a.O., S. 27.

demokratisches Prinzip als unverzichtbare Grundlage jeder Staatlichkeit dar. Rousseau geht dabei noch über Hobbes hinaus, indem er die politische Machtergreifung des Volkes selbst für notwendig hält.

Polak interpretiert dies folgendermaßen: Indem das Volk seinen Willen zum Fundament einer neuen Gesellschaft mache, sprenge es die Fesseln des Feudalismus. Damit werde der menschliche Wille wie bei Spinoza und Hobbes zum Schöpfer des Staates und der Gesellschaft. Der Staat stehe damit nicht mehr über der Gesellschaft, sondern gründe im gesellschaftlichen Dasein der Menschen selbst. Bemerkenswert ist für Polak zudem, daß Rousseau im Gegensatz zu Montesquieu die Lehre von der Gewaltenteilung verwarf[108]. Die politische Macht hätte ausschließlich und direkt in der Hand des Volkes zu liegen und nicht bei einem unabhängigen Organ[109]. Nach Polak stellte die Lehre vom „volonté générale" die Grundlage der Jakobinerherrschaft dar[110].

Für Polak war die „Revolution der Jakobiner" die radikalste aller „bürgerlichen Revolutionen"[111]. Obwohl es das Ziel der Jakobiner war, die Volksherrschaft weitestgehend durchzusetzen, blieb ihre Bewegung für Polak Ausdruck der bürgerlichen Ideologie. Denn für die Jakobiner wäre die bürgerliche Gleichheit die Gleichheit schlechthin gewesen. Tatsächlich hätte man aber nur den „Staatsbürgern" gleiche Rechte zugesichert, nicht aber den „Menschen". Die politische Gleichheit sei eine bloß formale Gleichstellung geblieben und nicht zur gesellschaftlichen Gleichheit fortentwickelt worden. Daher sei die Diktatur der Jakobiner in der kapitalistischen Epoche steckengeblieben. Ihr Staat schwebte nach Polak weiterhin über den wirklichen Menschen und diente der Durchsetzung der kapitalistischen Produktionsverhältnisse[112]. So sei der bürgerliche Staat geschaffen worden und blieb nach Polak in diesem Grundprinzip bis

---

108 Auf diesen Gegensatz zwischen Montesquieu und Rousseau weist u.a. auch Radbruch hin. Für ihn ist Montesquieu mit seiner Gewaltenteilungslehre Vertreter des Liberalismus, der dem Individuum die Möglichkeit erhalten will, sich unter Umständen auch dem Mehrheitswillen gegenüber behaupten zu können. Rousseau ist für Radbruch dagegen Vertreter der demokratischen Lehre, die einen „Mehrheitsabsolutismus" erstrebt. Radbruch bringt dies auf die Formel: „Hier Mehrheit, dort Freiheit". (Radbruch, Rechtsphilosophie, S. 67).

109 Polak, Volk und Verfassung, S. 11 f.

110 Polak, a.a.O., S. 12; ders., Gewaltenteilung – Menschenrechte - Rechtsstaat, S. 131; ders.; Das Verfassungsproblem in der geschichtlichen Entwicklung Deutschlands, in: Reden und Aufsätze, S. 156. Die Polaksche Darstellung des Jakobinerstaates ist etwas ungenau. Indem er den Jakobinerstaat als Produkt der Staatskonzeption Rousseaus darstellt, erweckt er den Eindruck, als ob es keine Gewaltenteilung gegeben hätte. Tatsächlich jedoch verzichtet die Verfassung Frankreichs von 1793 lediglich auf eine ausdrückliche Kodifikation dieses Prinzips. Der Sache nach war die Gewaltenteilung aber Teil der Verfassung. Dies kommt etwa in den Art. 21 ff., Art. 62 ff. und Art. 85 ff. zum Ausdruck (Zum Text der Verfassung siehe: Franz, Staatsverfassung, S.372 ff.).

111 Polak, Karl Marx – Begründer der Staats- und Rechtstheorie der Arbeiterklasse, S. 42.

112 Polak, Zur Dialektik in der Staatslehre, S. 51.

heute bestehen. Sämtliche späteren Veränderungen seien lediglich Modifikationen gewesen und hätten lediglich der Herrschaftssicherung des Kapitals gedient[113].

Polak zieht damit einen Schlussstrich unter die Entwicklung des bürgerlichen Staates. Daher verzichtet er auch darauf, die nachfolgenden Staatsformen staatsphilosophisch zu analysieren. Vielmehr beschränkt er sich auf die Darstellung der positiven Formen des bürgerlichen Staates. Von der Illustration der Staatsphilosophie geht Polak zur Beschreibung der Staats- und Rechtsgeschichte über. Seiner ursprünglichen Fragestellung entsprechend konzentriert er sich hierbei auf die Entwicklung in Deutschland.

c) Deutsches Kaiserreich

Im Gegensatz zu Frankreich und England fand in Deutschland keine „bürgerliche Revolution" statt. Die Ereignisse des Jahres 1848 stellen für Polak lediglich den Versuch einer Revolution dar:

> „1848 holte das deutsche Volk zwar zum Schlage aus. Aber es führte diesen Schlag (...) nicht konsequent zu Ende."[114]

Man hätte die damaligen feudalistischen Machtverhältnisse unangetastet gelassen, als man Friedrich Wilhelm IV. von Preußen die Kaiserkrone anbot.
Der deutsche Staat sei vielmehr durch die Gründung des Deutschen Kaiserreiches 1871 geprägt worden[115]. Dieses Ereignis ist für Polak der Ausgangspunkt einer ununterbrochenen Entwicklung über Weimar zum Nazi-Regime[116].

Zentrale Aussage Polaks über das Deutsche Kaiserreich ist, daß die Verwaltungsbürokratie der Legislative übergeordnet gewesen sei[117]. „Der sogenannte ‚Reichstag' des Bismarckschen Reiches war ein Scheinparlament, völlig machtlos, ein Spielball in den Händen der kaiserlichen Regierung."[118] Auch die Justiz wurde für Polak durch eine „geschickte Personalpolitik vollkommen dem Bismarck-Wilhelminischen Geiste untergeordnet"[119]. Die Richterschaft hätte sich aus ausgedienten Militärs, Großbauern sowie aus Söhnen der Grundbesitzer zusammengesetzt. Dagegen wäre die Arbeiterschaft unberücksichtigt und ohne Einfluss geblieben. In Preußen wurde zwar die „Patrimonialgerichtsbarkeit" der Feudalherren durch staatliche Gerichte abgelöst. Gemäß Polak wurde die

---

113 Polak, a.a.O., S. 5. So hat nach Polak „das deutsche Bürgertum (...) die Demokratie nach 1848 nicht mehr auf die Tagesordnung gestellt". (Polak, Volk und Verfassung, S. 14; vgl. auch ders., Verfassungsfragen, S. 6).

114 Polak, Volk und Verfassung, S. 8.

115 Ebd.

116 Ebd.

117 Polak, Zur Dialektik in der Staatslehre, S. 167.

118 Polak, Volk und Verfassung, S. 8.

119 Polak, Justizerneuerung, S. 14.

Gerichtsbarkeit aber stets durch Anweisungen des Landesherrn beschränkt. Die Justiz sei dadurch zu einem „Instrument der landesherrlichen Willkür" degradiert worden[120].

d) Weimarer Republik

Diese feudalistische Staatsorganisation des Deutschen Kaiserreiches versuchte man nach Polak 1918 durch die Weimarer Reichsverfassung in einen demokratischen Staat umzuwandeln[121]. Die Weimarer Verfassung nimmt in Polaks Staatskonzeption eine zentrale Stellung ein[122]. Sie war seiner Auffassung nach dafür verantwortlich, daß dieser erste Versuch der Demokratisierung Deutschlands scheiterte[123]. Polak betonte in seinen Arbeiten zur ersten Verfassung der DDR, daß bei der Schaffung eines demokratischen deutschen Staates nicht die Fehler von Weimar wiederholt werden dürften. „Die Stellungnahme zur Weimarer Verfassung und zur Weimarer Republik" war für ihn daher „eine Frage von höchst praktischer Bedeutung"[124].

Polak analysiert die Verfassung von Weimar in zweierlei Hinsicht. Zum einen versucht Polak, der Verfassung durch eine personale Untersuchung ihrer geistigen Väter näher zu kommen. Diese personale Analyse nimmt allerdings nur einen geringen Anteil seiner Arbeit ein. Weitaus entscheidender sind seine Erkenntnisse, die er durch eine Untersuchung der Reichsverfassung selbst gewinnt, die

„nicht vom juristisch-staatsrechtlichen, sondern vom politisch-geschichtlichen Boden aus" erfolgt[125].

---

120 Polak, a.a.O., S. 60. Auf S. 14 beschreibt Polak die Justiz als „reibungslos laufende Maschinerie in der Hand der Hohenzollern". Diese Darstellung Polaks erscheint zu einseitig. Zwar stimmt es, daß sich der Juristenstand im Kaiserreich aus den oberen Gesellschaftsschichten rekrutierte. (Kroeschell, Rechtsgeschichte Deutschlands im 20. Jahrhundert, S. 37) Allerdings waren die Gerichte keine „Instrumente der Willkür". Das Reichsgericht wurde in Leipzig angesiedelt, um so das föderative Prinzip und die Unabhängigkeit der Justiz zu betonen. Es entwickelte sich zu einer stolzen und selbstherrlichen Institution, die sich selbst dem Gesetzgeber überlegen fühlte. (Hattenhauer, Die geistesgeschichtlichen Grundlagen des deutschen Rechts, S. 293).

121 Zur Weimarer Republik siehe Erdmann, Die Weimarer Republik, 1997; Bracher u.a. (Hrsg.), Die Weimarer Republik, 1987.

122 Vgl. Schröder, Polak versus Mitteis, S. 14. Zur Bedeutung von Weimar in der deutschen Verfassungsgeschichte siehe: Rödder (Hrsg), Weimar und die deutsche Verfassung, 1999.

123 Polak, Volk und Verfassung, S. 10.

124 Polak, a.a.O., S. 9 f. Die gleiche Formulierung findet sich in: Polak, Die Weimarer Verfassung, RuA, S. 176.

125 Polak, Die Weimarer Verfassung, RuA, S. 175.

(1) Polaks personale Analyse der Weimarer Reichsverfassung

Urheber der Weimarer Reichsverfassung sind für Polak Hugo Preuß und vor allem Max Weber[126]. Letzterer hat für Polak in der Zeit des Umbruchs nach dem Ersten Weltkrieg die „Ehre der deutschen Wissenschaft gerettet“[127]. Weber hätte als einziger Wissenschaftler die herrschende monarchische Ordnung in Frage gestellt[128]. Denn er hätte danach gefragt, wie man das Parlament zur Machtausübung befähigen könne[129]. Allerdings sei Weber kein Kommunist gewesen und hätte daher die Demokratisierung auf die Staatsorganisation beschränken wollen. Dagegen habe er nicht die Möglichkeit gesehen, die gesamte Gesellschaft, also auch die Wirtschaft, nach demokratischen Grundsätzen zu organisieren. Vielmehr sei für ihn die bestehende Organisationsform der Wirtschaft eine unabänderliche Tatsache gewesen[130]. Die kommunistische Revolution hätte Weber als ein Experiment mit ungewissem Ausgang bezeichnet und nicht an ein Gelingen geglaubt[131]. Daher habe Weber sich für die alte Staatsform entschieden; allerdings mit einem, wie Polak sagt, „plebiszitären Diktator“[132] anstatt eines erblichen Kaisers[133].

(2) Polaks historische Analyse der Weimarer Reichsverfassung

Gleichzeitig musste die Demokratisierung Deutschlands für Polak auch aus zwei historischen Gründen scheitern[134]. Zum einen hätte das deutsche Bürgertum nie die Phase der „bürgerlichen Revolution“ durchlebt, so daß es nach dem Zusammenbruch des Kaiserreiches 1918 unfähig gewesen sei, eine wirklich demokratische Ordnung zu schaffen. Dies gelte insbesondere für die Reorganisierung der Justiz, die auch nach dem Ersten Weltkrieg nicht demokratisiert worden sei. Der zweite Grund liegt für Polak in der Bekämpfung des 1918 wieder aufkeimenden Partikularismus. Die zu schaffende Verfassung hatte die Autorität der zentralen Staatsgewalt zu stärken. Daher seien dem Bund

---

126 Polak, a.a.O., S. 181 ff.; ders., Volkssouveränität und Staatsgestaltung im kommenden Deutschland, NJ 48, S . 245.

127 Polak, Volkssouveränität und Staatsgestaltung im kommenden Deutschland, NJ 48, S. 244.

128 Polak, a.a.O., S. 244 f. Vgl. Weber, Parlament und Regierung im neugeordneten Deutschland, S. 126, 139.

129 Polak, a.a.O., S. 245. Abgedruckt ist eine Passage aus: Weber, a.a.O., S. 182.

130 Polak, a.a.O., S. 248.

131 Polak, a.a.O., S. 246. Vgl. Weber, Sozialismus, S. 29 f.

132 Polak, Die Weimarer Verfassung, RuA, S. 192.

133 Polak, Volkssouveränität und Staatsgestaltung im kommenden Deutschland, NJ 48, S. 246. Hier sind Passsagen abgedruckt aus: Weber, Der Reichspräsident, S. 390 f.

134 Polak, Volk und Verfassung, S. 15 f.

entscheidende Kompetenzen übertragen worden[135]. Außerdem sei es für notwendig gehalten worden, Deutschland unter die Führung eines einenden Organs zu stellen. Dies sollte neben dem Reichstag vor allem der Reichspräsident sein.

(a) Präsident und Reichstag

Reichstag und Präsident seien zwar durch den Gewaltenteilungsgrundsatz formal gleichgestellt gewesen. Tatsächlich aber war für Polak der Reichspräsident als vom Parlament unabhängige Spitze der Exekutive die zentrale Machtfigur gewesen[136].

> „Die Machtvollkommenheiten dieses Präsidenten (...) standen hinter denen des früheren Kaisers um nichts zurück; sie übertrafen sie im Gegenteil noch."[137]

Daran habe auch die formale Gleichstellung von Präsident und Parlament nichts geändert. Denn tatsächlich stellte sich das Verhältnis für Polak anders dar. Gemäß Art. 48 Abs. 2 WRV konnte der Präsident den Reichstag auflösen und Notverordnungen erlassen und besaß so ein „Auflösungs- und Diktaturrecht" [138]. Polak kann somit konstatieren, daß die Weimarer Republik eine „Präsidentschaftsrepublik" und keine „Parlamentsrepublik" war[139].

Um die reaktionäre Position des Präsidenten zu verdeutlichen, hebt Polak hervor, daß dieser letztlich auch nur „der Gefangene des bürokratischen Apparates" gewesen sei[140]. Leider substantiiert Polak diese Behauptung nicht näher. Fest steht allerdings, daß für ihn der alte Staatsapparat die herrschende Kraft in der Weimarer Republik war[141]. Und dieser Staatsapparat war für ihn die

---

135 Polak nennt hier insbesondere die Gesetzgebungskompetenzen (Art. 6 WRV) sowie die Regel, daß Reichsrecht Landesrecht bricht (Art. 13 WRV). (Polak, Volk und Verfassung, S. 16).

136 Polak, Gewaltenteilung – Menschenrechte - Rechtsstaat, S. 133.

137 Polak, Volk und Verfassung, S. 19.

138 Polak, Volkssouveränität und Staatsgestaltung im kommenden Deutschland, NJ 48, S . 245. Die Stellung des Reichspräsidenten war durchaus sehr stark. Allerdings wurde er nicht nur als Mann mit „Diktaturgewalt", sondern auch als „Hüter der Verfassung" bezeichnet. Dieser Terminus wurde wohl von Schmitt geprägt, der 1929 ein gleichnamiges Buch veröffentlichte. (Schmitt, Der Hüter der Verfassung, 1931) Für Polak bedeutete diese Stellung nur eine Vorstufe zur Position des Präsidenten als „Herrn der Verfassung". (Polak, Die Weimarer Verfassung, RuA, S. 221) Aus Art 48 Abs. 2 WRV wurde sein Recht zum Erlaß von Notverordnungen hergeleitet. (Kroeschell, Rechtsgeschichte Deutschlands im 20. Jahrhundert, S. 42).

139 Polak, a.a.O., S . 245. Polak befindet sich mit seiner These, daß die starke Stellung des Reichspräsidenten das Scheitern der Demokratie bedingt hat, in Übereinstimmung mit einer starken Meinung im „bürgerlichen" Schrifttum (Vgl. Kroeschell, a.a.O., S. 43).

140 Polak, a.a.O., S. 245.

141 Polak, Volk und Verfassung, S. 22.

Verkörperung der „imperialistisch-diktatorischen“, der „junkerlich-militaristischen“ Staatstradition Bismarcks und damit das Übel schlechthin[142]. Daher konnte die Weimarer Reichsverfassung für Polak trotz der an sich zentralen Stellung des Parlaments die Demokratie in Deutschland nicht durchsetzen.

(b) Justiz

Die zweite Stütze der „bourgeoisen“ Herrschaft war für Polak die staatliche Justiz der Weimarer Republik[143]. Sie sei in Deutschland aufgrund der ausgebliebenen „bürgerlichen Revolution“ stets ein Instrument in der Hand der Herrscher gewesen und hätte ihre Tätigkeit danach ausgerichtet. Mit „Demokratie“ habe sie nichts zu tun gehabt[144]. Vielmehr blieb sie für Polak auch nach dem Ersten Weltkrieg eine Waffe in der Hand der Reaktion und leistete dem Aufkommen des Faschismus Vorschub, indem sie ununterbrochen gegen die demokratische Verfassungsordnung kämpfte[145].

„Die Justiz sollte die Rolle übernehmen, die früher die Bajonette des Militärs und die Bürokratie der hohen Beamtenschaft gespielt hat. Sie soll die demokratische Massenbewegung des Volkes in Schach halten.“[146]

Für Polak zeigte sich die Rolle der Justiz als volksfremde und reaktionäre Kraft auf verschiedenste Weise.

(aa) Richter

Polak bemängelt, daß in der Weimarer Republik alle Richter des Kaiserreiches im Amt verblieben und verfassungsrechtlich gem. Art. 104 WRV unabsetzbar waren[147]. Die persönliche Unantastbarkeit hätte zur politischen Verantwortungslosigkeit geführt, so daß sich die Richter entgegen Art. 1 S. 1 und 2 WRV nicht dem demokratischen Staatswillen untergeordnet hätten[148]. Vielmehr hätten sie ihre eigene „Politik“ verfolgt[149]. Damit sei der „reaktionären Klassenjustiz“ freie Hand gelassen worden. Konkret äußerte sich dies für Polak darin, daß die staatliche Justiz die geringere Anzahl von politischen Morden der linken Richtung

---

142 Ebd.

143 Polak, Gewaltenteilung – Menschenrechte - Rechtsstaat, S. 134. Vgl. das Kapitel: „Zur Kritik der bürgerlichen Rechtswissenschaft“.

144 Polak, Justizerneuerung, S. 9.

145 Polak, a.a.O., S. 9, 15.

146 Polak, Volk und Verfassung, S. 23.

147 Polak, a.a.O., S. 20; ders., Justizerneuerung, S. 11. Vergleiche auch Polak, Verfassungsfragen, Archiv Leonhard, S. 9 f.

148 Polak, Die Weimarer Verfassung, RuA, S. 211.

149 Polak, Justizerneuerung, S. 13.

erheblich schärfer ahndete als diejenigen der politisch rechten Szene[150]. Polak führt weiterhin die Rechtsprechung der „deutschen Gerichte“ an. Danach hätte der Antisemitismus als berechtigte Weltanschauung gegolten. So sei es beispielsweise erlaubt gewesen, den Staat als „Juden-Republik“ und Minister als „Judenbastarde“ oder „lächerliche Bonzen“ zu bezeichnen[151]. Die Justiz war daher auch für Polak „auf einem Auge blind“.

(bb) Grundrechte

Die antidemokratische Haltung der Weimarer Jurisprudenz kommt für Polak zudem in ihrem Umgang mit den Grundrechten der Weimarer Reichsverfassung zum Ausdruck. Für Polak hätten die Grundrechte der Weimarer Reichsverfassung dem Menschen die Möglichkeit eröffnen können, die Gesellschaft umzugestalten. Letztlich sei dies aber durch die Grundrechtsinterpretation der reaktionären Justiz unterbunden worden. Die Gerichte sowie die „amtliche deutsche Rechtswissenschaft“ hätten die Grundrechte der Weimarer Reichsverfassung als unverbindlichen Gesetzestext, „Geschwätz“ oder als Programmpunkte für den Gesetzgeber interpretiert[152]. Dadurch sei die Geltung der Grundrechte faktisch aufgehoben worden[153]. Der Bürger hätte demnach keine Rechte gegenüber dem übermächtigen Staat. Der einzelne Mensch war nach Polak buchstäblich „ohnmächtig“.

Dies hätte sich insbesondere bei der Gestaltung der Wirtschaftsordnung widergespiegelt[154]. Die Großkapitalisten, die durch ihre Profitgier schon den Ersten Weltkrieg verursacht hätten, beherrschten nach Polak die Ökonomie und damit auch das Leben der Menschen, den „willenlosen Werkzeugen ihrer

---

150 Polak, Justizerneuerung, S. 11. Polak übernimmt hier eine Statistik von Grossmann. Danach wurden in der Zeit vom November 1918 bis Ende 1922 insgesamt 354 Morde von rechts begangen. Die Gesamtstrafe belief sich auf 90 Jahre 2 Monate Freiheitsentzug sowie eine lebenslängliche Haft. In der genannten Zeitspanne wurden 22 Morde von links begangen. Diese wurden mit 10 Erschießungen, drei lebenslänglichen Haftstrafen und 249 Jahren Freiheitsentzug geahndet. (Grossmann, 13 Jahre „republikanische“ Justiz, S. 46). Im Gegensatz zu Polaks Darstellung ist jedoch nicht Grossmann, sondern Gumbel Urheber der Analyse gewesen. (Gumbel, Zwei Jahre Morde, 1921; sowie für die Jahre 1924-1931: ders., „Lasst Köpfe rollen“, S. 48 – 80; vgl. dazu Hattenhauer, Die geistesgeschichtlichen Grundlagen des deutschen Rechts, S. 292; sowie Kroeschell, Rechtsgeschichte Deutschlands, S. 64) Nach Gumbel gab es in Deutschland von 1918 bis 1921 314 politische Morde von Rechtsradikalen, die mit insgesamt 31 Jahren und 3 Monaten Freiheitsstrafe sowie einer lebenslangen Festungshaft geahndet wurden. Die 13 Morde der Linksradikalen wurden nach Gumbel mit 8 Todesstrafen sowie 176 Jahren und 10 Monaten Freiheitsstrafe bestraft. Die Darstellung Polaks ist daher ungenau.

151 Polak, Justizerneuerung, S. 12 mit weiteren Beispielen.

152 Polak, a.a.O., S. 15 f.

153 Polak, a.a.O., S. 16.

154 Polak, Volk und Verfassung, S. 26.

Brotgeber". In Anbetracht dieser Situation hätten die Väter der Weimarer Verfassung 1919 einige wirtschaftliche Grundrechte geschaffen. Allerdings blieben diese Rechte aufgrund der herrschenden Interpretation der Grundrechte bloße Theorie, ohne wirkungsmächtig zu werden[155]. Das Volk sei bloßes Objekt des Staates geblieben und konnte daher die es knechtenden wirtschaftlichen Verhältnisse auch nicht selbst verändern. So sei es bei der „bourgeoisen" Wirtschaftsordnung geblieben.

(cc) Richterliches Prüfungsrecht

Gemäß Polak wurde aber nicht nur die Geltung der Grundrechte durch die Gerichte unterlaufen. Gleiches gelte für die einfachen Gesetze, lediglich die dogmatische Konstruktion sei eine andere gewesen. Die Gerichte hätten ein Prüfungsrecht hinsichtlich der Parlamentsgesetze in Anspruch genommen[156]. Dadurch hätten sie die formellen Gesetze auf ihre „Rechtmäßigkeit"[157] hin überprüfen und für nichtig erklären können. So sei das Reichsgericht zu einem Kontrollorgan des Reichstags geworden[158]. Für Polak verwandelten sich die Gerichte durch diese schrittweise Ausweitung ihrer Kompetenzen von Organen der Rechtsprechung zu Organen der Rechtssetzung[159]. Der Wille des Volkes, der sich in den Parlamentsgesetzen manifestiert hätte, sei dadurch systematisch ausgehöhlt worden.

(dd) Lehre vom „Staatsnotstand"

Ein besonderes Beispiel für den „Auswuchs der richterlichen Willkür auf Kosten der Gesetzlichkeit" war für Polak die Lehre vom Staatsnotstand. Nach dieser Lehre sei eine Handlung nur strafbar, soweit die Handlung Ausdruck einer staatsfeindlichen Gesinnung gewesen sei. Erst durch seine Gesinnung habe der Verbrecher dem Tätertypus entsprochen, den es zu maßregeln galt[160]. Ob aber ein Täter im Einzelfall tatsächlich diesem Typus entsprochen habe, sei in das Ermessen des Gerichts gefallen. Damit hätte das richterliche Ermessen als

---

155 Ebd.

156 Vgl. RGZ 111, 323.

157 Polak, Volk und Verfassung, S. 23.

158 Polak, Verfassungsfragen, Archiv Leonhard, S. 11; ders.; Gewaltenteilung – Menschenrechte - Rechtsstaat, S. 134.

159 Polak, Justizerneuerung, S. 17. Aufgrund der offenen Struktur des Rechts ist fast jede Art von Normanwendung Rechtsfortbildung und daher Rechtssetzung im weiteren Sinne. Daher ist der Hinweis Polaks auf die neue Qualität der Rechtsprechung durch das Prüfungsrecht nicht berechtigt. (Vgl. Larenz/Canaris, Methodenlehre, S. 187) Zur Beurteilung des Prüfungsrechts vergleiche auch Polak, Volk und Verfassung, S. 23.

160 Polak, Justizerneuerung, S. 18; ders., Die Weimarer Verfassung, RuA, S. 217.

Grundlage der Rechtsprechung das Gesetz abgelöst[161]. Für Polak ist so der im Gesetz verkündete Wille des Volkes unterlaufen worden.

(c) Die Wegbereitung der nationalsozialistischen Diktatur

Exekutive und Justiz waren für Polak die eigentlichen Zentren der Macht in der Weimarer Republik. Beide Gewalten befanden sich in den Händen der „Bourgeoisie", so daß Parlament und Volk faktisch entmachtet wurden. Aufgrund dieser vorherrschenden Stellung der Exekutive und der Justiz, die Polak zusammenfassend als „Teile des Staatsapparates" bezeichnet, kommt er zu dem Ergebnis, daß es de facto keine Gewaltenteilung in der Weimarer Republik gegeben hat[162]. Die daraus folgende völlige Entmachtung des Volkes habe auch den Weg Hitlers an die Macht ermöglicht. Polak macht dies an drei Aspekten fest:

Erstens enthielt die Weimarer Reichsverfassung kein Widerstandsrecht der Bürger. Wäre dies aber Bestandteil der Weimarer Reichsverfassung geworden, so hätte sich nach Polak das deutsche Volk im Kampf um die Verfassung gegen Hitler durchgesetzt[163]. Daher wurde das Widerstandsrecht Teil der DDR-Verfassung von 1948.

Zweitens hätte auch die Exekutive den Weg Hitlers zur Macht geebnet. „Das schrittweise Zurückdrängen des Reichstages aber ist das Werden der faschistischen Diktatur."[164] Der Reichskanzler Brüning habe in der Weimarer Republik nur noch mit Hilfe der Notverordnungen des Reichspräsidenten regiert und damit den Volkswillen völlig negiert[165]. In der Tradition dieser Regierungspraxis habe ein Plan von Papens gestanden, demzufolge der Reichstag beseitigt werden sollte. Hitler schließlich habe dieses Werk vollendet, indem er den Reichstag völlig aus dem deutschen Verfassungssystem abschaffte[166].

Schließlich war für Polak auch das Reichsgericht verantwortlich für die nationalsozialistische Diktatur. Im Jahre 1932 habe es anläßlich eines Hochverratsprozesses die Recht- und Verfassungsmäßigkeit der national-

---

161 Polak, Justizerneuerung, S. 18.

162 Polak, Gewaltenteilung – Menschenrechte - Rechtsstaat, S. 135. Diese Feststellung steht im Widerspruch zu anderen Aussagen Polaks, nach denen die Gewaltenteilung das fundamentale Prinzip der WRV war. (Polak, Volk und Verfassung, S. 10; ders., Verfassungsfragen, Archiv Leonhard, S. 6 f.). Eine Darstellung der Polakschen Rezeption der Gewaltenteilungslehre folgt unten.

163 Polak, Volk und Verfassung, S. 48.

164 Polak, a.a.O., S. 22. Vgl. zum Niedergang der Weimarer Republik: Bracher, Die Auflösung der Weimarer Republik, 1960.

165 Polak, Volk und Verfassung, S. 22.

166 Polak, a.a.O., S. 23.

sozialistischen Bewegung geprüft[167]. Im Rahmen des Verfahrens lud das Gericht Hitler vor. Dieser habe die Verfassungstreue seiner Partei beschworen. Das Reichsgericht hätte diese Aussage zur Grundlage seiner „Erkenntnisse" über die nationalsozialistische Bewegung gemacht. Damit habe das Gericht der Regierung die Möglichkeit genommen, die NSDAP zu verbieten. Stattdessen habe es den Weg der Nationalsozialisten zur Macht geebnet[168].

e) Nationalsozialismus

Demzufolge war die Herrschaft der Nationalsozialisten für Polak auch entscheidend das „Resultat der Entwicklung der deutschen Jurisprudenz"[169]. Der Hitlerstaat sei aus der deutschen Staatstradition heraus gewachsen[170].

> „Die monarchistisch-militaristische Tradition der bismarck-wilhelminischen Zeit beherrschte ihn (den Staat – d. Verf.) weiter und ließ die in ihm Tätigen, den riesigen Beamtenapparat, 1933 mit fliegenden Fahnen zu Hitler übergehen und in devoter Unterworfenheit alle Schritte dieser blutrünstigen Diktatur gutheißen und mitmachen."[171]

Insbesondere die Machthörigkeit der Justiz sei wie für Hitler geschaffen gewesen. Er habe lediglich die für ihn „rassisch" unpassenden und „politisch nicht zuverlässigen" Richter aus dem Amt zu entfernen brauchen. Danach war der Staatsapparat, so Polak, eine „willfährige Maschinerie" Hitlers[172].

Polak hebt zudem hervor, daß das Strafrecht in der deutschen Rechtstradition stand. Das Strafrecht im Staate der Nationalsozialisten war gesetzlos. Grundlage der Strafe war nicht mehr die Handlung des Täters, sondern seine Gesinnung. Diese Praxis wurzelte für Polak in der Lehre vom Staatsnotstand, welche in der Weimarer Republik entwickelt wurde[173].

---

167 Unklar bleibt, welchen Prozeß Polak meint. 1930 gab es einen Prozeß gegen Ulmer Reichswehroffiziere vor dem RG wegen Hochverrats. Während dieses Prozesses beschwor Hitler am 25. September, „die militärische Ausbildung der Sturmabteilungen von 1923 sei auf amtlichen Wunsch geschehen". 1931 gab es einen Prozeß wegen eines Überfalls von Hitlers Anhängern auf den Edenpalast. Dort erklärte Hitler am 8.5.31, daß seine Organisation legal sei. (Gumbel, „Laßt Köpfe rollen", S. 49). Gumbel nennt diese Beweisführung des Reichsgerichts einen „mittelalterlichen Reinigungseid". (Gumbel, a.a.O., S. 50).

168 Polak, Justizerneuerung, S. 19. Polak verwendete diese Passage auch später in seinem Beitrag zur Verfassungsbegründung. (Ders., Volk und Verfassung, S. 24 f.).

169 Polak, Justizerneuerung, S. 9.

170 Ebd. Diese Darstellung Polaks ist ein geschickter Dreh. So ist die Nazi-Diktatur nur logische Konsequenz der bürgerlichen Staatsentwicklung und keine Besonderheit. Demnach ist das deutsche Bürgertum auch nicht erstes Opfer der Diktatur, sondern Mittäter.

171 Polak, Volk und Verfassung, S. 9.

172 Polak, Justizerneuerung, S. 20.

173 Polak, a.a.O., S. 18.

f) Nachkriegszeit

Nach der Niederlage des nationalsozialistischen Deutschlands wurde in den westdeutschen Besatzungszonen ein bürgerlicher Rechtsstaat installiert. Dieser stand für Polak ganz in der Tradition der bürgerlichen Rechtstradition, dessen „verkommenste Frucht" der Nazi-Staat war. Ein Beleg hierfür sei insbesondere die unzureichende Entnazifizierung der Justiz in den westlichen Besatzungszonen[174]. So sei es in der britischen Besatzungszone möglich gewesen, bis zu 50 Prozent ehemaliger NSDAP-Mitglieder weiter zu beschäftigen, soweit sie entnazifiziert waren. Allerdings waren nicht nur die Kriterien der Entnazifizierung für Polak eine reine „Farce"[175]. Zusätzlich kritisiert er Ausnahmeregelungen zur 50 Prozent-Klausel: So seien von 25 Richtern des OLG Hamburg 20 ehemalige Mitglieder der NSDAP gewesen und von 80 Mitgliedern des Land- und Amtsgerichts Hamburg hätten 54 Prozent der NSDAP angehört[176]. Eine Entnazifizierung der Rechtsreferendare sei überhaupt nicht vorgenommen worden[177].

Ein anderes Indiz für die Demokratiefeindlichkeit des bürgerlichen Nachkriegsstaates ist für Polak die Stellung der Richter und Staatsanwälte. Sie hätten sich weder politisch oder gewerkschaftlich organisieren dürfen noch hätten sie das passive Wahlrecht besessen. Nach Polaks Auffassung sollte dadurch der Einfluß demokratischer, also sozialistischer Ideen auf die Justiz unterbunden werden. Daher, so Polak, konnte man in der Justiz nur dann arbeiten, wenn man sich auf die Grundlage des bestehenden „volksfeindlichen" Rechts stellte[178].

Es erstaunt, daß Polak die staatskonforme Haltung des Richters im „bürgerlichen" Rechtsstaat kritisiert. Gerade Polak verlangt, daß sich der Richter im sozialistischen Staat hinter die anzuwendenden Gesetze stellt. Der Richter dürfe dabei nicht einmal eine politisch neutrale Stellung innehaben, sondern habe sich eng an den Parteibeschlüssen zu orientieren[179].

g) Zwischenbilanz

Nach Polak entwickelt sich der bürgerliche deutsche Staat in einer linearen Bewegung, bis schließlich die nationalsozialistische Diktatur den Höhepunkt dieser Entwicklung markiert. Der bürgerliche Staat stelle dabei seit der Entstehung des Proletariats eine historisch überholte Konstruktion dar. Mehr und mehr müsse er

174 Vgl. Polak, a.a.O., S. 56 ff.
175 Polak, a.a.O., S. 57.
176 Ebd.
177 Polak, a.a.O., S. 57 f.
178 Polak, a.a.O., S. 58.
179 Polak, a.a.O., S. 54 f. Vergleiche hierzu Kapitel 4 E IV: Der sozialistische Rechtswissenschaftler.

seine „menschenfeindliche" Position verschleiern und die Herrschaft des Kapitals über das Volk durch neue dogmatische Winkelzüge verteidigen.

Nachdem die diesbezüglichen historischen Besonderheiten der einzelnen Epochen dargestellt wurden, sollen nun die grundlegenden Prinzipien des bürgerlichen Staatswesens, so wie es sich im 20. Jahrhundert darstellt, erläutert werden. Aus deren Kritik gewinnt Polak seine Konzeption des sozialistischen Staates.

2. Grundlegende Strukturen des bürgerlichen Staats

a) Herrschaft des Kapitals

Der bürgerliche Staat ist für Polak vor allem durch die Herrschaft des Bürgertums beziehungsweise des Kapitals über das fortschrittliche Proletariat gekennzeichnet[180].

> „Der bürgerlich-kapitalistische Staat (...) ist der Ausdruck der Herrschaft der kapitalistischen Produktionsverhältnisse über die Gesellschaft"[181].

Dieses gesellschaftliche Ausbeutungsverhältnis zwischen Kapitalisten und Arbeitern werde im bürgerlichen Staat in ein „staatlich-rechtliches Verhältnis" umgewandelt[182]. Dadurch könnte dieses Subordinationsverhältnis von der gesellschaftlichen Realität abstrahiert werden. Dies geschehe vor allem durch die positivistische Rechtswissenschaft und schlage sich im bürgerlichen Staat nieder: Er entstehe aus solch „abstrakten Rechtsverhältnissen" als „Rechtstaat" und damit scheinbar unabhängig von den wahren gesellschaftlichen Verhältnissen[183]. Die politische Macht werde von der gesellschaftlichen Bewegung getrennt[184]. Dadurch werde der Status quo als „seinsollendes" Gebilde zum Fixpunkt. Die Mitglieder der Gesellschaft, namentlich die ausgebeuteten Proletarier, sowie ihre schöpferischen Kräfte würden durch diese abstrakte Konstruktion an die bestehende Ordnung gebunden[185]. Auf diese Weise werde die Herrschaft des Kapitals zementiert. Für Marx, und damit auch für Polak, ist der bürgerliche Staat ein „Schmarotzerauswuchs"[186].

---

180 Polak, Zur Dialektik in der Staatslehre, S. 261, 271.

181 Polak, a.a.O., S. 343.

182 Polak, a.a.O., S. 261.

183 Polak, a.a.O., S. 265; ders., Krisis und Neubau der Staatswissenschaft, S. 80.

184 Polak, Zur Dialektik in der Staatslehre, S. 247.

185 Polak, Zur Dialektik in der Staatslehre, S. 265.

186 Marx, Der Bürgerkrieg in Frankreich, MEW, S. 341; Polak, Zur Dialektik in der Staatslehre, S. 246.

b) Der Staat als Herrschaftsinstrument

Das Kapital versuche aber nicht nur, die Ausbeutung des Proletariats durch die Konstruktion abstrakter Rechtsverhältnisse zu verschleiern. Zusätzlich benutze es den Staat, seine Herrschaft über die Arbeiter zu festigen. Der „bürgerliche Rechtsstaat" ist nach Polak entgegen der Darstellung der bürgerlichen Wissenschaft nicht wertneutral, sondern Herrschaftsmittel in den Händen der Bourgeoisie[187]. Zur Durchsetzung ihrer kapitalistischen Interessen stünden dem Bürgertum die Polizei, die Gefängnisse, das Beamtenwesen sowie die Gestaltung des Staatsaufbaus zur Verfügung[188]. In der Staatsorganisation mache sich das Kapital insbesondere die Lehre von der Gewaltenteilung zu Nutze.

(1) Gewaltenteilung

Nach Polak könne die „Gefährlichkeit" der Gewaltenteilung „nicht hoch genug gewertet werden"[189]. Nach dieser Lehre sind die drei grundlegenden Staatsfunktionen Exekutive, Legislative und Judikative auf drei voneinander unabhängige Staatsorgane zu verteilen[190]. Jede einzelne Gewalt besitzt originäre Macht. Diese Lehre werde „rechtsstaatlich" begründet. Die Gewalten müssten einander kontrollieren, um den Bürger zu schützen. Dabei seien sie alle an die Gesetze gebunden. Für Polak wird dadurch letztlich das Recht zur höchsten staatlichen Instanz. Damit werde das Volk als eigentlich oberster Souverän entmachtet[191]. Das einzig demokratisch legitimierte Staatsorgan, das Parlament, könne Exekutive und Judikative nicht durch Gesetze steuern. Vielmehr zeige die Geschichte des bürgerlichen Staates, daß tatsächlich der Beamtenapparat die wahre Macht im Staate behauptet[192]. Gestützt wurde er dabei von der Justiz[193].

Hauptkritikpunkt Polaks ist dabei das richterliche Prüfungsrecht. In der bürgerlichen Rechtsdogmatik kommt der Justiz aufgrund ihrer Selbständigkeit gegenüber der Legislative die Befugnis zu, die Gesetze des Parlaments auf ihre Rechtmäßigkeit hin zu prüfen[194]. Auch das Prüfungsrecht als Ausprägung des

---

187 Polak, a.a.O., S. 271.

188 Ebd., S. 268.

189 Polak, Erläuterungen zum Verfassungsentwurf der SED. (Stenographische Niederschrift über die Sitzung des Verfassungsausschusses am 11.11.1946, in: SAPMO-BArch DY 30/IV 2/1.01 23, Bl. 7).

190 Polak, Justizerneuerung, S. 49.

191 Eine Explikation des Begriffes der Volkssouveränität erfolgt aus systematischen Gründen unten.

192 Polak, Zur Dialektik in der Staatslehre, S. 18, 287.

193 Polak, Gewaltenteilung – Menschenrechte - Rechtsstaat, S. 134.

194 Polak, Justizerneuerung, S. 49. Tatsächlich kann das BVerfG die Gesetze nur auf ihre Verfassungsmäßigkeit hin überprüfen. Denn das BVerfG ist nach ständiger Rechtsprechung und allgemeiner Meinung in der Literatur keine Superrevisionsinstanz, sondern prüft lediglich die Verletzung spezifischen Verfassungsrechts. (BVerfGE 18, 85 (92); E 95, 96 (128). Zur Klärungsbedürftigkeit dieser Konzeption siehe Zuck,

Gewaltenteilungsgrundsatzes werde in der bürgerlichen Rechtswissenschaft rechtsstaatlich begründet: In einem Rechtsstaat herrsche das Recht und nicht das Unrecht. Daher sei nur der Richter als Kenner des Rechts in der Lage, die Gesetze vom rechtlichen Standpunkt aus zu beurteilen[195].

(a) Polaks Kritik der rechtstaatlichen Gewaltenteilung

Diese rechtsstaatliche Begründung der Gewaltenteilungslehre kritisiert Polak auf zweierlei Weise. Zum einen beanstandet er die herrschende Rezeption Montesquieus; zum anderen ist Polak die Lehre vom Rechtsstaat zu formal.

(aa) Die falsche Rezeption Montesquieus

Die Vertreter der Gewaltenteilungslehre berufen sich auf Montesquieu. Dies können sie aber gemäß Polak nicht[196]. Denn Montesquieu hätte nicht die Art der Gewaltenteilung entworfen, die in der bürgerlichen Verfassung normiert wurde. Montesquieu hat nach Polak lediglich den Vorrang der Legislative vor den anderen Gewalten postuliert. Dem Aufklärer Montesquieu sei es vor allem darum gegangen, die Naturgesetze zu verwirklichen. Diese habe das Volk in Gesetzen zu positivieren. Sie seien für Montesquieu der einzig verbindliche Ausdruck von Recht gewesen[197]. Für Polak verfolgte Montesquieu damit allein das Ziel, die vom Adel beherrschte Exekutive an die Gesetze zu binden[198]. Für Montesquieu sei das Verhältnis von Legislative, Exekutive und Judikative daher durch die absolute Vorrangsstellung der Legislative gekennzeichnet. Die späteren Veränderungen dieses Verhältnisses könnten sich nicht mehr auf Montesquieus Konzeption stützen[199].

Diese Darstellung Montesquieus in Polaks Aufsatz „Justizerneuerung" bedarf zweier Anmerkungen: Bemerkenswert ist zum einen, daß Polak die Gewaltenteilungslehre Montesquieus auch in einem Bericht auf der 3. Sitzung des Verfassungsausschusses des Deutschen Volksrates am 11. Mai 1948 sowie in seinem Beitrag zur Begründung des Entwurfs der Verfassung der DDR behandelt. Seine dortige Darstellung des Konzepts Montesquieus unterscheidet sich erheblich von seinen Ausführungen in der „Justizerneuerung" und in der „Dialektik zur Staatslehre". In seinen Beiträgen zur Verfassung der DDR stellt Polak fest, daß

Verfassungsbeschwerde, Rn. 471) Es ist allerdings nicht zu klären, ob Polak „Rechtmäßigkeit" richtigerweise im Sinne von „mit der Verfassung vereinbar" oder aber im Sinne von „mit allen anderen Rechtsnormen vereinbar" verwendet. Da Polaks Kritik aber von grundsätzlicher Art ist, liegt letzteres näher.

195 Polak, Justizerneuerung, S. 50.

196 Polak, a.a.O., S. 52.

197 Ebd.

198 Ebd. Ähnlich Polak, Zur Dialektik in der Staatslehre, S. 288.

199 Ebd.

Montesquieu lediglich die Beschränkung des feudalistisch-absolutistischen Staatsapparates, nicht aber dessen Beseitigung lehrt.

„Das Volk ist ihm nicht reif zur Selbstregierung. Es bedarf eines übergeordneten, es beherrschenden Apparates. (...) Montesquieu ist also ein Theoretiker der konstitutionellen Monarchie, des durch Verfassung und Gesetz beschränkten Königtums. Er ist nicht Theoretiker der Volksherrschaft."[200]

Darüber hinaus widerspricht Polaks Darstellung im Aufsatz „Justizerneuerung" der sonstigen Rezeption der Gewaltenteilungslehre Montesquieus. Montesquieu hatte in seinem Buch „De l'Esprit des Lois" modellhaft darauf hingewiesen, daß in England die drei Gewalten getrennt seien[201]. Nach Montesquieu müsse die staatliche Macht beschränkt werden. Dazu seien die drei Gewalten zu trennen, so daß sie sich wechselseitig kontrollieren. In seiner Staatslehre gibt es demnach kein souveränes Zentrum der Macht[202]. Polaks Darstellung von Montesquieus Gewaltenteilungslehre ist daher falsch[203].

(bb) Die zu formale Lehre vom Rechtsstaat

Neben der angeblich fehlerhaften Herleitung des Rechtsstaates kritisiert Polak den „Rechtsstaat" als bürgerlichen Begründungsendpunkt der Gewaltenteilungslehre. Für die bürgerliche Wissenschaft würde die Willkür der Herrschenden erst im Rechtsstaat gebändigt[204]. Dieser Rückgriff auf den „Rechtsstaat" ist für Polak als Begründung ungenügend. Als bloßer Begriff bliebe der „Rechtsstaat" eine inhaltsleere und „bombastische Phrase"[205]. Sogar die Nazis hätten ihren Staat einen „Rechtsstaat" genannt[206]. Das Recht sei stets Ausdruck

---

200 Polak, Volk und Verfassung, S. 11; ders., Das Verfassungsproblem in der geschichtlichen Entwicklung Deutschlands, in: Reden und Aufsätze, S. 154. Nicht ganz klar ist, welche Position Polak in seinem Aufsatz „Gewaltenteilung–Menschenrechte-Rechtsstaat" vertritt. Eher scheint er jedoch die Auffassung aus seinem Beitrag „Volk und Verfassung" zu vertreten (Polak, Gewaltenteilung – Menschenrechte - Rechtsstaat, S. 129 f., 131).

201 Montesquieu, De l'Esprit des Lois, S. 169 – 181. Allerdings ist dieser Hinweis Montesquieus fehlerhaft. (Vgl. Hattenhauer, Europäische Rechtsgeschichte, S. 486).

202 Hereth, Montesquieu, Hamburg 1995; Rikklin kommt in seiner Analyse der Montesquieuschen Darstellung der englischen Verfassung zu vier Regeln, welche die „checks and balances" der Mächte verdeutlichen. (Rikklin, Montesquieus freiheitliches Staatsmodell, PVS 89, S. 429). Vgl. auch Richter, The Political Theory of Montesquieu, S. 86.

203 Polak selbst scheint dieser richtigen Wiedergabe der Lehre Montesquieus in einem Vortrag vom 4. März 1948 zu folgen. Allerdings erlaubt es die Mitschrift Leonhards nicht, Genaueres über die Einstellung Polaks zu sagen. (Polak, Verfassungsfragen, Archiv Leonhard, S. 2 f.).

204 Polak, Gewaltenteilung – Menschenrechte - Rechtsstaat, S. 142.

205 Polak, Justizerneuerung, S. 50.

206 Ebd.; ders., Gewaltenteilung – Menschenrechte - Rechtsstaat, S. 142.

der Politik der herrschenden Klasse. Man kann daher gemäß Polak nicht so tun, als ob dem Recht, und damit dem Rechtsstaat, ein absoluter Wert zukäme.

> „Jedes Volk und jede Epoche hat die ihm eigene Vorstellung vom Recht, wie es auch die ihm eigene Vorstellung von der Schönheit der Frauen hat. (...) Es gibt also einen antiken Rechtsstaat, einen feudalen Rechtsstaat, einen Polizeirechtsstaat, einen bürgerlichen Rechtsstaat und einen sozialistischen Rechtsstaat."[207]

Daher eigne sich das Recht nicht als Korrektiv von Gesetzen[208]. Durch diese Kritik Polaks wurde die Rechtsstaatsproblematik in der DDR-Rechtswissenschaft lange tabuisiert[209].

(b) Anmerkung zu Polaks Kritik der Gewaltenteilung

Polaks Kritik der Gewaltenteilungslehre kann nicht überzeugen. Polaks Behauptung, die bürgerlichen Rechtsideologen interpretierten Montesquieu falsch, kann nicht aufrechterhalten werden. Seine Formalismuskritik am Rechtsstaat ist von einem marxistischen Standpunkt aus konsequent. Da im Rahmen dieser Arbeit nicht die Richtigkeit der Marxschen Lehre untersucht wird, ist die Kritik Polaks hinsichtlich der bloß formalen Rechtsstaatslehre nicht weiter zu analysieren.

(2) Freiheitsrechte

Für Polak verschleiern neben der Gewaltenteilung auch die bürgerlichen Freiheitsrechte die wahren Verhältnisse im bürgerlichen Staat und dienen damit als Herrschaftsinstrument[210]. Nach der bürgerlichen Grundrechtsdogmatik stünden die Freiheitsrechte grundsätzlich allen Bürgern zu. Dadurch werde jedem Staatsbewohner vorgegaukelt, ihm kämen gewisse Rechte gegenüber dem Staat zu, so daß er von diesem unabhängig leben könne. Dies sei aber nicht der Fall. Die bürgerlichen Freiheitsrechte sind für Polak Prinzipien. Prinzipien gelten im Unterschied zu Regeln aber nicht absolut, sondern nur relativ in Bezug auf andere Prinzipien[211]. Die Prinzipien der Freiheitsrechte können folglich durch Gesetze eingeschränkt werden. Im bürgerlichen Staat würden die

---

207 Polak, Gewaltenteilung – Menschenrechte Rechtsstaat, S. 141 f. Dies entspricht der ganz allgemeinen Aussage der marxistischen Rechtslehre, daß der Inhalt jedes Rechtssystems von den Interessen der herrschenden Klasse bestimmt wird. (Klenner, Der Marxismus-Leninismus über das Wesen des Rechts, S. 19).

208 Polak, Justizerneuerung, S. 50.

209 Mollnau, Schwund der Mitte, S. 409; sowie ders., Sozialistische Gesetzlichkeit in der DDR, S. 65.

210 Polak, Zur Dialektik in der Staatslehre, S. 20.

211 Vgl. Polak, a.a.O., S. 21. Zur Unterscheidung von Regeln und Prinzipien vgl. Sieckmann, Regelmodelle und Prinzipienmodelle des Rechtssystems, 1990.

Freiheitsrechte dabei durch die Gesetze soweit untergraben, so daß sie letztlich lediglich als abstrakte Prinzipien bestehen bleiben. Dies führt nach Polak zur

„polizeilichen Aberkennung (der Rechte – d. Verf.), wenn durch den 'Gebrauch' des Rechts der herrschende Zustand der gesellschaftlichen Verhältnisse berührt wird."[212]

Für Polak werden die verfassungsrechtlichen Freiheitsrechte damit faktisch ausgehöhlt: Sie existieren lediglich als Fiktion. Tatsächlich könne der bürgerliche Staat in das Leben jedes Einzelnen willkürlich eingreifen. Diese Darstellung ist aus der Perspektive Polaks konsequent: Denn das Recht dient der herrschenden Klasse zur Machterhaltung, da sich die Herrschaftsverhältnisse und die reale Gesellschaftssituation widersprechen[213]. Der bürgerliche Staat kann daher dem Bürger keine Rechte einräumen, ohne dabei Gefahr zu laufen, von den „Volksmassen" abgeschafft und in einen sozialistischen Staat umgewandelt zu werden.

Trotzdem bedarf Polaks Analyse der „bürgerlichen" Grundrechtsdogmatik einer Anmerkung. In Art. 19 Absatz 2 Grundgesetz der Bundesrepublik wird festgelegt, daß kein Grundrecht „in seinem Wesensgehalt angetastet werden" darf. Die hierzu entwickelte absolute Wesensgehaltstheorie des Bundesverfassungsgerichtes macht deutlich, daß die Grundrechte in der Bundesrepublik keineswegs zu inhaltsleeren Prinzipien degradiert, sondern in der Verfassungsrealität eine herausragende Rolle spielen[214].

III. Der sozialistische Staat

Gegenüber diesem bürgerlichen Staat ist der sozialistische Staat aus bürgerlicher Perspektive nach Polaks überspitzter Formulierung kein Staat mehr[215]. Denn der sozialistische Staat definiert sich nicht mehr aus dem Gegensatz zur Gesellschaft. Er ist vielmehr Teil der Gesellschaft. Gemäß Polak kommt es zu einer Identität des Staates mit dem realen Willen des Volkes, also der gesellschaftlichen Bewegung[216].

1. Pariser Kommune (1871)

Ausgangspunkt für die Entwicklung dieses neuen Staates sei die Pariser Kommune gewesen[217]. Für Polak, der auch hier Marx folgt, war die Kommune die erste nach sozialistischen Grundsätzen organisierte Gemeinschaft[218]. Marx hatte

212 Polak, Zur Dialektik in der Staatslehre, S. 20.
213 Polak, Zur Dialektik in der Staatslehre, S. 21.
214 Vgl. etwa BVerfGE 7, 377 (411); E 34, 238 (245).
215 Polak, a.a.O., S. 246.
216 Polak, Verfassungsfragen, Archiv Leonhard, S. 13.
217 Polak, Zur Dialektik in der Staatslehre, S. 247. Zur Pariser Kommune siehe: Haupt/Hausen, Die Pariser Kommune, 1979.
218 Polak, a.a.O., S. 33, 35.

schon am 30.5.1871 vor der Internationale den Aufstand des Pariser Stadtrates im März 1871 als einen planmäßigen Versuch einer sozialistischen Revolution gedeutet[219].

Nach Polak wurde in der Verfassung der Pariser Kommune die Gewaltenteilung aufgehoben[220]. Daher sei in der Pariser Kommune zum ersten Mal tatsächlich das Volk höchster Souverän geworden. Zum Ausdruck komme diese Form der Volkssouveränität in der jederzeitigen Abwählbarkeit der Volksvertreter[221]. Darüber hinaus sei die absolute Verbindlichkeit des Volkswillens durch die streng hierarchische Ordnung der staatlichen Funktionsträger unter die höchsten Führungsorgane gewährleistet worden[222]. Die Organisation der Kommune entspreche in ihren Grundzügen damit dem später von Lenin entworfenen Ordnungsprinzip des „demokratischen Zentralismus`"[223].

Für Polak wird der Staat erst durch diese Organisationsform zum Diener der Gesellschaft. Individuum und Gemeinschaft, Volk und Staat seien hier nicht mehr getrennt, sondern verschmölzen in ein fruchtbares, dialektisches Verhältnis[224]. Allerdings seien die Kräfte der Bourgeoisie zu diesem Zeitpunkt noch zu groß gewesen, als daß die Kommune hätte überleben können.

2. Wesen des sozialistischen Staates

Das Wesen des sozialistischen Staates beschreibt Polak vornehmlich anhand zweier Kriterien. Zum einen geht es um das politische Selbstverständnis des neuen Staates, zum anderen um das Verhältnis von Volk und Staat.

a) Instrumentalität des Staates

Der Wesensunterschied zwischen sozialistischem und bürgerlichem Staat besteht für Polak darin, daß der sozialistische Staat nicht vorgibt, politisch neutral zu sein[225]. Es werde vielmehr offen gesagt, was der proletarische Staat wirklich ist: das Instrument der Arbeiterpartei zur Aufhebung der Klassengegensätze[226]. Nach Polak verläuft die Entwicklung des sozialistischen Staates nicht mehr

219 Marx, Der Bürgerkrieg in Frankreich, MEW, S. 335 –350; ders., Erster Entwurf zum „Bürgerkrieg in Frankreich", MEW, S. 538-549.

220 Polak, Zur Dialektik in der Staatslehre, S. 35.

221 Ebd.

222 Vgl. Polak, Zur Dialektik in der Staatslehre, S. 37. Vgl. auch Mampel, Die volksdemokratische Ordnung in Mitteldeutschland, S. 27 f.

223 Polak, Zur Dialektik in der Staatslehre, S. 36. Siehe auch: Marxistisch-leninistische Staatstheorie, S. 69; Lenin, Staat und Revolution, Werke, Kapitel „Organisierung der Einheit der Nation".

224 Polak, a.a.O., S. 37.

225 Polak, Justizerneuerung, S. 45.

226 Polak, Zur Dialektik in der Staatslehre, S. 262, 334. Dementsprechend hieß es in Art. 3 Abs. 5 DDR-Verfassung (1949): Die Staatsgewalt muß (...) dem demokratischen Fortschritt dienen.".

spontan, wie noch unter der Herrschaft des Kapitals, sondern nach dem Willen der Menschen, welche die Richtigkeit der „objektiven Bewegungsgesetze“, also die Richtigkeit der Lehre des historischen Materialismus, erkannt haben[227]. Im sozialistischen Staat vereine sich damit politische Macht und gesellschaftliche Bewegung[228]. Die Staatsgewalt wandele sich von einer Macht über das Volk in eine Macht in der Hand des Volkes[229].

„Nur dank der Tatsache, daß der Staat Instrument der Klasse und ihrer Partei ist, ist er die aktive Kraft der bewussten Organisation der sozialistischen Produktionsverhältnisse und damit der Entfaltung der ganzen Gesellschaft, aller werktätigen Schichten.“[230]

Für Polak steht der Staat dabei in einem speziellen Verhältnis zur historisch notwendigen Entwicklung vom Kapitalismus zum Sozialismus und Kommunismus. Der Staat sei kein bloß passives Anhängsel dieses „Umwälzungsprozesses“ und entstehe daher nicht ohne weiteres aus der Umwälzung der Basis. Ebenso falsch ist nach Polak aber auch die Ansicht, nach der sich „die Durchsetzung und Vervollkommnung der sozialistischen Staatlichkeit (...) automatisch aus der Entwicklung der Hegemonie der Arbeiterklasse“ vollziehe[231]. Vielmehr seien beide Faktoren, die Umwälzung der Produktionsverhältnisse sowie die führende Rolle der Arbeiterklasse, Grundlage für die Entwicklung des sozialistischen Staates[232].

„Die Grundlage der Grundlage, das Fundament aller Fundamente für den Bruch der alten, der kapitalistischen Organisation der Wirtschaft und den Bau der neuen, der sozialistischen Wirtschaftsorganisation (ist) der unbeugsame, harte und konzessionslos bis zuletzt durchgehaltene Wille des Proletariats“[233].

Aufgrund dieser Fundierung des Staates im Proletariat, das sich seiner Rolle stetig bewußt werden muß, entsteht gemäß Polak der Staat nicht durch eine einmalige Schöpfung in Form der sozialistischen Revolution. Der Staat im Sozialismus sei vielmehr ständigen Veränderungen unterworfen.

„Seine Aufgaben sind immer konkret entsprechend dem jeweiligen Stand der Umwälzung; denn der Staat ist ja die Umwälzung organisierende Kraft.“[234]

227 Polak, a.a.O., S. 336 f., 375.
228 Polak, a.a.O., S. 247.
229 Polak, Gewaltenteilung – Menschenrechte - Rechtsstaat, S. 127.
230 Polak, Zur Dialektik in der Staatslehre, S. 334.
231 Polak, a.a.O., S. 337.
232 Ebd.
233 Polak, Die Oktoberdekrete und die ersten Sowjetverfassungen, S. 587.
234 Polak, Zur Dialektik in der Staatslehre, S. 338.

Daraus ergibt sich ein Problem für die Verfassung eines sozialistischen Staates. Als Gesetz und als Steuerungsinstrument ist sie von einer gewissen Dauer. Gleichzeitig dient die Verfassung aber der Entwicklung der Demokratie[235]. Für Polak ist sie die „Instrumentierung der politischen Kräfte des Volkes“ zum Aufbau des Sozialismus. Die Verfassung sei die Form dieser historisch-materialistischen Entfaltung[236]. Die Verfassung hat also gleichzeitig stabil und dynamisch zu sein. Dieses Spannungsverhältnis entspricht dem Problem von Dynamik und Stabilität im Rechtsbegriff Polaks[237]. Daher soll es im Rahmen des Polakschen Rechtsbegriffs behandelt werden.

Nach Polak schafft der sozialistische Staat die gesellschaftlichen Organisationsformen, die der gesetzmäßigen sozialen Entwicklung zur sozialistischen Gesellschaft entsprechen[238]. Insbesondere habe der Staat die Umwälzung der Produktionsformen im Marxschen Sinne zu organisieren[239]. Der Staat sei damit „untrennbar“ mit der historischen Entwicklung der Gesellschaft verbunden, was die bürgerliche Rechtsideologie aber verleugne. Dort werde der Staat als fertiges Produkt wahrgenommen, das nach seiner Schöpfung eigenen Regeln folge[240]. Tatsächlich aber entwickle sich der Staat entsprechend den Gesetzen des historischen Materialismus.

Das Ziel dieser Entwicklung ist in der sozialistischen Staatstheorie unbestritten: der Tod des Staates[241]. Allerdings wird der Weg dorthin unterschiedlich

---

235 Hieran wird kritisiert, daß Polak bei seinen Überlegungen stets die Übergangsphase vom Kapitalismus zum Sozialismus im Auge hatte. Polak habe es unterlassen, zwischen Revolution, Diktatur und Endstadium zu unterscheiden. Im Endstadium des Sozialismus, dem Kommunismus, muß die Verfassung aber nach der sozialistischen Staatslehre gar nicht mehr den staatlichen Fortschritt gestalten, da die Geschichtsentwicklung an ihren Endpunkt gelangt ist. Eine Entwicklung findet nun nicht mehr statt. (Schöneburg, Polak und die erste antifaschistisch-demokratische deutsche Verfassung, S. 46).

236 Polak, Die Verfassung der UdSSR von 1936, S. 624 f. Hier ergibt sich eine Parallele zur Staatskonzeption von Carl Schmitt. Nach Schmitt kann der Mensch nicht in einem starren, formalistischen Rechtssystem leben, weil er selbst kein nach starren Regeln existierendes Wesen sei. Dieser Einsicht muß die Verfassung Rechnung tragen, indem sie sich stetig ändere. Polak geht aber nicht soweit wie Schmitt, nach dem eine Kodifikation der Verfassung unterbleiben kann. Schmitt erblickte in der Kodifikation die Gefahr, daß die lebendige politische Entwicklung des staatlichen Lebens durch Normen begrenzt und gehemmt werden könnte. (Schmitt, Verfassungslehre, S. 13).

237 Zum Problem der gesellschaftlichen Dynamik im Wirtschaftsrecht siehe Stiebitz, Such, S. 188 ff.

238 Polak, Zur Dialektik in der Staatslehre, S. 339.

239 Polak, a.a.O., S. 347.

240 Polak, a.a.O., S. 338.

241 Polak, a.a.O., S. 251.

beschrieben[242]. Polak vertritt diesbezüglich die Stalinsche These von der „maximalen Verstärkung“[243] des Staates. Stalin begründete seine These mit der außenpolitischen Bedrohung und innenpolitischer Stabilisierung der sozialistischen Herrschaft. Polak übernahm diese Begründung in einer für die DDR modifizierten Form:

> „Die großen Aufgaben, die der zweite Fünfjahrplan stellt, sowie die großen nationalen Aufgaben, die unser Volk gegen die aggressiven Pläne der NATO für die Wiedervereinigung Deutschlands zu führen hat, erfordern die allseitige Verstärkung unserer Staatsmacht.“[244]

Diese Begründung ermöglichte es, das tatsächliche Absterben des Staates in ferne Zukunft rücken zu lassen. Bis zum Sieg über die kapitalistische Bedrohung konnte und musste der Staat seine überragende Stellung behalten. Hier wird auch deutlich, in welcher historischen Situation sich Polak befunden hat. Es ging in den Nachkriegsjahren darum, einen neuen Staatstypus im besetzten Deutschland zu installieren und zu festigen.

b) Das Verhältnis von Volk und Staat

Der sozialistische Staat Polaks wird neben seiner Instrumentalität auch durch sein Verhältnis zum Volk charakterisiert. Dabei impliziert der instrumentelle Charakter des Staates dieses Verhältnis. Nach Polak erzieht der Staat seine Bewohner zu Sozialisten. Sie hätten zu begreifen, daß sich die Entwicklung des Volkes nach den Gesetzmäßigkeiten des historischen Materialismus richtet. Durch die Erkenntnis dieser Entwicklungsgesetze werde das Bewußtsein und das Verhalten der Menschen bestimmt.

> „Die persönlichen Vorstellungen, Wünsche und Bestrebungen der einzelnen Gesellschaftsmitglieder haben jetzt nicht mehr ihre isolierte Individualität zur Grundlage, die die Menschen notwendig von der Gesellschaft und gegeneinander isolierte. Das Grundprinzip der Gesellschaft ist jetzt die bewusste Organisierung zur gemeinsamen Kraft, die diese objektive Gesetzmäßigkeit zur gesellschaftlichen Wirklichkeit werden lässt, indem sie gesellschaftliche Verhältnisse hervorbringt, in denen die erstrebte Gesetzmäßigkeit sich voll entfaltet. Das macht das Wesen und die Funktion des Staates aus.“[245]

Grundelement des sozialistischen Staatsaufbaus ist demnach die Verwirklichung des objektivierten Volkswillens[246]. Dies führe zu einer Verschmelzung von Volk und Staat, wobei der Staatsapparat der Volksherrschaft unterworfen

---

242 Siehe hierzu Abschnitt B: Sozialistische Staatskonzeptionen.

243 Stalin, Die Ergebnisse des ersten Fünfjahrplans, Werke, S. 189.

244 Polak, Zur Dialektik in der Staatslehre, S. 180.

245 Polak, a.a.O., S. 345 f.

246 Polak, Justizerneuerung, S. 43.

sei[247]. Das Volk habe folglich Gesetzgebung, Verwaltung und Rechtsprechung zu kontrollieren[248]. Mithin wird die Volksvertretung für Polak höchstes und unbegrenztes Staatsorgan und führt zur Gewalteneinheit.

Die Identität von Staat und Volk ist nach Polak aber nicht in einem empirischen Sinne zu verstehen. Eine derartige Staatsform, wie die Demokratie in der Bundesrepublik, wäre immer noch bürgerlich[249]. Vielmehr herrscht für Polak eine fiktive, dialektische Einheit zwischen Staatsführung und Bevölkerung[250]. Diese Einheitskonzeption Polaks stellt sich folgendermaßen dar: Die Staatsmacht zeigt dem Volk die objektive Gesetzmäßigkeit der Geschichte auf[251]. Dessen Bewußtsein wird somit erhoben, und es erkennt die Widersprüche in der Gesellschaft. Aus diesem Bewußtsein heraus wird das Volk selbst tätig. In diesem Sinne, „aus der erkannten Freiheit“[252] heraus, sind Staat und Volk vereint[253]. Staat und Gesellschaft heben sich also im Hegelschen Sinne auf, so daß letztlich nur die neue sozialistische Gesellschaft übrig bleibt. Der Dialektik dieser Entwicklung folgend, stirbt der Staat schließlich ab[254].

Beispielhaft führt Polak die Entwicklung der Räte an. Zunächst entstünden die Räte aus der Mobilisierung der Massen. Anschließend hätten sie sich in Organe des Aufstandes umgewandelt. Mit der Machtergreifung der Arbeiter seien sie zu Organen der Macht und schließlich zum Staatsapparat geworden[255]. Die Räte seien dabei Teile eines von der Partei geführten Rätesystems. So werde das Volk von den mit ihm dialektisch vereinten Führungsorganen zur neuen Bewußtseinsstufe emporgehoben[256]. Volk und Staat sind für Polak demnach dialektisch vereint, so daß sich das vom Staat erzogene Volk quasi an den eigenen Haaren aus dem kapitalistischen Sumpf herauszieht.

c) Staat und Recht

Diese Vereinigung von Staat und Volk kann nicht ohne Folgen für das Recht bleiben. Polak hatte an dem bürgerlichen Staat und seinem Recht deren Abstraktion von der gesellschaftlichen Geschichte kritisiert. Nachdem Polak die Abstraktion des Staates „überwunden“ hat, drängt sich die Frage auf, in welchem Verhältnis das Recht zur Gesellschaft und zum Staat steht. Das Verhältnis von sozialistischem Recht zur Gesellschaft ist ein zentraler Aspekt des Polakschen Rechtsbegriffs und soll daher im Rahmen seiner Darstellung

---

247 Polak, a.a.O., S. 44.
248 Polak, a.a.O., S. 45.
249 Polak, Zur Dialektik in der Staatslehre, S. 250.
250 Polak, a.a.O., S. 249.
251 Polak, Justizerneuerung, S. 42.
252 Polak, Zur Dialektik in der Staatslehre, S. 249.
253 Polak, a.a.O., S. 250.
254 Polak, a.a.O., S. 251.
255 Polak, a.a.O., S. 250.
256 Ebd.

behandelt werden. Es bleibt daher zu klären, wie Polak das Verhältnis von Staat und Recht bestimmt.

Das sozialistische Verhältnis von Staat und Recht unterscheidet sich nach Polak grundlegend von dem bürgerlichen Verhältnis. Gleichzeitig sei die Bestimmung des Verhältnisses Bestandteil der Frage nach der Gewaltenteilung[257]. Entscheidend für das bürgerliche Verhältnis sei, daß hier Staat und Recht als verschiedene Größen betrachtet werden. Das Recht werde abstrakt nach eigenen Kriterien betrachtet, während der Staat vor allem als dessen „Exekutor“ fungiere. Dieses Prinzip finde Ausdruck in der Lehre von der Gewaltenteilung. Hiergegen kommt es nach Polak im Sozialismus zu einem Gleichlauf von Staat und Recht. Beide wurzeln im Klassenwillen, der sich nach den Gesetzen des historischen Materialismus entwickelt[258].

> „Der Staat schafft immer Recht in Durchsetzung der Klassenmission. Staat und Recht bedingen einander. (...) Sie bedingen ebenso den gesamten Mechanismus der staatlichen Tätigkeit, wie dieser wiederum das Recht verwirklicht.“[259]

Staat und Recht sind bei Polak demnach nicht vollkommen identisch. Allerdings stehen sie in einem derart engen Wechselverhältnis, daß es kaum möglich ist, zwischen ihren Seinsweisen zu trennen. Polak betont, daß die Frage nach dem Verhältnis von Staat und Recht implizit deren Trennung voraussetzt. Dies stelle den bürgerlichen Standpunkt dar. Daher müsse im Sozialismus von der wesensmäßigen Untrennbarkeit von Staat und Recht ausgegangen werden[260]. Aufgrund des hohen Abstraktionsgrades der Polakschen Ausführungen und ihrer Allgemeinheit bleibt aber unklar, welche konkreten Wechselbeziehungen für ihn zwischen Staat und Recht bestehen.

3. Grundrechte

Festzuhalten ist, daß bei Polak Staat, Volk und Recht durch die historisch-gesellschaftliche Entwicklung untrennbar verknüpft sind. Bei einer derartigen engen Verbindung des Rechts mit dem Staat erscheint eine Existenz von Grundrechten kaum möglich. Schließlich sind Grundrechte nach liberaler Tradition in erster Linie Abwehrrechte des Einzelnen gegenüber dem Staat[261]. Dieses Problem wird von Polak in seinen Arbeiten nicht einheitlich bearbeitet. Vielmehr hat er zwei verschiedene Grundrechtskonzeptionen vertreten. Man kann sie zwei zeitlich aufeinanderfolgenden Phasen zuordnen. In der ersten Phase

257 Polak, a.a.O., S. 393 f.

258 Polak, a.a.O., S. 394.

259 Polak, a.a.O., S. 399.

260 Markovits beschreibt das Verhältnis von Recht und Staat bei Polak folgendermaßen: „Recht war (...) vom Staat sowenig wie der Gedanke vom Kopf zu trennen.“ (Markovits, Abwicklung, S. 156).

261 Siehe etwa BVerfGE 7, 198 (204); Böckenförde, Grundrechtstheorie, NJW 74, S. 1530.

entwickelt Polak Grundrechte für die Übergangssituation vom Kapitalismus zum Sozialismus, in der sich die SBZ nach dem Zweiten Weltkrieg befand. In der zweiten Phase geht Polak augenscheinlich davon aus, daß sich der Sozialismus in der DDR durchgesetzt hat.

a) Das frühe Grundrechtsverständnis Polaks

Polaks frühes Grundrechtsverständnis geht aus seinen Arbeiten in den 40er Jahren und Anfang der 50er Jahre hervor. In dieser Zeit beschäftigte er sich häufig mit der ersten Verfassung der DDR[262]. Hier behandelt er die „persönliche Rechtsstellung des Bürgers gegenüber der Staatsgewalt". Diese Rechtsstellung zeichne sich dadurch aus, daß der Bürger vor der „staatlichen Willkür" geschützt werden müsse[263].

(1) Inhalt der Grundrechte

Aus dieser Position des Einzelnen gegenüber dem Staat erklärt sich, warum die Grundrechte nach Polak der Befreiung von den „Fesseln und Vorurteilen der kapitalistischen Gesellschaftsordnung" dienen[264]. Die Grundrechte seien daher nicht nur juristische Fixierungen, sondern vor allem politische Forderungen. So habe die „Deklaration der Menschenrechte" von 1789 die Forderungen des Dritten Standes dargestellt, die erst nach einem politischen Kampf als positives Recht fixiert wurden. Grundrechte seien reale Rechte des Volkes, die durch den Klassenkampf errungen werden und diesen widerspiegeln[265].

Die sozialistischen Grundrechte umfassen nach Polak zum einen die Freiheitsrechte des Einzelnen gegenüber der Staatsgewalt und zum anderen die Gruppe der Gestaltungsrechte[266]. Die Gruppe der Freiheitsrechte bestehe aus den bürgerlichen Freiheiten, wie der Meinungs- und Versammlungsfreiheit[267]. Hinzu komme der Gleichheitsgrundsatz und der Eigentumsschutz[268]. Die Gruppe der

262 Vgl. Polak, Volkssouveränität und Staatsgestaltung im kommenden Deutschland, NJ 48; ders., Verfassungsfragen (4.2.1948), Archiv Leonhard; ders., Justizerneuerung (1948); ders., Volk und Verfassung (1949). Die erste Verfassung der DDR war für die Übergangssituation von der antifaschistisch-demokratischen Ordnung zum Sozialismus geschaffen worden. (Triebel, Grotewohl, S. 28).

263 Polak, Volk und Verfassung, S. 38, 41.

264 Polak, Gewaltenteilung – Menschenrechte - Rechtsstaat, S. 139.

265 Polak, Verfassungsfragen, Archiv Leonhard, S. 17.

266 Polak, Volkssouveränität und Staatsgestaltung im kommenden Deutschland, NJ 48, S. 243.

267 Polak, Justizerneuerung, S. 45.

268 Polak, a.a.O., S. 45 f. Obwohl es in der DDR derartige Grundrechte gab, wurden sie nicht in gleicher Weise wie in der BRD angewendet. Vielmehr wurden sie im sozialistischen Sinne uminterpretiert. Entscheidend bei dieser Deutung war dabei die Feststellung, daß bürgerliche (Grund-)Rechte nur in der Epoche des Bürgertums ihre legitime Geltung haben. Der Neuinterpretation wurde der positive sozialistische Freiheits-

„Gestaltungsrechte“[269] umfasse die Rechte auf Arbeit, Mitbestimmung in der Produktion, Erholung sowie das Recht auf Bildung[270]. Polak bezeichnet diese Rechte auch als „soziale Grundrechte“[271]. Sie dienten dazu, die Gleichheit der Bürger nicht nur formal, sondern in der gesellschaftlichen Realität zu gewährleisten[272].

Allerdings reichten diese Gestaltungsrechte der Bürger dazu allein nicht aus. Um die tatsächliche Gleichheit aller Bürger im Staat zu erreichen, müsse den „Großkapitalisten“ ihre Macht über die Arbeiter genommen werden. Daher habe der Staat seine Bürger vor deren Herrschaft zu schützen. Dies geschehe durch Verbote von Kartellen, Monopolen sowie von Großgrundbesitz[273]. Polak fasst diese Verpflichtungen des Staates als Schutz der Freiheit der Bürger auf[274].

Diese Freiheit ist jedoch nicht mit der bewehrten Freiheit zu verwechseln. Letztere sichert durch Ge- und Verbote lediglich die Möglichkeit für den Einzelnen, eine rechtliche Erlaubnis wahrzunehmen. Demgegenüber räumt Polaks beschützte „Freiheit“ dem Staat eine zusätzliche Kompetenz ein und deutet auf sein späteres Freiheits- und Grundrechtsverständnis hin. Vom Bürger aus gesehen, bedeutet diese Kompetenz des Staates eine Einschränkung seiner Freiheit. Polak erkennt dieses Problem[275]. Er verweist aber darauf, daß die Freiheit, in die durch diese sozialen Grundrechte eingegriffen werde, nur die Freiheit der „herrschenden Wirtschaftsmächte“ sei[276]. Diese Freiheit führe aber zur Herrschaft der Wirtschaft über den Menschen und sei daher nicht schützenswert.

„Der große Name der Freiheit wird hier schändlich missbraucht.“[277]

Ähnlich argumentiert Polak, um das Recht und die Pflicht des Staates zu begründen, alle „nationale und Rassenhetze“ zu unterdrücken sowie gegen militaristische und antidemokratische Tendenzen vorzugehen[278]. In Weimar hätten die Nationalsozialisten „unter den Fittichen der Verfassung“ Propaganda

begriff zugrundegelegt, der auch Polaks spätes Grundrechtsverständnis bestimmt. (Vgl. Böckenförde, Rechtsauffassung im kommunistischen Staat, S. 50 f.)

269 Polak, Volkssouveränität und Staatsgestaltung im kommenden Deutschland, NJ 48, S. 243; ders., Volk und Verfassung, S. 38.

270 Polak, Staatsform und Verfassungsstruktur der Volksdemokratie, NJ 50, S. 383.

271 Polak, Volk und Verfassung, S. 40.

272 Polak, a.a.O., S. 39 f.

273 Polak, Justizerneuerung, S. 46; ders., Volk und Verfassung, S. 43.

274 Polak, Justizerneuerung, S. 46.

275 Polak, Volk und Verfassung, S. 41.

276 Ebd.

277 Ebd.

278 Polak, a.a.O., S. 46 f.; ders., Justizerneuerung, S. 46.

machen können. Dies dürfe sich nicht wiederholen. Um die Rechte des Volkes zu schützen, hätten die Feinde der Republik ihre Grundrechte verwirkt.

> „Die gegen die Demokratie (...) gerichtete Tätigkeit ist nicht eine erlaubte oder geduldete Betätigung, sondern ein Verbrechen und wird mit der Strafgewalt des Staates unterstützt“[279].

(2) Geltung der Grundrechte

Dem Schutz der realen Rechte des Volkes diene auch die Geltung der Grundrechte. Anders als in Weimar müssen die Grundrechte für Polak unmittelbar geltendes Recht sein[280]. Die Rechte des Bürgers dürften nicht noch einmal durch die juristische „Theorie“ zu „unverbindlichem Gesetzestext“ gemacht werden[281]. Die Polakschen Grundrechte stellen demnach positiv „Inhalt und Grenzen der Staatsgewalt“ fest[282].

Allerdings wird die Grenze der Staatsgewalt durch die Grundrechte nicht absolut festgelegt. Es ist zu bedenken, daß für Polak der Volkswille absoluter Souverän im Staat ist[283]. Daher kann der in der obersten Staatsgewalt repräsentierte Volkswille auch nicht dauerhaft durch Rechte beschränkt werden. Die Grundrechte stehen stets zur Disposition der Volksvertretung. Konsequenterweise dürfte es nach Polak für sozialistische Grundrechte keine Ewigkeitsgarantie, vergleichbar mit Art. 79 Abs. 3 GG, geben. Soweit ersichtlich, äußert sich Polak hierzu jedoch nicht explizit.

(3) Zusammenfassung

Nach Polaks frühem Grundrechtsverständnis existieren zwei Grundrechtsgruppen: die Gruppe der Freiheitsrechte und die Gruppe der Gestaltungsrechte. Erst durch ihre positive Geltung und ihren staatlichen Schutz werde die tatsächliche Gleichheit aller Bürger sichergestellt[284]. Dies werde in Deutschland erstmals nach der Überwindung des Kapitalismus durch die Verfassung der DDR von 1949 erreicht. Für Polak können Grundrechte und Sozialismus daher

---

279 Polak, Volk und Verfassung, S. 46 f.

280 Polak, a.a.O., S. 46.

281 Ebd.

282 Hauptteil B des Entwurfs der DDR-Verfassung „Inhalt und Grenzen der Staatsgewalt“ (Polak, a.a.O., S. 38). Vgl. Schöneburg, Polak und die erste antifaschistisch-demokratische deutsche Verfassung, S. 45.

283 Polak, Volkssouveränität und Staatsgestaltung im kommenden Deutschland, NJ 48, S. 243.

284 Polak, Volk und Verfassung, S. 38 f.

nur im gleichen Maße verwirklicht werden[285]. Die Grundrechte seien somit das Programm und die „Krone" der sozialistischen Demokratie[286].

b) Das späte Grundrechtsverständnis Polaks

Polak wandelte jedoch sein Verständnis von Grundrechten gegen Ende der fünfziger Jahre. Dies ist Ausdruck seiner sich stets radikalisierenden Auffassung, die in den Werken nach der Gründung der DDR zu Tage trat. Grundlegend für Polaks spätes Grundrechtsverständnis ist ein spezieller Freiheitsbegriff, den er implizit vertritt.

(1) Positive und negative Freiheit

Dieser Freiheitsbegriff kann näher durch die Unterteilung der Freiheit in positive und negative Freiheit dargestellt werden[287]. Nach Berlin wird unter negativer Freiheit das Recht des Einzelnen, in Ruhe gelassen zu werden, verstanden[288]. Dieses Konzept wird von liberalen Denkern um einen absoluten Schutz des Kernbereichs der Persönlichkeit erweitert[289].

> „It is assumed (…) that there ought to exist a certain minimal area of personal freedom which must on no account be violated"[290].

Die negative Freiheit umschreibt damit den Rahmen, inwieweit der Einzelne vom Staat unbehelligt bleibt. Dagegen befasst sich die positive Freiheit mit der Frage, wer und was den Einzelnen leiten sollte[291]. Für die Anhänger des positiven Freiheitsbegriffs ist der Einzelne dann frei, wenn er selbstbestimmt entscheiden kann. Positive Freiheit wird folglich definiert als:

> „The freedom which consists in being one`s own master"[292].

---

285 Polak, Gewaltenteilung – Menschenrechte - Rechtsstaat, S. 140. Dies bestätigt auch das Thema seiner Rede vor der Volkskammer: „Keine Menschenrechte ohne Sozialismus"; abgedruckt in: ND v. 18.04.63, S. 1 f.

286 Polak, Justizerneuerung, S. 45; ders., Staatsform und Verfassungsstruktur der Volksdemokratie, NJ 50, S. 383.

287 Die Unterteilung der Freiheit in „Negative" und „Positive" Freiheit wird von Isaiah Berlin übernommen. (Isaiah Berlin, Two Concepts of Liberty, 1969).

288 Berlin, a.a.O., S. 122. Urheber dieser Freiheitskonzeption ist für Berlin Erasmus (Berlin, a.a.O., S. 126 f.) Vgl. auch Walicki, The Marxian Conception of Freedom, S. 226.

289 Um begriffliche Klarheit zu schaffen, ist in diesem Zusammenhang darauf hinzuweisen, daß die dargestellte Position im angelsächsischen Sprachraum als „libertär" bezeichnet wird. (Vgl. Berlin, a.a.O., S. 124).

290 Berlin, Four Essays on Liberty, S. 124.

291 Berlin, a.a.O., S. 122.

292 Berlin, a.a.O., S. 131.

Damit nun der Einzelne nach den selbstgewählten Grundsätzen leben kann, muß ein Zusammenstoß mit dem Wollen anderer vermieden werden. Daraus folgt, daß nicht nur der Einzelne vernünftig zu handeln hat, sondern auch die Gesellschaft, in der er lebt, vernünftig zu organisieren ist. Dies basiert auf der Annahme der Kompatibilität aller rationalen Ziele, denn es muß ausgeschlossen werden, daß zwei Wahrheiten nicht vereinbar sind.

„All true solutions to all genuine problems must be compatible; more than this, they must fit into a single whole: for this is what is meant by calling them all rational and the universe harmonious."[293]

(2) Polaks Freiheitsbegriff

Bei der Darstellung seines eigenen Grundrechts- und Staatsbegriffs bezieht sich Polak auf einen sozialistischen Freiheitsbegriff, den auch Marx verwendete[294]. Für Polak kann der Mensch sein eigenes Leben erst dann bestimmen, wenn er der Natur die Gesetze aus der Hand nimmt. Der Mensch müsse die wahre Gesetzmäßigkeit der Geschichte erkennen und danach handeln[295]. Freiheit sei daher die Einsicht in das historisch Notwendige.

„Sie (die Menschen – d. Verf.) beherrschen die Verhältnisse, statt von ihnen beherrscht zu werden. Dies ist die Grundlage der Marxschen Lehre vom Sozialismus als der Verwirklichung der Freiheit."[296]

Im sozialistischen Staat komme die Gesetzmäßigkeit der gesellschaftlichen Entwicklung im Recht zum positiven Ausdruck. Damit werde der Mensch gezwungen, das als historisch notwendig Erkannte und rechtlich Fixierte zu tun[297]. Die sozialistische Freiheit beinhaltet demnach das Recht und die für

293 Berlin, a.a.O., S. 147.

294 Vgl. Walicki, The Marxian Conception of Freedom, S. 226.

295 Polak, Zur Dialektik in der Staatslehre, S. 302 f.

296 Polak, Der Niedergang der Staatswissenschaft in Deutschland, S. 41.

297 Polak, Zur Dialektik in der Staatslehre, S. 258, 241 f. Deutlich wird Polaks Verständnis von Freiheit aus der Ersetzung des Begriffes „Freiheit" durch den Begriff „Demokratie" in einem Vortragsmanuskript. In dem Vortrag ging es um „die Lösung der Lebensfrage unserer Nation: Frieden, Sicherheit, ~~Freiheit~~ Demokratie, Brot, Arbeit und Wohlstand". Die Demokratie im Polakschen Sinn bedeutet Volksherrschaft der Proletarier. Diese Demokratie ist durch das Wahrheitsmonopol der Arbeiter-und-Bauern Partei gekennzeichnet. Freiheit wird demnach durch die Partei, die Führerin der Demokratie, bestimmt. (Vortragsmanuskript für „Über den Charakter unserer Volkswahlen", in: ABBAW, Bestand Akademieleitung – Personalia, Archivnummer 356, Akte Nr. 34, S. 3 des Vortrages. Der Aufsatz ist auch abgedruckt im „Mitteilungsblatt für die Mitglieder der Deutschen Akademie der Wissenschaften zu Berlin", Heft 9/10 1958, S. 195 – 198).

Polak freiwillige Pflicht der Menschen, die Geschichte objektiv weiterzuentwickeln[298]. Daraus folge für das sozialistische Recht:

> „Diese Notwendigkeit und Gesetzmäßigkeit, der im sozialistischen Recht liegende Zwangscharakter ist nicht Zerstörung der Freiheit und der Selbstbestimmung des Menschen, sondern festigt und entwickelt sie."[299]

Eine so verstandene Freiheit zur Gesellschaft, im Gegensatz zur Freiheit von der Gesellschaft, bedeutet die Verwirklichung der Persönlichkeit in der Gesellschaft und durch die Gesellschaft. Der Einzelne wird nach Polak damit erst in der sozialistischen Gesellschaft „Master" seines Lebens. Der Freiheitsbegriff Polaks stellt damit eine Spielart der positiven Freiheit dar[300].

Auf Grundlage dieses Verständnisses von Freiheit ist für Polak der Einzelne im bürgerlichen Staat auch nicht frei. In diesem System werde die marxistische Lehre nicht beachtet, so daß der Einzelne sich nicht an der Gesetzmäßigkeit der gesellschaftlichen Entwicklung orientieren könne. Vielmehr werde er Objekt der willkürlich Herrschenden und sei dem spontanen Lauf der Dinge hilflos ausgeliefert. Ausdruck hierfür sei die Beziehungslosigkeit des Einzelnen gegenüber der Gesellschaft[301]. Für Polak stellt dies einen „Tanz über dem Abgrund" dar[302]. Der Bürger im kapitalistischen System sei daher nicht Herrscher seines eigenen Lebens und somit unfrei.

(3) Polaks Grundrechte

Polaks spätes Grundrechtsverständnis baut auf diesem positiven Freiheitsbegriff auf, der die Lehre des Marxismus-Leninismus als höchsten Maßstab für die Selbstbestimmtheit des Lebens heranzieht. Im sozialistischen Staat stehe nun

---

298 Polak, Vortragsmanuskript der Vorlesung „Die Demokratie der Arbeiter-und-Bauern-Macht und die örtlichen Organe der Staatsmacht in der DDR", in: SAPMO DY 30 /IV 2/13/457 Fiche 6, Bl. 498. Wieder führt Polak Auszüge aus der oben erwähnten „Programmatischen Erklärung" des Staatsrates an. Hier heißt es: „Die Mitwirkung an der bewussten Gestaltung des gesamten wirtschaftlichen, kulturellen und vor allem politisch-staatlichen Lebens unserer Republik ist daher das entscheidende, grundlegende Recht der Bürger unserer Republik." (Abgedruckt bei Polak, Zur Dialektik in der Staatslehre, S. 431).

299 Polak, Über die weitere Entwicklung der sozialistischen Rechtspflege in der DDR, S. 647. Vgl. auch ders., Zur Dialektik in der Staatslehre, S. 40.

300 Polak war sich durchaus bewußt, daß sich seine Vorstellung von Freiheit von der liberalen Konzeption unterscheidet. Allerdings analysierte er diesen Unterschied nie explizit, sondern stellte lediglich fest, daß „in der Tat (...) unsere Begriffe von Freiheit (...) anders als die der Bonner Parlamentarier" sind. (Polak, Vorlesungsmanuskript „Die Demokratie der Arbeiter-und-Bauern-Macht und die örtlichen Organe der Staatsmacht der DDR", in: SAPMO-BArch DY 30/IV 2/13/457 Bl. 411).

301 Polak, a.a.O., Bl. 497.

302 Ebd.

sowohl das Leben des Einzelnen als auch die Entwicklung der Gesellschaft in Übereinstimmung mit der Marxschen Lehre. Daher stimmen für Polak Individualinteressen und Interessen des Staates überein. Folgerichtig bedürfe es der Grundrechte als Abwehrrechte nicht mehr[303]. Es könne daher kein rechtliches System im Sozialismus existieren, das die abstrakte Individualität zur Grundlage habe[304]. Derartige Vorstellungen verkörpern für ihn vielmehr bürgerliches, rechtsstaatliches Denken, das den Bürger in den „engen Kerker des Individuellen, Subjektiven, Isolierten, gegenüber der Gesellschaft machtlosen Daseins“ sperrt, um ihn damit letztlich von der Machtausübung auszuschließen[305]. Polak systematisiert diese veränderte Grundrechtskonzeption jedoch leider kaum.

Folgt man aber seinem positiven Freiheitsbegriff, so müssten sozialistische Grundrechte für ihn Rechte auf Teilnahme an der Entwicklung der gesellschaftlichen Form darstellen. Dies drückt er etwas unscharf aus, wenn er sagt:

> „Der Mensch tritt aus der Vereinzelung als Individuum und damit aus dem spezifischen Verhältnis, in das die bürgerlich-kapitalistische Gesellschaft und damit auch das bürgerliche Recht ihn spannt, d.h. aus dem Verhältnis des isolierten Individuums zum Individuum, zum Staat, zum Recht heraus. Seine individuellen Kräfte werden zu unmittelbar gesellschaftlichen. Dabei aber tritt er zugleich aus der Ohnmacht gegenüber der Gesellschaft, gegenüber den bestehenden kapitalistischen Produktionsverhältnissen und den durch diese geschaffenen gesellschaftlichen Verhältnissen – er wird Schöpfer, bewusster Gestalter seiner eigenen gesellschaftlichen Verhältnisse.“[306]

Die Freiheit des Bürgers und seine staatsbürgerliche Verantwortung werden damit miteinander in Beziehung gesetzt und aufeinander bezogen. So kommt es zu einer Einheit von Rechten und Pflichten[307]. Die Rechte gelten damit nur innerhalb des Sozialismus und nicht mehr gegenüber dem Staat beziehungsweise nicht gegen den Sozialismus[308]. Aus dem Recht „von“ dem Staat“ wird das Recht „zum“ Staat[309].

---

303 Vgl. Joseph, Rechtswissenschaft und SED, S. 588.

304 Polak, Zur Lage der Staats- und Rechtswissenschaft in der DDR, SuR 59, S. 1340; vgl. auch ders., Zur Dialektik in der Staatslehre, S. 252.

305 Polak, Zur Dialektik in der Staatslehre, S. 243.

306 Polak, a.a.O., S. 241. Zu einem ähnlichen Verständnis dieser Passage vgl. Schüßler u.a., Staat, Recht und Politik im Sozialismus, S. 238.

307 So auch Moschütz, FS, S. 86. Im späteren Grundgesetz der DDR heißt es entsprechend: „Das Recht auf Arbeit und die Pflicht zur Arbeit bilden eine Einheit.“ (Art. 27 GG der DDR).

308 Vgl. zu dieser Konstruktion der sozialistischen Grundrechte Böckenförde, Rechtsverständnis im kommunistischen Staat, S. 45 f.; sowie Klenner, Studien über die Grundrechte, S. 53. Beispielhaft für ein derartiges Verständnis von Grundrechten ist folgender Satz aus einer Erklärung Ulbrichts als Staatsratsvorsitzender aus dem Jahre 1960: „Die Mitwirkung an der bewussten Gestaltung des gesamten wirtschaftlichen, kulturellen und vor allem politisch-staatlichen Lebens unserer Republik ist daher das entscheidende

c) Vergleich der Konzeptionen

Polaks erste Konzeption von Grundrechten erweitert die liberale Konstruktion von Grundrechten als Abwehrrechten um die „Gestaltungsrechte". In dieser Konzeption angelegt ist jedoch seine spätere Auffassung. Danach haben die liberalen Abwehrrechte keinen Platz mehr in einem sozialistischen Staat. Vielmehr gibt es nur noch das Recht des Einzelnen, die Gesellschaft sozialistisch weiterzuentwickeln. Diese Entwicklung des Polakschen Grundrechtsverständnisses zeigt, wie sich das Denken Polaks im Laufe der Jahre stetig radikalisierte[310]. Seine immer konsequenter ausgearbeitete Integration des Individuums in die Gesellschaft ist dabei typisch für die sozialistische Staatslehre[311].

4. Der demokratische Zentralismus

Dieses spezielle, marxistische Verhältnis des Bürgers zum Staat und zur gesellschaftlichen Entwicklung kann nicht ohne Folgen für die Staatsorganisation bleiben. Daher wurde in der sozialistischen Staatslehre das Organisationsprinzip des demokratischen Zentralismus entwickelt, das erstmals in der Pariser Kommune teilweise verwirklicht wurde. Allerdings ist der Inhalt des demokratischen Zentralismus in der Geschichte der sozialistischen Wissenschaft und Praxis nicht eindeutig bestimmt worden[312]. Stets wurden neue Aspekte hinzugefügt, andere hervorgehoben oder vernachlässigt. Daher unterscheiden sich die verschiedenen Konzeptionen vor allem im Detail. Um die Spezifik der Polakschen Konzeption darstellen zu können, wird zunächst der Ursprung des demokratischen Zentralismus illustriert.

Recht der Bürger unserer Republik." (Programmatische Erklärung des Vorsitzenden des Staatsrates am 4. Oktober 1960, S. 40).

309 Vgl. Berlin, Two Concepts of Liberty, S. 131. „For it is this – the 'positive' conception of liberty: not freedom from, but freedom to – to lead one prescribed form of life – which the adherents of the 'negative' notion represent as being, at times, no better than a special disguise for brutal tyranny.".

310 Zum Ausdruck kommt das sich wandelnde Grundrechtsverständnis in Polaks vorbereitenden Arbeiten für die zweite DDR-Verfassung. (Vgl. Howe, Karl Polak, S. 169 f.).

311 Vgl. Böckenförde, Rechtsverständnis im kommunistischen Staat, S. 50 f.

312 Vgl. Schüßler, Der demokratische Zentralismus als Grundprinzip der staatlichen Leitung und Planung, SuR 73, S. 35 ff.; ders., Der demokratische Zentralismus als Grundprinzip der sozialistischen Staatsmacht, SuR 58, S. 720 ff.

a) Ursprung bei Lenin

Der Begriff und der Inhalt des demokratischen Zentralismus wurden durch Lenin geprägt[313]. Für ihn war der demokratische Zentralismus das Prinzip des Aufbaus einer sozialistischen Partei sowie eines sozialistischen Staates[314]. Die Kernthese der staatsorganisatorischen Version lautete dabei folgendermaßen: Der demokratische Zentralismus als staatsorganisatorisches Prinzip ist dann verwirklicht, wenn sich die nach Selbstverwaltungsgrundsätzen organisierten Kommunen und Provinzen zusammenschließen und sich hierarchisch ordnen. Dies beinhaltet die Wählbarkeit aller leitenden Organe von unten nach oben und deren periodische Rechenschaftslegung vor ihren Organisationen. Weiterhin gehört hierzu eine straffe Disziplin und Unterordnung der Minderheit unter die Mehrheit sowie die unbedingte Verbindlichkeit der Beschlüsse der höheren für die unteren Organe.

Später veränderte sich der Bedeutungsinhalt des Begriffs. Im Laufe der Zeit wurden mehr Bestandteile unter das Schlagwort „demokratischer Zentralismus" gefasst. Diese waren zwar zum Teil schon von Lenin formuliert worden. Allerdings subsumierte Lenin sie nicht unter den Begriff des demokratischen Zentralismus. Hierfür sei das Prinzip der Gewalteneinheit beispielhaft genannt[315].

b) Polaks Konzeption des demokratischen Zentralismus

Polak definiert den demokratischen Zentralismus formal und sehr weit. Der demokratische Zentralismus ist für ihn die Form, in der sich die Entwicklung der sozialistischen Gesellschaft notwendig vollzieht[316]. Der demokratische Zentralismus sei daher das Prinzip, wonach der Staat die gesamte gesellschaftliche Entwicklung dahin führt, daß die Produktionsverhältnisse von dem Willen der Menschen selbst bestimmt werden, so daß sie „zu den bewussten Schöpfern der

313 Hauschild, Von der Sowjetzone zur DDR, S. 13; Schöneburg in: Marxistisch-Leninistische Staats- und Rechtslehre, S. 69; Türke, Demokratischer Zentralismus und kommunale Selbstverwaltung, S. 142 f. Lenin, Staat und Revolution, Werke, Kapitel „Organisierung der Einheit der Nation", S. 476 f. Vgl. auch Polak, Zur Dialektik in der Staatslehre, S. 36 f.

314 Das Prinzip des demokratischen Zentralismus bestimmte den Aufbau der KPdSU und später auch der SED. Vgl. Art. 18 des KPdSU-Statuts 1934; Ziffer 23 des SED-Statuts 1950. Aus: Meissner, Partei, Staat und Nation in der Sowjetunion, S. 67 f.; vgl. auch Roggemann, Die Staatsordnung der Sowjetunion, S. 11.

315 Lenin, Staat und Revolution, Werke, S. 436 f.; vgl. dazu Schrift der DASR, Der demokratische Zentralismus, S. 175.

316 Polak, Zur Dialektik in der Staatslehre, S. 184. An anderer Stelle spricht er davon, daß der demokratische Zentralismus die „einheitliche und systematische zentrale Leitung bei gleichzeitiger Entwicklung der schöpferischen Initiative und der Mitarbeit der Volksmassen" darstelle. Diese Beschreibung hat aber letztlich keinen anderen Inhalt als obige Definition. (Polak, Bericht zur Vorbereitung der Ordnungen, S. 12).

eigenen Praxis werden"[317]. Der Mensch wird also erst durch den demokratischen Zentralismus frei im Sinne Polaks. Es zeigt sich schon hier, daß der demokratische Zentralismus ein grundlegendes Prinzip der Staatslehre Polak ist[318].

(1) Herleitung des demokratischen Zentralismus

Diese begriffliche Definition stellt auch den Anknüpfungspunkt für die Herleitung des demokratischen Zentralismus dar. Demnach denkt Polak das staatsorganisatorische Prinzip materialistisch als Ausfluß der sozialistischen Produktionsverhältnisse. Diese Produktionsverhältnisse sind durch die gestärkte Position der Arbeiter gekennzeichnet: Dem historischen Materialismus folgend, haben sie die Produktionsverhältnisse in die Hände genommen. Um zu diesem Idealzustand zu gelangen und ihn zu festigen müsse sich die Arbeiterschaft ihrer marxistischen historischen Mission bewusst werden. Diese Bewusstheit der Arbeiter ist nach Polak durch die staatliche Leitung herbeizuführen. Demnach ist die staatliche Leitung an diesem Ziel auszurichten[319]. Der demokratische Zentralismus als Leitungsprinzip ist mithin notwendig für die systematische Entwicklung der Produktivkräfte. Indem sich die Leitung des Staates am Marxismus orientiert, wird sie für Polak wissenschaftlich. Dies wiederum führe notwendig zur Führungsrolle der marxistisch-leninistischen Partei. Denn die Arbeiter-Partei verfüge über das größte historische, also wissenschaftlich relevante Wissen. In ihr vereinigten sich mit den Arbeitern und Bauern die fortschrittlichsten gesellschaftlichen Kräfte. Daher sei die Partei ihrem Wesen nach „bewusster Vortrupp der Klasse"[320] und werde zur „Leiterin der staatlichen Entwicklung"[321]. Diese Leitung erfolge unter Berücksichtigung der konkreten Wirksamkeitsbedingungen der marxistisch-leninistischen Lehre[322], und so komme es zur Einheit von Theorie und Praxis[323].

---

317 Polak, Zur Dialektik in der Staatslehre, S. 200.

318 Vgl. Steeger, Eröffnungsrede der wissenschaftlichen Festveranstaltung, S. 7 f.

319 Polak, Zur Dialektik in der Staatslehre, S. 241, 347.

320 Polak, a.a.O., S. 334.

321 Diskussionsbeitrag Polaks während der Sitzung der zentralen Kommission des ZK der SED für Staats- und Rechtsfragen am 3. Februar 1961, in: Stenografische Niederschrift der Sitzung SAPMO-BArch DY 30/IV 2/2.110 4 Bl. 97.

322 Polak, Zur Dialektik in der Staatslehre, S. 347 f.

323 Dieser Gedanke bestimmt auch das Referat von Krenz, Staat und Recht bei der weiteren Entfaltung der Vorzüge und Triebkräfte der sozialistischen Gesellschaft, 1985. Vergleiche insbesondere die Ausführungen auf S. 70 f.
Mit der Unterstellung der Rechtswissenschaft unter die Kontrolle der ZK-Abteilung Staatliche Verwaltung (nach dem 32. Plenum: Abteilung Staats- und Rechtsfragen) wurde ein spezielles Wechselverhältnis zwischen Theorie und Praxis institutionalisiert, das für die sozialistische Einheitsforderung bezeichnend ist. (Vgl. Dreier u.a. (Hrsg.), Rechtswissenschaft in der DDR 1949 –1971, S. 37). Zur Entwicklung der Struktur der ZK-Abteilung Staats- und Rechtsfragen siehe Rottleuthner, Steuerung der Justiz in der DDR, S. 43 ff. m.w.N.

Dies wiederum führt in der sozialistischen Staatspraxis nach Polak dazu, die täglichen Aufgaben stets in Übereinstimmung mit dem sozialistischen Entwicklungsgesetz zu lösen. Bloßer Pragmatismus, bei dem der „Boden der Partei" verlassen wird, führe zur unfruchtbaren Spontaneität, die den Entwicklungsprozeß nicht voranbringt[324]. In Polaks Theorie stellt der Staat so Schritt für Schritt die ganze gesellschaftliche Praxis auf den Boden der Gesetzmäßigkeit des historischen Materialismus[325].

(2) Inhalt des demokratischen Zentralismus

Inhaltlich umfasst das Führungsprinzip „demokratischer Zentralismus" bei Polak zwei Elemente. Diese können schon aus dem Begriff „demokratischer Zentralismus" gewonnen werden. Zum einen geht es um den „Zentralismus", zum anderen um die „Demokratie", also um die Mitwirkung des Volkes beim sozialistischen Aufbau[326].

(a) Zentrale Leitung

Nach Polak kann die historisch notwendige gesellschaftliche Entwicklung, insbesondere die Entwicklung der Produktivkräfte, nur durch die Einheitlichkeit der wirtschaftlichen und politisch-staatlichen Leitung gewährleistet werden[327]. Alle politischen Kräfte haben daher unter der Leitung des sozialistischen Staates zu einer einheitlichen großen Kraft zusammenzufließen. Dies erfordere eine einheitliche, systematische Leitung der Produktion, also die zentrale Planung[328]. Der zentrale staatliche Plan wiederum sei lediglich Ausdruck der objektiven Gesetzmäßigkeit der gesellschaftlichen Entwicklung. Interessen, die der Durchsetzung des Planes widersprechen, widersprächen damit gleichzeitig den Gesetzen des dialektischen Materialismus und hemmten damit die Entwicklung der Demokratie. Somit könne dem zentralen Plan nicht widersprochen werden. Dieser Gedanke muß für Polak nicht nur bei der Organisation der Produktion, sondern auch beim Staatsaufbau berücksichtigt werden. Dementsprechend kommt es im Sozialismus nach Polak zu einer Interessenidentität zwischen örtlichen und zentralen Organen des Staates[329]. Durch die Zentrierung der Macht zur Interessendefinition dürfe die Ordnung des Staates nicht so aufgebaut werden,

---

324 Polak, Zur Dialektik in der Staatslehre, S. 309, 334.

325 Polak, a.a.O., S. 347. Hierzu siehe auch Schulze, Karl Polak – ein Beispiel für die Einheit von Theorie und Praxis, S. 92 f.

326 Polak, Der Auftrag der Babelsberger Konferenz, SuR 59, S. 494.

327 Polak, Zur Dialektik in der Staatslehre, S. 184, 185, 194.

328 Polak, a.a.O., S. 184.

329 Beitrag Polaks während der Sitzung der Kommission für Staats und Rechtsfragen, der Partei, des Staatsrates und der Regierung zur Ausarbeitung der Ordnung für die Arbeit der örtlichen Organe der Staatsmacht am 19. Januar 1961, Stenografische Niederschrift der Sitzung, in: SAPMO-BArch DY 30 IV/2/2.110 6, Bl. 13.

als ob örtliche Organe Sonderinteressen gegenüber den zentralen Organen hätten[330]. Eigene Rechte der örtlichen Organe gebe es mangels zu schützender materieller Interessen nicht. Mithin ist die zentrale Leitung des Staates für Polak allumfassend. Zum Ausdruck kam dieses zentralistische Staatsverständnis im Gesetz über die Auflösung der Länderkammer vom 8.12.1958[331]. Polak begründete dieses Gesetz vor der Volkskammer im Sinne seiner theoretischen Überlegungen:

„In der aufsteigenden sozialistischen Gesellschaft, wo alle innerstaatlichen Widersprüche aufgehoben sind, streben alle Staatsorgane, die örtlichen wie die zentralen, zu einer Einheit. (...) Die Leitung dieser ganzen Entwicklung liegt in der Hand der obersten Organe der Staatsmacht: der Volkskammer und der Regierung. (...) Das alte föderative Prinzip der länderweisen Vertretung der Interessen der örtlichen Organe gegenüber der Zentralgewalt ist dadurch überholt und veraltet. (...) Es ist daher nur gesetzmäßig, wenn in der vorliegenden Gesetzesvorlage über die Auflösung der Länderkammer die letzten Überreste der Zersplitterung beseitigt werden."[332]

(b) Mitwirkung der Massen

Neben diesem zentralistischen Element enthält der demokratische Zentralismus bei Polak auch eine demokratische Komponente. Diese besteht darin, die Teilnahme der Werktätigen an der Leitung von Staat und Wirtschaft zu verbessern[333]. Eine Fortentwicklung der Mitwirkung sei nur durch die Verinnerlichung der Gesetze des historischen Materialismus zu erreichen. Das Bewußtsein der Werktätigen müsse von der Marxschen Lehre durchdrungen sein[334]. Diese Erziehung zu Sozialisten sei Aufgabe des Staates. Für Polak ist dies noch viel schwieriger, als die Produktionsverhältnisse umzugestalten. Denn

---

330 Beitrag Polaks während der Sitzung am 19. Januar 1961, a.a.O., Bl. 12. Polak merkt während dieser Sitzung zudem an, daß sich diese zentralistische Organisation der DDR von dem föderalistischen Staatsaufbau in Westdeutschland unterscheidet. Allerdings würde den Kommunen dort nur so lange ein eigener Entscheidungsspielraum zustehen, wie der Staat ihnen diesen überlasse. (Ebd.).

331 Der Grundstein zur Entwicklung eines zentralistischen Einheitsstaates wurde mit dem Gesetz über die weitere Demokratisierung des Aufbaues und der Arbeitsweise der staatlichen Organe der DDR vom 23.7.1952 gelegt. (DDR-GBl. 613; vgl. Mampel, Die Entwicklung der Verfassungsordnung in der Sowjetzone, S. 526 f.).

332 Polak, Einheitliche Staatsmacht der Arbeiter und Bauern, Rede zum „Gesetz über den Ministerrat der DDR" und zu dem „Gesetz über die Auflösung der Länderkammer der DDR" am 8.12.1958, in: ND v. 10.12.58, S. 3. Siehe auch die Berichterstattung von der Volkskammertagung in: ND v. 9.12.1958, S. 1 f.

333 Zum Ausdruck kam die Konzeption von breiter Volksbeteiligung auf dem III. Parteitag der SED von 1956 und in dem Gesetz über die örtlichen Organe der Staatsmacht sowie im Gesetz über die Rechte und Pflichten der Volkskammer gegenüber den örtlichen Volksvertretungen von 1957. (Vgl. Howe, Karl Polak, S. 177 ff.).

334 Polak, Zur Dialektik in der Staatslehre, S 184.

nach Polaks sitze der „ganze Ballast der alten Gesellschaft“ am festesten in den Köpfen der Menschen[335].

Aufgrund dieser Überlegung könnte Polak das klassische sozialistische Verhältnis von Basis und Überbau umgekehrt haben. Danach bestimmt das gesellschaftliche Sein das Bewußtsein der Menschen und nicht die staatliche Erziehung. Polak schreibt sogar:

„Die Basis kann nicht umgewälzt werden, ohne daß der Überbau umgewälzt wird“[336].

Allerdings schränkt er dies umgehend ein, indem er fordert, daß „die Praxis der Menschen und damit ihr Denken“ umzugestalten seien. Festzuhalten bleibt damit, daß die Umerziehung des Volkes für Polak eine besonders wichtige Aufgabe des Staates ist[337].

(c) Verknüpfung der beiden Bestandteile

Polak verknüpft nun beide Bestandteile des demokratischen Zentralismus, indem er feststellt, daß die Erziehung der Menschen die Entwicklung der Produktivkräfte bedingt. Je einheitlicher die Leitung ist, um so mehr entfalte sich das „Selbstbewusstsein“ und die Tätigkeit der Massen[338]. Nach Polak wird durch diese zentral gesteuerte Entfaltung der Produktivkräfte ein neuer Mensch geschaffen. Dieser sozialistische Mensch sei durch die Schrankenlosigkeit seiner Entwicklung gekennzeichnet, da er in Übereinstimmung mit den marxistischen Entwicklungsgesetzen handele. Um diesen Einklang zu erreichen, gilt für Polak:

„Das Denken wird zur ersten Bürgerpflicht.“[339]

Bei allem, was er tut, habe sich der sozialistische Mensch seiner historischen Mission bewußt zu sein. Physische und geistige Arbeit seien auf diese Weise vereint[340]. Die Zentralisierung der Leitung ist für Polak daher nicht nur eine Frage der zweckmäßigen Organisation; gleichzeitig sei sie bewusstseinsprägend[341].

Auch begrifflich verbindet Polak den Zentralismus mit der Mitarbeit des Volkes. Dies schafft er, indem er zwischen einer inneren und einer äußeren Seite des demokratischen Zentralismus unterscheidet. Die organisatorisch-zentralistische Komponente stellt die „äußere Seite“ des demokratischen

335 Polak, a.a.O., S. 186.
336 Ebd.
337 Diese Erziehung des Volkes ist eine notwendige Folge des positiven Freiheitsbegriffs. (Berlin, Two Concepts of Liberty, S. 149).
338 Polak, Zur Dialektik in der Staatslehre, S. 184.
339 Polak, a.a.O., S. 533.
340 Ebd. Vgl. hierzu auch Marx, „Kritik des Gothaer Programms“, MEW, S. 21.
341 Polak, Zur Dialektik in der Staatslehre, S. 190.

Zentralismus dar. Die „innere Seite“ ist für Polak die Entwicklung der sozialistischen Demokratie[342]. Diese Entwicklung der Volksbewegung als Demokratieentfaltung vollzieht sich für Polak in der sozialistischen Umwälzung der Arbeit[343]. Beide Komponenten sind also verschiedene Teile eines Begriffes. Aufgrund dieser engen Verbundenheit leidet für Polak das Ganze, wenn nicht jedes Teil auf „der Höhe der Forderungen steht, welche die Entwicklung stellt.“[344] Daher gilt für ihn:

> „Je mehr die staatliche Leitung in das wirtschaftliche und das gesamte gesellschaftliche Leben eindringt, um so mehr wird sie zu einer sozialistischen Leitung.“[345]

Polak begreift den demokratischen Zentralismus somit als „Einheit von zentraler Leitung und Entfaltung der schöpferischen Kräfte der Massen“[346].

(3) Qualität der Führung

Neben diesen allgemeinen Ausführungen spezifiziert Polak seine Konzeption vom demokratischen Zentralismus in einigen Punkten. Im Mittelpunkt steht dabei sein Gedanke von der Volkssouveränität. Es ist sein zentrales Anliegen, die „Massen“ am Aufbau des Sozialismus zu beteiligen. Hiervon ausgehend entwickelt Polak einige organisatorische Formen.

(a) Subsidiarität in der Leitungsstruktur

Zunächst müsse die Struktur der Leitung verändert werden, um „die Menschen zu selbsttätigem, bewußtem Handeln unter Entfaltung ihres Denkens und ihrer Kraft zu führen.“[347] An die Stelle von ressortmäßig-vertikaler Leitung trete die komplex-vertikale Leitung. Dementsprechend werde das „Was habt ihr zu tun“ der ressortmäßigen Leitung durch die politisch-fachliche Anleitung ersetzt. Dadurch seien die unteren Organe besser in der Lage, die Aufgaben selbsttätig zu lösen[348]. Die zentrale Leitung konzentriere sich auf die Grundlagen des Aufbaus des Sozialismus[349]. Für Polak ist es notwendig und erst durch diese

---

342 Polak, a.a.O., S. 200; sowie ders., Der Auftrag der Babelsberger Konferenz, SuR 59, S. 494. Hier zweifelt Polak zwar an der Gültigkeit der Trennung von innerer und äußerer Seite. Er vollzieht sie aber trotzdem.

343 Daher ist der demokratische Zentralismus für Polak auch das Leitungsprinzip der sozialistischen Wirtschaft. Diesen Aspekt vertieft Polak aber nicht, so daß auf eine weiterführende Darstellung verzichtet werden kann. (Polak, Der Auftrag der Babelsberger Konferenz, SuR 59, S. 494).

344 Polak, Zur Dialektik in der Staatslehre, S. 190.

345 Polak, Der Auftrag der Babelsberger Konferenz, SuR 59, S. 498.

346 Polak, Der Staatsrat der DDR, SuR 60, S. 1760.

347 Polak, Zur Dialektik in der Staatslehre, S. 191.

348 Ebd.

349 Polak, a.a.O., S. 191 f.

Leitungsstruktur möglich, die „maximale Verlagerung der operativen Durchführung nach unten an die Basis" durchzusetzen[350].

Seine Idee vom demokratischen Zentralismus wird damit durch den Subsidiaritätsgrundsatz geprägt[351]. Tatsächlich wird dieser Subsidiaritätsgrundsatz aber durch die zentralistische Organisation konterkariert. Aufgrund der absoluten Verbindlichkeit der demokratisch legitimierten zentralen Volksvertretung sowie der Suprematie der Partei haben die örtlichen Organe faktisch keine eigene Entscheidungskompetenz. Allein bei der Regelung der Tagesgeschäfte verbleibt ihnen ein gewisser Handlungsspielraum. Letztlich ist die faktische Bedeutung des Polakschen Subsidiaritätsgrundsatzes daher eher gering.

(b) Leitung der Menschen

Für Polak kann sein Subsidiaritätsgrundsatz um so besser umgesetzt werden, je enger die Bevölkerung mit den staatlichen Machtorganen verbunden wird[352]. Um diese Verbundenheit zu erreichen, habe sich die Leitung an den Menschen zu orientieren und knüpfe an deren „Vorstellungen, Wünschen und Interessen" an[353]. Die Führung könne sich demnach nicht „auf die Organisierung von Sachen, auf Produktionsprozesse, auf die Aufstellung von Plänen" beschränken[354]. Eine Leitung anhand abstrakter Prinzipien käme einer Einführung des Sozialismus „von oben" gleich[355]. Vielmehr habe der demokratische Zentralismus die „Kraft der Führung der Menschen (zu) sein"[356]. Daher habe die Leitung der Menschen Vorrang gegenüber der Leitung von Sachen[357].

Polak erkennt zudem, daß die politische Tätigkeit nicht unter idealen Bedingungen erfolgt, die eine glatte Entwicklung ermöglichten[358]. Grundlage der Tätigkeit müssten daher die konkreten Aufgaben sein, um das Bewußtsein der Menschen marxistisch zu schulen. Alle Fragen seien öffentlich zu diskutieren.

---

350 Polak, a.a.O., S. 193. Da Polak den kommunalen Organen eine solch hohe Bedeutung zumisst, wird klar, warum er das Gesetz über die örtlichen Organe der Staatsmacht neben der Verfassung für das wichtigste Gesetz der DDR hält. Das Verhältnis vom Bürger zum Staats wird für Polak durch den direkten Kontakt auf kommunaler Ebene entscheidend geprägt. (Polak, Zu den Grundsätzen des Gesetzes über die örtlichen Organe der Staatsmacht, S. 292).

351 Steeger, Eröffnungsrede der wissenschaftlichen Festveranstaltung, S. 10 f.

352 Polak, Zur Dialektik in der Staatslehre, S. 145.

353 Polak, a.a.O., S. 146.

354 Polak, a.a.O., S. 195.

355 Polak, a.a.O., S. 146. Polak untermauert seine Vorstellung mit Zitaten von Lenin. Auf deren Grundlage entwickelt Polak seine eigene Vorstellung. Dabei geht er nicht über Lenin hinaus, sondern formuliert dessen Gedanken nur in eigenen Worten.

356 Polak, Zur Dialektik in der Staatslehre, S. 195.

357 Diese Formulierung übernehme ich von Steeger, Eröffnungsrede, S. 11.

358 Polak, Zur Dialektik in der Staatslehre, S. 158.

Dadurch würden den Menschen ihre wirklichen Gedanken und Handlungen bewusst gemacht, und sie entdeckten die noch vorhandene Spontaneität ihrer Handlungen. Auf diesem Wege erfolge „der Durchbruch zum bewusst-gesellschaftlichen Denken" und Handeln[359].

(c) Interdependenz von Leitung und gesellschaftlicher Entwicklung

Trotz dieser Demokratisierungsbemühungen der grundsätzlich zentralistischen Leitung erkennt Polak, daß zentrale Entscheidungsträger Gefahr laufen, bürokratisch zu regieren[360]. Dieses Problem löst er durch den Hinweis, daß der Staat und die Partei die Gesetze des Marxismus-Leninismus nicht einfach anwenden. Vielmehr werden die Staatsangestellten und Parteifunktionäre selbst von dieser „objektiven Entwicklung" erfasst. Dadurch erziehen die Funktionäre das Volk nicht nur, sondern werden dadurch selbst wiederum von der sozialistischen Gesellschaft erzogen[361]. Erst durch diese dialektische Beziehung zwischen der Gesellschaft und ihren Erziehern wird für Polak der bürgerlich-bürokratische Führungsstil überwunden. Der sozialistische Funktionär dürfe sich nicht über das Volk stellen, wenn er es nach den Gesetzen des historischen Materialismus führen will[362].

(4) Volkssouveränität

Nicht nur die letzten Ausführungen verdeutlichen, welch zentrale Rolle das Volk in Polaks Staatskonzeption einnimmt. Diese überragende Bedeutung des Volkes im Staat konzeptualisiert Polak in seinem Verständnis der Volkssouveränität. Um Polaks Konzeption im Gegensatz zur „bürgerlichen" Auffassung besser erfassen zu können, ist es hilfreich, zunächst die Besonderheit der sozialistischen Konzeption der Volkssouveränität darzustellen. Polaks Begriff wird anschließend untersucht.

(a) Sozialistische Definitionen

Der Begriff der Volkssouveränität wird in der sozialistischen Staatslehre durch verschiedene Merkmale gekennzeichnet[363]. Hierbei stehen einige wesentliche Charakteristika im Mittelpunkt. Welche dies sind, soll anhand zweier Beispiele verdeutlicht werden.

---

359 Polak, a.a.O., S. 147.

360 Polak, a.a.O., S. 195 f.

361 Polak, Zur Dialektik in der Staatslehre, S. 195.

362 Ebd.

363 Vgl. zum Begriff der Volkssouveränität in der DDR-Literatur beispielhaft Moschütz, Volkssouveränität und demokratischer Zentralismus, S. 17.

(aa) Lehrbuch des Staatsrechts der DDR

In der zweiten Auflage des „Lehrbuchs des Staatsrechts der DDR“ wird Volkssouveränität folgendermaßen definiert:

> „Unter Volkssouveränität ist die staatliche Herrschaft zu verstehen, in der das Volk Träger der Staatsgewalt ist. Dabei umfaßt der Begriff Volk alle Klassen und Schichten der Gesellschaft, die unter den jeweiligen geschichtlichen Bedingungen den gesellschaftlichen Fortschritt durchzusetzen befähigt sind.“[364]

Es fällt auf, daß der Begriff des Volkes einschränkend definiert wird. Dies geschieht durch die normative Kategorie der Befähigung zur gesellschaftlichen Weiterentwicklung.

(bb) „Staat, Recht und Politik im Sozialismus“

In dem einflussreichen staatstheoretischen Buch der DDR „Staat, Recht und Politik im Sozialismus“ wird die Volkssouveränität im Sozialismus durch drei verknüpfte und zusammenwirkende Komponenten definiert[365]. Den ersten Teil bildet die Machtausübung durch die Mehrheit des werktätigen Volkes durch dessen Vertreter, welche die „entscheidenden politischen und wirtschaftlichen Schalthebel in den Händen haben sowie das geistig-kulturelle Leben im Interesse der Werktätigen maßgeblich beeinflussen und zu entwickeln vermögen“. Es wird also die Machtausübung im Interesse des Volkes durch die Vertreter des Volkes zum ersten Bestandteil der Definition gemacht. Der zweite Teil der Definition verlangt die dauerhafte Machtausübung durch die Mehrheit des Volkes unter der Führung der Arbeiterklasse und ihrer marxistisch-leninistischen Partei; d.h. die konsequente Wahrnehmung der staatlichen Souveränität durch die Arbeiterklasse nach innen und außen. Dritter Bestandteil der Definition ist die Ausübung der politischen Macht „im Interesse der Bevölkerung, der völligen Abschaffung der Ausbeutung des Menschen durch den Menschen, der völligen Entfaltung der Initiative und des Schöpfertums des werktätigen Volkes, seiner sozialen Rechte und Freiheiten und der ständigen Vervollkommnung der sozialistischen Demokratie.“[366]

Auch diese Konzeption der Volkssouveränität beinhaltet eine Vielzahl normativer Elemente. Souverän sind ausschließlich die Arbeiter. Daher kann sich die Volkssouveränität nur durch die Führung der Arbeiterklasse in Übereinstimmung mit den Gesetzen des historischen Materialismus entwickeln.

---

364 Staatsrecht der DDR, S.87.

365 Staat, Recht und Politik im Sozialismus, S. 107 f.

366 A.a.O., S. 108.

(b) Polaks Konzeption

Für Polak ist die Volkssouveränität das Grundprinzip des sozialistischen Staates[367].

„Der Staat ist nicht von außen dem Volk aufoktroyiert, er wächst vielmehr aus dem Volk selbst hervor; - er ist gleichsam die Gestaltwerdung des Volkswillens selbst."[368]

Für Polak mündet dies in der Gewalteneinheit, also der Einheit von gesetzgebender und vollziehender Gewalt[369].

(aa) Volk als Souverän

Oberster Souverän sei das Volk. Dieses habe die absolute Macht im Staat. Daher müssten sich das insbesondere Verwaltung, Justiz und Wirtschaft dem Volke unterordnen. Das Volk habe sich diese Bereiche nach seinen Bedürfnissen zu gestalten[370]. Diese Gestaltung könne jedoch nur dann effektiv vorgenommen werden, wenn das Volk sich dieser Aufgabe bewusst sei. Daher ist es für Polak notwendig, daß die Menschen zu Demokraten, also Staatsbürgern, erzogen werden. Staatsbürger sei derjenige, der „mit dem Ganzen und für das Ganze als

---

367 Nach Klenner ist jedoch der „demokratische Zentralismus" anstelle der Volkssouveränität Polaks höchstes Staatsprinzip. (Klenner, Babelsdorf 1958, Staat 92, S. 622.) Polak schreibt tatsächlich, daß der demokratische Zentralismus das „Grundprinzip unserer Entwicklung" ist. (Polak, Zur Dialektik in der Staatslehre, S. 180). Beide „Prinzipien", um in der Terminologie Klenners zu bleiben, stehen jedoch nicht in einem sich ausschließenden Entweder-Oder Verhältnis. Vielmehr ist die Volkssouveränität Grundbestandteil der sozialistischen Ordnung bei Polak, die durch das Organisationsprinzip des demokratischen Zentralismus verwirklicht wird. „Der demokratische Zentralismus als Prinzip (...) ist die Form, in der dieser (der Staat – d. Verf.) die gesamte gesellschaftliche Entwicklung (...) dahin führt, daß die Produktionsverhältnisse (...) von dem Willen und dem Bewußtsein der Menschen selbst bestimmt werden, so daß diese auch zu den bewußten Schöpfern ihrer eigenen Praxis werden." (Polak, a.a.O., S. 200). Der Staat ist nach Polak „das Instrument der herrschenden Klasse zur Verwirklichung ihres Klassenwillens". (Polak, a.a.O., S. 197) Die Verwirklichung des Klassenwillens ist aber nichts anderes als die Verwirklichung der Souveränität des Volkes.

368 Polak, Volk und Verfassung, S. 29.

369 Polak, Staatsform und Verfassungsstruktur der Volksdemokratie, NJ 50, S. 382. Zur Klarstellung der Begrifflichkeit ist anzuführen, daß Polak das Thema „Gewalteneinheit" auch als Problem der „Einheit von Beschlussfassung und Durchsetzung" bezeichnet. Vgl. Polak, Zur Dialektik in der Staatslehre, S. 397. Ebenso wie Polak lehnt auch Carl Schmitt die Gewaltenteilung ab. Höchster Souverän bei Schmitt ist aber nicht das Volk, sondern der Führer. Allerdings nähern sich die Konzeptionen insofern wieder, als bei beiden die Partei, die NSDAP bzw. die SED, Träger des politischen Volkswillens ist. (Schmitt, Der Führer schützt das Recht, DJZ 34, S. 947, 948).

370 Polak, Volk und Verfassung, S. 28.

bewusst mitwirkendes Glied des Ganzen, seines Staates", lebt[371]. „Mit" dem Staat zu leben, muß für Polak aber heißen, sich den Gesetzen des historischen Materialismus entsprechend zu verhalten. Daher sind Staatsbürger für Polak lediglich die Marxisten. Damit schließt er alle Nicht-Marxisten, also die „Untertanen" und „Philister"[372] aus seinem Volksbegriff aus. Diese haben daher auch nicht Teil an der absoluten Macht des Volkes. Damit stehen die obigen, zeitlich später entwickelten, Definitionen des Volkes in Einklang mit Polaks Begriffsbildung.

Deutlich wird dieser eingeschränkte Volksbegriff auch durch folgende Überlegung Polaks: Für ihn kann das Interesse des Einzelnen im Staat nur dann „richtig" gewahrt werden, wenn die gesellschaftlichen Interessen berücksichtigt werden[373]. Die gesellschaftlichen Interessen interpretiert Polak aber als die Interessen der Marxisten. Demnach sind auch die Interessen des Einzelnen marxistisch. Für Polak gibt es daher keinen prinzipiellen Interessenwiderspruch zwischen Individuum und Staat[374]. Vielmehr bestehe eine Einheit oder „Harmonie" von persönlichem, kollektivem und gesellschaftlichem Interesse[375]. Dementsprechend komme es zur Interessenidentität aller Volksschichten sowie zu einer politisch-moralischen Einheit des Volkes[376]. Das Volk besteht daher aus Marxisten. Zusammenfassend kann festgehalten werden: Der Volkswille wird für Polak durch die „Staatsbürger" gebildet. „Staatsbürger" in seinem Sinne sind aber lediglich Marxisten, so daß auch der Volkswille notwendig marxistisch ist.

(bb) Volksvertretung und politische Willensträger

Diese einschränkende Definition des Volkswillens findet ihre Entsprechung in Polaks Darstellung der Volksvertretung und der politischen Willensträger. Zunächst folgert er abstrakt aus der absoluten Souveränität des Volkes, daß die Volksvertretung das höchste Machtorgan im Staat ist[377]. Bei Polak verfügt sie über unbeschränkte Macht und hat die Aufgabe, das Leben aktiv zu gestalten. Diese Aufgabe könnten die Volksvertretungen aber nur dann erfüllen, wenn „sie mit dem Volk auf das engste verbunden sind, also den direkten Ausdruck des Volkswillens darstellen."[378] Diese Verbindung zwischen Volkswille und Volksvertretung stellen für Polak die Massenorganisationen her. Lediglich in diesen

371 Ebd.

372 Ebd.

373 Polak, Zur Dialektik in der Staatslehre, S. 190.

374 Ebd.

375 Vgl. zur Interessenharmonie Polak, Zur Dialektik in der Staatslehre, S. 304. Auf S. 303 f. zitiert er zum Beweis seiner These in affirmativer Weise die „10 Gebote der sozialistischen Moral", die Ulbricht auf dem V. Parteitag der SED verkündete. Abgedruckt sind Ulbrichts „10 Gebote" auch in: Ulbricht, Der Kampf für den Frieden, S. 121 f.

376 Polak, Zur Dialektik in der Staatslehre, S. 533 f.

377 Polak, Volk und Verfassung, S. 30.

378 Ebd. Zur Wahl in der DDR vgl. das Kapitel über Polaks Rechtsbegriff Erl. 71.

Organisationen komme der Wille „auf die aktive Gestaltung des gesellschaftlichen Ganzen“ zum Ausdruck[379]. Massenorganisationen sind für Polak insbesondere die politischen Parteien, die Gewerkschaften sowie die Frauen- und Jugendbünde[380]. Aufgrund ihrer Stellung seien die Massenorganisationen dazu berufen, die Kandidaten für die Volksvertretungen aufzustellen[381]. Somit sind die Massenorganisationen für Polak die politischen Willensträger im sozialistischen Staat.

Daraus folgt für ihn, daß allein das Verhältniswahlrecht in Form der Listenwahl den Anforderungen der Volkssouveränität gerecht wird. Denn lediglich die Listenwahl stelle die Abstimmung über ein politisches Programm sicher, was durch den breiten Volkswillen gebilligt wird[382]. Auf diesem Wege erreicht Polak, daß lediglich Vertreter der marxistischen Massenorganisationen zu Volksvertretern gewählt werden. Mithin können nach Polaks Konzeption ausschließlich Marxisten Volksvertreter werden[383]. Einen anderen Grund für die Einführung des Verhältniswahlrechts führt Polak in einer Kommentierung des Artikel 13 DDR-Verfassung an. Der Artikel der DDR-Verfassung führte das Verhältniswahlrecht ein und schloss das Personalwahlrecht aus. Grund dieser Entscheidung ist für Polak, daß Politiker stets eng mit dem Volk verbunden sein müssen. Als Volksvertreter sind die Politiker Vertrauensleute der „Massen“. Diese Konstruktion bedarf der Verhältniswahl. Bei der Personalwahl werden laut Polak Persönlichkeiten gewählt, die nicht mit dem Volk verbunden sind. Diese Persönlichkeiten sind für Polak „die Prätendenten für neue ‚Führer‘.“[384]

Diese Konstruktion mutet eigenwillig an. In der Verhältniswahl wählt der Bürger eine Liste, während er bei der Personalwahl eine Person, unter Umständen den Vertreter seines Kreises, wählt. Die Verhältniswahl führt daher dazu, daß der Wähler mit dem kandidierenden Politiker weniger persönlich vertraut ist. Folgt man Polaks Überlegung, so sind Politiker und Volk um so enger verbunden, je weniger die Bürger die Politiker persönlich kennen. Dieser Schluß überzeugt nicht. Polak würde dieser Überlegung entgegenhalten, daß es ihm nicht auf eine persönliche Verbundenheit ankomme. Vielmehr lege er Wert darauf, daß Politiker und Wähler durch ihr gemeinsames marxistisches

---

379 Polak, Volk und Verfassung, S. 30.

380 Ebd.

381 Polak, a.a.O., S. 30, 48.

382 Polak, a.a.O., S. 31.

383 Polak setzt an anderer Stelle „Nation“ und „Volksmassen“ gleich: „Der Nation, das heißt den Volksmassen, ...“. (Polak, Über die marxistisch-leninistischen Grundlagen des Völkerrechts, SuR 59, S. 1113). Was Polak dabei unter dem Begriff „Volksmassen“ versteht, ergibt sich aus obigen Ausführungen: Er bezieht sich auf die Arbeiterklasse. (Vgl. Schöneburg, Polak und die erste antifaschistisch-demokratische deutsche Verfassung, S. 43).

384 Polak, Volk und Verfassung, S. 31.

Bewußtsein verbunden sind. Dies könne effektiver durch die Verhältniswahl in Form der Listenwahl erreicht werden.

Dem entspricht, daß für Polak erst das gemeinsame marxistische Bewusstsein die Kräfte der „Imperialisten“ gebrochen hat. Damit sich nun alle Kräfte zur Überwindung der bürgerlichen Staatsform vereinigten, müssten bei der Wahl Einheitslisten aufgestellt werden[385]. Anstatt sich in politischen Kämpfen aufzureiben, könne man sich so auf „die Meisterung des gesellschaftlichen Neuaufbaus konzentrieren“[386]. Auf diesem Wege komme man zu einer sozialistischen Demokratie, einer höheren Form der Demokratie, und fasse die politische Bewegung das Volk zu einer höheren Einheit zusammen[387].

(cc) Nationale Einheit

Diese historisch notwendige Entwicklung zu einer höheren Demokratie führt gemäß Polak zur deutschen Wiedervereinigung[388]. Soweit sich die Menschen ihrer gemeinsamen Interessen bewußt würden, schlössen sie sich nämlich zusammen[389]. Dazu habe das westdeutsche Volk seine wahren Interessen zu erkennen. Erst dann könnte es wirklich souverän werden und sich von seinen „amerikanisch-imperialistischen Fesseln“ befreien. Das Volksinteresse im Spätkapitalismus entspräche, wie oben gezeigt, dem des Proletariats. Nach Polak baut die Volksherrschaft auf dem „Bewusstsein der Gemeinsamkeit der Lebensgrundlage des Volkes“ auf, so daß es auf sozialistischer Grundlage zur Vereinigung des westdeutschen mit dem ostdeutschen Volk kommt[390]. Auf diese Weise sind für Polak Volkssouveränität und nationale Einheit notwendig miteinander verknüpft.

(dd) Gewalteneinheit

Wie schon Polaks spätes Grundrechtsverständnis zeigt, ist die Interessenidentität des Einzelnen mit der Gesellschaft ein wesentliches Merkmal des sozialistischen Staates[391]. Ein Widerspruch zwischen der individuellen Freiheit und den gesellschaftlichen Interessen ist für ihn lediglich Ausdruck des unreifen individuellen

---

385 Polak, Vorlesungsmanuskript „Die Demokratie der Arbeiter und Bauern Macht und die örtlichen Organe der Staatsmacht in der DDR“, in: SAPMO DY 30 /IV 2/13/457 Fiche 5 Bl. 501 f.

386 Polak, a.a.O., Bl. 504.

387 Polak, a.a.O. Bl. 503.

388 Polak, Volk und Verfassung, S. 35 f.

389 Polak, a.a.O., S. 36.

390 Polak, Die Souveränität der Deutschen Demokratischen Republik, S. 533 f.

391 Polak, Zur Dialektik in der Staatslehre, S. 252. Vgl. auch Otto Grotewohl, der auf der 3. Parteikonferenz der SED, formulierte: „Die sozialistische Gesellschaft aber kennt keinen Widerspruch zwischen den Interessen des Staates und denen des einzelnen Menschen.“ (Grotewohl, Die Rolle der Arbeiter- und Bauernmacht in der DDR, S. 28).

Bewusstseins, das die Notwendigkeit des geschichtlichen Prozesses nicht begriffen hat. Den Mitgliedern der sozialistischen Gesellschaft werde die Unvermeidlichkeit aller individuellen Lebenserfahrungen durch den Staat zu Bewußtsein gebracht. Für Polak gibt es daher keine Rechte des Einzelnen, die vor dem Staat geschützt werden müssten. Somit stehen dem Bürger keine subjektiven öffentlichen Rechte zu[392]. Auf Grundlage dieser Konzeption wurde das Verwaltungsrecht abgeschafft[393].

Festzuhalten ist jedenfalls: Für Polak hat das Volk als oberster Souverän die totale Macht[394]. Dies kommt bei Polaks Kozeption der Volkssouveränität im Prinzip der Gewalteneinheit zum Ausdruck[395]. Diesem gleicht sein Prinzip von Einheit von Beschluß und Durchführung[396]. Gewalteneinheit bedeutet für Polak die Unterordnung von Exekutive, Judikative und Wirtschaft unter den Volkswillen. So wird die Volkskammer zum höchsten Machtorgan. Dabei geht es Polak bei dieser Konstruktion der Gewalteneinheit nicht darum, die Funktionentrennung zwischen den Gewalten aufzuheben. Diese müsse erhalten bleiben, damit der Staat effektiv arbeiten kann. Vielmehr dürfe die Legislative nicht wie im bürgerlichen Staat in ihrer Gesetzgebungskompetenz durch die anderen Gewalten eingeschränkt werden[397]. Erst die Aufhebung dieser Einschränkung ermögliche die Durchsetzung der „wahren“ Volkssouveränität[398].

---

392 Polak, Über die weitere Entwicklung der sozialistischen Rechtspflege der DDR, SuR 61, S. 653.

393 Das Verwaltungsrecht wurde als bürgerliche Wissenschaftsdisziplin bezeichnet. Nach der Babelsberger Konferenz wurde es für 19 Jahre offiziell als Lehrfach an den Hochschulen nicht mehr gelehrt. (Bönninger, Die Babelsberger Konferenz, S. 205). Die Verwaltungsgerichtsbarkeit war 1952 nach dem „Gesetz über die weitere Demokratisierung des Aufbaus und der Arbeitsweise der staatlichen Organe in den Ländern der DDR“ „weggefallen“. (Hochbaum, Gesetze der DDR, Anmerkung zu Art. 138 DDR-Verfassung, S. 38).

394 Polak, Volk und Verfassung, S. 29. Dies erinnert an die Lehre Carl Schmitts vom „totalen Staat“. Der totale Staat war bei ihm durch die Identität von Staat und Gesellschaft gekennzeichnet. (Schmitt, Der Hüter der Verfassung, S. 78 f.) Vgl. zudem Forsthoff, Der totale Staat, 1933.

395 Die Einführung des Prinzips der Gewalteneinheit durch Polak wird lobend erwähnt in einem Antrag der Klasse für Staats- und Rechtswissenschaft der Akademie der Wissenschaften, Polak zum Korrespondierenden Mitglied der Akademie zu wählen. (Antrag, in: ABBAW, Bestand Klassen, Nr. 159, Abschnitt Karl Polak).

396 Polak, Zur Dialektik in der Staatslehre, S. 400 f.

397 Polak, Justizerneuerung, S. 49.

398 Dementsprechend wurde schon in den ersten Landesverfassungen der SBZ Ende 1946 und Anfang 1947 Landesverfassungen verabschiedet, die auf einem einheitlichen Entwurf der SED beruhten. Nach den Verfassungen der Länder wurde der jeweilige Landtag zum höchsten Machtorgan bzw. zum „höchsten demokratischen Organ (so in Mecklenburg und Sachsen), der so nicht nur die Gesetzgebung, sondern auch die der Regierung, Verwaltung und Rechtsprechung kontrollierte. Eine gewisse Ausnahme stellte die Verfassung von Sachsen-Anhalt dar. Hier war der Landtag lediglich die letzte

(i) Unterordnung der Judikative

Die Unterordnung der Judikative unter die Legislative konstruiert Polak differenziert. Grundsätzlich erkennt er die Unabhängigkeit des Richters an. Das heißt für ihn aber nur, daß der Richter bei der Konkretisierung der Tat und bei der Verhängung des Strafmaßes frei entscheiden kann[399]. Ansonsten seien die Richter vom Parlament abhängig[400]. Diese Unterordnung werde durch die Absetzbarkeit des Richters gewährleistet. Das Parlament habe sowohl das Recht, die Prozesse zu kontrollieren, als auch „unfähige" oder „antidemokratische" Richter abzusetzen[401]. Darunter falle insbesondere das Recht der Volksvertretung, Richter abzuberufen, die den in den Gesetzen niedergelegten Willen der Volksvertretung nicht ausführen[402]. Hinzu komme die Wählbarkeit der Richter durch das Volk sowie deren Pflicht, dem Parlament gegenüber Rechenschaft abzulegen[403]. Schließlich müsse der Justiz das Prüfungsrecht von Gesetzen entzogen werden[404].

Zur Unterordnung der Justiz unter den Volkswillen gehört für Polak auch, daß die Ausbildung der Richter volksnäher gestaltet wird, um so die Einheit von Volk und Rechtspflege zu erreichen[405]. Richter solle jeder aus dem Volk werden können, um so den Justizapparat zu demokratisieren[406]. Praktisch umgesetzt wurde dieses Programm durch die Einführung von Volksrichtern. Dies waren systemergebene Laien, die in Kurzlehrgängen in das Recht eingeführt wurden. Nach Abschluß dieser Lehrgänge arbeiteten sie gleichgestellt neben und mit juristisch voll ausgebildeten Richtern.

Polak begegnen in diesem Zusammenhang zwei Einwände. Erstens wurde durch den Entzug des Prüfungsrechts eine absolute Gesetzesbindung des

---

Instanz, welche die Verfassungsmäßigkeit eines Gesetzes prüfte. (Mampel, Die Entwicklung der Verfassungsordnung in der Sowjetzone, S. 504 f.). In der DDR-Verfassung von 1949 hieß es in Art. 50 „Höchstes Organ der Republik ist die Volkskammer".

399 Polak, Verfassungsfragen, Archiv Leonhard, S. 15.

400 Vgl. v. Renesse, Eine unabhängige Justiz gibt es nur bei echter Gewaltenteilung, NJ 93, S. 409 – 411.

401 Polak, Verfassungsfragen, Archiv Leonhard, S. 16, ders., Justizerneuerung, S. 48.

402 Polak, Volk und Verfassung, S. 34.

403 Polak, Verfassungsfragen, Archiv Leonhard, S. 16, ders., Justizerneuerung, S. 47.

404 Polak, Justizerneuerung, S. 43, 48; ders., Volk und Verfassung, S. 33 f. Positiven Ausdruck findet diese Forderung Polaks in Art. 89 der DDR Verfassung von 1949: „Ordnungsgemäß verkündete Gesetze sind von den Richtern auf ihre Verfassungsmäßigkeit nicht zu prüfen." Stattdessen bildet die Volkskammer in verfassungsrechtlichen Zweifelsfällen einen Ausschuß, der sich mit dieser Frage befasst.(Vgl. Art. 66 DDR Verfassung; Polak, Volk und Verfassung, S. 33 f.; Mampel, Die Entwicklung der Verfassungsordnung in der Sowjetzone, S. 517).

405 Polak, Justizerneuerung, S. 47; ders., Berichterstattung, S. 15.

406 Polak, Verfassungsfragen, Archiv Leonhard, S. 17.

Richters wie zu faschistischen Zeiten befürchtet[407]. Dagegen bringt Polak hervor, daß es durchaus stimme, daß der Richter absolut an die Gesetze gebunden sei. Allerdings seien die Gesetze im neuen sozialistischen Staat aus einer demokratischen Normerzeugungsprozedur hervorgegangen. Daher sei die Bindung gerechtfertigt. Außerdem stehe es dem Richter offen, seine Bedenken hinsichtlich der Rechtmäßigkeit des Gesetzes durch einen Parlamentsabgeordneten, durch die Parteien oder vor dem Rechtsausschuß zu äußern[408].

Als zweiten Einwand führt Polak an, daß die Gesetzesbindung der Beamten und Richter zu einer formalistischen Rechtsanwendung führen könnte. Dem entgegnet er mit Ausführungen zur Natur des sozialistischen Funktionärs, zu dem er auch den Richter zählt. Der sozialistische Funktionär sei nicht mehr der obrigkeitliche Beamte, der nur auf Befehle warte. Vielmehr habe der Funktionär die Pflicht, am öffentlichen Gang der Gesetzgebung teilzunehmen[409]. Daher müsse der Richter den Sinn der Gesetze verstehen. Tue er dies nicht, werde er zum Paragraphenautomaten. Widerstrebe ihm das Gesetz, so könne „das Volk von dem ehrlichen Richter erwarten, seinen Abschied zu nehmen“[410]. Der sozialistische Richter sei daher kein Formalist. Vielmehr habe er die „eminent politische“ Aufgabe, das Recht sozialistisch weiterzuentwickeln[411].

Jedenfalls wird deutlich, welches Verständnis Polak von der Rechtspflege hat: Für ihn ist sie ein Instrument in der Hand des Staates zur Durchsetzung der „sozialistischen Gesetzlichkeit“[412]. Unter sozialistischer Gesetzlichkeit ist dabei die Anwendung des Rechtes im Sinne des objektiven Ziels der politisch-gesellschaftlichen Entwicklung zu verstehen. Faktisch tritt bei Polak damit die Rückbindung an die sozialistische Gesetzlichkeit an die Stelle der Gesetzesbindung des Richters im bürgerlichen Staat. In der Rechtsrealität wurden Polaks Gedanken im Gerichtsverfassungsgesetz der DDR (GVG-DDR) wirksam[413]. § 1 Absatz 2 GVG-DDR beschreibt die Stellung der Gerichte so:

„Die Gerichte sind Organe der einheitlichen volksdemokratischen Staatsmacht.“

§ 2 GVG-DDR bestimmt generell die Aufgabe der Rechtsprechung als Dienst am Sieg des Sozialismus. Dementsprechend war gemäß § 15 GVG-DDR nur derjenige als Richter geeignet, wer sich „vorbehaltlos für den Sieg des Sozialismus in der DDR einsetzt und der Arbeiter- und Bauernmacht treu ergeben“

---

407 Polak, Justizerneuerung, S. 53.

408 Polak, a.a.O., S. 54.

409 Ebd.

410 Ebd.

411 Polak, a.a.O., S. 54 f.

412 Polak, Berichterstattung, S. 7.

413 Gesetz über die Verfassung der Gerichte der DDR (Gerichtsverfassungsgesetz) vom 2. Oktober 1952 (DDR-GBl. S. 983); Gesetz zur Änderung und Ergänzung des Gerichtsverfassungsgesetzes vom 1. Oktober 1959 (DDR-GBl. I S. 753).

ist. Nach § 18 GVG-DDR mussten sich die Richter verpflichten, stets für die „Einhaltung der sozialistischen Gesetzlichkeit einzutreten."[414] Der Richter wird also als Person vollständig für den sozialistischen Staat in die Pflicht genommen[415].

(ii) Unterordnung der Exekutive

Auch die Tätigkeit der Exekutive muß nach Polak vom Volkswillen abhängig sein. Dazu seien Beschlussfassung und Durchführung der Beschlüsse in die Hand der Volksvertretung zu legen, so daß die Verwaltung zum verlängerten Arm der Volksvertretung werde[416]. Zudem könne die Volksvertretung nur durch diese Kompetenzausweitung die ihr zugewiesene Leitungsfunktion effektiv ausüben[417].

Außerdem sei es notwendig, das selbstherrlich arbeitende Berufsbeamtentum aufzulösen[418]. An die Stelle des Beamten hätte der öffentliche Angestellte zu treten[419]. Dieser müsse vom Volk wählbar und abberufbar sein[420]. Um seiner Aufgabe gewachsen zu sein, müsse der Angestellte marxistisch geschult werden[421]. Polak betont, daß „unsere Staatsorgane nicht nach dem Schema der bürgerlichen Exekutive" betrachtet werden können[422]. Denn „es geht um die Umwälzung der gesellschaftlichen Verhältnisse"[423].

Die Vereinheitlichung von Beschlussfassung und Durchführung ist für Polak theoretisch notwendig und schreitet in der Praxis zur sozialistischen Gesellschaft stetig voran. Demnach gebe es kein Verwaltungsorgan, das nicht das Vertrauen

414 Die Verpflichtungsformel des § 18 GVG-DDR lautete folgendermaßen: „Ich verpflichte mich als Richter der DDR meine Tätigkeit entsprechend den Grundsätzen der Verfassung auszuüben, stets für die Einhaltung der sozialistischen Gesetzlichkeit einzutreten und mich jederzeit vorbehaltlos für den Sieg des Sozialismus in der DDR, für die ständige weitere Festigung des Arbeiter- und Bauernstaates, für die demokratische Wiedervereinigung Deutschlands und für den Frieden einzusetzen." Vom Richter wird weiterhin als Amtspflicht verlangt, „nach den Grundsätzen der sozialistischen Moral zu leben sowie aktiv und vorbildlich beim sozialistischen Aufbau mitzuwirken, sich politisch und fachlich ständig weiterzubilden, Wachsamkeit zu üben und sich aktiv an der politischen Arbeit unter den Werktätigen zu beteiligen."

415 Zur Unterordnung der Gerichte unter das Justizministerium bzw. den Staatsrat siehe Mampel, Entwicklung der Verfassungsordnung in der Sowjetzone, S. 532 f.

416 Polak, Justizerneuerung, S. 43 f.

417 Polak, Der Staatsrat der DDR, SuR 60, S. 1764.

418 Polak, Verfassungsfragen, Archiv Leonhard, S. 14.

419 Ebd.

420 Polak, Justizerneuerung, S. 47.

421 Polak, Der Auftrag der Babelsberger Konferenz, S. 489.

422 Polak, Der Staatsrat der DDR, SuR 60, S. 1764.

423 Ebd.

des Volkes hätte[424]. Dies ist die staatsrechtliche Umsetzung der grundlegenden Konstruktion der Interessenidentität zwischen Individuum und Gemeinschaft[425].

In der Staatsrealität der DDR war die Schaffung des Staatsrates für Polak eine seinen Vorstellungen entsprechende Maßnahme. Für ihn stellte der Volkskammerbeschluß vom 12.9.1960 einen „Schritt vorwärts in der Entwicklung und Stärkung des sozialistischen Staates“ dar[426]. Die Schaffung des Staatsrates sei sogar notwendig, um mit der fortschreitenden Entwicklung des Sozialismus in der Gesellschaft Schritt zu halten[427]. Der Staatsrat habe als ein mit umfassenden Kompetenzen ausgestattetes Organ zu fungieren, das die Volkskammer vertritt[428]. Insbesondere solle er den Ministerrat in den laufenden Regierungsgeschäften anleiten[429]. Dadurch sichere der Staatsrat die Einheit von Exekutive und Legislative[430]. Polak verdeutlicht seine Vorstellung von Einheit von Beschluß und Durchführung anhand der Arbeitsweise der kommunalen Vertretungskörperschaften.

„Die Volksvertretungen in den Kreisen und Bezirken, die Kreis- und Bezirkstage, fassen Beschlüsse, die Fragen des wirtschaftlichen und kulturellen Lebens ihres Territoriums betreffen. Sie haben die Verpflichtung, für die Durchführung der Beschlüsse Sorge zu tragen, die Räte der Bezirke und Kreise anzuleiten, zu kontrollieren und ihnen Aufgaben zu stellen.“[431]

(iii) Einheit von politischer und ökonomischer Leitung

Bestandteil des demokratischen Zentralismus bei Polak ist auch die Verbindung von politischer und ökonomischer Leitung[432]. Grundlage dafür ist zunächst, daß nach Polak der Staat die gesetzmäßige historisch-gesellschaftliche Entfaltung leitet[433]. Diese Entwicklung sei allumfassend. Daher schließe die staatliche Leitung notwendigerweise auch die Entwicklung der Wirtschaft mit ein[434].

---

424 Polak, Verfassungsfragen, Archiv Leonhard, S. 14.

425 Vgl. Polak, Zur Dialektik in der Staatslehre, S. 35 ff., 252; ders., Zum Gesetz über den Ministerrat, S. 332.

426 Polak, Der Staatsrat der DDR, SuR 60, S. 1766.

427 Polak, a.a.O., S. 1761.

428 Polak, a.a.O., S. 1762 f.

429 Ulbricht, Programmatische Erklärung des Vorsitzenden des Staatsrates, S. 35. Die relevante Passage ist auch abgedruckt in Polak, Der Staatsrat der DDR, SuR 60, S. 1765.

430 Polak, a.a.O., S. 1763 f.

431 Polak, Die Souveränität der Deutschen Demokratischen Republik, S. 509.

432 Polak, Der Auftrag der Babelsberger Konferenz, S. 496.

433 Polak, Zur Dialektik in der Staatslehre, S. 348.

434 In der DDR-Verfassung von 1949 gab es Art. 21: „Zur Sicherung der Lebensgrundlagen und zur Steigerung des Wohlstandes der Bürger stellt der Staat durch die gesetzgebenden Organe, unter unmittelbarer Mitwirkung seiner Bürger, den öffentlichen Wirtschaftsplan auf. Die Überwachung seiner Durchführung ist Aufgabe der Volksvertretung.“ (Abgedruckt ist dieser Artikel in: Polak, Zur Dialektik in der Staatslehre, S. 410.).

Polak formuliert die Unterordnung der Wirtschaft unter die Volksvertretung in seinem Beitrag zur Begründung des Entwurfs der Verfassung der DDR von 1949 folgendermaßen:

„Der Entwurf bricht mit dem Prinzip der unbegrenzten Selbstherrlichkeit der Wirtschaft und macht Ernst mit dem Grundsatz, daß die Wirtschaft der Befriedigung des Bedarfs zu dienen habe, daß das Volk nicht Diener und Sklave der Wirtschaft, sondern Herr über sie zu sein hat."[435]

Polak rechtfertigt die Lenkung der Wirtschaft folglich mit dem Selbstbestimmungsrecht der Menschen, das dem sozialistischen Verständnis von Arbeit als einer selbstbestimmten Tätigkeit entspricht[436]. Der Mensch müsse der Natur die „Entwicklungsgesetze" aus der Hand nehmen. Für Polak ist dies die „bewusste Durchsetzung der objektiven Entwicklungsgesetze der Gesellschaft, die Schritt für Schritt sich vollziehende Durchsetzung des sozialistischen Charakters der Arbeit, (...) niemals unter den Bedingungen der Unterordnung unter die Spontaneität!"[437] Der Einzelne trage durch seine zentral geplante Arbeit dazu bei.

„Die Arbeit des einzelnen wird – als Einwirkung auf die Natur und damit als ihre Bewältigung – bewußt gesellschaftliche Tätigkeit. Die quälende Trennung des Arbeitenden von seiner Arbeit und damit von der Gesellschaft wird aufgehoben, wenn die Arbeit zur bewußt gesellschaftlichen wird. (...) Sie (die Arbeit – d. Verf.) wird für den Einzelnen Teil der gesellschaftlichen Zusammenarbeit."[438]

---

435 Polak, Volk und Verfassung, S. 34. Vgl. Art 24 Abs.5 DDR-Verfassung (1949): Alle privaten Monopolorganisationen (...) sind aufgehoben und verboten. Art. 25 Abs.1 DDR-Verfassung: Alle Bodenschätze, alle wirtschaftlichen Naturkräfte sowie die zu ihrer Nutzbarmachung bestimmten Betriebe (...) sind in das Volkseigentum zu überführen. Vgl. weiterhin Art. 27 Abs.2,3 DDR-Verfassung, der den Einfluss des Staates auf die Wirtschaft sichert.

436 Zu dieser Konzeption gehöre auch das Menschenrecht auf Arbeit. (Polak, a.a.O., S. 34; vgl. Artikel 15, 19, 21 DDR-Verfassung). Art. 15 DDR-Verfassung lautete: „Die Arbeitskraft wird vom Staat geschützt. Das Recht auf Arbeit wird verbürgt. Der Staat sichert durch Wirtschaftslenkung jedem Bürger Arbeit und Lebensunterhalt. Soweit dem Bürger angemessene Arbeitsgelegenheit nicht nachgewiesen werden kann, wird für seinen notwendigen Unterhalt gesorgt." (Abgedruckt ist dieser Artikel in Polak, Zur Dialektik in der Staatslehre, S. 410.). Allerdings zeigt die Formulierung dieses Artikels für Polak, daß „die Diskrepanz von Arbeit und Gesellschaft noch nicht aufgehoben ist". Die gesellschaftlichen Verhältnisse lassen nämlich noch Arbeitslosigkeit zu. (Ebd.).
Entsprechend der Freiheitskonzeption Polaks wurde 1961 das Recht auf Arbeit gem. § 2 des Gesetzbuches der Arbeit zur Pflicht zur Arbeit. (Arbeitsgesetzbuch vom 12.4.1961, DDR-GBl. S. 27).

437 Polak, Zur Dialektik in der Staatslehre, S. 342.

438 Polak, a.a.O., S. 340 f.

Nach Polak führt die staatliche Lenkung der Wirtschaft den Einzelnen daher aus seiner bürgerlichen Isolation hinaus und macht ihn zum integrierten Teil der sozialistischen Gemeinschaft. Die Menschen werden zum Kollektiv[439].

Praktisch umgesetzt wurde Polaks Konzeption in dem „Gesetz über die Vervollkommnung und Vereinfachung der Arbeit des Staatsapparates in der Deutschen Demokratischen Republik“[440].

(5) Zwischenbilanz

Der demokratische Zentralismus ist bei Polak durch die alles überragende Stellung des Volkes gekennzeichnet. Dabei definiert er den Volkswillen als mit den marxistischen Gesetzen übereinstimmend. Geäußert wird er in und durch die Massenorganisationen. Durch diese Definition des Volkswillens gibt es auch keine Interessenwidersprüche in der Gesellschaft. Daher hat der vom Volkswillen getragene Staat eine allumfassende Kontrolle. Zur Effektuierung seiner Macht ist er streng hierarchisch und zentralistisch aufzubauen. Die zentralistische Organisation duldet insbesondere keine Gewaltenteilung, die eine effektive Durchsetzung des absoluten Volkswillens behindern könnte.

5. Rolle der Partei

Abschließend ist die Rolle der Partei in Polaks Staatskonzeption darzustellen. Die Partei definiert Polak als die Organisation der Arbeiterklasse. Sie spielt in seiner Staatsauffassung eine zentrale Rolle[441]. Für Polak ist die Arbeiterpartei die Führungskraft im Klassenkampf. Damit steht er ganz in der Tradition Lenins, der die elitäre Rolle der Partei als erster Sozialist entwickelte[442].

Für Polak ist die Partei Trägerin der „geschichtlichen Wahrheit“[443]. Daher könnten die Arbeiter auch erst durch ihre Organisation in einer Partei das Klassenbewusstsein erlangen[444]. Erst dann handele das organisierte Proletariat nicht mehr spontan, sondern folge bewußt der historischen „Notwendigkeit“[445].

---

439 Vgl. Polak, a.a.O., S. 343.

440 DDR-Gbl. 1985 I, S. 117. Vgl. dazu auch Howe, Karl Polak, S. 187.

441 Polak, a.a.O., S. 59, 355.

442 Vgl. Schöneburg, in: Marxistisch-leninistische Staats- und Rechtstheorie, S. 67 f.; Lenin, Zwei Arbeiten zur Gewerkschaftsfrage, S. 5 f; ders., Über den Parteiaufbau, S. 602 f.. Auch Polak erkennt dies an. (Polak, Zur Dialektik in der Staatslehre, S. 366) Daher ist es eher eine sprachliche Ungenauigkeit, als eine ideengeschichtliche Einordnung, wenn Polak an anderer Stelle ausführt, daß die Lehre von der führenden Rolle der Partei direkt dem Marxismus entspringt. „Sie ist notwendiger Bestandteil der Marxschen Lehre.“ (Polak, Zur Dialektik in der Staatslehre, S. 357).

443 Polak, Zur Dialektik in der Staatslehre, S. 145.

444 Polak, a.a.O., S. XIX, 306.

445 Polak, a.a.O., S. 353.

Die Partei sei damit der höchste Ausdruck der Bewusstheit der proletarischen Macht[446].

„In den Beschlüssen der Partei verwirklicht sich Interesse und Wille der Klasse, vollzieht sich die Führung der gesamten gesellschaftlichen Entwicklung."[447]

Die Arbeiterschaft werde in der Klassenorganisation als neue, proletarische Kraft wirksam und setze sich durch das Wissen um die Entwicklung der Gesellschaft von der „Bourgeoisie" ab und gegen sie durch[448].

Im Laufe des proletarischen Klassenkampfes bestehe aber die Gefahr, im Tagesgeschäft stecken zu bleiben. Durch praktische Zwänge könnte der revolutionäre Pfad verlassen werden[449]. Die Partei hat nach Polak nun die Aufgabe, den Arbeitern erneut die historische Dimension ihrer Tätigkeit bewußt zu machen. Dadurch werde „der gesamten gesellschaftlichen Praxis und der von dieser geführten gesellschaftlichen Entwicklung" die richtige Richtung gegeben[450]. Der bloß spontane „Praktizismus" wird damit durch die Führung der Partei überwunden.

Die Partei ist für Polak damit die „Seele" des Staatsapparates. Erst durch ihre Tätigkeit wird die abstrakte Staatspraxis sozialistisch.

„So erscheint die Partei als regulatives Prinzip einer abstrakt genommenen Staatstätigkeit"[451].

Indem nun die Partei die „revolutionäre Dialektik" in der Staatspraxis durchsetzt, ist sie aufs engste mit dem Staat verbunden und tritt nach dem, in ferner Zukunft liegenden, Tod des Staates an dessen Stelle[452]. Dies heißt für Polak aber keineswegs, daß die Partei den Inhalt und der Staat die Administration bereithält. Vielmehr treten Staat und Partei in ein lebendiges, also dialektisches, Verhältnis, bei dem die alten bürgerlichen Formen notwendig überwunden werden[453].

„Die Partei als die höchste Kraft der Klasse macht die gesellschaftliche Bewegung bewußt, der Staat als Instrument der Partei ist die Kraft der Durchsetzung der fortschreitenden Bewegung der ganzen Gesellschaft. Das ganze Wesen von Klasse und Partei fließt notwendig in

---

446 Polak, a.a.O., S. 248, 257.
447 Polak, a.a.O., S. 356 f.
448 Polak, a.a.O., S. 58, 59.
449 Polak, a.a.O., S. 369.
450 Ebd.
451 Polak, a.a.O., S. 380.
452 Polak, Zur Funktion der Moral, SuR 60, S. 1199; ders., Zur Dialektik in der Staatslehre, S. 380. Vgl. auch Welzel, Naturrecht, S. 200 f.
453 Polak, Zur Dialektik in der Staatslehre, S. 72, 380.

den Staat ein. Die Grundlage ist die objektive Gesetzmäßigkeit, (...) die durch die marxistisch-leninistische Partei der Arbeiterklasse bewußt gemacht und durchgesetzt wird."[454]

Diese Bestimmung des Verhältnisses von Staat und Partei scheint nicht widerspruchsfrei zu sein. Polak sagt zum einen, daß die Partei dem Volk die Entwicklung nach den Gesetzen des historischen Materialismus lediglich bewußt machen soll, während der Staat diese Gesetze durchsetzen soll. Andererseits soll aber auch die Partei die marxistischen Entwicklungsgesetze durchsetzen. Polak grenzt die Kompetenzen von Partei und Staat somit nicht gegeneinander ab. Vielmehr überlappen sie sich. Aber gerade diese Kompetenzüberschneidung macht wohl das Dialektische im Verhältnis von Staat und Partei aus.

Aufgrund dieser eindeutigen Positionierung der Partei im sozialistischen Staat ist es für Polak selbstverständlich, daß die politischen Programme der Parteien in der DDR übereinstimmten.

„Wie Karl Marx schon feststellte, hört im sozialistischen Zeitalter der politische Kampf der Menschen gegeneinander auf. An die Stelle dieses Kampfes tritt der Kampf des Menschen für die Umgestaltung der Natur. Daher ist die Übereinstimmung aller politischen Parteien und Massenorganisationen in den Hauptfragen der inneren und äußeren Politik eine ‚große politische Errungenschaft'"[455].

IV. Ergebnisse

Polak gewinnt seine Staatskonzeption aus einer Kritik des bürgerlichen Staates. Dazu stellt er in marxistischer Manier die Entwicklung des bürgerlichen Staates dar, wobei ihm einige Fehler unterlaufen. Im Mittelpunkt der Darstellung steht die Kritik der Entfremdung zwischen dem Staat und dem Volk. In Deutschland entwickelt sich diese Entfremdung vom Kaiserreich bis hin zur Diktatur der Nationalsozialisten in einer linearen Bewegung. Durchgängig hatte nicht das Volk, sondern der Staatsapparat und die Justiz die tatsächliche Gewalt im bürgerlichen Staat inne. Dies zeigt Polak insbesondere anhand der Weimarer Reichsverfassung auf. Die Entmachtung des Volkes trotz einer vorgeblich demokratischen Ordnung wurde in der bürgerlichen Rechtswissenschaft durch die Lehre von der Gewaltenteilung verschleiert. Daher musste die Gewaltenteilung im sozialistischen Staat überwunden werden. Dem setzt Polak die Gewalteneinheit entgegen. Sie ist Ausdruck und zentraler Bestandteil seines auf Interessenharmonie basierenden Staatsentwurfes, der im wesentlichen mit den schon bestehenden sozialistischen Staatskonzeptionen übereinstimmt. Von Marx

454 Polak, a.a.O., S. 339.

455 Polak, Über den Charakter unserer Volkswahlen, Mitteilungsblatt der Akademie 58, S. 196. Zu den Wahlen in der DDR vergleiche Erl. 71 im Kapitel über Polaks Rechtsbegriff.

übernimmt er die grundsätzliche Konzeption des Staates als Teil des Überbaus. Aus den Staatsentwürfen Lenins und Stalins greift er die instrumentelle Rolle des Staates im Aufbau des Sozialismus auf. Und schließlich führt er die Lehre Stalins vom allseitigen oder „maximalen" Ausbau des Staates mit einer DDR-spezifischen Begründung fort.

Im Mittelpunkt seiner Staatskonzeption steht entsprechend seiner Kritik am bürgerlichen Staat die Überwindung der Entfremdung des Staates von der Gesellschaft. Diese Entfremdung sucht er mit seiner Konzeption vom demokratischen Zentralismus zu überwinden. Hierbei wiederum nehmen seine Überlegungen zur Volkssouveränität den zentralen Platz ein. Das Volk ist für Polak souverän, wenn es sich die Marxschen Entwicklungsgesetze angeeignet hat. Folgerichtig können auch nur marxistische Massenorganisationen Träger des politischen Willens sein. Wichtigste Massenorganisation ist die Partei. In ihr vereinigt sich das historische Wissen der Arbeiterklasse. Daher ist sie dazu berufen, den Staat zu führen und wird damit zum obersten Souverän im Staat. Dies steht auch nicht im Widerspruch zur Forderung Polaks nach der absoluten Souveränität des Volkes. Vielmehr ist die oberste Machtstellung der Partei lediglich die konsequente Fortsetzung der Polakschen Konstruktion der Volkssouveränität.

Da das Volk im sozialistischen Staat die Lehre des Marxismus-Leninismus verinnerlicht hat und nach ihr lebt, kann es auch keine Interessenwidersprüche im Staat geben. Vielmehr stimmen für Polak Staat und Individuum in ihrem Interesse, den Sozialismus aufzubauen, überein. Daher gibt es für Polak keine Rechte des Einzelnen gegenüber dem Staat. Vielmehr sind Gesellschaft und Staat zentralistisch zu organisieren, um den sozialistischen Aufbau möglichst effektiv vorantreiben zu können. Insbesondere ist sicherzustellen, daß der Volkswille durchgesetzt wird. So kommt es zur Gewalteneinheit. Die Organisationsform dieser hierarchisch-zentralistischen Staatsform stellt der demokratische Zentralismus bereit; ein von Lenin ausgearbeitetes Prinzip, das von Polak erweitert wurde.

Damit zeigt es sich, daß Polak in sämtlichen Aspekten seiner Staatsauffassung der Lehre des Marxismus-Leninismus folgt und daher eine im wesentlichen in sich stimmige Konzeption vorstellen kann.

Polaks Staatskonzeption ist beispielhaft, wie auf Grundlage eines positiven Freiheitsbegriffs ein despotischer Staat aufgebaut wird. Zwar verfolgt er dabei einen anerkennenswerten Zweck, die Humanisierung der Gesellschaft. Allerdings verkennt Polak, daß die Ziele der Menschen vielfältig und nicht einmal prinzipiell kompatibel sind[456]. Aufgrund des absoluten Wahrheitsanspruchs der Marxschen Lehre hat Polak sein ursprüngliches Ziel nicht nur verfehlt, sondern er hat konstruiert, was er zu bekämpfen suchte: einen Staat, der nicht von seinen Bürgern, sondern von einer kleinen Minderheit beherrscht wird. Es bewahrheitet

456 Berlin, Two Concepts of Liberty, S. 169.

sich Berlins Analyse einer politischen Theorie, die scheinbar rational ihren Wahrheitsanspruch nachweist:

„In this way the rationalist argument, with its assumption of the single true solution has led (...) to an authoritarian state obedient to the directives of an *élite* (Hervorhebung im Original – d. Verf.) of Platonic guardians.“[457]

---

457 Berlin, a.a.O., S. 152.

Kapitel 6: Karl Polaks Begriff des Rechts

A. Einführung

Neben der Entwicklung eines sozialistischen Staates war es Polaks Ziel, den alten bürgerlichen Begriff vom Recht zu überwinden und durch einen neuen sozialistischen zu ersetzen[1]. Will man diesen neuen Rechtsbegriff nun nachzeichnen, so stößt man auf die Schwierigkeit, daß es im Gesamtwerk Polaks keine geschlossene Darstellung gibt, in der er seinen Rechtsbegriff umfassend darlegt[2]. Erst durch eine Zusammenschau seiner zahlreichen Arbeiten kann sein Begriff des sozialistischen Rechts illustriert werden. Hinzu kommt, daß es Polak bei seiner Ausarbeitung des sozialistischen Rechts nicht unbedingt auf begriffliche Klarheit und systematische Geschlossenheit ankam. Häufig beschränkt er sich auf allgemeine Umschreibungen des bürgerlichen beziehungsweise des sozialistischen Rechts, ohne jedoch zu einer eindeutigen Rechtsdefinition zu gelangen. Auch ist nicht zu erkennen, daß er bei seiner Begriffsbildung systematische Vollständigkeit erstrebt. Polak behandelt stets Einzelprobleme, anhand derer er seine Idee des sozialistischen Rechts ausbreitet.

Trotz dieser Schwierigkeiten soll versucht werden, Polaks Vorstellung vom Recht mit Hilfe einiger Begriffe der allgemeinen Rechtstheorie[3] zu beschreiben[4].

---

1 Polak, Zur Dialektik in der Staatslehre, S. X. Noch 1961 mußte Polak hierzu feststellen: „Ein fester sozialistischer Rechtsbegriff ist bisher noch nicht ausgearbeitet." (Polak, Über die weitere Entwicklung der sozialistischen Rechtspflege in der DDR, SuR 61, S.612).

2 Ein Teil eines Aufsatzes von Polak trägt die Überschrift: „Der sozialistische und der bürgerliche Begriff des Rechts". (Polak, Über die weitere Entwicklung der sozialistischen Rechtspflege in der DDR, SuR 61, S. 622 – 632) Allerdings werden in diesem Abschnitt lediglich einzelne, wenn auch wichtige, Aspekte seines Rechtsbegriffs behandelt. Eine systematisch geschlossene Darstellung liegt hiermit jedoch nicht vor.

3 Vgl hierzu Alexy/Dreier, The Concept of Jurisprudence, Ratio Juris 90, S. 1 ff.; sowie: Hoerster, Die rechtsphilosophische Lehre vom Rechtsbegriff, JuS 87, S. 182.

4 Ähnliches hat schon Alexy unternommen, als er den Rechtsbegriff Ulbrichts aus dessen Babelsberger Referat herausgearbeitet hat. Der Aufbau von Alexys Untersuchung wird als Grundlage dieser Untersuchung verwendet. (Alexy, Walter Ulbrichts Rechtsbegriff, S. 191 ff.) Die Analyse Alexys wird von Klenner als ein „abenteuerliches Unternehmen" bezeichnet. Klenner zufolge kann man nicht „mit einem Skalpell den Inhalt eines Gasbehälters sezieren". (Klenner, Babelsdorf 1958, Staat 91, S. 616). Diesem Vorbehalt zum trotz soll hier versucht werden, Polaks Rechtsbegriff darzustellen. Einen Überblick über die Rechtsbegriffe Polaks und Ulbrichts bietet Howe, Karl Polak, S. 203 f.

B. Grundbegriffe

I. Recht, Rechtswissenschaft und Rechtsanwendung

Polaks Ziel ist es, das sozialistische Recht gegen das bürgerliche Recht durchzusetzen. Dazu hat er die bürgerlichen Ideologie in der Staats- und Rechtswissenschaft überwunden und die Rechtswissenschaft als Teildisziplin des Marxismus-Leninismus definiert[5]. Grundlage der Rechtswissenschaft ist damit „die Klasse, deren Wille wiederum bestimmt wird durch ihre materiellen Lebensbedingungen." Diese Verknüpfung von realem Leben mit der Rechtswissenschaft führt dazu, daß sich Polaks Überlegungen zum Recht zugleich auf Theorie und Praxis der Rechtsanwendung beziehen. Für Polak kommt es aufgrund der Verflechtung von gesellschaftlicher Realität und Recht zu einer dialektischen Einheit von Theorie und Praxis.

„Das sozialistische Recht – wie die von ihm nicht zu trennende Anwendung – ist immer (...) Praxis der Gestaltung der Wirklichkeit."[6]

Zu berücksichtigen ist, daß Polak einen eigenen Praxisbegriff vertritt. Für ihn ist die Praxis nicht das faktische, sondern nur das historisch bewusste Handeln. Ersteres sei bloße, spontane Empirie[7]. Aufgrund dieser Einheit von Theorie und Praxis beziehen sich Polaks Thesen über das Recht somit gleichermaßen auf das Recht, die Rechtswissenschaft und die Rechtsanwendung. Polaks Rechtsbegriff bezieht sich damit nicht allein auf das Rechtssystem als Normensystem. Dies ist für ihn die positivistische Methode der bürgerlichen Rechtswissenschaft. Vielmehr schließt Polaks Rechtsbegriff die Prozesse der Rechtserzeugung, -begründung, -interpretation, -befolgung und –anwendung ein[8]. Beispielhaft sei

---

5 Polak, Zur Dialektik in der Staatslehre, S. XI.

6 Polak, a.a.O., S. 441.

7 Polak, a.a.O., S. 309. Vgl. zudem ders., Über die weitere Entwicklung der sozialistischen Rechtspflege in der DDR, SuR 61, S. 633.

8 Polak, Zur Dialektik in der Staatslehre, S. 392. Diese Einheit fordert Polak zum Beispiel im Strafrecht. Dort dürften Fragen zur Norm und zur Anwendung nicht getrennt behandelt werden. Vielmehr müssten materielles Strafgesetzbuch und Prozeßordnung als Einheit betrachtet und entwickelt werden. (Diskussionsbeitrag Polaks während der Tagung der Kommission für Staats- und Rechtswissenschaft beim Politbüro am 27. Juli 1959, in: Stenographisches Protokoll der Tagung SAPMO-BArch DY 30/IV 2/2.110 2, Bl. 46) Als weiteres Beispiel für diese Verbindung von Theorie und Praxis bei Polak sollen zwei Zitate dienen: „Der Rechtspflegebeschluß des Staatsrates, in dem das Wesen des sozialistischen Rechts und damit der sozialistischen Rechtsanwendung herausgearbeitet ist, hat nicht nur für das Strafrecht, sondern für alle Rechtsgebiete, auch für das Staatsrecht Bedeutung. (...) Denn die sozialistische Leitungstätigkeit wie auch das sozialistische Recht und die sozialistische Staats- und Rechtswissenschaft können sich nur entfalten als Praxis der systematischen Entwicklung der sozialistischen Gesellschafts-

ein Auszug aus seiner Berichterstattung zu den Maßnahmen des Staatsrates zur weiteren Vervollkommnung der sozialistischen Rechtspflege angeführt:

„Immer deutlicher wird, daß die Verletzung des sozialistischen Rechts der Entwicklung der Produktivkräfte und der Produktion und damit der Arbeit der Menschen (und so ihnen selbst) Schaden zufügt. So festigt sich das sozialistische Rechtsbewusstsein (...), daß das Recht Bestandteil der staatlichen Leitungstätigkeit ist, die der Durchsetzung der objektiven Gesetze des Sozialismus dient. Mit der zunehmenden Durchsetzung der Entwicklungsgesetze (...) sind die Bedingungen herangereift, die Rechtspflege noch stärker als aktives Instrument zur Durchsetzung dieser Gesetzmäßigkeit weiter auszugestalten, sie als Bestandteil der staatlichen Leitungstätigkeit weiter zu entwickeln, um deren Effektivität zu erhöhen.“[9]

Polak fasst das Recht daher als eine Art interpretative Praxis auf[10]. Dabei fungiert der dialektische und historische Materialismus als oberster Interpretationsmaßstab[11]. Es wird daher von einem umfassenden Rechtsbegriff ausgegangen.

II. Funktion, Inhalt und Grundlage des Rechts

Polak spricht häufig von der Funktion oder der Aufgabe des Rechts. Dies liegt angesichts seines umfassenden Rechtsbegriffs auch nahe. Die Aufgabe des Rechts bestehe darin, zur Verwirklichung des Sozialismus beizutragen[12]. Es sei der Hebel der gesellschaftlichen Entwicklung[13]. Daher liegt die Vermutung nahe, daß Polak einen instrumentellen Rechtsbegriff vertritt.

1. Instrumentalität des Rechts

Instrumentell ist das Recht dann, wenn es nicht aus sich selbst heraus und nicht um seiner selbst willen existiert, sondern lediglich eine dienende Größe ist[14]. Instrumentelle Rechtsbegriffe werden sowohl von bürgerlichen als auch von marxistisch–leninistischen Denkern vertreten. Vertreter aus dem bürgerlichen

---

verhältnisse sowie als Lehre von diesen. (Polak, Zur Dialektik in der Staatslehre, S. 442) Weiterhin bricht „jede Abstraktion des sozialistischen Staates und Rechts – sowohl in der Praxis wie in der theoretischen Ausarbeitung – von dieser ihr immanenten Gesetzmäßigkeit ihrer ständigen Entfaltung (...) zugleich die Dialektik aus der sozialistischen Staats- und Rechtspraxis wie der -wissenschaft heraus“. (Polak, a.a.O., S. 373).

9 Polak, Berichterstattung, S. 7.

10 Der Begriff „interpretative Praxis“ ist von Ronald Dworkin entliehen. Das bedeutet allerdings nicht, daß sich die Rechtsauffassungen von Dworkin und Polak ähneln. Vgl. Dworkin, Law's Empire, S. 45 ff., 410 ff. Zu Dworkin selbst siehe Bittner, Recht als interpretative Praxis, S. 20 ff.

11 Polak, Zur Dialektik in der Staatslehre, S. XVIII, 183; ders., Berichterstattung, S. 9.

12 Polak, Zur Dialektik in der Staatslehre, S. 430 ff.

13 Polak, a.a.O., S. 436 f.

14 Feldmann, Die Instrumentalität des Rechtes, S. 184; Lukic, Teorija Drzava i Prava, S.143.

Lager sind Bentham, mit seiner utilitaristischen Rechtsbegründung, und Holmes als pragmatischer Instrumentalist[15]. Interessieren sollen hier aber nur die marxistisch-leninistischen Instrumentalisten. Begründet wurde der instrumentelle Charakter des sozialistischen Rechts insbesondere in Stalins Schrift über den Marxismus und die Sprachwissenschaft, in der dem Überbau eine dienende Rolle zugeordnet wurde[16]. Dabei hat das Recht als Teil des Überbaus die Aufgabe, dem Sozialismus und seiner Verwirklichung zu dienen. Diese Zuordnung wurde in der sozialistischen Rechtswissenschaft im wesentlichen übernommen[17]. Wirklich umstritten unter den sozialistischen Instrumentalisten ist die Antwort auf die Frage, wie das Recht mit der Basis verknüpft ist. Dabei werden grundsätzlich zwei verschiedene Positionen vertreten. Auf der einen Seite steht der soziologische Rechtsfaktizismus, bei dem die Basis Ursprung des Rechts ist. Auf der anderen Seite steht ein voluntaristisches Modell, nach dem ein Normativsubjekt, wie der Staat, Urheber des Rechts ist.

a) Soziologischer Rechtsfaktizismus

Der Standpunkt des soziologische Rechtsfaktizimus` soll anhand seiner Hauptvertreter, Eugen Paschukanis und Petr I. Stucka, erläutert werden.

(1) Eugen Paschukanis

Einer der wichtigsten sozialistischen Rechtstheoretiker ist Eugen Paschukanis[18]. Seine Konzeption des Rechts gilt immer noch als eine der anspruchsvollsten unter den marxistischen. Paschukanis geht es darum zu zeigen, wie Beziehungen von Warenbesitzern im Kapitalismus notwendig zu Rechtsverhältnissen werden und lediglich in dieser Form existieren können. Er geht davon aus, daß das Recht mit „privaten isolierten Subjekten rechnet". Somit bilde das Recht eine logische Einheit mit der atomistischen bürgerlichen Gesellschaft, die sich aus Subjekten zusammensetzt, die durch gegenläufige Interessen miteinander verknüpft sind[19]. Eine Regelung, die nicht auf diesem Interessenantagonismus aufbaut, falle daher nicht unter die Kategorie des Rechts[20]. Beispiele hierfür

---

15 Vgl. Summers, Instrumentalism and American Legal Theory, 1982.

16 Stalin, Der Marxismus und die Fragen der Sprachwissenschaft, S. 7 f.

17 Böckenförde, Die Rechtsauffassung im kommunistischen Staat, S. 30. Wichtigster Gegner dieser Rechtskonzeption ist Paschukanis. Siehe gleich im Text.

18 Arlt, Die Rezeption der sowjetischen Rechtswissenschaft, S. 171. Zu Paschukanis vergleiche Harms, Warenform und Rechtsform: zur Rechtstheorie von Eugen Paschukanis, 2000. Zum Hochverratsprozeß gegen Paschukanis, der von Wyschinski und Ulrich, dem leitenden Richter des Obersten Gerichts der UdSSR, generalstabsmäßig durchgeführt wurde, vgl. Vaksberg, The Prosecutor and the Prey, S. 126 –133. Paschukanis wurde schließlich wegen „konterrevolutionärer Tätigkeiten" im Bereich der Rechtstheorie hingerichtet. (Vaksberg, a.a.O., S. 129).

19 Paschukanis, Allgemeine Rechtslehre und Marxismus, S. 77, 79 f., 81.

20 Paschukanis, a.a.O., S. 55.

wären die Pläne und Instruktionen der sozialistischen Planwirtschaft, Instruktionen im Krankenhaus oder Fahrpläne für Eisenbahnen.

Demnach ist das Recht für Paschukanis notwendig mit der bürgerlichen Gesellschaftsstruktur verbunden. Zu dessen Wesen gehöre nämlich der interne Interessengegensatz. In Form von Rechtsverhältnissen entspringe das Recht unmittelbar diesem Interessenantagonismus, ohne daß es des Umweges über die staatliche Norm bedürfe[21]. Paschukanis verfolgt damit ein monistisches Modell des Rechts[22]. Das Rechtsverhältnis ist dabei in seiner Substanz wesensgleich mit dem ökonomischen Verhältnis[23]. Der in den „Arbeitsprodukten verdinglichte und sich in die Form einer elementaren Gesetzmäßigkeit kleidende gesellschaftliche Zusammenhang der Menschen im Produktionsprozeß" fordere zu seiner Realisierung ein „besonderes Verhältnis der Menschen als Verfüger über Produkte, als Subjekte deren 'Wille in jenen Dingen haust' "[24]. Darum werde der Mensch – zur gleichen Zeit wie das Arbeitsprodukt Wareneigenschaft annimmt und Träger von Wert wird – zum juristischen Subjekt und zum Träger von Rechten. Durch den gerichtlichen Prozeß sondere sich das Rechtliche vom Ökonomischen ab und trete als selbständiges Moment, als Teil des Überbaus, auf[25]. Die Staatsgewalt kläre daher lediglich die Rechtsstruktur, ist aber nicht deren Urheber. Dies sind für Paschukanis allein die Produktionsverhältnisse[26].

(2) Petr I. Stucka

Nach Petr I. Stucka[27] ist das Recht eine Ordnung gesellschaftlicher Beziehungen. Diese sei dadurch gekennzeichnet, daß sie den Interessen der herrschenden Klasse entspricht und durch die organisierte Macht dieser Klasse –den Staat- verteidigt wird[28]. Stucka entschied sich bewußt nicht dafür, das System der Normen als Recht zu bezeichnen, sondern wählte die gesellschaftliche Definition. Dabei stützt er sich insbesondere auf Marx. Dieser hatte erklärt:

> „Auf einer gewissen Stufe ihrer Entwicklung geraten die materiellen Produktivkräfte der Gesellschaft in Widerspruch mit den vorhandenen Produktionsverhältnissen oder, was nur ein juristischer Ausdruck dafür ist, mit den Eigentumsverhältnissen, innerhalb deren sie sich bisher bewegt hatten"[29].

21 Paschukanis, a.a.O, S. 68, 75.
22 Vgl. dazu Feldmann, Die Instrumentalität des Rechts, S. 4 f.
23 Paschukanis, Allgemeine Rechtslehre und Marxismus, S. 72.
24 Paschukanis, a.a.O., S. 144.
25 Paschukanis, a.a.O., S. 15, 69.
26 Paschukanis, a.a.O., S. 69.
27 Zu Stucka siehe Reich, Einleitung, S. 7 ff.
28 Stucka, Die revolutionäre Rolle von Recht und Staat, S. 83 f.; ders., Enciklopedija gosudarvsta i prava, S. 415 ff. Vgl. auch Paschukanis, Allgemeine Rechtslehre und Marxismus, S. 58.
29 Marx, Zur Kritik der politischen Ökonomie, Vorwort, MEW, S. 8 f.

Stucka interpretiert dies dahingehend, daß das System der konkreten gesellschaftlichen Beziehungen für Marx als juristischer Ausdruck der Produktionsverhältnisse zur Basis gehört. Lediglich ihre abstrakte Form – Gesetz und Ideologie - gehörten zum Überbau[30]. Grundsätzlich identifiziert Stucka das Recht und die gesellschaftlichen Verhältnisse. Die Grundlagen des Rechts seien daher die sozialen Beziehungen. Somit vertritt Stucka ebenso wie Paschukanis ein monistisches Rechtsmodell.

b) Voluntarismus

Gegenüber dem soziologischen[31] Rechtsfaktizismus von Stucka und Paschukanis wird in der sozialistischen Rechtstheorie auch ein voluntaristischer Rechtsbegriff vertreten Als bedeutendste voluntaristisch-normativistische[32] Rechtsdefinition gilt dabei die von Andrei Januarjewitsch Wyschinski[33]. Wyschinski war Chefankläger in den Stalinschen Schauprozessen der 30er Jahre und spätere Außenminister der Sowjetunion[34]. Seine Definition des sozialistischen Rechts lautet:

„Recht ist die Gesamtheit der Verhaltensregeln, die den Willen der herrschenden Klasse ausdrücken und auf gesetzgeberischem Weg festgelegt sind, sowie der Gebräuche und Regeln des Gemeinschaftslebens, die von der Staatsgewalt sanktioniert sind. Die Anwendung dieser Regeln wird durch die Zwangsgewalt des Staates gewährleistet zwecks Sicherung, Festigung und Entwicklung der gesellschaftlichen Verhältnisse und Zustände, die der herrschenden Klasse genehm und vorteilhaft sind.“[35]

---

30 Stucka, Enciklopedija gosudarvsta i prava, S. 415 f.

31 Paschukanis bezeichnet seine Theorie des Rechts als „soziologisch“. (Paschukanis, Allgemeine Rechtslehre und Marxismus, S. 85).

32 Mollnau bezeichnet Wyschinskis Konzeption als „voluntaristisch – machttheoretisch“. Mollnau betont mit dieser Bezeichnung das tatsächliche Moment. Mollnau, Die Babelsberger Konferenz, ARSP 91, S. 241.

33 Arlt, Die Rezeption der sowjetischen Rechtswissenschaft, S. 167.

34 Zu Wyschinski siehe Vaksberg, The Prosecutor and the Prey, 1990. Wyschinski stufte in seiner Rede vom 16.7.1938, in der er seine Erfahrungen aus den Schauprozessen zusammenfasste, Paschukanis, Stucka u.a. als Schädlinge, Volksfeinde und Faschisten ein. (Wyschinski, Die Hauptaufgaben der Wissenschaft vom sozialistischen Sowjetrecht, S. 59). In einem anderen Referat Wyschinskis vom 18. Mai 1948 auf einer Moskauer Juristenkonferenz vergleicht er die Arbeiten der Schüler Stuckas mit „Geschwüren“. (Wyschinski, Über einige Fragen des Staates und des Rechts, S. 111 f.). Zur Wertung dieses Bandes in der damaligen Zeit siehe: Schöneburg, Die Bedeutung der sowjetischen Staats- und Rechtstheorie, NJ 54, S. 408 ff.). Zur Rezeption der Gerichtsreden Wyschinskis, die 1951 in der DDR erschienen, siehe: Weiß, Der große Ankläger, NJ 52, S. 251 ff.

35 Wyschinski, Die Hauptaufgaben der Wissenschaft vom sozialistischen Staatsrecht, S. 76. Wyschinski merkt zwar an, daß dies nur eine Annäherung an eine Definition sei. (Ebd.) Allerdings spricht er später stets von „unserer Definition“, so daß es gerechtfertigt erscheint, die oben angeführte Rechtsdefinition Wyschinski zuzuordnen. (Vgl.

Der Unterschied zu den Konzeptionen von Paschukanis und Stucka liegt nun darin, daß Gesellschaft und Recht nicht mehr unmittelbar zusammenhängen. Allerdings wird die sachliche Verknüpfung des Rechts mit der ökonomischen Basis auch in dieser Definition erwähnt und nicht vollständig aufgegeben, da das Recht an den Willen der herrschenden Klasse rückgekoppelt ist. Der Wille des Proletariats als der herrschenden Klasse im Sozialismus wiederum wird durch die Basis determiniert. Denn es ist nicht ersichtlich, daß sich Wyschinski von diesem materialistischen Ansatz Marx' entfernt. Er ergänzt es jedoch durch die relative Selbständigkeit des Überbaus, die Stalin in den Linguistenbriefen postulierte. Stets bleibt das Recht aber in einer Beziehung zur Basis. Wyschinski distanziert sich dementsprechend vom „Normativismus" der bürgerlichen Klasse, da dieser verkenne, daß das Recht seinen Inhalt aus den in der Gesellschaft herrschenden ökonomischen Verhältnissen schöpft[36]. Somit kommt Wyschinski zu folgender Rechtskonstruktion: Der Rechtsstrom entspringe dem Willen der Klasse der Arbeiter. Anschließend werde der Rechtsstrom durch die Zwischenstation Staat kanalisiert. Diesem komme das Rechtssetzungsmonopol zu[37]. So entstehe ein Rechtskreislauf, welcher die Stationen Gesellschaft – Staat - Gesellschaft durchläuft. Damit fungiere die Gesellschaft als Quelle, der Staat als Autor und die Gesellschaft als Adressat des Rechts. Wyschinski vertritt daher keinen rein voluntaristischen Rechtsbegriff[38], obwohl ihm dies häufig vorgeworfen wird[39].

Wyschinski, a.a.O., S. 76 f.) Diese Definition findet sich auch in Wyschinski, Voprosy teorii gosudarstva i prava, S. 84.

36 Wyschinski, a.a.O., S. 76 f.

37 Vgl. Polak, Zur Dialektik in der Staatslehre, S. 390.

38 „Unsere Definition geht von den Verhältnissen der Herrschaft und Unterordnung aus, die ihren Ausdruck im Recht finden. (...) Darum muß diese Definition allseitig, aufmerksam und kritisch beurteilt und geprüft werden. Solch eine Frage wird natürlich nicht durch eine einfache Abstimmung, durch die Annahme einer Resolution entschieden." (Wyschinski, Die Hauptaufgaben der Wissenschaft vom sozialistischen Staatsrecht, S. 77).

39 So Polak, Zur Dialektik in der Staatslehre, S. 390. Ebenso Haney, Zum Inhalt des sozialistischen Rechtsbegriffs, SuR 63, S. 122 f.; Mollnau/Röder, Kollektivität und Zwang, SuR 63, S. 580 f. Zum gleichen Ergebnis kommt Böckenförde. Er ist der Meinung, daß Wyschinskis Rechtsdefinition dem „legalistischen Rechtsbegriff des Positivismus" des 19. Jahrhunderts gleicht. „Der sozialistische Gesetzgeber bzw. (...) die herrschende Klasse tritt an die Stelle des bürgerlichen Gesetzgebers und rückt in seine Funktionen ein. (...) Die sachliche Verknüpfung des Rechts mit der ökonomischen Basis (...), seine stete inhaltliche Bestimmtheit durch die sich fortentwickelnden gesellschaftlichen Verhältnisse, sind in dieser Definition ganz beiseite gelassen." (Böckenförde, Die Rechtsauffassung im kommunistischen Staat, S. 27). Ähnliches schreibt Klenner über Ulbricht: Für Ulbricht sei das Recht vom „Willen einer (extralegalen) Diesseits- oder Jenseitsinstanz" abzuleiten. (Klenner, Babelsdorf 1958, Staat 92, S. 617).

Deutlich wird die Zwitterstellung dieser Rechtsdefinition, wenn man bedenkt, daß Wyschinski auch Gebräuche des Gemeinschaftslebens dann als Recht definiert, wenn sie staatlich sanktioniert werden. Danach schafft die Gesellschaft zwar die Regeln. Zu Recht werden diese aber erst durch den Staat[40]. Hinzu kommt, daß nur dem Staat genehme Bräuche kodifiziert werden, so daß die Rechtskonzeption Wyschinskis hier voluntaristisch ist. Festzuhalten ist jedenfalls, daß diese Betrachtungsweise die politische Instrumentalität des Rechts betont[41]. Wyschinski faßt dies zum Prinzip der Einheit von Gesetzlichkeit und Parteilichkeit zusammen[42].

2. Das instrumentelle Recht bei Polak

Auch Polak betont in seiner Rechtskonstruktion den instrumentellen Charakter des Rechts. Davon zu unterscheiden ist die Frage nach dem Ursprung des Rechts. Diese Frage wird später behandelt. Zunächst soll untersucht werden, welche charakteristischen Merkmale der instrumentelle Rechtsbegriff Polaks trägt. Dazu ist die inhaltliche Seite seines Rechtsbegriffs von der institutionell-prozeduralen Seite zu trennen. Beim inhaltlichem Aspekt geht es um den Inhalt und die Aufgabe des Rechts. Bei der Untersuchung des institutionellen Aspekts soll geklärt werden, wer nach Polak bestimmt, was Inhalt und Aufgabe des Rechts ist.

a) Inhaltlich

Der inhaltliche Aspekt ist bei Polak sehr viel differenzierter und systematischer behandelt worden als der institutionelle. Im Mittelpunkt seiner Ausführungen steht das Verhältnis des Rechts zur Politik und zur gesellschaftlichen Entwicklung. Wie sich schon aus der Standortbestimmung der Rechtswissenschaft als Teildisziplin des Marxismus-Leninismus ergibt, stellt die historisch-gesellschaftliche Entwicklung die Grundlage für Polaks Rechtsbegriff dar. Die enge Verknüpfung von gesellschaftlicher Entwicklung und Recht wirkt sich hinsichtlich der Stabilität, des Zwangscharakters sowie der Eigenständigkeit des sozialistischen Rechts aus. Den „inneren Gehalt“ [43] des proletarischen Rechts gewinnt Polak schließlich aus einer Kritik des bürgerlichen Rechts.

---

40 Vgl. Wyschinski, Die Hauptaufgaben der Wissenschaft vom sozialistischen Sowjetrecht, S. 76.

41 Wyschinski, a.a.O., S. 70, 84 f.; ders., Theorie der gerichtlichen Beweise im Sowjetischen Recht, S. 189.

42 Vgl. Mollnau, Die Babelsberger Konferenz, S. 241.

43 Polak, Zur Dialektik in der Staatslehre, S. 40.

(1) Recht und Politik

Polak bestimmt zunächst das Verhältnis von Politik und Recht. Er definiert dieses analog zum Verhältnis von Staat und Recht. Genau wie Staat und Recht so wurzeln auch die Politik und das Recht für Polak in der historischen Entwicklung der „Arbeiter-und-Bauern-Macht"[44]. Jeder Fortschritt dieser Entwicklung sei zugleich eine Entwicklung des Rechts. Das Recht sei daher „konkreter Ausdruck" der Entfaltung der politischen Macht des Proletariats[45]. Recht und Politik sind für Polak somit Bestandteile einer übergeordneten Größe. Daher wäre die Behauptung falsch, das Recht diene der Durchsetzung der Politik. Für Polak kann man das Recht nicht gleichsam „an den Schwanz der Politik knüpfen", denn dies impliziere fälschlicherweise eine getrennten Existenz von Politik und Recht[46].

Er erläutert dieses Verhältnis anhand eines Beispiels. Das LPG-Recht der DDR könne nicht als Resultat der Agrarpolitik bestimmt werden. Vielmehr sei es aufgrund der gesellschaftlichen Gesetzmäßigkeit notwendig gewesen, zur genossenschaftlichen Großproduktion überzugehen. Die „Herausbildung einer entsprechenden Organisationsform", also des Rechts, sei die Entfaltung der Arbeiter-und-Bauern-Macht selbst. Das sozialistische Recht sei Ausdruck dieses Prozesses und davon nicht zu trennen.

Streng genommen ist Polaks Rechtsbegriff daher nicht instrumentell, denn das Recht dient bei ihm keiner übergeordneten Größe. Es ist vielmehr nur Ausdruck eines übergeordneten Systems. Allerdings spricht Polak oft von dem Recht als Instrument. Auch in seinen Ausführungen zur sozialistischen Rechtswissenschaft wird deutlich, daß das Recht der Politik, namentlich den Parteibeschlüssen, unterzuordnen ist[47]. Danach sind Rechtsnormen im Sinne der Partei anzuwenden. Damit ist das Recht für Polak faktisch doch eine der Politik dienende Größe und damit instrumentell. Daraus kann aber gerade nicht gefolgert werden, daß das Recht der individuellen Willkür einiger Politiker preisgegeben wird. Vielmehr ist die kommunistische Politik selbst nicht beliebig, sondern an die, für Polak objektiv richtige, kommunistische Ideologie gebunden.

(2) Recht und gesellschaftliche Entwicklung

Dementsprechend habe auch das Recht mit den „Entwicklungsgesetzen der Gesellschaft" in Übereinstimmung zu stehen[48]. Mit der fortschreitenden

---

44 Polak, a.a.O., S. 178.

45 Ebd.

46 Polak, a.a.O., S. 177 f.

47 Polak, a.a.O., S. 433; ders., Diskussionsbeitrag auf der Senatssitzung vom 5.7.1955 der Akademie für Staats- und Rechtswissenschaft „Walter Ulbricht" zu den auf dieser Sitzung vorgelegten Erziehungszielen der einzelnen Institute, Sitzungsprotokoll, in: SAPMO-BArch DY 30 IV 2/13/473 Bl. 58.

48 Polak, Zur Dialektik in der Staatslehre, S. 424.

gesellschaftlichen Entwicklung würde der „beschränkte bürgerliche Rechtshorizont“ aufgehoben werden[49]. Daraus lässt sich zweierlei folgern: Zum einen verschwindet mit dem Übergang vom Kapitalismus zum Sozialismus für Polak nicht das Recht selbst, sondern lediglich der formalistische Schematismus des bürgerlichen Rechtes[50]. Damit widerspricht er implizit der Ansicht von Paschukanis, für den die Rechtsform notwendig mit der kapitalistischen Gesellschaftsordnung verknüpft war. Zum anderen erkennt Polak durch diese materialistische Geschichtsentwicklung auch die grundsätzliche Abhängigkeit des Überbaus von der Basis an[51]. Hiervon ausgehend ist für Polak das sozialistische Recht Instrument der Entwicklung der sozialistischen Gesellschaftsverhältnisse[52]. Das Recht solle daher vor allem das Bewußtsein und das Verhalten der Menschen formen[53].

> „Die Sicherung der Grundlagen der gesellschaftlichen Entwicklung und damit der Gesellschaft als Ganzes und der einzelnen Gesellschaftsmitglieder und so die Sicherung der ganzen Entwicklung der sozialistischen Gesellschaft – das macht das Wesen des sozialistischen Rechts aus“[54].

Dies entspricht der gestaltenden und verhaltensbildenden Rolle des sozialistischen Staates. Damit verlässt Polak die rein marxistische Position der passiven Abhängigkeit des Überbaus von der Basis und erkennt eine gewisse Eigenständigkeit des Überbaus an. Insoweit steht Polak in der Tradition Stalins[55]. Für

49 Polak, Über die weitere Entwicklung der sozialistischen Rechtspflege in der DDR, SuR 61, S. 636.

50 Polak, Zur Dialektik in der Staatslehre, S. 443. Der Übergang vom Kapitalismus zum Sozialismus kann nach Polak auch gewaltsam vonstatten gehen. Er übernimmt damit eine leninistische Position. (Polak, Über die weitere Entwicklung der sozialistischen Rechtspflege in der DDR, SuR 61, S. 637).

51 Polak, Zur Dialektik in der Staatslehre, S. 442.

52 Polak, a.a.O., S. 430.

53 Polak, a.a.O., S. 259. Zu einer ganz anderen Konzeption des Rechts als Steuerungsinstrument siehe Fuller, The Morality of Law, S. 152 ff.

54 Polak, Zur Dialektik in der Staatslehre, S. 431.

55 Polak, Über die weitere Entwicklung der sozialistischen Rechtspflege in der DDR, SuR 61, S. 641. Interessanterweise sieht sich Polak selbst in der Tradition Lenins. Polak behauptet, daß nach Lenin das sozialistische Recht unmittelbar mit der Machtergreifung zu wirken beginnt. Lenin habe damit die passive Rolle des Rechte gegenüber dem Überbau modifiziert. Tatsächlich beschreibt Lenin in den bei Polak abgedruckten Passagen, wie das bürgerliche Recht zurückweicht, wenn der Sozialismus die diesem Recht zugrundeliegenden Produktionsverhältnisse umwandelt. (Lenin, Staat und Revolution, S. 230. Zitiert nach Polak, Über die weitere Entwicklung der sozialistischen Rechtspflege in der DDR, SuR 61, S. 636). Damit hat Lenin die Marxsche Basis-Überbau-Lehre aber keineswegs im Sinne Polaks verändert. Dies geschah, wie dargelegt, erst durch die Linguistenbriefe Stalins. Da der Artikel von Polak aber erst nach dem XX. Parteitag der KPdSU erschien, liegt die Vermutung nahe, daß es Polak aus machtpolitischen Gründen

ihn hat die gesamte sozialistische Wissenschaft diese stalinistische Position einzunehmen.

„Das Bemühen, die ökonomistischen Positionen zu verlassen und die Betrachtung des Überbaus als bloßen passiven Reflexes der Entwicklung der Basis zu überwinden, ist allgemein."[56]

Das Recht dient für Polak demnach der gesellschaftlichen Entwicklung. Es könne daher nicht abstrakte Theorie sein, sondern vielmehr konkrete Anleitung zum Handeln auf der Grundlage des historischen Materialismus.[57] Diese Anleitung sei aber lediglich effektiv, wenn das Recht „auf das Niveau der Wissenschaft von der Gesetzmäßigkeit der sozialistischen Verhältnisse gehoben wird"[58]. Dementsprechend habe sich das Recht mit der Basis zu entwickeln. Ihm wohnt damit eine gewisse Dynamik inne. Gerde diese innere Dynamik des sozialistischen Rechts gewährleistet für Polak dessen Kontinuität.

„Ein Recht und eine Gesetzlichkeit, die nicht den Entwicklungstendenzen der Gesellschaft selbst Rechnung tragen, ihnen Ausdruck verleihen, sie fördern und durchsetzen, tragen (...) nicht die Momente der Konstanz und Kontinuität (...) in sich."[59]

Das bürgerliche Recht dagegen beachte die gesellschaftlichen Entwicklung zum Sozialismus nicht. Seine gesellschaftsblinde Starrheit verurteile es zum Scheitern. Die Bourgeoisie könne ihre Macht daher nur durch „Rechtswillkür" sichern[60].

(3) Verhältnis von Stabilität und Dynamik

Aufgrund dieser Überlegungen Polaks ist seine Konzeption vom sozialistischen Recht durch zwei sich in gewisser Weise widersprechende Merkmale gekennzeichnet. Einerseits hat das Recht die Entwicklung zu sichern. Als ein derartiges Steuerungsinstrument kann es nur in Form des positiven Gesetzes verwendet

---

vorzog, auf Lenin statt auf Stalin zu verweisen. Die stalinistische Lehre von der aktiven Rolle des Überbaus vertritt Polak auch im Hinblick auf die bürgerliche Epoche der Menschheitsgeschichte: „Das bürgerliche Recht hat entscheidend dazu beigetragen, die kapitalistischen Produktionsverhältnisse zu den gesellschaftlichen Verhältnissen zu erheben." (Polak, Über die weitere Entwicklung der sozialistischen Rechtspflege in der DDR, SuR 61, S. 635).

56 Polak, Zur Lage der Staats- und Rechtswissenschaft in der DDR, SuR 59, S. 1324. Die Wechselbeziehung zwischen Basis und Überbau im Sinne Stalins wird auch im Folgenden deutlich: „Hier wird die Theorie zur Praxis, wirkt der Überbau durch die (staatliche) Entwicklung der sozialistischen Arbeit, der schöpferischen Arbeit, auf die Basis zurück." (Polak, Der Auftrag der Babelsberger Konferenz, S. 495).

57 Polak, Zur Dialektik in der Staatslehre, S. 433.

58 Ebd., sowie ders., a.a.O., S. 177.

59 Polak, a.a.O., S. 424.

60 Ebd.

werden und muß also über eine gewisse Zeitspanne unverändert gelten. Zum anderen soll das Recht aber auch als Motor der Entwicklung dienen, sich also entwickeln. Das Recht wie der Staat muß sich fortwährend verändern und angleichen an die gesellschaftliche Entwicklungslage[61]. Daraus ergibt sich das für die sozialistische Rechtswissenschaft grundlegende Problem von Stabilität und Dynamik des Rechts.

(a) Das Verhältnis in der Literatur der DDR

Beispielhaft für die Überlegungen in der rechtswissenschaftlichen Literatur der DDR zu diesem Spannungsverhältnis ist die Darstellung von Poppe und Schüßler:

„Wenn man sich davon leiten lässt, daß die eigentliche Grundlage der Rechtsstellung in den materiellen Lebensbedingungen und den konkreten Erfordernissen der gesellschaftlichen Entwicklung liegt, wenn man ferner in Betracht zieht, daß die gesellschaftliche Realität sich ständig verändert, wogegen die gesetzlichen Bestimmungen eine längere Zeit in Geltung stehen, so drängt sich eigentlich von selbst der Schluß auf, daß im Rahmen der Gesetze eine bestimmte Veränderung des Rechts vonstatten geht. (...) Der allgemein verbindliche Maßstab für das Verhalten der Menschen, den das Recht verkörpert und der auf Durchsetzung der konkreten objektiven Erfordernisse unserer gesellschaftlichen Entwicklung gerichtet ist, erhält mit der Veränderung dieser Erfordernisse einen anderen Ausdruck, auch wenn die ihm zugrunde liegenden gesetzlichen Formulierungen zunächst unverändert bleiben.“[62]

Im Hinblick auf die Grundrechte führen sie aus:

„Inhalt und Umfang unserer Grundrechte und Grundpflichten können deshalb nur als Synthese von Gesetzesregel und dem konkreten gesellschaftlichen Verhältnis, das durch die Norm geregelt und weiter entwickelt werden soll, aufgefasst werden. Die dogmatische Anwendung einer Rechtsnorm ohne Beachtung der gegebenen gesellschaftlichen Bedingungen kann zu ebenso großen Entstellungen des sozialistischen Rechts und der Politik der Partei der Arbeiterklasse führen wie die willkürliche Veränderung der sozialistischen Wirklichkeit ohne Beachtung der Rechtsnorm, die durch die Partei und die sozialistische Staatsmacht eine Orientierung für das bewusste Handeln aller Bürger zur Veränderung und Weiterentwicklung der Gesellschaftsverhältnisse geben.“[63]

Die „Synthese“ von Gesetzesnorm und konkreter gesellschaftlicher Lage muß demnach fortwährend gesucht werden. Diese Synthese bedeutet der Sache nach nichts anderes als die dauernde inhaltliche Fort- und Umbildung des Rechts unter dem Deckmantel der Interpretation. Die Maßstäbe der Interpretation ergeben sich aus den Präambeln der Gesetze und aus den Beschlüssen der

61 Polak, a.a.O., S. 338.

62 Poppe/Schüssler, Sozialistische Grundrechte und Grundpflichten der Bürger, SuR 63, S. 213 f.

63 Ebd.

Partei[64]. Der revolutionären Dynamik des Rechts sind somit keine Grenzen gesetzt[65].

(b) Das Verhältnis bei Polak

Bedauerlicherweise beschäftigt sich Polak nicht ausdrücklich mit dem Problem von Stabilität und Dynamik im Recht. Es soll aber versucht werden, die Polaksche Lösung des Spannungsverhältnisses aus seinen Äußerungen zum Recht herzuleiten. Das sozialistische Recht ist für Polak durch seine Verankerung in der gesellschaftlichen Bewegung gekennzeichnet. Daher entwickelt sich das sozialistische Recht, den Gesetzen des historischen Materialismus folgend, ununterbrochen vorwärts[66]. Es festigt die gesellschaftlichen Verhältnisse und entwickelt sie gleichzeitig weiter[67]. Dementsprechend ist das Verhältnis von Stabilität und Dynamik bei Polak folgendermaßen zu bestimmen: Das Recht muß ein gewisses Maß an Rechtsicherheit gewährleisten. Andernfalls kann es nicht die Menschen leiten und den Entwicklungsstand sichern. Gleichzeitig darf dies nicht dazu führen, daß das Recht zu einem Hindernis der gesellschaftlichen Entwicklung wird. Falls die gesellschaftliche Entwicklung voranschreitet, muß ihr das Recht folgen. Die Rechtssicherheit muß folglich in dem Maße weichen, wie sich die Gesellschaft fortentwickelt.

(4) Zwangscharakter des Rechts

Das Recht wird demnach der gesellschaftlichen Entwicklung untergeordnet. Daraus ergibt sich der spezielle „Zwangscharakter“[68] des sozialistischen Rechts. Auszugehen ist hierbei wiederum von Polaks marxistischer Geschichtsauffassung, nach der durch eine gesetzmäßige Abfolge von Klassenkämpfen der Interessenantagonismus in der Gesellschaft letztlich aufgehoben wird[69]. Dazu müssten die Produktionsverhältnisse unter staatlicher Leitung umgewälzt werden, wobei das Recht als Instrument der Leitung fungiere[70]. Aufgrund dieser historisch notwendigen Führungsaufgabe besitze das sozialistische Recht Zwangscharakter. Dieser Zwang durch das sozialistische Recht sei aber keine

64 Poppe/Schüssler, a.a.O., S. 214. Die Präambeln in den Gesetzen der DDR waren oft mehrere Seiten lang. Im Gesetz über den Ministerrat der DDR vom 17.4.1963 (DDR-GBl. I, S. 89) wird in § 2 die rechtliche Verbindlichkeit des Programms der SED und der Beschlüsse des Zentralkomitees der SED für die Arbeit des Ministerrats explizit festgelegt.

65 Vgl. Böckenförde, Die Rechtsauffassung im kommunistischen Staat, S. 42. Zur Problematik von Stabilität und Dynamik des Rechts im Wirtschaftsrecht siehe Stiebitz, Such, S. 188 ff.

66 Polak, Zur Dialektik in der Staatslehre, S. 376, 378.

67 Polak, a.a.O., S. 376.

68 Polak, a.a.O., S. 258.

69 Polak, a.a.O., S. 435.

70 Polak, a.a.O., S. 258 f., sowie S. 165.

„Unterjochung“. Vielmehr bedeute er die Freiheit, das als historisch notwendig Erkannte zu tun und die Geschichte objektiv weiterzuentwickeln[71]. Der Zwangscharakter des sozialistischen Rechts zeichnet sich daher durch eine Einheit von Recht und Pflicht aus[72].

> „Diese Notwendigkeit und Gesetzmäßigkeit, der im sozialistischen Recht liegende Zwangscharakter ist nicht Zerstörung der Freiheit und der Selbstbestimmung des Menschen, sondern festigt und entwickelt sie.“[73]

Auch dem bürgerlichen Recht komme Befehlscharakter zu[74]. Allerdings bestehe ein „grundlegender“ Unterschied zwischen den beiden Zwangsformen. Der Zwang des bürgerlichen Rechts beinhalte die Unterwerfung des Einzelnen unter die tatsächlichen Verhältnisse, unter die „normative Kraft des Faktischen“.

---

71 Polak, a.a.O., S. 259. An anderer Stelle behauptet Polak, daß das bürgerliche Recht im Gegensatz zum sozialistischen äußeren Zwangscharakter besäße. (A.a.O., S. 295 f.) Dadurch verändert sich die Position Polaks inhaltlich aber nicht. Ein Beispiel für die Polaksche Freiheit ist das Wahlrecht in der DDR. Dort konnte man lediglich einer zum Zeitpunkt der Wahl festgelegten Einheitsliste zustimmen. Der Wahlakt war die Bejahung der als richtig erkannten Gesellschaftsform. In der National-Zeitung wurde auf eine Leserfrage, warum es bei den Volkswahlen keine Gegenkandidaten gäbe, in diesem Sinne geantwortet: „Bekommt eine Fußballelf eine Gegenpartei in den eigenen Reihen? Jeder wird dies verneinen. (...) Ebenso ist es bei unseren Wahlen zur Volkskammer und zu den Bezirkstagen ... Kann es bei uns eine Opposition gegen die Friedenspolitik geben? (...) Welcher Bürger würde schon eine Opposition gutheißen, die die Junker wieder in unsere Republik holen und unsere Bauern enteignen würde? Auf dieser gemeinsamen Plattform bilden wir sozusagen auch eine gemeinsame Opposition gegen Missstände (...) im täglichen Leben, sorgen uns um die gute Qualität der Erzeugnisse unserer Industrie und treten so durch die Tat für die Sicherung des Friedens ein. So gesehen sind die Männer und Frauen unseres Vertrauens Kandidaten und Gegenkandidaten in einer Person ...“ (National-Zeitung, Organ der Nationaldemokratischen Partei Deutschlands (NPDP), Ausgabe v. 2.10.1963).

72 Polak, Vorlesungsmanuskript „Die Demokratie der Arbeiter-und-Bauern-Macht und die örtlichen Organe der Staatsmacht in der DDR“, in: SAPMO DY 30 /IV 2/13/457 Fiche 6, Bl. 498. An anderer Stelle führt Polak zur Bestätigung Auszüge der „Programmatischen Erklärung“ des Staatsratsvorsitzenden Ulbrichts vom 4.10.1960 an. Hier heißt es: „Die Mitwirkung an der bewussten Gestaltung des gesamten wirtschaftlichen, kulturellen und vor allem politisch-staatlichen Lebens unserer Republik ist daher das entscheidende, grundlegende Recht der Bürger unserer Republik.“ (Abgedruckt bei Polak, Zur Dialektik in der Staatslehre, S. 431).

73 Polak, Über die weitere Entwicklung der sozialistischen Rechtspflege in der DDR, SuR 61, S. 647; ders., Zur Dialektik in der Staatslehre, S. 40.

74 Polak, Zur Dialektik in der Staatslehre, S. 258. Klassisch für den Zwangscharakter des Rechts ist die These von John Austin, daß jede Norm ein Befehl sei: „Every law or rule (...) is a command“. (Austin, Lectures on Jurisprudence, S. 88).

Dies sei Ausdruck der Entfremdung des Individuums von der Gesellschaft im Kapitalismus.

> „Ganz im Gegensatz zum bürgerlichen Recht, das auf dem Antagonismus zwischen Individuum und Gesellschaft aufbaut, das also nie imstande ist, das Individuum auf den Boden seines wahren gesellschaftlichen Dasein zu führen, macht es gerade das Wesen des sozialistischen Rechts – wie der proletarischen Staatsmacht überhaupt – aus, die Identität der gesellschaftlichen Bewegung mit dem Volk und dessen schöpferischen Kräften, mit der Entwicklung der Gesellschaft, ihrem Reichtum und der Lebenspraxis der Menschen selbst herzustellen."[75]

Demnach wirkt das bürgerliche Recht für Polak als außergesellschaftliche Kraft auf den Menschen ein, so daß die Beziehungen vom Bürger zum Staat im bürgerlichen Staat als Rechtsverhältnisse wahrgenommen werden. Dagegen sei das sozialistische Recht Ausdruck der gesellschaftlichen Entwicklung. Es beeinflusse die Menschen daher auch als gesellschaftliche Kraft. Die sozialistischen Rechtsbeziehungen sind für Polak also gesellschaftliche Beziehungen[76]. Dementsprechend forme sich das Recht von äußerlicher Zwangsnorm zur gesellschaftlichen Verpflichtung. Diese Verpflichtung wiederum sei durch die grundsätzliche Interessenidentität zwischen Individuum und Gesellschaft bestimmt. Daher werde die staatliche Zwangsgewalt im Sozialismus lediglich in den „immer seltener werdenden Fällen, wo die gesellschaftliche Bewusstheit die Praxis dieses oder jenes einzelnen nicht durchdringt und er durch die Zurückgebliebenheit seines gesellschaftlichen Bewusstseins in Konflikt mit der Gesellschaft kommt", als ultima ratio angewandt[77].

Polak verwandelt daher den Zwang des Rechts in eine gesellschaftliche Verpflichtung, der der Einzelne freiwillig nachkommen würde, sobald er die Wahrheit des Marxismus-Leninismus erkannt hat. Diese „magical transformation"[78] von Zwang in Freiwilligkeit ist Ausdruck des positiven Freiheitsbegriffs den Polak vertritt. Danach ist der Mensch frei, der selbstbestimmt lebt. Ein selbstbestimmter Mensch, sein eigentliches wahres Selbst, von dem das „arme empirische Selbst nichts weiß"[79], würde nach den Regeln des sozialistischen Rechts leben wollen. Daher ist allein sein kapitalistisch-zurückgebliebener Verstand daran Schuld, wenn er das Recht als zwanghaft empfindet.

---

75 Polak, a.a.O., S. 259.

76 Polak, a.a.O., S. 437; ders., Über die weitere Entwicklung der sozialistischen Rechtspflege in der DDR, SuR 61, S. 643.

77 Polak, Die Verfassung der UdSSR von 1936, S. 677.

78 Berlin, Two Concepts of Liberty, S. 134.

79 Berlin, a.a.O., S. 133.

Das empirische Selbst in das marxistisch-leninistische Schema zu zwingen, sei daher nicht Tyrannei, sondern Befreiung[80].

(5) Eigenständigkeit des Rechts

Festzuhalten ist, daß für Polak die sozialistischen Rechtsverhältnisse ihrem Wesen nach Gesellschaftsverhältnisse sind. Aus diesen Gesellschaftsverhältnissen könne aber unmöglich das spezifisch Juristische isoliert werden, um es gesondert zu analysieren. Mache man dies, so werde implizit die Eigenständigkeit des Rechts gegenüber der Gesellschaft unterstellt, was bürgerlich sei. Sozialistisch hingegen sei es, das Recht stets als unselbständiges Teil der gesellschaftlichen Bewegung zu betrachten[81].

Daraus ergibt sich zum einen das Problem von der Spezifik des Rechts[82]. Zum anderen könnte diese Unselbständigkeit des Rechts einen Widerspruch zu Polaks Verständnis vom Recht als Erziehungsmittel darstellen. Das Recht ist danach eine durchaus selbständige bewußtseins- und verhaltensprägende Größe. Allerdings ist das Recht auch hiernach nicht völlig eigenständig, sondern dialektisch mit der Gesellschaft verknüpft. Gesellschaft und Recht sind damit zwar einzelne Elemente, die logisch trennbar sind. Allerdings dürfen sie nach Polak nicht unter verschiedenen Aspekten analysiert werden. Dies würde das spezifisch Marxistisch-Dialektische ihrer Beziehung verkennen.

„Als Instrument der Organisierung der sozialistischen Gesellschaftsverhältnisse folgt (...) das Recht dem Bewegungsgesetz der Arbeiterklasse, die durch ihre marxistisch-leninistische Partei geführt wird. (...) Der sozialistische Staat und das sozialistische Recht entwickeln sich in dem Maße, wie durch die Entfaltung der Wirksamkeit der Arbeiterklasse und ihrer marxistisch-leninistischen Partei und mit ihr die gesamte schöpferische Kraft der Gesellschaft des Volkes selbst sich entfaltet."[83]

(6) Innerer Gehalt des Rechts

Wie seinen Staatsbegriff, so entwickelt Polak auch das sozialistische Recht als Gegenpol zum bürgerlichen. Der grundlegende Unterschied von bürgerlicher und sozialistischer Rechts- und Staatslehre ist die unterschiedliche Geschichtsauffassung[84]. Die marxistische Geschichtsauffassung beruht auf der Naturgesetzlichkeit der Geschichtsentwicklung, die im Kommunismus endet[85].

---

80 Vgl. Berlin, a.a.O., S. 148. Zur Verdeutlichung führt Berlin ein Statement eines Jakobinerclubs an: „No man is free in doing evil. To prevent him is to set him free." (Berlin, a.a.O., S. 148 Erl. 1).

81 Polak, Zur Dialektik in der Staatslehre, S. 273 ff.

82 Dieses Problem ist dargestellt in Kapitel 4 G II.

83 Polak, Zur Dialektik in der Staatslehre, S. 375, 376.

84 Polak, a.a.O., S. 197. Vgl. auch: Poppe/Weichelt, Karl Polaks Beitrag zur Herausbildung einer marxistisch-leninistischen Staats- und Rechtswissenschaft in der DDR, S. 13.

85 Polak, Zur Dialektik in der Staatslehre, S. 209.

Dagegen erscheint für Polak in der bürgerlichen Geschichtsbetrachtung der bestehende Status quo der kapitalistischen Produktionsverhältnisse als Endpunkt der geschichtlichen Entwicklung[86].

(a) Bürgerliches Recht

Die bürgerliche Rechtswissenschaft versuche daher, diesen Zustand aufrecht zu erhalten. Anders als das sozialistische leite das bürgerliche Recht die Menschen daher nicht. Vielmehr werde die gesellschaftliche Entwicklung gefesselt[87]. Daher zeichne sich das „bürgerlichen Rechts" durch seine gesellschaftliche Abstraktheit aus. Darüber hinaus habe es in der Spätphase des Kapitalismus eine Verschleierungsfunktion.

(aa) Gesellschaftliche Abstraktheit

Im bürgerlichen Staat trete das Recht nicht als Ausdruck der bestehenden Herrschaftsverhältnisse auf, sondern abstrakt und ewig. Dies zeige sich insbesondere im Positivismus, der bürgerlichen Methodenlehre[88]. Da die positivistische Methode die Lehre des historischen Materialismus nicht einbeziehe, könne sie den Menschen auch nicht als Klassenwesen begreifen. Daher sei die Grundlage des bürgerlichen Rechts nicht die objektive Notwendigkeit der Klassenbewegung, sondern das isolierte Individuum sowie das individualistisch-subjektivistische Bewusstsein, das gegenüber der objektiven Gesellschaftsentwicklung blind ist[89]. Durch die Herauslösung des Menschen aus seiner Klasse werde die natürliche Einheit der Gesellschaft aufgelöst[90]. Die Individuen stünden beziehungslos nebeneinander und müssten erst künstlich durch Verträge wieder zusammengeführt werden. Dies führe dazu, die menschlichen Handlungen lediglich als die Erfüllung abstrakter Vertragsverpflichtungen wahrzunehmen. Der Mensch werde auf das „Abstrakt-Begriffliche" reduziert. Ihre Ausprägung finde diese Konzeption in der Subsumtionslehre[91]. Hierbei würden abstrakte, also „von aller gesellschaftlicher Wirklichkeit losgelöste", Verhaltensweisen unter eine „ebenso abstrakt genommene, aus den gesellschaftlichen Entwicklungsgesetzen losgelöste Norm" eingeordnet[92].

---

86 Vgl. Polak, a.a.O., S. 202.

87 Polak, a.a.O., S. 399.

88 Polak, a.a.O., S. 197.

89 Polak, a.a.O., S. 237. Mit seiner Beschreibung des bürgerlichen Rechts rückt Polak in die Nähe von Paschukanis, der in den klassenbedingten Interessengegensätzen die Grundlage des Rechts erblickte. Allerdings unterscheidet sich Polaks Konzeption fundamental von derjenigen Paschukanis', da bei Polak die Kategorie des Rechts auch noch im Sozialismus existiert.

90 Polak, Zur Dialektik in der Staatslehre, S. 237.

91 Ebd.

92 Polak, a.a.O., S. 418.

Implizit stuft Polak damit die „bourgeoise Rechtswissenschaft" aufgrund ihrer Abstraktheit als Begriffsjurisprudenz ein. Die Begriffsjurisprudenz hatte versucht, Rechtsprobleme durch bloß formales „Rechnen mit Begriffen" zu lösen[93]. Allerdings wurde die grundlegende Schwäche dieser Lehre schon Anfang des zwanzigsten Jahrhunderts erkannt[94]. Anders als es die Begriffsjurisprudenz voraussetzt, können viele juristische Probleme tatsächlich nur mit Hilfe von Wertungen erschlossen werden[95]. Daher setzt sich die „bürgerliche Rechtswissenschaft" aus formalen und normativen Elementen zusammen. Der Formalismus-Vorwurf ist daher nicht berechtigt. Allerdings kann Polak durch seine verzerrte Darstellung der bürgerlichen Rechtswissenschaft die Überlegenheit seiner Rechtskonzeption leichter darlegen.

(bb) Verschleierungsfunktion

Die Mißachtung der Marxschen Lehre in der „bürgerlichen Wissenschaft" führt nach Polak nicht nur zur gesellschaftlich-historischen Abstraktheit des Rechts, sondern weise dem bürgerlichen Recht auch eine spezifische Funktion zu: Es habe die „objektive Geschichtsentwicklung" zu verschleiern. Dies sei notwendig, um die Herrschaft der Bourgeoisie in der Endphase der kapitalistischen Epoche zu sichern. Während dieser historischen Phase kommt es nach der Lehre des historischen Materialismus zu einer Massenverelendung in der Bevölkerung. Das Recht habe nun die Funktion, die Not des Volkes zu lindern. Dazu würden die geschaffenen Werte der Gesellschaft durch rechtliche Regelungen ausgleichend und „gerecht" verteilt werden[96]. Dies bedeutet für Polak aber lediglich, daß das Proletariat weiter „als Sklave des Kapitals gefüttert" wird. Den Arbeitern komme aber nicht der Wohlstand und die gesellschaftliche Bedeutung zu, die sie verdienen. Auf diese Weise werde das bürgerliche Recht von der Politik gebraucht. Es habe somit die Aufgabe, die „brutale politische und ökonomische Macht" des Kapitals zu verbergen und das Volk über seine eigentliche Stellung zu täuschen[97].

Zu der Darstellung der Funktion des „bürgerlichen Rechts" bei Polak ist folgendes anzumerken. Tatsächlich ist das Recht im bürgerlichen Rechtsstaat ein gegenüber der Politik eigenständiges Element. Zwar ist es auch Mittel, um die

93 Savigny, Vom Beruf unserer Zeit für Gesetzgebung und Rechtswissenschaft, S. 17. Vgl. auch Krawietz, Begriffsjurisprudenz, S. 433 f.

94 Jhering, Geist des römischen Rechts auf den verschiedenen Stufen seiner Entwicklung, S. 321 f., Ehrlich, Die juristische Logik, S. 299 ff. Vgl. Larenz/Canaris, Methodenlehre der Rechtswissenschaft, S. 263 ff.

95 Alexy, Theorie der juristischen Argumentation, S. 17 ff.

96 Polak, Zur Dialektik in der Staatslehre, S. 265, 269. Polak bezieht sich hiermit auf die ausgleichende Gerechtigkeit im aristotelischen Sinne. Daneben gibt es noch die austeilende Gerechtigkeit. (Vgl. Haacke, Zuteilen und Vergelten: Figuren der Gerechtigkeit bei Aristoteles, 1994).

97 Polak, Zur Dialektik in der Staatslehre, S. 269.

Politik der herrschenden politischen Kraft durchzusetzen. Daneben ist das bürgerliche Recht aber immer auch ein Mittel, die Politik zu begrenzen. Als Beispiele seien die Grundrechte der Verfassung, die zwingenden Verfahrensgrundsätze des Strafprozessrechts sowie die Kompetenzregelungen im Verwaltungsrecht genannt. Gewisse sittliche Grundsätze sind dadurch der politischen Regelung entzogen. Das Recht hat daher seinen Platz weder allein auf der Seite der Politik, noch allein auf der Seite der Moral, sondern im Beziehungsfeld zwischen Politik und Sittlichkeit[98].

(b) Sozialistisches Recht

Der „innere Gehalt" des proletarischen Rechts ist nach Polak demjenigen des bürgerlichen Rechts diametral entgegengesetzt[99]. Dies gelte nicht nur für den Inhalt, sondern auch für die Form[100]. Indes bleibt unklar, was Polak unter der neuen Form des sozialistischen Rechts versteht.

Das sozialistische Recht ist nach Polak durch seine enge Verbundenheit mit der gesellschaftlichen Entwicklung gekennzeichnet. Daher müssten die tatsächlichen gesellschaftlichen Verhältnisse analysiert werden, um Recht richtig anwenden zu können[101]. Umgekehrt sei die Anwendung des sozialistischen Rechts stets Gestaltung der Gesellschaftsverhältnisse[102]. Polak leitet das Recht somit aus der „Macht der Arbeiterklasse, ihrem Wesen und ihrer historischen Aufgabe als Macht der Umwälzung der Produktion" ab[103]. Er kann damit Walter Ulbrichts Beschreibung des sozialistischen Rechts übernehmen, nach dem das Recht „Ausdruck des Willens der von der Ausbeutung und Unterdrückung befreiten Menschen" war[104].

Für Polak überwindet das sozialistische Recht auch die bürgerliche Isolation des Einzelnen, indem es im proletarischen Willen und damit letztlich in der historischen Entwicklung verankert ist. Denn im Sozialismus werde die Beziehungslosigkeit der Individuen durch die Erkenntnis der Gemeinsamkeit ihrer Interessen ersetzt. Und diese Gemeinsamkeit sei die „Grundlage der Umwälzung des Rechts"[105]. An die Stelle der vereinzelten, isolierten Willen trete die Einsicht in das objektiv Notwendige; also die Einsicht in die Richtigkeit

98 Böckenförde, Die Rechtsauffassung im kommunistischen Staat, S. 86 f.

99 Polak, Zur Dialektik in der Staatslehre, S. 40.

100 Polak, Über die weitere Entwicklung der sozialistischen Rechtspflege in der DDR, SuR 61, S. 625.

101 Polak, Zur Dialektik in der Staatslehre, S. 418; ders., Gewaltenteilung-Menschenrechte-Rechtsstaat, S. 143 f.

102 Polak, Zur Dialektik in der Staatslehre, S. 418.

103 Polak, Über die weitere Entwicklung der sozialistischen Rechtspflege in der DDR, SuR 61, S. 630.

104 Ulbricht, Grundfragen der ökonomischen und politischen Entwicklung, S. 120. Abgedruckt bei Polak, Zur Dialektik in der Staatslehre, S. 175.

105 Polak, Zur Dialektik in der Staatslehre, S. 317.

der Gesetze des historischen Materialismus. Dadurch vereinigten sich die Einzelwillen unter der „objektiven Gesetzmäßigkeit", und dies führe zur bewußt gemeinschaftlichen Praxis im Sozialismus[106].

„Es ist die Bewegung von der Vereinzelung zur Gemeinsamkeit, von dem gesellschaftlich nicht bewussten zum gesellschaftlich bewussten Handeln"[107].

Diese Gemeinsamkeit im Handeln spiegelt sich nach Polak auch im sozialistischen Recht wider:

„Was sich im Recht verändert, ist nichts anderes als das, was sich in der Macht, in der Praxis des Staates und damit der Menschen selbst verändert."[108]

Das sozialistische Recht sei daher durch seine bewusste Kollektivität gekennzeichnet[109]. Es führe den Einzelnen aus seiner Isolation hinaus und lasse ihn als Teil der Klasse zur gesellschafts- und geschichtsbildenden Kraft werden. Dies entspreche der Natur des Menschen, die auf Gesellschaftlichkeit hin angelegt sei[110].

(c) Zwischenbilanz

Das sozialistische Recht zeichnet sich für Polak vor allem durch seine enge Verbundenheit mit der historisch-gesellschaftlichen Entwicklung aus. Damit nähert er sich dem soziologischen Rechtsfaktizismus von Paschukanis und Stucka an. Aufgrund der Verwurzelung des Rechts in den Gesetzen des historischen Materialismus leitet es die Menschen in die richtige Richtung. Es „zwingt" die Menschen damit, den Gesetzen des historischen Materialismus zu folgen. Dieser Zwang wird mit dem richtigen, dem sozialistischen Bewußtsein aber nicht als solcher empfunden, sondern „befreie" die Menschen. In dieser befreiten, gemeinsamen Bewegung zur sozialistischen Gesellschaftsordnung vereinigen sich die Menschen. Dies spiegelt sich in der „bewussten Kollektivität" des proletarischen Rechts wider.

---

106 Polak, a.a.O., S. 437.

107 Polak, Über die weitere Entwicklung der sozialistischen Rechtspflege in der DDR, SuR 61, S. 613.

108 Polak, Zur Dialektik in der Staatslehre, S. 242.

109 Polak, a.a.O., S. 295, 437; sowie ders., Über die weiter Entwicklung der sozialistischen Rechtspflege in der DDR, SuR 61, S. 607. Der Ursprung der Kollektivität im Sozialismus ist die Arbeit, die in Übereinstimmung mit den Gesetzen des historischen Materialismus geleistet wird. (Polak, Zur Dialektik in der Staatslehre, S. 349) Zur bewussten Kollektivität bei Polak siehe auch Stiebitz, Such, S. 155 f.

110 Polak, Zur Dialektik in der Staatslehre, S. 283.

b) Institutionell-prozedural

Es zeigt sich, daß der Inhalt des Polakschen Rechts wesentlich durch die materiale Lehre des Marxismus-Leninismus bestimmt wird. Man könnte daher vermuten, daß der sozialistische Rechtsurheber und -wissenschaftler befreit von juristischer Begriffs- und Systemarbeit innerhalb den Gesetzen des historischen Materialismus relativ frei schöpferisch tätig werden könnte. Diese theoretisch wie praktisch relevante Frage, soll durch eine Darstellung des institutionell-prozeduralen Aspekts geklärt werden. Als problematisch hierbei erweist sich erneut die unsystematische Arbeitsweise Polaks. Eine Darstellung der Quelle des Rechts, die annähernd so systematisch ausgearbeitet ist wie bei Paschukanis, Stucka oder Wyschinski, findet sich bei Polak nicht. Es wird ihm auch deshalb insbesondere von Such vorgeworfen, eine rechtsnihilistische Position zu vertreten[111].

(1) Rechtsquellen

Trotz dieser mangelhaften Ausarbeitung des institutionell-prozeduralen Aspekts soll versucht werden darzustellen, was für Polak Recht ist. Untersucht werden soll vor allem, ob Polak eine voluntaristische Konzeption, ähnlich wie Wyschinski, vertritt. Dies wäre dann der Fall, wenn es für Polak eine absolute Instanz gäbe, die willkürlich Recht setzten kann.

Dagegen scheint zu sprechen, daß für Polak lediglich die von der gewählten Volksvertretung, nicht aber die von der Partei erlassenen Anordnungen Rechtsqualität besitzen[112]. Dies betrifft aber eher die Frage nach der ordnungsgemäßen Setzung des Rechts, als die Frage nach der eigentlichen Rechtsquelle. Daher kann aus dem Rechtssetzungsmonopol der Volksvertretung noch nicht gefolgert werden, daß der Volkswille Rechtsurheber ist. Vielmehr ist für die Suche nach den Rechtsquellen bei Polak die Rolle der Parteibeschlüsse bei der Rechtssetzung entscheidend.

Für Polak muß daher der Ursprung des sozialistischen Rechts aus „der Klasse und ihrer Partei und der durch sie bewirkten gesellschaftlichen Umwälzung

---

111 Such, Gegen Erscheinungen des Dogmatismus und Rechtsnihilismus in der Staats- und Rechtswissenschaft, SuR 62, S. 125. Dieses Problem wird im Kapitel über Polaks Kritik des Revisionismus behandelt.

112 Polak, Vorlesungsmanuskript „Die Demokratie der Arbeiter und Bauern Macht und die örtlichen Organe der Staatsmacht in der DDR“, in: SAPMO DY 30 /IV 2/13/457, Bl. 598; ders., Zur Dialektik in der Staatslehre, S. 397. Es kann ganz allgemein für die sozialistische Rechtswissenschaft in der DDR gesagt werden, daß die Partei trotz ihrer überragenden Rolle bei der Normerzeugungsprozedur nie legitimes Organ der Rechtssetzung wird. (Vgl. etwa Arlt/Stiller, Entwicklung der sozialistischen Rechtsordnung in der DDR, S. 73; Mollnau, in: Marxistisch-leninistische Staats- und Rechtstheorie, S. 393; Mollnau/Sander, Rechtssetzung in der entwickelten sozialistischen Gesellschaft, S. 29; Haney/Wagner, Grundlagen der Theorie des sozialistischen Staates und Rechts, S. 195).

abgeleitet“ werden[113]. Für ihn ist der Engelsche Weg des „Absterbens des Staates und des Rechtes im Kommunismus“[114] zugleich der Weg der allseitigen Entfaltung der führenden Rolle der Partei[115]. Die Parteibeschlüsse stellen für Polak den jeweils konkreten Stand der historisch-dialektischen Gesellschaftsentwicklung dar. Die Parteibeschlüsse erheben damit den Anspruch, Teil und Ausdruck der objektiven und daher wahren Gesetzlichkeit des historischen Materialismus zu sein[116]. Der maßgebende Orientierungspunkt für den Rechtsinhalt wird damit in Wahrheit die Interpretation, die die Partei von dem jeweiligen gesellschaftlichen Zustand gibt[117]. Daher sind die Beschlüsse der Partei, also der SED, das Fundament des Rechts. Die Partei wird bei Polak zum allmächtigen Zentrum des Rechts.

„Nur wenn das sozialistische Recht die von der Partei der Arbeiterklasse in ihren Beschlüssen erarbeiteten Erkenntnisse der Wege der gesellschaftlichen Entwicklung zu seinem festen Fundament macht, ist es sozialistisches Recht“[118].

Demnach sind für Polak die gewillkürten Parteibeschlüsse Grundlage des Rechts. Polak scheint daher einen voluntaristischen Rechtsbegriff zu vertreten. Aus diesem Grunde mutet es widersprüchlich an, wenn Polak einen solch voluntaristischen Rechtsbegriff ausdrücklich kritisiert[119]:

„Die Grundlage allen Rechts und aller Rechtssprechung ist ja die Wahrheit“[120].

Der Voluntarismus dagegen ist für Polak ein Kennzeichen der „bürgerlichen Ideologie“[121]. Dieser voluntaristische Einschlag der bürgerlichen Wissenschaft

---

113 Polak, Über die weitere Entwicklung der sozialistischen Rechtspflege in der DDR, SuR 61, S. 610.

114 Engels, Herrn Eugen Dührigs Umwälzung der Wissenschaft, MEW, S. 262, 277.

115 Polak, Zur Funktion der Moral in der bürgerlichen Staats- und Rechtslehre, SuR 60, S. 1199; ders., Zur Dialektik in der Staatslehre, S. 380.

116 Polak, a.a.O., S. 434.

117 Diese Überlegung zeigt, daß die marxistische Theorie selbst nicht ein Reflex der Basis ist, sondern eine Theorie über die Basis. Die marxistische Theorie geht selbst aus einem bestimmten Bewußtsein hervor und formt dann die Wirklichkeit danach. Der Marxsche Satz „Das Sein bestimmt das Bewußtsein“ wird damit auf den Kopf gestellt.

118 Polak, Über die weitere Entwicklung der sozialistischen Rechtspflege in der DDR, SuR 61, S. 630. Auf dieses enge Verhältnis von Rechtsnorm und Parteibeschluß weist auch Wagner hin. Nach ihr waren Parteibeschlüsse „geltendes Recht und mussten nur noch umgesetzt werden.“ (Wagner, Hilde Benjamin, S. 265) Wagner muß hier von einem faktischen Geltungsbegriff ausgehen. Denn in der Rechtstheorie Polaks und der anderen führenden Wissenschaftler der DDR war die Partei gerade kein Gesetzgeber. (s.o.)

119 Polak, Zur Dialektik in der Staatslehre, S. 390, 425.

120 Polak, a.a.O., S. 390, 258.

121 Polak, a.a.O., S. 425; ders., Über die weitere Entwicklung der sozialistischen Rechtspflege in der DDR, SuR 61, S. 641.

entspringt nach Polak ihrer Unfähigkeit, das Recht aus der „objektiven Gesetzlichkeit" herleiten zu können. Stattdessen müsste ihr Recht willkürlich gesetzt werden[122]. Somit kann für Polak nicht ein Normativsubjekt, zum Beispiel der Staat oder die Partei, alleiniger Quell des Rechts sein. Damit nähert er sich dem Rechtsfaktizismus von Stucka und Paschukanis und distanziert sich gleichzeitig von der Rechtsauffassung Wyschinskis. Für Polak sei bei Wyschinski allein der Staat Autor des Rechts[123].

(2) Exkurs: Polaks Wyschinski-Rezeption

Polak hat die Konzeption Wyschinskis aber nicht immer abgelehnt. 1955, ein Jahr nach dem Tod Wyschinskis, schrieb Polak noch, daß Wyschinski der größte Rechtstheoretiker seiner Epoche war[124]. Polak beschäftigt sich in diesem Aufsatz vornehmlich mit Wyschinskis Strafrecht, dem Beweisrecht sowie mit Gedanken zum Völkerrecht. Er lobt, daß es Wyschinski zu verdanken sei, die sozialistische Rechtsform als Hebel zur Entwicklung in der Hand des sozialistischen Staates zu begreifen[125]. Polak unterstützt auch Wyschinskis Haltung, wonach das bürgerliche Beweisrecht im Strafprozeß zu absurden Ergebnissen führt. So seien zwar die Ergebnisse einer solchen Beweisführung lediglich formal richtig, sie widersprächen aber der Wahrheit. Mithin ist nach Polaks Darstellung bei Wyschinski allein die Wahrheit der gesellschaftlichen Wirklichkeit Inhalt des Urteils und damit des Rechts[126]. Diese Überlegung stimmt mit Polaks eigenen, oben dargestellten, Ausführungen überein. Allerdings hat sich seine Darstellung von Wyschinski vollständig in ihr Gegenteil verkehrt.

Wissenschaftliche Gründe für die Wandelung in der Polakschen Wyschinski-Darstellung sind nicht ersichtlich. Insbesondere geht Polak in seinen zeitlich späteren Ausführungen nicht auf seine frühere Wyschinski-Rezeption ein, um die Gründe für seine gewandelte Anschauung darzulegen. Allerdings gibt Polak selbst einen Hinweis darauf, was der Grund für diese Wandelung war. Sowohl im Vorwort zur dritten Auflage des Buches „Zur Dialektik in der Staatslehre", als auch in dem Kapitel in dem er seine neue Wyschinski-Rezeption darlegt, spricht er den XX. Parteitag der KPdSU an[127]. Inhalt des Parteitages war die Ächtung Stalins und der Rechtskonzeption Wyschinskis[128]. Daher liegt die

122 Polak, Zur Dialektik in der Staatslehre, S. 425. Ideologische Verwandte des Voluntarismus sind für Polak der „Subjektivismus", der „Normativismus" sowie der „Dogmatismus". (Ebd.).

123 Polak, a.a.O., S. 390.

124 Polak, Über A.J. Wyschinskis Lehren und seine Praxis, NJ 55, S. 67. Howe beschreibt Wyschinski als Polaks Vorbild. (Howe, Karl Polak, S. 154 ff.).

125 Polak, a.a.O., S. 65, 66.

126 Polak, a.a.O., S. 68 f.

127 Polak, Zur Dialektik in der Staatslehre, S. XVII, 388.

128 Vgl. Mollnau, Über die Wyschinski-Rezeption der Babelsberger Konferenz, NJ 91, S. 95, 96.

Vermutung nahe, daß allein die Änderung der Meinung in der Sowjetunion Grund für Polaks Umschwung gewesen ist. Polak erscheint hier weniger als Wissenschaftler, denn als machtpolitischer Opportunist[129].

(3) Grundlagen des Rechts

Somit ist für Polak Grundlage des Rechts zum einen der Parteibeschluß, zum anderen aber auch die Wahrheit in Form der marxistischen Lehre. Entscheidend hierbei ist, daß für Polak das sozialistische Recht seinen Ursprung „aus der historischen Mission der Arbeiterklasse und der aus ihr sich entwickelnden Praxis der gesellschaftlichen Umwälzung" erhält[130]. Damit bewegt sich Polak ganz auf der klassisch marxistischen Linie, nach der das Sein das Bewußtsein bestimmt. Polak vertritt somit keine voluntaristische Rechtsdefinition. Allerdings präzisiert er den Ursprung des Rechts nicht so wie Stucka und Paschukanis.

Zu klären bleibt das Verhältnis von Parteibeschluß und historischer Wahrheit. Unproblematisch ist dies, wenn Parteibeschluß und Wahrheit übereinstimmen oder der Beschluß die Wahrheit lediglich konkretisiert. Es bleibt aber die Frage, welcher Geltungsgrund Vorrang genießt, wenn sich Beschluß und Wahrheit widersprechen oder nicht in Einklang stehen. Dieses Problem kann lediglich entstehen, wenn ein Widerspruch überhaupt möglich ist. Für Polak kommt aber die objektive Gesetzmäßigkeit in den Beschlüssen der Partei zum Ausdruck[131].

„Der Weg der Gesetzmäßigkeit, der Wahrheit ist der Weg der Partei"[132].

Daher identifiziert Polak Wahrheit und Parteibeschluß. Mithin ist das Verhältnis zwischen beiden in dem Sinne aufzulösen, daß Beschluß und Wahrheit keine getrennten Größen darstellen, sondern vielmehr vereint sind. Geltungsrund des Rechts ist demnach die im Parteibeschluß zum Ausdruck kommende historische Wahrheit. Der sozialistische Rechtswissenschaftler ist demnach nur durch die Parteibeschlüsse gebunden. Juristische Begriffsarbeit muß er nur verrichten, wenn dies notwendig ist, um die Beschlüsse effektiv durchzusetzen.

(4) Kritik am Rechtsbegriff Polaks in der DDR-Literatur

In der Festschrift zum 80. Geburtstag Polaks wird sein Rechtsbegriff in zwei Beiträgen kritisch besprochen[133]. In dem Aufsatz von Schöneburg wird die

129 Ebenso Mollnau, der in diesem Zusammenhang von Polaks „hartleibiger Unverfrorenheit" spricht. (Mollnau, a.a.O., S. 96).

130 Polak, Zur Dialektik in der Staatslehre, S. 397.

131 Polak, a.a.O., S. 398.

132 Polak, a.a.O., S. 321.

Polaksche Identifikation von Parteibeschluß und Gesetzmäßigkeit kritisiert. Für Polak seien die Parteibeschlüsse die „Inkarnation der objektiven Gesetzmäßigkeit“[134]. Damit sei es der Rechtswissenschaft aber nicht mehr möglich, einen Beitrag für die Partei zur Erkenntnis der gesetzmäßigen Entwicklung des Rechts zu erbringen. Diese Kritik ist berechtigt. Allerdings hat die Rechtswissenschaft nach Polaks Verständnis auch nicht die Aufgabe, für die Partei die Gesetzmäßigkeit der Rechtsentwicklung zu analysieren. Vielmehr definiert er das Verhältnis von Partei und Recht gerade umgekehrt. Die Parteibeschlüsse beinhalten für ihn eine Analyse der Gesellschaft und seien damit Grundlage der sozialistischen Rechtswissenschaft[135].

Der zweite Beitrag, der sich mit dem Rechtsbegriff Polaks beschäftigt, stammt von Mollnau. Nach Mollnau habe Polak zwei Thesen vertreten, die das Verhältnis von Recht und Gesetzmäßigkeit charakterisieren[136]. Zum einen stelle Polak das sozialistische Recht mit den objektiven Gesetzen gleich, wenn er schreibt: „Das sozialistische Recht ist Recht, Norm, objektives Gesetz“[137]. Zum anderen sei das Recht für ihn Motor der objektiven gesellschaftlichen Entwicklung[138]. Allerdings habe Polak nicht geklärt, wie in der Rechtssetzung den objektiven Gesetzen entsprechende positive Gesetze erlassen werden können[139]. Mollnau begründet dies mit der speziellen Auffassung von Polak. Danach ist das sozialistische Recht ipso facto in den objektiven Gesetzen verankert[140]. Polak müsse sich folglich keine Gedanken machen, ob das Recht richtig im Sinne der objektiven Gesetzmäßigkeit ist. Dies entspricht dem oben entwickelten Verständnis vom Verhältnis von Recht und gesellschaftlicher Gesetzmäßigkeit.

C. Begriff des Rechts

Aufgrund der totalen Instrumentalisierung des Rechts bei Polak könnte der Bereich des Rechts verlassen worden sein[141]. Statt Rechtswissenschaft wird

---

133 Schöneburg, Polak und die marxistisch-leninistische Staats- und Rechtstheorie in der DDR, S. 30 – 37; Mollnau, Wirkungsgeschichtliche Anmerkungen zum Werk Karl Polaks, S. 44 – 51.

134 Schöneburg, a.a.O., S. 33 f.

135 Polak, Zur Dialektik in der Staatslehre, S. 433. Vergleiche hierzu das Kapitel über Polaks sozialistische Rechtswissenschaft.

136 Mollnau, Wirkungsgeschichtliche Anmerkungen zum Werk Karl Polaks, S. 48 f.

137 Vgl. Polak, Zur Dialektik in der Staatslehre, S. 438.

138 Vgl. Polak, a.a.O., S. 446.

139 Mollnau, a.a.O., S. 49.

140 Mollnau, a.a.O., S. 49 f.

141 Die gleiche Frage stellt auch Böckenförde hinsichtlich des sozialistischen Rechts insgesamt. „Läßt sich (...) zulässigerweise dann noch von ‚Recht‘ sprechen, wenn das Recht in so totaler Weise politisiert und zur politischen Funktion gemacht wird, wie das in der kommunistischen Rechtsauffassung geschieht?“ Er bejaht diese Frage unter dem

Marxismus-Leninismus betrieben. Die mit unbeschränkter Macht ausgestattete Partei würde dabei die richtige Lesart des Marxismus bestimmen. Daher wird wegen der fehlenden Machtbegrenzung vertreten, daß die so erlassenen Befehle keine Rechtsqualität mehr haben[142]. Die Richtigkeit dieser Ansicht ist im Rahmen einer allgemeinen Untersuchung über die Klassifizierung einer derartigen Rechtsnorm zu überprüfen. Ob eine Norm in die Klasse des Rechts fällt, bestimmt sich nach drei Kriterien[143]: Ordnungsgemäße Gesetztheit, soziale Wirksamkeit und inhaltliche Richtigkeit. Wer lediglich auf die ersten beiden Kriterien abstellt, vertritt einen positivistischen Rechtsbegriff[144]. Wer auch noch das dritte Kriterium hinzuzieht, folgt einem nichtpositivistischen Rechtsbegriff[145]. Der Rechtscharakter fehlt einer Norm nach dem positivistischen Rechtsbegriff dann, wenn sie entweder nicht ordnungsgemäß gesetzt oder aber sozial unwirksam ist[146].

I. Ordnungsgemäße Gesetztheit

Zu untersuchen ist zunächst, ob nach Polak eine Norm erst nach ihrer ordnungsgemäßen Setzung Recht wird. Ordnungsgemäß gesetzt ist eine Norm dann, wenn sie Ergebnis der vorgeschriebenen Normerzeugungsprozedur ist. Polak macht hierzu keine expliziten Ausführungen. Allerdings ist für ihn einzig die Volkskammer legitimiert, Gesetze zu erlassen[147]. Die Partei erkennt er nicht als

---

Hinweis, daß ein nicht-politisches Recht gerade die „bürgerliche" rechtsstaatliche Variante des „Rechts" darstellt. (Böckenförde, Die Rechtsauffassung im kommunistischen Staat, S. 91 f.).

142 Mollnau, Die Babelsberger Konferenz, S. 241; Mampel, Dialektik und Recht, S. 107 f. Der Sache nach scheint auch Klenner diese Ansicht zu vertreten. (Klenner, Babelsdorf 1958, Staat 91, S. 617). Diese Autoren knüpfen mit dem Machtbegrenzungskriterium an die Rechtsdefinition von Rudolf von Jhering an. Nach Jhering entstand das Recht „aus der Gewalt auf dem Wege der Selbstbeschränkung". Das Recht ist danach die disziplinierte im Gegensatz zur regellosen Gewalt. (von Jhering, Der Zweck im Recht, S. 246, 378).

143 Dreier, Der Begriff des Rechts, S. 96 ff.

144 So zum Beispiel: Hart, The Concept of Law, 1961; Kelsen, Reine Rechtslehre, 1983; Hoerster, Die rechtsphilosophische Lehre vom Rechtsbegriff, JuS 87, S. 181 – 187.

145 So zum Beispiel das Bundesverfassungsgericht: BverfGE 3, 58 (119); 23, 98 (106); 54, 53 (67 ff.).

146 Rechtsrealisten stellen demgegenüber auf die soziale Wirksamkeit ab. Vertreter eines solchen Rechtsrealismus in Skandinavien sind Hägerström und Ross. (Hägerstroem, Inquiries into the Nature of Law and Morals, 1953). Zum skandinavischen Rechtsrealismus vgl. Bjarup, Skandinavischer Realismus, 1978. In Deutschland vertraten Ehrlich und Geiger einen soziologischen Rechtspositivismus. (Ehrlich, Grundlegung der Soziologie des Rechts, 1989; Geiger, Vorstudien zu einer Soziologie des Rechts, 1987).

147 Polak, Vorlesungsmanuskript „Die Demokratie der Arbeiter und Bauern Macht und die örtlichen Organe der Staatsmacht in der DDR", in: SAPMO DY 30 /IV 2/13/457, Bl. 598.

Gesetzgeber an[148]. Daher kann davon ausgegangen werden, daß für Polak Normen nur dann Rechtqualität besitzen, wenn sie nach einer vorgeschriebenen Prozedur im Parlament erlassen wurden[149].

II. Soziale Wirksamkeit

Zweite Voraussetzung der rechtlichen Geltung einer Norm ist deren soziale Wirksamkeit oder Wirksamkeitschance[150]. Sozial wirksam ist eine Norm dann, wenn sie entweder befolgt oder ihre Nichtbefolgung sanktioniert wird. Auch hierzu äußert sich Polak nicht explizit. Allerdings hat das Recht für ihn die Aufgabe, den Sozialismus zu entwickeln[151]. Diese Führungsaufgabe kann das Recht aber lediglich erfüllen, wenn es sozial wirksam ist. Daher ist die soziale Wirksamkeit von Normen für Polak konstitutive Voraussetzung ihrer Rechtsgeltung.

III. Inhaltliche Richtigkeit

Umstritten ist, ob eine Norm auch dann rechtlich gilt, wenn sie nicht gerecht ist. Für die Rechtspositivsten ist die Frage nach der inhaltlichen Gerechtigkeit für die Einordnung einer Norm als Recht irrelevant. Zur Frage der inhaltlichen Ungerechtigkeit gelangt man nur, wenn man einen nichtpositivistischen Rechtsbegriff vertritt[152]. Großen Einfluss bei der Bestimmung, ab welchem Grad inhaltlicher Ungerechtigkeit eine Norm nicht mehr gilt, hat die Radbruchsche Formel gewonnen. Danach ist auch ein ungerechtes positives Gesetz solange noch Recht, bis sein „Widerspruch (...) zur Gerechtigkeit ein so unerträgliches Maß erreicht, daß das Gesetz als ‚unrichtiges Recht' der Gerechtigkeit zu weichen hat"[153].

---

148 Polak, Zur Dialektik in der Staatslehre, S. 397. Daher kann es lediglich eine sprachliche Ungenauigkeit sein, daß für ihn die Dresdner Beschlüsse des Kommunalpolitischen Beirates „Grundlage" für die direkte Unterordnung der Gemeinden unter die Länder waren. (Polak, a.a.O., S. 126) Unklar bleibt insbesondere, welcher Natur die Grundlage sein soll: Der Beschluß könnte entweder politische oder aber rechtliche Grundlage sein. Weiterhin ist nicht klar, wie der Beschluß Grundlage sein konnte, da in ihm auf schon bestehende Regelungen und Institutionen Bezug genommen wird.

149 Allerdings gab es in der DDR auch Normen, die nicht ausgefertigt und verkündet wurden und denen trotzdem volle Gesetzeskraft zukam. Gerechtfertigt wurde dies mit der Wahrung der Sicherheit und Notwendigkeit der Verteidigung. (Petzold, Babelsberger Konferenz. Protokoll, S. 79 f.).

150 Alexy, Begriff und Geltung des Rechts, S. 147 f.

151 Polak, Zur Dialektik in der Staatslehre, S. 446.

152 Zum Streit um den Rechtspositivismus vergleiche Dreier, Der Begriff des Rechts, S. 96 ff.; sowie Alexy, Begriff und Geltung des Rechts, S. 15 ff.

153 Radbruch, Gesetzliches Unrecht und übergestzliches Recht, S. 89; vgl. weiterhin BverfGE 23, 98 (106); 54, 53 (67 f.); Alexy, Begriff und Geltung des Rechts, S. 201.

Bei der Beantwortung der Frage, ob Polak einen positivistischen oder einen nicht-positivistischen Rechtsbegriff vertritt, ist zu unterscheiden zwischen seinen Überlegungen zum bürgerlichen Recht einerseits und seiner Auffassung hinsichtlich des sozialistischen Rechts andererseits.

1. Inhaltliche Ungerechtigkeit im bürgerlichen Recht

Für Polak macht die Trennung des Rechts von der Moral das spezifische Wesen des bürgerlichen Rechts aus. Aufgrund seiner historischen Rückständigkeit könne das bürgerliche Recht nicht moralisch sein[154]. Daher müsse der „bürgerliche Ideologe“ die Trennungsthese vertreten und erkenne damit den amoralischen Charakter des bürgerlichen Rechts an[155]. Somit ist es für Polak typisch bürgerlich, eine staatliche Satzung dann als verbindliches Recht aufzufassen, „wenn sie formal richtig als Gesetz durch die für die Gesetzgebung zuständige Stelle erlassen ist und sich auch faktisch durchsetzt“[156]. Zum Ausdruck kommt diese Haltung Polaks, wenn er es als „Schönfärberei“ bezeichnet, Nazi-Gesetzen die Rechtsqualität abzuerkennen. Polak betrachtet auch das Recht der Nationalsozialisten aufgrund seiner sozialen Wirksamkeit als Recht[157].

Dieser Ansicht könnte aber eine Äußerung Polaks aus einem anderen Aufsatz widersprechen. Dort erklärt Polak diejenigen Juristen zu „Verbrechern“, die Hitlers Gesetze angewendet hatten. Die Juristen hätten sich dem befohlenen Unrecht widersetzen müssen[158]. Damit könnte Polak den Nazi-Gesetzen ihre Rechtsqualität abgesprochen haben und einen nichtpositivistischen Rechtsbegriff vertreten. Allerdings behandelte Polak in diesem Aufsatz „Justizerneuerung“ nicht die rechtliche Geltung von Nazi-Gesetzen. Er versuchte hier darzulegen, in welchem Maße sich die deutschen Juristen der herrschenden Macht untergeordnet hatten. Daher liegt die Vermutung nahe, daß Polak den Nazi-Gesetzen nicht die rechtliche Geltung absprechen wollte, sondern vielmehr den Juristen ein Widerstandsrecht zusprechen beziehungsweise eine Widerstandspflicht auferlegen wollte[159]. Es ist daher sachgerecht, Polaks „bürgerlichen Rechtsbegriff“ als positivistisch zu bezeichnen.

---

154 Polak, Zur Lage der Staats- und Rechtswissenschaft in der DDR, SuR 59, S. 1322. Vgl. zudem das Kapitel über Polaks Darstellung der Moral in der bürgerlichen Rechtswissenschaft.

155 Ebd. Vgl. ders., Justizerneuerung, S. 31.

156 Polak, Sozialismus und Rechtsbewußtsein, Einheit 47, S. 271. Demnach vertritt Polak hier die Auffassung, daß die gesamte bürgerliche Rechtswissenschaft positivistisch ist. Allerdings wurden stets, sowohl um 1947 als auch danach, nichtpostivistische Rechtsbegriffe vertreten. Polak zeichnet hier wiederum ein Zerrbild der bürgerlichen Jurisprudenz.

157 Polak, Wesen und Wert der Rechtsgeschichte, NJ 47, S. 57.

158 Polak, Justizerneuerung, S. 26.

159 Für diese Vermutung spricht nicht unbedingt, daß Polak in diesem Aufsatz die Nazi-Gesetze als „Gesetze“ bezeichnet. (Polak, Justizerneuerung, S. 25) Denn es kann in

Da Polak die Notwendigkeit der Verbindung des Rechts mit der gesellschaftlichen Entwicklung wiederholt betont[160], stellt sich darüber hinaus die Frage, ob diese Verbindung für ihn Voraussetzung der rechtlichen Geltung einer Norm ist. Polak verneint dies. Für ihn gilt auch die Norm, welche nicht Ausdruck des Volkswillens ist[161]. Er hält es sogar für „absurd, dem bürgerlichen Recht (...) seine Geltung streitig zu machen“[162]. Für Polak ist das Kriterium des Volkswillens daher nur notwendig, um die Qualität des Rechts zu bestimmen. Es ist nicht geeignet, Normen in die Klassen Recht und Nicht-Recht einzuordnen[163].

2. Maßlosigkeit des Rechts

Nachdem nun festgestellt worden ist, daß Polak hinsichtlich des bürgerlichen Rechts einen positivistischen Rechtsbegriff vertritt, kann Polaks eigenes, sozialistisches Recht betrachtet werden. Zunächst soll erörtert werden, ob den eingangs erwähnten Überlegungen von Mollnau und Mampel zu folgen ist.

Mollnau und Mampel bezweifelten, daß Polaks Rechtsbegriff noch Recht sein kann, da nach Polak allein die Partei mit unbegrenzter Macht festlegen kann, was Recht ist[164]. Das Recht müsse jedoch ein Maß für die Politik sein, genauso wie der Rechtsautor selbst gewissen Restriktionen zu unterliegen habe. Weder das eine, noch das andere sei bei Polaks Rechtskonzeption der Fall[165].

Diese Ausführungen lassen zwei Interpretationsmöglichkeiten zu. Zum einen können sie bedeuten, daß schon die unbegrenzte Macht des Rechtsurhebers an sich zum Verlust der Rechtsqualität der erlassenen Normen führt. Zum anderen kann sie aber bedeuten, daß ungerechte Normen von einem allmächtigen Rechtsautor kein Recht mehr seien. Im zweiten Fall würde die These Mollnaus in die Nähe der Radbruchschen Formel rücken. Im ersten Fall würde die These eine Art prozedurale Ungerechtigkeit zur Bestimmung der Rechtsqualität als Kriterium nehmen. Die Maßlosigkeitsthese beträfe dann die Normerzeugungsprozedur. Die Radbruchsche Formel bezieht sich dagegen auf den materialen Inhalt des Rechts.

Hierzu ist folgendes anzumerken: Nach der Lehre des Marxismus-Leninismus ist der Staat eine Zwangsgewalt, welche mit unbeschränkten

---

diesem Zusammenhang nicht ausgeschlossen werden, daß Polak – unbewusst - einen geltungsfreien Rechtsbegriff vertritt. Allerdings liegt es näher, daß er einen nichtgeltungsfreien Rechtsbegriff benutzt. (Zum geltungsfreien Rechtsbegriff vgl. Alexy, Begriff und Geltung des Rechts, S. 44 ff.).

160 Vgl. Polak, Marxismus und Staatslehre, Einheit 47, S. 27.

161 Polak, a.a.O., S. 20.

162 Ebd.

163 Zu klassifizierenden und qualifizierenden Zusammenhängen von Recht und Moral vergleiche Alexy, Begriff und Geltung des Rechts, S. 48 f.

164 Mollnau, Die Babelsberger Konferenz, S. 241, 243; Mampel, Dialektik und Recht, S. 107 f.

165 Mollnau, a.a.O., S. 241, 243.

Gewaltbefugnissen ausgestattet ist[166]. Der in der Partei und im Parlament organisierte Volkswille ist unbeschränkt zu verwirklichen. Die Macht des Klassenstaates wird daher vom Recht nicht begrenzt. Die rechtsstaatliche Begrenzung der Staatsmacht ist für den Marxisten gerade bürgerlich. Von einem marxistisch-leninistischen Standpunkt aus zielt diese Kritik daher ins Leere. Somit kann die Kritik der Maßlosigkeit lediglich als Ansatz für eine Kritik des marxistisch-leninistischen Staatsbegriffs verstanden werden. Diese Zielrichtung ist den Ausführungen jedoch nicht zu entnehmen.

3. Inhaltliche Richtigkeit im sozialistischen Recht

Polak behandelt den Gegensatz von sozialistischem Recht und Moral im Rahmen seiner Moral[167]- und Positivismus-Ausführungen[168]. Wie dargestellt, ist für ihn der Widerspruch zwischen bürgerlichem Recht und Moral Ausdruck der widersprüchlichen gesellschaftlichen Verhältnisse[169]. Umgekehrt komme es zu einer Übereinstimmung von Recht und Moral, wenn das Recht mit den gesellschaftlichen Verhältnissen übereinstimmt. Nach Polak ist das marxistische Recht Ausdruck der gesellschaftlichen Entwicklung und entspricht daher den sozialistischen Verhältnissen. Mithin stimmen Recht und Moral für Polak überein. Das sozialistische Recht ist für ihn daher gerecht[170].

---

166 Meissner, Der Staatsbegriff aus der Sicht der UdSSR und DDR, S. 95. Vergleiche hierzu insbesondere Lenins Staatsbegriff. Am deutlichsten bringt dies Stalins These über die Diktatur des Proletariats zum Ausdruck: „Die Diktatur des Proletariats ist die durch kein Gesetz beschränkte und sich auf Gewalt stützende Herrschaft des Proletariats über die Bourgeoisie." Stalin beruft sich hier bezeichnenderweise auf Lenin. (Stalin, Fragen des Leninismus, 1947, S. 44).

167 Polak, Zur Dialektik in der Staatslehre, S. 294 ff.

168 Polak, Justizerneuerung, S. 31.

169 Polak, a.a.O., S. 32. Später formuliert Polak diese Position ungleich schärfer: „Darum ist auch in der bürgerlichen Rechtswissenschaft das dilettantische Rätselraten um das Verhältnis von Recht und Moral die Domäne der Epigonen, für deren Denken die Abstraktion des bürgerlichen Rechts von der Gesellschaft überhaupt typisch ist." Das Problem sei „Ausdruck des Tierreiches, in dem sich das bürgerliche Denken und Handeln bewegt." (Polak, Zur Dialektik in der Staatslehre, S. 294).

170 Damit steht Polak ganz in der Tradition der sozialistischen Rechtstheorie, wonach es kein Spannungsverhältnis zwischen Recht und Gerechtigkeit gibt. (Vgl. Böckenförde, die Rechtsauffassung im kommunistischen Staat, S. 87 m.w.N.). Eine andere Ansicht vertritt dagegen Löbbe. Nach ihm kann auch ein sozialistisches Gesetz Unrecht sein, weil das Recht soziale Werte verkörpere. (Löbbe, Sozialistische Rechtsanwendung, S. 13) Polak nähert sich mit seiner Position dem Inhalt folgender Ausführungen von Karl Larenz an: „Heute hat uns der Nationalsozialismus die echte Gemeinschaft geschenkt, indem er zurückkehrte zu den ursprünglichen Quellen des völkischen Lebens. Der Dualismus von Sein und Sollen, Normordnung und Lebensordnung ist damit weggefallen. Recht und völkische Wirklichkeit sind uns nicht zweierlei, sondern eins. Das Recht ist Lebensordnung, es ist Ausdruck und Daseinsform des Gemeinschaftslebens, das alle erfasst, es nährt sich aus der völkischen Sitte und

Über die bloße Gerechtigkeit des sozialistischen Rechts hinaus, kommt es bei Polak zu einer inneren Verknüpfung zwischen dem Willen der Normadressaten und dem Recht. Dies beruht auf seiner Annahme, daß im sozialistischen Staat das Recht der Willensausdruck der Arbeiterklasse sei. Die Arbeiterklasse und ihre Partei wiederum seien höchster Ausdruck von gesellschaftlicher Bewusstheit. Indem nun im Sozialismus das Recht dem inneren Willen der Menschen entspricht, kommt es bei Polak zu einer Übereinstimmung von äußerem Verhalten und innerer Überzeugung. Kantisch ausgedrückt kommt es hier zu einer Übereinstimmung von Legalität und Moralität[171].

„Die moralischen Gebote sind zugleich gesellschaftliche Gebote. (...) Das Individuelle fließt mit dem gesellschaftlichen, das Einzelne mit dem Ganzen in eine Harmonie zusammen, wo die Menschen selbst (...) die gesellschaftlichen Widersprüche überwinden."[172]

D. Ergebnisse

Polaks Recht ist wesenverwandt mit der Politik und der gesellschaftlichen Entwicklung. Ebenso wie die Politik und die Entwicklung, so wurzelt auch das Recht in der Lehre vom Marxismus-Leninismus. Hinsichtlich des Verhältnisses des Rechts zur Basis vertritt Polak eine stalinistische Position: Das sozialistische Recht dient für ihn dazu, die gesellschaftliche Entwicklung zu unterstützen. Es „zwingt" die Menschen, das historisch Richtige zu tun. Dieser Zwang entspringt für Polak allerdings der freiwilligen Einsicht in das Notwendige und kann daher nicht mit dem bürgerlichen Zwang verglichen werden. Somit kann er das Recht definieren als die

„Gesamtheit der Normen, die das errungene Niveau der gesellschaftlichen Verhältnisse festigen, ausbauen und weiterentwickeln"[173].

Um Polaks Rechtsbegriff in die Dichotomie von Positivismus und Nicht-Positivismus einzuordnen, ist zwischen einem bürgerlichen und einem sozialistischen Rechtsbegriff Polaks zu unterscheiden. Bei ersterem vertritt Polak einen positivistischen Rechtsbegriff. Bei der Einordnung seines eigenen Rechtsbegriff ist zu berücksichtigen, daß Recht und Moral für ihn im sozialistischen Staat übereinstimmen. Damit existiert das Kriterium nicht mehr, nach dem ein Rechtsbegriff als positivistisch oder nicht-positivistisch beurteilt werden kann.

Sittlichkeit und findet seine Bestätigung in der natürlichen Anschauung des Volkes." (Larenz, Gemeinschaft und Rechtsstellung, S. 35).

171 Kant, Metaphysik der Sitten, S. 219.

172 Polak, Zur Dialektik in der Staatslehre, S. 304.

173 Polak, Zur Dialektik in der Staatslehre, S. 396.

Eine Einordnung Polaks in das Schema der allgemeinen Rechtslehre ist daher nicht möglich[174].

174 Vergleiche zum letzten Punkt die Ausführungen Alexys zum Rechtsbegriff Ulbrichts. Dessen Rechtsbegriff beschreibt er als „Variante eines nichtpositivistischen Positivismus“. Begründet wird dies durch die allmächtige Rolle der Partei, die, indem sie darüber entscheidet, was Recht ist, auch über die Moral entscheidet und auf diesem Wege Recht und Moral zur Deckung bringt. (Alexy, Walter Ulbrichts Rechtsbegriff, S. 202).

Kapitel 7: Polak und die „Babelsberger Konferenz"

A. Einführung

Eine Arbeit über Karl Polak wäre unvollständig, ohne seinen Beitrag zur „Babelsberger Konferenz" darzustellen. Diese Konferenz mit dem amtlichen Titel „Staats- und rechtswissenschaftliche Konferenz der SED" fand an der DASR „Walter Ulbricht"[1] am 2. und 3. April 1958 in Babelsberg statt und stellt eines der am besten dokumentierten und kommentierten Ereignisse in der Rechtsgeschichte der DDR dar[2]. Unter der Bezeichnung „Babelsberger Konferenz"[3] ging sie als eine entscheidende Station in der Entwicklung der Rechtswissenschaft der DDR in die Rechtsgeschichte ein[4]. Offiziell sollten in Babelsberg die Einflüsse der bürgerlichen Ideologie in der Rechts- und Staatswissenschaft in der DDR aufgedeckt werden[5]. So wurde beispielsweise betont, daß die Staats- und Rechtswissenschaft den historischen Materialismus zur Grundlage habe und nicht von der gesellschaftlichen Entwicklung zu trennen sei[6]. Tatsächlich handelte es sich bei der Zusammenkunft aber nicht um eine

---

1 Zur DASR „Walter Ulbricht" siehe Bernhardt, Die Deutsche Akademie für Staats- und Rechtswissenschaft „Walter Ulbricht", 1997.

2 Vgl. etwa: Güpping, Die Bedeutung der „Babelsberger Konferenz" von 1958; Dreier u.a. (Hrsg.), Rechtswissenschaft in der DDR 1949 –1971, S. 137 ff.; Klenner, Babelsdorf 1958, Staat 92, S. 612 – 626; Howe, Karl Polak, S. 191 ff.; Joseph, Stalinismus und Rechtswissenschaft, in: DuR 91, S. 277 – 302; Mollnau, Implementationsmechanismen der Babelsberger Konferenz, S. 175 – 184; Eckert (Hrsg.), Die Babelsberger Konferenz vom 2./3. April 1958, 1993; ders., Die Babelsberger Konferenz, Staat 94, S. 59 – 75, Erl. 2 m.w.N..

3 In Babelsberg wurden während des Bestehens der DDR viele Tagungen abgehalten. Jedoch wird in der DDR-Geschichtsschreibung mit dem Begriff „Babelsberger Konferenz" stets die Konferenz vom 2./3. April 1958 bezeichnet. Diese Begrifflichkeit wird beibehalten. (Vgl. Klenner, Babelsdorf 1958, Staat 92, S. 612).

4 Polak selbst spricht von der Konferenz als einem „Höhepunkt" des Kampfes gegen die „alte bürgerliche Begriffswelt". (Polak, Zur Dialektik in der Staatslehre, S. XVI). Vgl. zudem Mollnau, Die Babelsberger Konferenz, S. 239.

5 Ulbricht, Die Staatslehre des Marxismus-Leninismus und ihre Anwendung in Deutschland, S. 5. Vgl. auch Meyers Neues Lexikon, Bd. 11 Stichwort „Rechtswissenschaft", Bd. 1 Stichwort „Babelsberger Konferenz".

6 Ulbricht, a.a.O., S. 14, 24, 29. Weiterhin wurde die mangelnde Verbindung von Marxismus-Leninismus und Staats- und Rechtswissenschaft in einzelnen Forschungsarbeiten und in der Lehre bemängelt.(Ulbricht, a.a.O., S. 32, 35, 51) Zudem ist bemerkenswert, daß die Bezeichnung der Volkskammer als höchstes Gesetzgebungs- und Ausführungsorgan kritisiert wurde. Durch diese formal-juristische Bezeichnung würde die wirklich wirkende Gesetzmäßigkeit des historischen Materialismus nicht

wissenschaftliche Tagung, sondern um eine rein politische SED-Parteikonferenz[7]. Walter Ulbricht hielt sein Referat ausdrücklich in seiner Funktion als Erster Sekretär des ZK der SED und nicht als Erster Stellvertretender Vorsitzender des Ministerrates. Der parteipolitische Charakter der Veranstaltung wird zudem durch die Zusammensetzung der Teilnehmer belegt. Von 500 Teilnehmern waren nur etwa die Hälfte Rechtswissenschaftler. Die übrigen Anwesenden bekleideten Posten im Partei- und Staatsapparat sowie in der Armee und der Staatssicherheit[8].

B. Historische Einordnung und Inhalt der Konferenz

Auf der Konferenz ging es im wesentlichen darum, die Alleinherrschaft von Walter Ulbricht zu festigen[9]. Die Verteidigung der Position Ulbrichts war durch die historische Entwicklung seit dem XX. Parteitag der KPdSU notwendig geworden. Auf diesem Parteitag hatte sich die KPdSU von dem Mythos Stalin distanziert. Dadurch konnten sich die Satellitenstaaten Ost- und Mitteleuropas etwas aus der Umklammerung Moskaus befreien. So kam es in Polen, Ungarn und anderen osteuropäischen Ländern zu sozialistischen Reformbestrebungen[10]. In Budapest brachen am 23. Oktober 1956 sogar bewaffnete Kämpfe aus, die gewalttätig beendet wurden[11].

Auch die DDR geriet durch die Möglichkeit der Kritik am Stalinismus in eine politisch instabile Situation. Ulbricht drohte von Vertretern eines

berücksichtigt. (Ulbricht, a.a.O., 30). Etwas unglücklich wirkt auch folgende Formulierung Ulbrichts, die das Verhältnis von BRD und DDR betraf: „Das Bestehen von zwei Staaten mit verschiedenartiger sozialökonomischer Struktur bedeutet keineswegs, daß zwischen der gesellschaftlichen Entwicklung in beiden Staaten eine Mauer bestände." (Ulbricht, a.a.O., S. 19).

7 Dreier u.a. (Hrsg.), Rechtswissenschaft in der DDR 1949 - 1971, S. 138; sowie Güpping, Die Bedeutung der „Babelsberger Konferenz" von 1958, S. 70 f. m.w.N. Dieser Einschätzung entspricht auch die Schilderung Schöneburgs, dem während der Konferenz Parteidisziplin abverlangt wurde, da es „eine Parteikonferenz und kein allgemeines wissenschaftliches Symposium" war. (Eckert, Die DASR und die Babelsberger Konferenz, S. 61).

8 Dreier u.a. (Hrsg.), Rechtswissenschaft in der DDR 1949-1971, S. 140.

9 Es gibt Auffassungen, nach denen die Konferenz einen etwas anderen Schwerpunkt hatte. Zu ihnen vergleiche Güpping, Die Babelsberger Konferenz, S. 21 f.

10 Dreier u.a. (Hrsg.), Rechtswissenschaft in der DDR 1949-1971, S. 95.

11 Vgl. Joseph, Stalinismus und Rechtswissenschaft, S. 278. Nach Ausbruch der Unruhen in Ungarn beschloß die SED-Führung Maßnahmen zur gewaltsamen Unterdrückung. Diese Maßnahmen sahen zunächst den Einsatz der Volkspolizei und der Staatsicherheit vor. Auf der nächsten Stufe sollten dann die Volksarmee eingreifen sowie sowjetische Truppen angefordert werden. (Protokoll der Politbüro Sitzung vom 8.11.1956, in: SAPMO-BArch J IV 2/2/511, Bl. 8 ff.) Vgl. Dreier u.a. (Hrsg.), Rechtswissenschaft in der DDR 1949-1971, S. 96.

gemäßigten Sozialismus Gefahr. Dies kam in der Auseinandersetzung Ulbrichts mit der Schirdewan[12]-Wollweber[13]-Gruppe um die richtige Interpretation des XX. Parteitages zum Ausdruck[14]. Ulbricht deutete den XX. Parteitag lediglich als Aufforderung zur Vervollkommnung des bestehenden Systems der DDR. Dagegen leitete die Gruppierung um Schirdewan und Wollweber aus den Ergebnissen des KPdSU-Parteitags die Notwendigkeit einer „mehr oder weniger" grundlegenden Veränderung der Zustände in der DDR ab[15]. Ulbricht konnte sich durchsetzen und hatte die Schirdewan-Wollweber-Gruppe wenige Wochen vor der Konferenz politisch ausgeschaltet[16]. Die Durchsetzung seiner Alleinherrschaft auf parteipolitischer Ebene wollte Ulbricht durch eine Unterwerfung der Rechtswissenschaft festigen. Denn wie für die Politik, so war der XX. Parteitag auch für die Rechtswissenschaft von erheblicher Bedeutung und brachte diese in ähnliche Schwierigkeiten. Wyschinski, der bis dahin

---

12 Karl Schirdewan (eigtl. Aretz, 14.5.1907 – 14.7.1998) wurde 1914 von der Familie Schirdewan adoptiert. 1922 bis 1924 wurde er als Kaufmann in Breslau ausgebildet und trat dort der KPD 1925 bei. 1937 bis 1945 wurde er im Anschluß an eine Freiheitsstrafe im KZ Sachsenhausen und Flossenburg (Oberpfalz) festgehalten. 1945 war er Mitbegründer der KPD Nordbayern. Er arbeitete im ZK der KPD und ab 1946 im Parteivorstand der SED mit. 1947 bis 1952 leitete er die Abteilung West beim Parteivorstand bzw. beim ZK der SED. Im Anschluß hieran war er bis 1958 Mitglied des ZK und des Politbüros. Am 6.2.1958 wurde er wegen „Fraktionstätigkeit und Opposition gegen Walter Ulbricht" aus dem ZK ausgeschlossen und sämtlicher Funktionen enthoben. Er wurde auf einen Archivposten abgeschoben. Um Schirdewan zusätzlich zu isolieren, wurde eigens das Staatsarchiv von Berlin nach Potsdam verlagert. 1990 wurde er durch die Zentrale Schiedskommission der SED/PDS rehabilitiert. (Wer war wer?, S. 742; SBZ/DDR – Handbuch, Bd. 2, S. 776; Protokoll der 35. Tagung des ZK der SED vom 3.2. – 6.2.1958, in: SAPMO-Barch IV 2/1/191, 195). Zur Demontage Schirdewans siehe auch Joseph, Stalinismus und Rechtswissenschaft, S. 284, insbesondere Erl. 41.

13 Ernst Wollweber (29.10.1898-3.5.1967) war 1918 führend am Matrosenaufstand in Kiel beteiligt. 1919 trat er der KPD bei und war seit 1923 Mitarbeiter des ZK der KPD. Von 1928 bis 1932 war er Mitglied des Preußischen Landtages und 1932 zudem Mitglied des Reichstages. 1933 emigrierte er in die Sowjetunion. 1936 nahm er eine Sabotagetätigkeit vor allem im skandinavischen Raum auf. Dabei handelte er im Auftrag des Internationalen Seemannsklubs in Leningrad, einer Spezialabteilung des NKWD. Nachdem er in Schweden aufgrund dieser Tätigkeit gefasst und verurteilt wurde, emigrierte er 1944 erneut in die Sowjetunion. 1946 kehrte er nach Deutschland zurück und war seitdem SED-Mitglied. Seine politische Karriere begann mit seiner Tätigkeit im ZK und gipfelte im Ministeramt für Staatssicherheit 1958. Dann wurde er aber zusammen mit Schirdewan aus dem ZK ausgeschlossen und verlor auch seinen Ministerposten. (SBZ/DDR – Handbuch, Bd. 2, S. 1031; Wer war wer?, S. 939).

14 Mollnau, Die Babelsberger Konferenz, S. 240; Howe, Karl Polak, S. 195.

15 Dreier u.a. (Hrsg.), Rechtswissenschaft in der DDR 1949-1971, S. 94 f. Zur Strategie Ulbrichts vergleiche: Joseph, Stalinismus und Rechtswissenschaft, S. 279 ff.

16 Mollnau, Vorbereitungen zur Babelsberger Konferenz, S. 20; Wollweber, Erinnerungen, S. 350 ff. Zum Ganzen siehe Dreier u.a. (Hrsg.), Rechtswissenschaft in der DDR 1949-1971, S. 94 f.

herrschende Rechtstheoretiker des Sozialismus, war auf dem Parteitag als Gehilfe des Stalinterrors demontiert worden[17]. Für die „frisch stalinisierte" DDR-Rechtswissenschaft war dies geradezu schockierend[18]. Wyschinski wurde noch 1955 von Polak als größter Rechtstheoretiker der Epoche bezeichnet[19]. Nach dem Parteitag war es nun möglich geworden, die herrschende Rechtskonzeption Wyschinskis zu kritisieren und durch andere Konzepte zu verdrängen. Die sich nach dem XX. Parteitag entwickelnden Gegenauffassungen nahmen insbesondere Anleihen bei der jugoslawischen Staats- und Rechtstheorie[20] sowie bei den russischen Rechtstheoretikern Paschukanis und Stucka[21]. Teilweise wurde sogar der unbedingte Vorrang des SED-Apparates und seiner Politik vor dem Recht in Frage gestellt[22]. Insbesondere eine Gruppe um Wolfgang Harich hatte eine neue, von Bloch und Lukacs inspirierte, Rechtskonzeption entworfen[23]. Allerdings dürfen diese Reformbestrebungen nicht überinterpretiert werden. Das sozialistische System wurde durch sie nicht in Frage gestellt. Vielmehr glich ihr Anliegen einer „Meuterei auf Knien"[24].

Ulbricht sah deshalb auch nicht das System als solches, sondern seine persönliche Machtstellung in Gefahr. Er begegnete der Destabilisierung der Rechtswissenschaft durch die Harich-Gruppe, indem er die gesamte intellektuelle Opposition als Vertreter eines konterrevolutionären Revisionismus

---

17 Diese Einstufung Wyschinskis zeichnete sich ab in: Der XX. Parteitag der KPdSU und die Aufgaben der sowjetischen Rechtswissenschaft, S. 865 ff.

18 Dreier u.a. (Hrsg.), Rechtswissenschaft in der DDR 1949-1971, S. 97.

19 Polak, Über A.J. Wyschinskis Lehren und seine Praxis, NJ 55, S. 65 ff. Bezeichnend für die sich nach dem XX. und XXII. Parteitag der KPdSU gewandelte Wyschinski-Rezeption ist, daß dieser Artikel Polaks in einem von Arlt besorgten Sammelband von Polaks Reden und Aufsätzen nicht in der dort abgedruckten Bibliographie auftaucht. (Polak, Reden und Aufsätze, Berlin (Ost) 1968). Vgl. Dreier u.a. (Hrsg.), Rechtswissenschaft in der DDR 1949-1971, S. 97 Erl. 12.

20 Zum Schicksal der an der DASR kursierenden Kardelj-Broschüren siehe Bernhardt, DASR, S. 113 ff. Vgl. Kardelj, Die sozialistische Demokratie in der jugoslawischen Praxis, 1955. Kardelj war Führer des Bundes jugoslawischer Kommunisten und Vizepräsident Jugoslawiens. Chrustschow hatte Tito gegenüber versöhnlich erklärt, daß es verschiedene Wege zum Sozialismus gäbe. Kardelj vertrat ein eigenes Konzept zur Rolle des Staates beim Übergang vom Kapitalismus zum Sozialismus und setzte sich für eine Demokratisierung des Sozialismus ein. Seine Ansichten waren für parteihörige Kommunisten „revisionistisch" und in der DDR tabu. (Bernhardt, DASR, S. 113 Erl. 81). Zur Kritik an der Rezeption der Kardelj-Broschüre siehe die Akteneinheit SAPMO-BArch IV 2/13/475.

21 Vgl. Dreier u.a. (Hrsg.), Rechtswissenschaft in der DDR 1949-1971, S. 19, 97.

22 Dreier u.a. (Hrsg.), a.a.O., S. 144 f.

23 Im November 1956 konzipierte Harich eine „Plattform für einen besonderen deutschen Weg zum Sozialismus". (Wer war wer?, S. 313).Vgl. weiterhin Dreier u.a. (Hrsg.), Rechtswissenschaft in der DDR 1949-1971, S. 93 f.

24 Dreier u.a. (Hrsg.), a.a.O., S. 99.

einstufte[25]. Die Entstehung einer solchen Gruppierung sei Ausdruck des Klassenkampfes und entsprechend zu behandeln[26]. So wurde die Gruppe um Wolfgang Harich[27] im April 1957 als revisionistische Opposition klassifiziert und im Gefängnis Bautzen II eingesperrt[28].

Die machtpolitische Zielrichtung der Konferenz äußerte sich darin, daß in Babelsberg kaum sachliche Kritik hervorgebracht wurde. Vielmehr fand die Tagung „in einer Atmosphäre dogmatischer Aggressivität, ideologischer Verdächtigung und moralischer Demütigung statt“[29].

> „Die Pogromstimmung, die auf der Konferenz herrschte und ihr über weite Strecken den Charakter einer ideologischen Lynchveranstaltung verlieh, war die Folge jener Hexenjagd, die gegen juristischen Revisionismus und Revisionismusverdächtigte über Monate hinweg veranstaltet worden war.“[30]

Kurzum, es ging um Herrschaftssicherung durch persönliche Kritik. Diese Kritik kam in den Beschlüssen der Konferenz zum Ausdruck und besaß die Wirkung

---

25 Es wird insoweit von einer„konterrevolutionären Plattform“ gesprochen. (Protokoll der 36. ZK-Tagung vom 10.-11-6. 1958, in: SAPMO-BArch IV 2/1/200 Bl. 62). Vgl. auch Mollnau, Die Babelsberger Konferenz, S. 240; sowie ders., Vorbereitungen zur Babelsberger Konferenz, S. 23.

26 Auszug aus der Ulbricht-Rede auf der Parteiaktivtagung an der Humboldt Universität vom 13.61956, in: SAPMO-BArch NY 4215/112, Bl. 92.

27 Wolfgang Harich (9.12.1923 – 15.3.1995) desertierte von der Wehrmacht 1944/45 und war anschließend politisch im Untergrund Berlins tätig. 1946 bis 1951 studierte er Philosophie und Literaturwissenschaft. Schon 1948 war er Lehrbeauftragter an der Pädagogischen Fakultät für marxistische Philosophie. 1951 wurde er Professor für Geschichte der Philosophie an der HU Berlin. Nebenberuflich arbeitete er von 1950 bis 1956 als Lektor beim Aufbau-Verlag und war dort für philosophische Editionen verantwortlich. Nach der Veröffentlichung seiner Schrift über einen demokratisierten Sozialismus im November 1956 verurteilte ihn das Oberste Gericht der DDR zu 10 Jahren Zuchthaus. Aufgrund einer Amnestie wurde er 1964 vorzeitig entlassen. Er erforschte anschließend die Werke Jean Pauls und Ludwig Feuerbachs und wandte sich 1971 ökologischen Fragen zu. 1979 wurde er invalidisiert und engagierte sich in der westdeutschen Friedensbewegung. 1990 wurde das Urteil des Obersten Gericht kassiert und Harich vollständig rehabilitiert. (Wer war wer?, S. 313 f.; SBZ/DDR – Handbuch, Bd. 1, S. 279 f.).

28 Mollnau, Vorbereitungen zur Babelsberger Konferenz, S. 38.

29 Mollnau, Die Babelsberger Konferenz, S. 239. Ebenso: Klenner, Babelsdorf 1958, Staat 91, S. 613, 616.

30 Mollnau, Vorbereitungen zur Babelsberger Konferenz, S. 38. Von „Pogromstimmung“ sprechen auch Schöneburg und Klenner. (Eckert, Die DASR und die Babelsberger Konferenz, S. 62; Klenner, Die gescheiterte Alternative, S. 12).

von Parteibeschlüssen[31]. Ihnen kam daher eine besonders verpflichtende Wirkung zu, zumal die meisten Wissenschaftler auch Parteimitglieder waren[32]. Die Herrschaftssicherung setzte sich aus folgenden Zielen zusammen:

I. Sicherung der Kontinuität der stalinistischen Rechtskonzeption

Wyschinskis Rechtskonzeption, dessen unmittelbare Übernahme nach dem XX. Parteitag unmöglich geworden war, sollte durch eine „Rechtskonzeption des Stalinismus mit DDR-spezifischem Zuschnitt" ersetzt werden[33]. Ulbricht forderte die juristische Lehre und Forschung auf, das Verhältnis von Wahrheit, Gerechtigkeit und Recht dahingehend zu bestimmen, daß die Parteibeschlüsse als Ausgangs- und Endpunkt der Rechtswissenschaft zu gelten hatten[34]. Damit sollte der instrumentelle Charakter des Rechts zum Dogma erhoben werden.

Es wird daher insbesondere von ostdeutschen Rechtswissenschaftlern vertreten, daß die „Deformation"[35] der DDR-Rechtswissenschaft erst mit der Babelsberger Konferenz begann[36]. Dem steht eine andere Einschätzung der Konferenz gegenüber, nach der in Babelsberg keine wissenschaftliche Neuorientierung stattfand, sondern lediglich Altbekanntes dogmatisiert und zementiert wurde, um die bestehenden Machtstrukturen zu festigen[37]. Warum letztere Ansicht überzeugender ist, kann auf zweierlei Weisen gezeigt werden. Zum einen gab es eine ganze Reihe von rechtspolitischen Konferenzen in der SBZ beziehungsweise in der DDR, in deren Tradition auch die Babelsberger Konferenz stand. Zum anderen wurde in Babelsberg, soweit es um Wissenschaft ging, im wesentlichen lediglich das typisch sozialistische Rechtsverständnis wiedergegeben.

---

31 Eckert, a.a.O., S. 65.

32 Vgl. Klenner, Babelsdorf 1958, Staat 91, S. 613; ders., Die gescheiterte Alternative, S. 9; Mollnau, Implementationsmechanismen der Babelsberger Konferenz, S. 171; Arlt, Die Rezeption der sowjetischen Rechtswissenschaft, S. 186.

33 Dreier u.a. (Hrsg.), Rechtswissenschaft in der DDR 1949-1971, S. 138; Mollnau, Die Babelsberger Konferenz, S. 238, 240. Eine andere Auffassung vertritt allein Seiffert, Gegen Legenden und Mythen S. 189. Nach ihm ging es auf der Konferenz nicht darum, sowjetisches Recht zu übernehmen. Vielmehr ging es auf der Konferenz um die Staatsfrage in Deutschland. (A.a.O, S. 188). Hierzu ist anzumerken, daß das Referat Ulbrichts zwar die Deutschlandfrage behandelt. (Ulbricht, Die Staatslehre des Marxismus-Leninismus, S. 8-20) Allerdings gingen von diesem Teil des Referates nicht die entscheidenden Wirkungen aus.

34 Vgl. Ulbricht, a.a.O., S. 32, 39, 47. Güpping spricht von „Forschung und Lehre als Auftragsarbeit der Partei". (Güpping, Die Babelsberger Konferenz, S. 145).

35 Kühnrich, Stalinismus, S. 20, 22 f.

36 Mollnau, Selbstverständnis der Rechtswissenschaft und sozialistischer Rechtsstaat, NJ 90, S. 3; Joseph, Stalinismus und Rechtswissenschaft, S. 298 f.; Klenner, Babelsdorf 1958, Staat 91, S. 612. Ebenso wohl auch Klenner, Die gescheiterte Alternative, S. 9.

37 Eckert, Die Babelsberger Konferenz, Staat 94, S. 59, 67.

1. Kontinuität der SED-Konferenzen

Die grundlegenden Positionen, welche die Rechtswissenschaft der DDR nachhaltig beeinflußten, wurden schon in den vierziger und fünfziger Jahren insbesondere von Polak ausgearbeitet und auf verschiedenen SED-Konferenzen verkündet[38].

Das erste grundlegende Ereignis für die Rechtswissenschaft in der SBZ/DDR stellte die Juristen-Konferenz des Parteivorstandes der SED vom 3. und 4. August 1946 dar. Polak eröffnete die Konferenz mit seinen, von Ulbricht abgesegneten, „Erläuterungen zur Erneuerung der Justiz" und bestimmte die Tagung dadurch maßgeblich[39]. Der Vortrag enthielt Polaks grundlegenden Gedanken zum absoluten Vorrang des Volkswillens vor den anderen Gewalten. Für Polak war die Justiz ein „Instrument im Kampf für den demokratischen Aufbau Deutschlands"[40]. Diese Implementierung des instrumentellen Rechtsverständnisses setzte sich auf der 1. Juristenkonferenz der SED vom 1. und 2. März 1947 fort, die unter maßgeblicher Beteiligung Polaks stattfand[41]. So wurde die Konferenz durch eine Besprechung der Abteilung Justiz beim ZS der SED mit Walter Ulbricht am 4. Januar 1947 vorbereitet. Das Hauptthema der Konferenz sollten die „Grundsätze der SED zur Rechtserneuerung" bilden[42]. Polaks Vortrag „Recht und Justiz im neuen Deutschland" bestimmte den Inhalt der Konferenz maßgeblich[43]. Insbesondere behandelte er die staatsrechtlichen

---

38 Zur justizpolitischen Entwicklung der SBZ/DDR bis 1950 vgl. Amos, Justizverwaltung, S. 50 – 69.

39 Stenografische Niederschrift über die Juristen Konferenz, SAPMO-BArch DY 30/IV 2/1.01/13, Bl. 2-8. In Ulbrichts Nachlaß befindet sich neben der endgültigen auch eine vorläufige Fassung des Vortrages. (SAPMO-BArch NY 4182 1120, Bl. 18-21, 23-26).

40 Nachlaß Ulbricht, SAPMO-BArch NY 4182/1120, Bl. 23.

41 Dreier u.a. (Hrsg.), Rechtswissenschaft in der DDR 1949-1971, S. 35; Howe, Karl Polak, S. 42 ff. Vgl. die Stenographische Niederschrift der Juristenkonferenz in: SAPMO-BArch DY 30 IV 2/1.01/37.

42 Vgl. die SED-Hausmitteilung der Abteilung Justiz (Unterzeichnet von Polak, Schäfermeyer und Ulbricht) an Pieck und Grotewohl, in: Nachlaß Pieck, SAPMO NY 4036/686 Bl. 84 –88. Die Diskussionsvorträge auf der Konferenz waren: Personalfragen der Justiz; Justiz in der Landesverfassung; Probleme des Eigentumsrechts, des Strafrechts, Strafvollzugs, Jugendkriminalität; Aufbau der Verwaltungsgerichtsbarkeit u.a. Vgl. Arbeitsbericht der Abteilung Justiz zum Bericht des Parteitages vom 30. Mai 1947, in: SAPMO NY 4182/1120 Bl. 104 f.

43 Den gleichen Vortrag hielt Polak auch am 12.7.1947 in Stuttgart vor Juristen der KPD. (Enthalten im Nachlaß Grotewohl, SAPMO-BArch, NY 4090/634, Bl. 29 – 76). Während der Diskussion auf der Juristenkonferenz der SED zeigt sich, wie sehr Polak durch seine Zeit im stalinistischen Russland geprägt wurde. So stellt Polak den damaligen Strafvollzug in der Sowjetunion als vorbildhaft dar. Nach Polak wurde dort in großen, selbstverwalteten Arbeitskollektiven „mitunter höchst qualifizierte" Arbeit verrichtet. Diese Arbeit hatte nach Polak den Sinn und positiven Effekt, die Produktion des Landes zu erhöhen. Die Straftäter hätten im Anschluß an ihre Lagertätigkeit

Probleme, die sich nach dem Zweiten Weltkrieg in Verbindung mit der Weimarer Reichsverfassung stellten. Ein weiterer Schwerpunkt der Diskussion war die Volksrichterausbildung und die daraus resultierende ideologische Unterwanderung der Justiz[44].

Das nächste wichtige Ereignis in der Rechtsentwicklung stellte die Theoretische Konferenz der SED aus dem Juni 1951 dar. Im Mittelpunkt der Konferenz standen die Linguistenbriefe Stalins, in denen die gestaltende Funktion des Überbaus theoretisch begründet wurde[45]. Darüber hinaus gab diese Versammlung den Anstoß für die Leipziger Konferenz im Dezember 1951. Insbesondere unter dem Einfluss Polaks wurde dort erneut verkündet, daß sich Staat und Recht dem Willen der herrschenden Klasse und damit dem Willen der Partei unterzuordnen hätten[46]. Offiziell war die Leipziger Konferenz eine wissenschaftlich-theoretische Tagung; tatsächlich aber wurde sie wie die Babelsberger Konferenz von der SED gesteuert[47].

2. Inhaltliche Kontinuität

Auf der Babelsberger Konferenz sollte nun das Recht erneut als eine dem Marxismus-Leninismus untergeordnete Kategorie definiert werden. Ulbricht legte in seinem Schlußwort dar:

„Wenn mich jemand fragt, woher ich meine juristischen oder staatsrechtlichen Kenntnisse habe, so werde ich ganz offen sagen: vor allem durch das Studium der Theorie des Marxismus-Leninismus.“[48]

Dies ist typischer Ausdruck des marxistischen Verständnisses von Recht. Letztlich vertreten auch Paschukanis und Stutschka, die als Vorbild der rechtswissenschaftlichen „Opposition“ dienten[49], ein instrumentelles Rechtsverständnis[50].

---

aufgrund ihrer nun erwiesenen Zuverlässigkeit problemlos resozialisiert werden können. In Deutschland gäbe es dagegen noch das Problem der sozialen Diskriminierung von ehemaligen Strafgefangenen. (Konferenzprotokoll, SAPMO-BArch DY 30/IV 2/1.01/37 Bl. 152 f.).

44 Amos, Justizverwaltung, S. 55 f.

45 Stiebitz, Heinz Such, S. 73. Ein anderes Beispiel für das parteioffizielle Rechtsverständnis ist Ulbrichts Aussage auf der 33. Tagung des ZK (16.-19.10.1957): „Unser Recht und unser Strafrecht ist das Instrument des Schutzes unserer neuen Gesellschaftsordnung und der Führung der Menschen auf diesem Weg.“ (W. Ulbricht, Grundfragen der Entwicklung der DDR, S. 120).

46 Polak, Bericht über die theoretische Konferenz in Leipzig, NJ 52, S. 7 f.; Büttner, Die Entwicklung der neuen demokratischen Straf- und Zivilrechtswissenschaft, SuR 52, S. 116. Vgl. zudem Stiebitz, Heinz Such, S. 44, 73.

47 Stiebitz, a.a.O., S. 44.

48 Ulbricht, Die Staatslehre des Marxismus-Leninismus, S. 61.

49 Dreier u.a. (Hrsg.), Rechtswissenschaft in der DDR 1949-1971, S. 19.

Allein ihre Gegnerschaft zu Wyschinski[51] verändert diese Positionen nicht. Auch durch Anleihen bei bürgerlichen Konzeptionen im politischen Tauwetter nach dem XX. Parteitag war die instrumentelle Konzeption des sozialistischen Rechts allenfalls angekratzt worden[52]. Ernsthaft in Gefahr geriet dieses zentrale Anliegen der sozialistischen Rechtswissenschaft trotz allem aber nie[53]. Tatsächlich ist die Instrumentalisierung der Rechtswissenschaft im Marxismus selbst angelegt[54]. Somit beinhaltete die Konferenz lediglich eine systemimmanente Festigung der marxistischen Rechtsdogmatik[55].

Zur Verdeutlichung mag folgendes hinzugefügt werden. Es wird behauptet, daß auf der Babelsberger Konferenz „zentrale Fragen der Rechtswissenschaft im Sinne Ulbrichts und seines Gefolgsmannes Polak entschieden und praktisch bis zum Ende der DDR fixiert" wurden[56]. Eine dieser zentralen Fragen war das Problem der Interessenidentität zwischen Bürger und Staat[57]. Auf der Konferenz wurde die Interessenidentität bejaht und damit vorgeblich im Sinne Ulbrichts

---

50 Vgl. das Fazit von Arlt, nachdem er die Rechtsbegriffe von Stutschka, Paschukanis und Krylenko analysiert hat: „In der Definition des sozialistischen Rechts finden wir kein Wort von der Sicherung des äußeren und inneren Friedens als Fundament einer jeglichen menschlichen Entwicklung, von der freien Entwicklung des Einzelnen als Bedingung der freien Entwicklung der Gesellschaft und umgekehrt (...) sowie von der Bindung ausnahmslos aller Staatsorgane an das Recht." (Arlt, Die Rezeption der sowjetischen Rechtswissenschaft, S. 177).

51 Vgl. hierzu Hazard, Soviet Legal Philosophy, S. XXXII ff.

52 Markovits, Abwicklung, S. 155.

53 Eckert, Die Babelsberger Konferenz, Staat 94, S. 69. In diese Richtung zielt auch die Bemerkung im dokumentarischen Werk von Dreier u.a., nach der „all das, was nach dem XX. Parteitag an rechtstheoretischen Denkansätzen in entstalinisierender Absicht vorgebracht wurde, (...) weder in theoretischer noch in politischer Hinsicht überinterpretiert werden (darf). Man beschränkte sich darauf, bloße Erscheinungsformen des (...) Systems zu kritisieren, ohne dies aber in zentralen Punkten in Frage zu stellen." (Dreier u.a. (Hrsg.), Rechtswissenschaft in der DDR 1949-1971, S. 98).

54 Vgl. Schaarschmidt, Das Verständnis rechtlicher Wirkungsweise, S. 37 m.w.N. Beispielsweise ist Mollnau heute noch davon überzeugt, daß es „objektive Gesetze in der Gesellschaft und ihrer Geschichte" gibt. (Mollnau, Sozialistische Gesetzlichkeit in der DDR, S. 75 Erl. 34). Dementsprechend stellt er fest, nachdem er die verheerenden Auswirkungen eines instrumentalisierten Rechts dargelegt hat: „Ich kann aber nach fünfjährigem gelebten Systemvergleich auch nicht das Heil in jener Rechtsprechungspluralität erblicken, die mit der Einheit über uns gekommen ist." (Mollnau, a.a.O. S. 77).

55 Ebenso: Schröder, Die Stellung und die Bedeutung der Konferenz in Babelsberg, S. 113 ff. Ähnlich argumentiert Eckert. Nach ihm war die Konferenz eine innerparteiliche Angelegenheit, in deren Rahmen es um die „reine Lehre" ging. (Eckert, Die Babelsberger Konferenz, Staat 94, S. 62). Zumindest in diese Richtung tendierend Arnold, Besprechung, NJ 96, S. 416. Nach Arnold wäre eine Trendwende der sozialistischen Rechtsdogmatik nur unter Zugrundelegung eines „demokratischen Sozialismus" im Sinne von Bloch, Lukacs und Harich zu erreichen gewesen. (Arnold, a.a.O.).

56 Dreier u.a. (Hrsg.), Rechtswissenschaft in der DDR 1949-1971, S. 19.

57 Ebd.

und Polaks bestimmt. Tatsächlich wird diese Position aber nicht nur von sogenannten stalinisierten Marxisten vertreten[58], sondern ist genuin marxistisch[59]. Selbst Klenner, einer der Hauptadressaten von Ulbrichts beziehungsweise Polaks Kritik, vertritt eine derartige Position:

„Die Einheit, die Übereinstimmung zwischen den gesellschaftlichen Erfordernissen und den materiellen Interessen aller Bürger ist nach dem Sieg der sozialistischen Produktionsverhältnisse objektiv vorhanden."[60]

3. Zwischenbilanz

Daher kann den Behauptungen nicht zugestimmt werden, nach denen die „Deformation"[61] der DDR-Rechtswissenschaft erst mit der Babelsberger Konferenz begann. Soweit auf der Konferenz tatsächlich um wissenschaftliche Positionen gestritten wurde, handelte es sich lediglich um einen Bruderzwist, in dem es allenfalls um Nuancen ging. Die vorgeblich wissenschaftlichen Standpunkte waren oft lediglich Ausdruck machtpolitischer Kämpfe. Es ging um die Kompetenz, die „reine Lehre" verkünden zu können und damit die wissenschaftliche Vorherrschaft zu erringen, die mit politischer Macht einherging[62].

II. Disziplinierung von Rechtswissenschaftlern

Damit liegt es nahe, die Disziplinierung von Wissenschaftlern als den eigentlichen Kern der Konferenz anzusehen. Ziel der Maßregelung waren diejenigen Wissenschaftler, deren Positionen Ulbricht nicht genehm waren[63]. Dazu

---

58 Mollnau spricht von einem „nichtstaliniserten Marx". (Mollnau, Sozialistische Gesetzlichkeit in der DDR, S. 62).

59 Böckenförde, Rechtsauffassung im kommunistischen Staat, S. 44. Böckenförde spricht in diesem Zusammenhang davon, daß im sozialistischen Staat „die Entfremdung zwischen dem einzelnen und dem Staat aufgelöst und anstelle dessen – seit der proletarischen Revolution – die objektive Übereinstimmung der Interessen des einzelnen und der Gesellschaft getreten ist."(Ebd.).

60 Klenner, Studien über die Grundrechte, S. 52.

61 Kühnrich, Stalinismus, S. 20, 22 f.

62 Vgl. Dreier u.a. (Hrsg.), Rechtswissenschaft in der DDR 1949-1971, S. 28. Zu beachten ist aber, daß diesen wissenschaftlichen Streitigkeiten eine sehr reale Bedeutung zukam. So musste man bei einer nicht linienkonformen Ansicht mit Repressalien des Staates rechnen. (A.a.O, S. 98) Vgl. hierzu das Urteil gegen drei Hochschullehrer der Humboldt -Universität Berlin. Urteil in der Strafsache Herbert Crüger u.a. des 1. Strafsenats des Bezirksgerichts Potsdam, Az I BS 336/58; auszugsweise abgedruckt in: Crüger, Verschwiegene Zeiten, S. 198 ff.).

63 Dreier u.a. (Hrsg.), Rechtswissenschaft in der DDR 1949-1971, S. 138 f.; Eckert, Die Babelsberger Konferenz, Staat 94, S. 59.

gehörten die Wirtschaftswissenschaftler Arne Behrens und Fritz Benary[64], der Zivilrechtler Heinz Such[65] sowie der Verwaltungsrechtler Karl Bönninger[66]. Bönninger nahm dabei eine gewisse Sonderstellung ein, da er auf der Konferenz anwesend war und sich gegenüber der Kritik uneinsichtig zeigte. Er wagte es sogar, Ulbricht zu widersprechen[67]. Bönninger wurde daher anderweitig gemaßregelt. Im Zuge der Umsetzung der parteioffiziellen Kritik wurde er auf den Vorschlag der Abteilung Wissenschaften des ZK der SED vom Sekretariat am 18.6.1958 für zwei Jahre zum Sekretär des Vorsitzenden des Rates des Bezirks Leipzig degradiert[68].

Ein weiterer Hauptadressat der Kritik war Hermann Klenner[69]. Er wurde persönlich attackiert, ohne daß auch nur versucht wurde, dies wissenschaftlich

---

64 Ulbricht, Die Staatslehre des Marxismus-Leninismus, S. 26. Ihnen wurde vorgeworfen, daß sie, „die revisionistische These vom Abbau des Staates begründeten, als der Angriff der imperialistischen Bourgeoisie gegen die DDR sich verschärfte und die Staatsmacht als Hauptinstrument zum Schutz (...) sich als besonders notwendig erwies." (Ebd.).

65 Ulbricht, a.a.O., S. 34 f. Such wurde ein formaler Standpunkt vorgeworfen, der die schöpferische Tätigkeit der Menschen unterschätze. Er habe vertreten, daß die „nicht gehörige Erfüllung der Planverträge (...) eine Kritik der Praxis an einem Mangel in (...) der Planung und ihrer Durchführung" sei. (Ulbricht, a.a.O., S. 34). Vgl. hierzu auch Stiebitz, Heinz Such, S. 122 f. Vgl. auch Mollnau, Die Babelsberger Konferenz, S. 239. Mollnau vermutet, daß Such nicht nur wegen seiner nicht-stalinistischen Rechtskonzeption, sondern auch und vor allem aufgrund einer persönliche Fehde mit Polak kritisiert worden. (Mollnau, Vorbereitungen zur Babelsberger Konferenz, S. 35 f.).

66 Ulbricht, Die Staatslehre des Marxismus-Leninismus, S. 27, 60. Bönninger wurde die „bürgerliche Auffassung" vorgehalten, „daß viele der von unserem Staat organisierten gesellschaftlichen Verhältnisse keine Rechtsverhältnisse seien". (A.a.O., S. 27) Weiterhin wurde Bönninger vorgeworfen, daß nach ihm Recht und Politik nicht zu trennen seien. (A.a.O., S. 60) Nach Ulbricht dürfe man nicht von der Politik, sondern von der marxistisch-leninistischen Theorie ausgehen und sich von ihr leiten lassen. Bezugspunkt seiner Kritik war ein Aufsatz Bönningers, in dem er sich mit den Kriterien für die Bestandskraft von Verwaltungsakten beschäftigte. (Bönninger, Rechtsnorm und Verwaltungsanweisung, S. 333 ff.).

67 Protokoll der Babelsberger Konferenz, S. 62 ff.

68 Arbeitsprotokoll der Sitzung des Sekretariats des ZK vom 18. 6.1958, in: SAPMO-BArch J IV 2/3A/617. Die Vorlage der Abteilung Wissenschaften war von Kurt Hager und Heinz Herder unterzeichnet. Der letzte Satz der Degradierung lautete: „Genosse Prof. Dr. Bönninger ist mit einem solchen Einsatz einverstanden." (A.a.O.).

69 Ulbricht, Die Staatslehre des Marxismus-Leninismus, S. 27. Klenner habe versucht, „den Klassencharakter des Rechts zu verwischen", indem er diesem „eine von der objektiven Realität unabhängige Rolle" zugewiesen habe. (Ebd.) Dies zeige sich darin, daß er Verfassungsfragen theoretisch behandelte, ohne Bezug auf die Verfassungswirklichkeit in einzelnen Staaten zu nehmen. (Ulbricht, a.a.O., S. 52). Die Anwesenheit Klenners auf der Konferenz konnte Ulbricht nicht „zugemutet" werden. Daher wurde er kurzfristig wieder ausgeladen. (Eckert, Die DASR und die Babelsberger Konferenz, S. 62; sowie Mollnau, Vorbereitungen zur Babelsberger Konferenz, S. 22). Die Demontage Klenners wurde schon auf der Leipziger Konferenz zum Thema „Die ideologische Rolle

zu verbrämen. Insbesondere Ulbricht kritisierte Klenner in seinem Referat äußerst unsachlich.

„Es zeigt sich, daß Klenner völlig vom Leben losgelöst ist und sich lediglich bestimmte Grundsätze, bestimmte Thesen und Normen angeeignet hat. Es ist das Unglück mancher Leute, daß sie persönlich überheblich werden und sich für große ‚Theoretiker' halten und die Verbindung mit der Basis verloren haben. Das kann man nicht als ernsthaftes theoretisches Arbeiten bezeichnen." [70]

Es wird vermutet, daß die Verunglimpfung Klenners Folge einer persönlichen Auseinandersetzung mit Polak aus dem Jahre 1951 war[71]. Jedenfalls musste Klenner im Anschluß an die Babelsberger Konferenz zur „Bewährung in der Praxis" für zwei Jahre ein Bürgermeisteramt übernehmen. Diese Abstrafung Klenners war zugleich auf Abschreckung und Unterwerfung aller anderen Juristen gerichtet[72].

Es muß jedoch hinzugefügt werden, daß Klenner wie auch die anderen kritisierten Wissenschaftler nach ihrer „Bewährung in der Praxis" stillschweigend und ohne Rehabilitationsverfahren wieder in den Wissenschaftsbetrieb zurückkehrten[73]. Die Babelsberger Konferenz führte somit weder zu ernsthaften physischen Repressalien gegenüber ihren Opfern noch wurden wissenschaftliche Karrieren vollständig vernichtet.

III. Legitimierung der hierarchischen Herrschaftsstruktur

Wie bereits festgestellt wurde, sollte die Konferenz dazu genutzt werden, die Alleinherrschaft Ulbrichts zu legitimieren. Dazu sollte das streng hierarchische

des Rechts beim Aufbau des Sozialismus" am 21./22.2. 1958 sowie durch zwei Aufsätze von Annemarie Helmbrecht vorbereitet. Klenner wurde jeweils als „Revisionist" gebrandmarkt. (Zur Konferenz siehe Schönrath, Über die Theoretische Konferenz der Juristenfakultät an der Karl-Marx-Universität, SuR 58, S. 431 ff.) Die relevanten Artikel Helmbrechts zeichnen sich durch einen unsachlichen Stil aus. (Helmbrecht, Professor Klenner und der Revisionismus, ND vom 26. Februar 1958, S. 4; dies., „Zur ideologischen Natur des Rechts", SuR 58, S. 244 ff.).

70 Ulbricht, Die Staatslehre des Marxismus-Leninismus, S. 52. Ulbricht bezeichnet Klenner in einem Zwischenruf als Sympathisanten der Nagy-Regierung in Ungarn. Nagy wurde wegen konterrevolutionärer Tätigkeit erschossen. (Ulbricht, in: Protokoll der Babelsberger Konferenz, S. 61).

71 Siehe dazu Kapitel 1 „Leben und Werdegang Karl Polaks" Abschnitt B IV 2. c). Es wird überliefert, daß sich Klenner bei dem Angriff auf Polak besonders hervorgetan habe. (Vgl. Dreier u.a. (Hrsg.), Rechtswissenschaft in der DDR 1949-1971, S. 38 f., 139; Arlt, Die Rezeption der sowjetischen Rechtswissenschaft, S. 186 Erl. 52; Howe, Karl Polak, S. 206, 208).

72 Dreier u.a. (Hrsg.), Rechtswissenschaft in der DDR 1949-1971, S. 139; Eckert, Die Babelsberger Konferenz, Staat 94, S. 68.

73 Eckert, a.a.O., S. 71.

System, mit dem von Ulbricht geführten Politbüro, innerhalb der Partei und der Verwaltung gefestigt werden[74]. Es wurde daher die absolute Verbindlichkeit der SED-Beschlüsse gerechtfertigt[75]. Darüber hinaus demonstrierte Ulbricht seinen exklusiven Machtanspruch, indem er seinen politisch bereits besiegten Gegnern, Schirdewan und Wollweber, ein falsches Verständnis der gesellschaftlichen Entwicklung vorwarf[76].

C. Polaks Beitrag zur Konferenz

I. Polaks organisatorische Arbeit

Die Babelsberger Konferenz wurde allein von Ulbricht und seinen engsten Mitarbeitern organisiert. Weder das Politbüro noch das Sekretariat wurden in die Planung einbezogen[77]. Auch dies zeigt, daß die Konferenz lediglich Ulbrichts Macht festigen sollte.

Die Vorbereitung der Konferenz wurde von der Ulbricht treu ergebenen Abteilung Staats- und Rechtsfragen des ZK der SED durchgeführt. Leiter dieser Abteilung war Klaus Sorgenicht, während Polak hier den intellektuellen Ton angab[78]. Polak übernahm auch die eigentliche inhaltliche Arbeit[79]. Schon im Februar des Jahres wurde ihm folgender Auftrag erteilt, der in einem Maßnahmeplan der Abteilung zur Umsetzung des 35. Plenums des ZK vom 12. Februar 1958 festgehalten ist[80]:

> „Vorbereitung eines Materials für die wissenschaftliche Konferenz. Die Staatslehre des Marxismus-Leninismus und ihre Anwendung in Deutschland.“[81]

Polak erfüllte diesen Auftrag, indem er Mitarbeiter beauftragte, einzelne Bereiche des Themas auszuarbeiten. Keiner der Zuarbeiter bekam jedoch einen Überblick über die Gesamtkonzeption. Sie wussten nicht einmal, was exakt mit ihrem erarbeiteten Ausschnitt geschehen würde. Ihnen war lediglich bekannt,

---

74 Vgl. Stand der Parteiarbeit im Staatsapparat, Analyse der Abt. Staats- und Rechtsfragen vom 6.12.1957, in: Abteilung Parteiorgane SAPMO-BArch IV 2/5/201 Bl. 129 - 148; weiterhin: Beschluß der Delegiertenkonferenz der Parteiorganisation der DASR „Walter Ulbricht“ vom 11./12.1958, SuR 58, S. 471 f.

75 Dreier u.a. (Hrsg.), Rechtswissenschaft in der DDR 1949-1971, S. 139. Zur rechtlichen Verbindlichkeit der Parteibeschlüsse siehe Ulbricht, Die Staatslehre des Marxismus-Leninismus, S. 39.

76 Ulbricht, a.a.O., S. 57.

77 Dreier u.a. (Hrsg.), Rechtswissenschaft in der DDR 1949-1971, S. 141.

78 Mollnau, Implementationsmechanismen der Babelsberger Konferenz, S. 175.

79 Mollnau, Die Babelsberger Konferenz, ARSP 91, S. 237.

80 Bernhardt, DASR, S. 119.

81 Ziffer 7 des Maßnahmeplans, in: SAPMO-BArch IV 2/13/483.

daß ihre Arbeiten für ein Referat Ulbrichts gebraucht wurden. Daher gestalteten sie ihre Ausarbeitungen im Sinne eines vorauseilenden Gehorsams nach den Wünschen Ulbrichts[82]. Polak allein behielt durch diese Vorgehensweise den Überblick über das Material und konnte es damit nach seinen Wünschen gestalten.

Das so erarbeitet Material schickte Polak direkt an Ulbricht. Es bestand neben dem Anschreiben aus einer Disposition zum Referat Ulbrichts[83] und weiteren Ausarbeitungen[84]. Dabei war die Disposition das wichtigste Schriftstück und wird daher gesondert dargestellt[85]. Die Ausarbeitungen bestanden aus einem der Disposition entsprechenden Kommentar zu Analysen der DASR, die dort gemeinsam mit dem Deutschen Institut für Rechtswissenschaften ausgearbeitet worden waren. Die Analysen hatte Ulbricht in Auftrag gegeben. Sie befassten sich mit dem „Problem der Einheit des Marxismus-Leninismus in der Tätigkeit der Akademie“[86]. Weiterhin schickte Polak an Ulbricht eine persönliche Stellungnahme des damaligen Leiters des Sektors Justiz, Josef Streit[87], sowie eine Entschließung der Zentralen Parteileitung der DASR[88].

---

82 Eckert, Die DASR und die Babelsberger Konferenz, S. 60. Zwar ist diese Arbeitsweise Polaks lediglich mündlich übermittelt worden. Es besteht jedoch kein Anlaß, den Angaben nicht zu glauben. Vielmehr entspricht die Beschreibung der Vorgehensweise Polaks der insgesamt konspirativen Vorbereitung der Konferenz.

83 Disposition, in: SAPMO-BArch IV 2/13/483, Bl. 27 ff. sowie Bl. 207 ff.; abgedruckt ist die Disposition in Dreier u.a. (Hrsg.), Rechtswissenschaft in der DDR 1949-1971, S. 188 - 194. Eine andere Fassung der Disposition befindet sich im Nachlaß Ulbrichts (SAPMO-BArch NY 4182/1124). Inhaltlich unterscheiden sich die beiden Ausarbeitungen kaum. Allerdings enthält lediglich erstere Fassung Hinweise auf die in den Mappen befindlichen Materialien. Daher liegt es näher, daß Ulbricht die erste Fassung verwendet hat. (Vgl. auch Dreier u.a. (Hrsg.), a.a.O., S. 188 Erl. 74). Die von Polak angesprochenen Materialien, die im Text angesprochene Einschätzung der Analysen der DASR, sind im Archiv jedoch nicht aufzufinden. Die Vermutung liegt jedoch nahe, daß die Materialien inhaltlich auf einer Linie mit Polaks eigenen Ausführungen gelegen haben. (Vgl. hierzu Dreier u.a. (Hrsg.), a.a.O., S. 189 Erl. 75).

84 Siehe SAPMO-BArch NY 4182/1124. Ein Durchschlag des Briefes, ohne die handschriftlichen Zusätze Polaks, befindet sich auch im Aktenbestand der Abteilung Staats- und Rechtsfragen. (SAPMO-BArch IV A/13/483).

85 SAPMO-BARch IV 2/13/483. Da Ulbricht das Material für sein Referat bis zum 15. März haben wollte, schickte Polak ihm seine Disposition an eben diesem Tag. (Bernhard, DASR, S.119, 121; SAPMO-BArch NY 4182/1124).

86 Analyse der DASR zur Arbeit an der DASR, in: SAPMO-BArch IV 2/13/474 Bl. 70 ff.

87 Streit geht in seiner, von Polak veranlassten, Stellungnahme auf eine Kritik ein, die Büttner, damals Direkor des Deutschen Instituts für Rechtswissenschaft (DIR), in dem von der Babelsberger Akademie vorgelegten Vorbereitungsmaterial zur Babelsberger Konferenz an ihm im Zusammenhang mit der Diskussion um Verbrechen und Klassenkampf geübt hatte. Streit sollte durch diese persönliche Stellungnahme aus möglichen weiteren Diskussionen herausgehalten werden. (Vgl. Mollnau, Vorbereitungen zur Babelsberger Konferenz, S. 28).

Daneben dienten Polaks Ausarbeitungen der Abteilung Staats- und Rechtsfragen auch als Grundlage für die Regiekonzeption für den Ablauf der „Diskussion“ auf der Babelsberger Konferenz[89]. Allerdings nahm Polak an der Diskussion selbst nicht teil. In Babelsberg gab Ulbricht den Ton an und sorgte für die eigentümlich unsachliche Atmosphäre auf der Konferenz.

II. Polaks Disposition

1. Übernommene Teile

Polaks Disposition wurde größtenteils unmittelbar Grundlage für Ulbrichts Referat. Zum Teil hat Ulbricht sogar wörtlich Polaks Ausführungen zur Rechts- und Staatstheorie übernommen[90], so daß die Rechtskonzeption Ulbrichts tatsächlich von Polak stammte[91]. Die Disposition ist in fünf Abschnitte gegliedert.

1. Wie muß gegenwärtig an die Staatsfrage in Deutschland herangegangen werden?
2. Über die Entwicklung unserer volksdemokratischen Ordnung
3. Wie muß unsere Staats- und Rechtswissenschaft arbeiten, um ihre Aufgabe zu erfüllen?
4. Welche Aufgaben stehen vor unserer Staats- und Rechtswissenschaft?
5. Zur Auseinandersetzung mit dem imperialistischen Staat in Westdeutschland und seiner Ideologie

In seiner Disposition legte Polak thesenartig seine Vorstellungen vom sozialistischen Staat und Recht dar und kritisierte auf Grundlage seines Wissenschaftsverständnisses die Rechtswissenschaft der DDR. Im Rückblick auf die Babelsberger Konferenz führt Polak später aus, daß es aufgrund des erreichten gesellschaftlichen Entwicklungsniveaus notwendig geworden war, auch die Staats- und Rechtswissenschaft auf „dieses Niveau zu heben“[92]. In seiner Disposition betonte er die geschichtliche Wesensverschiedenheit von DDR und BRD. Die DDR sei als Staat das „Instrument in der Hand der Arbeiterklasse“, der „die gesellschaftliche Entwicklung bewußt vorwärts führt“, während der „Bonner Staat“ geschaffen wurde, das „Rad der Geschichte zurückzudrehen“. Neben diesen wissenschaftlichen Ausführungen nimmt die folgenschwere Kritik

---

88 Vgl. Dreier u.a. (Hrsg.), Rechtswissenschaft in der DDR 1949-1971, S. 142.

89 Dreier u.a. (Hrsg.), a.a.O., S. 144.

90 Dreier u.a. (Hrsg.), a.a.O., S. 142. Zur richtigen Einschätzung dieser Aussage muß aber die bei Eckert a.a.O. angeführte Überlegung hinzugefügt werden. Danach kann nicht mit Sicherheit gesagt werden, ob die Archivalien aus dieser Abteilung vollständig überliefert worden sind. „Auffallend ist, daß verschiedene Akteneinheiten, die die Babelsberger Konferenz und ihre Folgen betreffen, 1987/88 von Mitarbeitern der Abteilung Staats- und Rechtsfragen noch einmal eingesehen wurden.“ (A.a.O., Erl. 11).

91 Arlt, Die Rezeption der sowjetischen Rechtswissenschaft, S. 185.

92 Polak, Zur Dialektik in der Staatslehre, S. 419. Bemerkenswert ist, daß Polak diesbezüglich Ulbricht zitiert. Da aber Ulbrichts Referat auf Polaks Überlegungen beruht, bezieht sich Polak hier de facto auf sich selbst. Diese Beweisführung ist nicht sehr überzeugend.

der DDR-Rechtswissenschaft einen beträchtlichen Teil der Disposition ein. Insbesondere kritisiert Polak, daß sich die Rechtswissenschaftler der DDR nur abstrakt mit den staatlichen Einrichtungen und Normen befassen, ohne dabei allerdings die gesellschaftlichen Zusammenhänge zu berücksichtigen.[93] Daher seien

> „Juristen auszubilden, welche die Gesetze richtig, d.h. im Sinne der objektiven Entwicklung der Gesellschaft anwenden, die die Politik der Partei und des Staates zu verwirklichen wissen. Unsere Juristen müssen begreifen, daß der Staat und das von ihm geschaffene Recht dazu dienen, die Politik von Partei und Regierung durchzusetzen."[94]

Dementsprechend ist es für Polak die Hauptaufgabe der Staats- und Rechtswissenschaft, sich „auf die Lehre des Marxismus-Leninismus, die Lehre von der Rolle der Partei, auf die Bedeutung der Beschlüsse der Partei als der Grundlage der staatlichen Leitungstätigkeit" zu konzentrieren[95].

2. Nicht übernommene Teile

Aus dem von Polak zugesandten Material übernahm Ulbricht insbesondere zwei Aspekte nicht. Zum einen überging Ulbricht Polaks Kritik an Lukacs und der Methode der immanenten Kritik[96]. Zum anderen wurden Polaks Angriffe auf Herbert Kröger, dem damaligen Direktor der DASR, nicht thematisiert. Polak hatte Krögers Kritik der DDR-Rechtswissenschaft angegriffen. Kröger habe in Folge des XX. Parteitages der KPdSU die Überbewertung des politischen Aspekts und die zu geringe Beachtung der juristischen Methode in der DDR-Rechtswissenschaft bemängelt[97]. Für Polak war dies ein rechtstheoretischer Rückschritt. Es spricht für gute Kontakte Krögers zum Politbüro, daß diese Kritik nicht Inhalt der Konferenz wurde[98]. Polak holte seine Kritik jedoch später

---

93 Abschnitt III, in: SAPMO-BArch IV 2/13/483 Bl. 43 f.; abgedruckt in: Dreier u.a. (Hrsg.), Rechtswissenschaft in der DDR 1949-1971, S. 191.

94 Abschnitt IV, in: SAPMO-BArch IV 2/13/483 Bl. 45; abgedruckt in: Dreier u.a. (Hrsg.), a.a.O., S. 192. Zu einer derartigen Standortbestimmung des Rechts und der Rechtswissenschaft vergleiche Klenner, Babelsdorf 1958, Staat 91, S. 617.

95 Abschnitt IV, a.a.O.; abgedruckt in: Dreier u.a. (Hrsg.), a.a.O., S. 192.

96 Siehe: SAPMO-BArch NY 4182/1124.

97 Polaks Schreiben an Ulbricht, in: SAPMO-BArch IV 2/13/483 Bl. 15 f.; Dreier u.a. (Hrsg.), Rechtswissenschaft in der DDR 1949-1971, S. 143.

98 Kröger wurde aber nicht nur von Polak erfolglos kritisiert. Etwa zur gleichen Zeit schlug Sorgenicht Ulbricht vor, Kröger von seinem Amt als Direktor der DASR zu entbinden. Kröger überstand aber auch diese Attacke. (Dreier u.a. (Hrsg.), a.a.O., S. 144; Brief von Sorgenicht an Ulbricht vo. 21.2.1958 sowie Anlage III zum Brief: Vorschläge zur Veränderung der Arbeit an der DASR, in: SAPMO-BArch IV 2/13/477 Bl. 28, 37 ff.). Schließlich wurde Kröger auch wegen seiner unkritischen Aufnahme der Kardelj-Rede vom 8.10.1954 kritisiert. Kardelj, der damalige jugoslawische Vizepräsident, hatte

nach. Er warf Kröger vor, bei seiner Staatskonzeption die „Abwendung von der abstrakt-bürgerlichen Betrachtungsweise nicht vollzogen" zu haben[99].

III. Polaks Arbeit im Anschluß an die Konferenz

Im Anschluß an die Konferenz kämpfte Polak um die richtige Umsetzung der dort ausgearbeiteten Rechtskonzeption[100]. Als besonders wirkungsvoll erwiesen sich seine Arbeit in der Rechtskommission sowie seine wissenschaftlichen Veröffentlichungen.

1. Polaks Arbeit in der Rechtskommission

Im Anschluß an die Babelsberger Konferenz wurde Polak Vorsitzender einer Kommission bei der ZK-Abteilung Staats- und Rechtsfragen, welche die Ergebnisse der Konferenz durchzusetzen hatte[101]. Später wurde diese Kommission mit gleicher Aufgabenstellung zur „Kommission für Staats- und Rechtswissenschaft beim ZK der SED" hochgestuft[102]. Polak fungierte hier als Sekretär[103]. Diese Kommission befaßte sich ohne verfassungsrechtliche Legitimation mit der rechtspolitischen Bewertung der wichtigsten Gesetzentwürfe und beurteilte die juristische Literatur[104]. Daneben gestaltete sie die juristische Lehre und hierbei insbesondere das Ausbildungsprogramm des DASR im Sinne der Babelsberger Konferenz[105]. Dies war durch eine Reorganisation des Wissenschaftsbetriebes möglich geworden. Geleitet wurde diese Maßnahme von dem Wunsch der SED-Parteiführung, eine zentrale

---

ein Konzept der Demokratisierung des sozialistischen Staates entworfen. (Mollnau, Vorbereitungen zur Babelsberger Konferenz, S. 29 f.).

99 Polak, Zur Lage der Staats- und Rechtswissenschaft in der DDR, SuR 60, S. 1, 4.

100 Vgl. Dreier u.a. (Hrsg.), Rechtswissenschaft in der DDR 1949-1971, S. 22. Polak bezog sich in seinen im Gefolge der Konferenz enstandenen Aufsätzen häufig auf das Referat von Ulbricht. Prägnante Beispiel hierfür sind: Polak, Zur Lage der Staats- und Rechtswissenschaft in der Deutschen Demokratischen Republik, SuR 59, S. 1326 – 1351; ders., Über die weitere Entwicklung der sozialistischen Rechtspflege in der DDR, SuR 61, S. 610.

101 Mollnau, Implementationsmechanismen, S. 179 f.; Dreier u.a. (Hrsg.), Rechtswissenschaft in der DDR 1949 – 1971, S. 252 ff.

102 Zur Aufgabenstellung der Kommission siehe: Benjamin u.a., Zur Geschichte der Rechtspflege, S. 259 f. Vgl. auch Howe, Karl Polak, S. 213 ff., 217 ff.

103 Anlage 10 zum Protokoll der Politbürositzung vom 29. Juli 1958, in: SAPMO-Barch J IV 2/2/603 Bl. 28.

104 Dreier u.a. (Hrsg.) Rechtswissenschaft in der DDR 1949-1971, S. 20, 245 ff., 267 ff. m.w.N.; Mollnau, Implementationsmechanismen, S. 181. Bei Mollnau ist auf S. 185 die Zusammensetzung der Kommission dargestellt.

105 Zu den Auswirkungen der Babelsberger Konferenz auf die Ausbildungsinhalte der DASR siehe: Bernhardt, DASR, S. 129 ff.

rechtswissenschaftliche Forschungsstelle zu schaffen[106]. Zunächst wurde das DIR in die DASR eingegliedert[107]. Um die DASR zentral überwachen und steuern zu können, wurde anschließend ein Prorektorat unter dem Vorsitz Reiner Arlts geschaffen, das die wissenschaftliche Gemeinschaftsarbeit an der DASR organisieren sollte. Diesem Prorektorat wiederum übergeordnet war die Kommission für Staats- und Rechtswissenschaft[108]. So konnte die Rechtskommission Einfluss auf die Ausbildungsinhalte der Akademie nehmen. Polak als Sekretär dieser Kommission erklärte auf einer Sitzung am 11. August 1958:

> „Es geht doch darum, die Akademie zu einer Hochschule der Partei auszubauen und das bedarf einer radikalen Wende"[109].

Diese von Polak geforderte Umorientierung in den Ausbildungsinhalten führte dazu, daß er im Oktober 1958 zufrieden den Entwurf der Lehrplankommission der DASR kommentieren konnte: „Das jetzige Programm läuft in die Richtung, wie wir es damals ausgearbeitet haben."[110] Auch danach wachte er über die richtige Umsetzung der Konferenzbeschlüsse in der Ausbildung der DASR. So kritisierte er 1959 das unwissenschaftliche, also unmarxistische, Herangehen an das Staatsrecht und vermisste die volkswirtschaftliche Ausbildung. Daher sei die Vorlesungsreihe über „Die schöpferische Rolle der Arbeiter-und-Bauern-Macht beim Kampf um die Vollendung des sozialistischen Aufbaus in der Volkswirtschaft und Kultur sowie bei der Sicherung der volksdemokratischen Staats- und Gesellschaftsordnung" auszubauen. Andernfalls könne „nicht der Boden für das sozialistische Staatsrecht gewonnen werden."[111]

Später sollte Polak als Vorsitzender des Wissenschaftlichen Rates, der dem 1963 gegründeten Institut für staats- und rechtswissenschaftliche Forschung der DASR vorstand, an der Umsetzung der Babelsberger Beschlüsse in der Lehre

---

106 Vorschlag für die Veränderung der Arbeit der DASR (Anlage zum Brief Sorgenichts an Ulbricht vom 21.2.1958), in: SAPMO-BArch IV 2/13/477, Bl. 139.

107 Vgl. Anordnung zur Aufhebung über die Errichtung des „Deutschen Instituts für Rechtswissenschaft", GBl.-DDR I, 1959, S. 79.

108 Dreier u.a. (Hrsg.), Rechtswissenschaft in der DDR 1949-1971, S. 249. Hier wird das Prorektorat als „Exekutionsbehörde" der Kommission bezeichnet.

109 Polaks Wortbeitrag während der Sitzung der Parteikommission für Fragen der Staats- und Rechtswissenschaft am 11.8.1958, in: Sitzungsprotokoll SAPMO-BArch IV 2/13/477, Bl. 100.

110 Polaks Wortbeitrag während der Sitzung der Parteikommission für Fragen der Staats- und Rechtswissenschaft am 19.10.1958, in: Sitzungsprotokoll SAPMO-BArch IV 2/13/477, Bl. 127.

111 Polak, Der Auftrag der Babelsberger Konferenz, SuR 59, S. 483, vgl. auch S. 499, 501.

arbeiten[112]. Allerdings verstarb Polak, bevor der Rat mit seiner Tätigkeit beginnen konnte[113].

2. Polaks wissenschaftliche Kritik

Neben dieser Kritik an der Ausbildung kommentierte Polak zudem die Arbeit einzelner Wissenschaftler. Im Kern ging es dabei stets um die mangelhafte Rezeption und Umsetzung des Marxismus-Leninismus in der Rechtswissenschaft[114]. Als Beispiel sei hier Polaks Kritik an der „falschen Auffassung" von John Lekschas und Joachim Renneberg genannt. Diese Autoren verkannten nach Polak die Notwendigkeit des sozialistischen Sieges[115]. Die falsche Meinung der Autoren führt Polak darauf zurück, daß sie die sozialistische Entwicklung nicht als eine die Klassenantagonismen auflösende Bewegung betrachten. Dies führe dann notwendigerweise zu einer „tiefgreifenden Verfälschung des sozialistischen Staates und des sozialistischen Rechts"[116].

Bei all diesen Maßnahmen ist bemerkenswert, daß Polak stets ein wissenschaftliches Anliegen verfolgte. So schrieb er 1963:

„Es muß heute die Bilanz gezogen werden, daß einige unserer Staats- und Rechtswissenschaftler – vor die Aufgabe gestellt, die schwierige Arbeit der Verwirklichung der auf der Babelsberger Konferenz gestellten Aufgaben auf sich zu nehmen – den Weg des geringsten Widerstandes beschritten, ihr auswichen und nach mancherlei Verbeugungen vor der

---

112 Howe, Karl Polak, S. 280 ff.

113 Durch den „plötzlichen und unerwarteten Tod" des spiritus rector Polak verlor der Wissenschaftliche Rat seine Führung, „noch bevor sie recht begonnen hatte". Nachfolger Polaks wurde Wolfgang Weichelt (Zitiert aus der Rede Weichelts vor dem Wissenschaftlichen Rat nach dem Tod Polaks, in: Dienstbesprechungen und Sitzungen des wissenschaftlichen Rates, in: ZK Abt. Staats- und Rechtsfragen, SAPMO-Barch DY 30/IV 2/13/217).

114 Polak kritisierte die mangelnde Umsetzung der Babelsberger Grundsätze, also die mangelnde Erkenntnis der sozialistischen Gesetzmäßigkeit in der Rechtsentwicklung, bei: Hemmerling (Wirtschaftsrecht), Such und Kleine (Wirtschaftsrecht), Posch (Wirtschaftsrecht), Leymann und Petzold (Wirtschaftsrecht), Reintanz (Völkerrecht), Schirmer (Völkerrecht), Wünsche (Völkerrecht). (Polak, Zur Lage der Staats- und Rechtswissenschaft in der DDR, S. 1335, 1337, 1339, 1340, 1343, 1349). In der Fortsetzung dieses Aufsatzes kritisiert Polak: Schulze, Unger (Staatsrecht), Kröger (Staatsrecht), Schöneburg (Staatstheorie), Urban, Weichelt (Staatstheorie); lediglich partiell kritisiert Polak Lekschas und Renneberg (Strafrecht) (Polak, Zur Lage der Staats- und Rechtswissenschaft in der DDR, SuR 60, S. 1, 4, 7, 8, 10 f.).

115 Polak, Zur Dialektik in der Staatslehre, S. 384. Polak bezieht sich auf einen Aufsatz von Lekschas und Renneberg in der Neuen Justiz, 1962, S. 77. Schon 1960 hatte Polak die wissenschaftliche Arbeit von Lekschas und insbesondere von Renneberg untersucht. Die Ausarbeitungen dieser Rechtswissenschaftler im Bereich des Strafrechts wurden von Polak hier überwiegend positiv bewertet. (Polak, Zur Lage der Staats- und Rechtswissenschaft in der DDR, SuR 60, S.11 ff.).

116 Polak, Zur Dialektik in der Staatslehre, S. 386.

Babelsberger Konferenz auf den alten Pfaden weitergingen, sich an abstrakte Schemata klammerten, anstatt die lebendige Wirksamkeit der sozialistischen Gesellschaftsverhältnisse selbst zu studieren. (...) Der Ausbau des abstrakt juristischen Rechts trägt alle Züge des Dogmatismus und Bürokratismus und führt leicht zum Revisionismus."[117]

In diesem Zusammenhang kritisierte Polak auch die Spezifik-These von Heinz Such.

„Unter dem Vorwand der Suche nach einer ‚Spezifik' von Staat und Recht (...) forderte er (Such – d. Verf.) im Grunde eine Korrektur der Lehre vom sozialistischen Staat und Recht als Instrument der Klasse und Partei."[118]

D. Ergebnisse

Polaks Bedeutung für die Babelsberger Konferenz war enorm. Er bereitete die Konferenz entscheidend vor und bestimmte maßgeblich ihren Inhalt. Indem Ulbrichts Referat direkt auf Polaks rechtswissenschaftlichen Überlegungen aufbaute, wurde auf der Konferenz Polaks Vorstellung vom sozialistischen Recht und Staat zum Referenzpunkt der DDR-Rechtswissenschaft erhoben. Das instrumentelle Rechtsverständnis ist aber nicht erst durch diese Konferenz zur herrschenden Lehre in der DDR gemacht worden. Vielmehr steht die Babelsberger Konferenz von 1958 in der wissenschaftlichen Tradition verschiedener SED-Konferenzen und zeitigte keine qualitativen Veränderungen in der DDR - Rechtswissenschaft. Die Bedeutung der Konferenz lag vielmehr in der persönlichen Disziplinierung einiger Wissenschaftler, die von der herrschenden Lehre en détail abweichende Überlegungen angestellt hatten.

Polak überwachte ferner die korrekte Rezeption der Babelsberger Beschlüsse in den Jahren nach 1958. Dabei befasste er sich insbesondere mit der Ausbildung an der DASR. Es lagen damit sowohl Vorbereitung und Gestaltung der Konferenz als auch die praktische Umsetzung ihrer Beschlüsse in den Händen Polaks. Es ist daher gerechtfertigt, Polak und die Babelsberger Konferenz zu identifizieren:

„Wer für die Konferenz eintrat, plädierte für Polak und umgekehrt"[119].

---

117 Polak, a.a.O., S. 382 f. Zur Propagierung der Ergebnisse der Babelsberger Konferenz vergleiche weiterhin Polak, a.a.O., S. 419 ff.

118 Polak, a.a.O., S. 386.

119 Mollnau, Vorbereitungen zur Babelsberger Konferenz, S. 26.

Zusammenfassung

Karl Polak nimmt in seinem Wirken eine zentrale Rolle in der frühen DDR-Rechtsgeschichte ein. Seine wissenschaftliche Arbeit war wegweisend für die gesamte Entwicklung der sozialistischen Rechtswissenschaft in der DDR.

Polak stammt aus gutbürgerlichen Verhältnissen. Sein Vater, Siegfried Polak, war ein wohlhabender Viehhändler in Westerstede (Oldenburg). Von 1925-29 studierte Polak Rechtswissenschaft in Heidelberg, München und Frankfurt a.M.. Nach Abschluß des Studiums wurde er Referendar am Kammergericht in Berlin und promovierte zudem bei Erik Wolf in Freiburg. Im Jahr 1933 konnte er seine Dissertation „Studien zu einer existenzialen Rechtslehre" verteidigen. Schon diese Kritik des Neukantianismus und Rationalismus zeigt, daß Polak viel mehr an philosophischen Problemen interessiert war als an der Rechtsdogmatik. Ebenfalls 1933 wurde er vom Referendardienst wegen seiner jüdischen Herkunft suspendiert. Auch die übrigen Mitglieder der Familie Polak hatten schwer unter den Repressalien der Nationalsozialisten zu leiden. Entweder verloren sie ihr Leben oder sie wanderten nach Südamerika aus.

Polak hingegen entschied sich aufgrund einer Einladung des Vizepräsidenten der sowjetischen Akademie der Wissenschaften, Joffe, über Dänemark in die Sowjetunion zu emigrieren. Durch die Empfehlung Joffes gelangte Polak nach Moskau und arbeitete dort bei der Generalstaatsanwaltschaft unter Andrej Wyschinski sowie an der Akademie der Wissenschaften. Bis zu seiner Evakuierung nach Taschkent im Jahre 1942 konnte Polak in Moskau einige Vorträge über staatsrechtliche Probleme halten. Insbesondere beschäftigte er sich mit dem „deutschen Faschismus". In Taschkent arbeitete er als Deutschlehrer am dortigen Rechtsinstitut. Es erging ihm dort aber wie den übrigen deutschen Emigranten nicht sehr gut, und er wollte schon 1943 nach Moskau zurückkehren. Nachdem er in mehreren Briefen Ulbricht und Pieck vergeblich um die Rückkehr nach Moskau gebeten hatte, wurde ihm dies aber erst 1945 von der Akademie der Wissenschaften ermöglicht. 1946 konnte Polak dann auch seine Kandidatendissertation in Moskau verteidigen. Im gleichen Jahr siedelte Polak nach Deutschland in die SBZ über.

Dort hatte er maßgeblichen Einfluss auf die erste Verfassung der DDR und sollte erhebliche Macht im Partei- und Wissenschaftsbetrieb der DDR erlangen. Höhepunkt seiner politischen Laufbahn war die Mitgliedschaft im Staatsrat. Die Basis seiner Karriere bildete dabei seine umfangreiche parteinahe Grundlagenforschung auf dem Gebiet der Rechtswissenschaft.

Fundament des wissenschaftlichen Werks von Polak ist seine Kritik der bürgerlichen Rechtswissenschaft. Deren positivistische Methode verurteilt er aufs schärfste. Das Recht darf nicht von der Geschichte getrennt werden.

Vielmehr muß die historisch überholte bürgerliche Wissenschaft durch eine fortschrittliche ersetzt werden, die der erreichten Stufe der gesellschaftlichen Entwicklung entspricht. Diese sozialistische Rechtswissenschaft muß vor allem eine historische und gesellschaftliche Wissenschaft sein, dann erst können Recht und Staat im Sozialismus adäquat erforscht werden. Nach Polak hat sich die Rechtswissenschaft daher den Gesetzen des historischen und dialektischen Materialismus unterzuordnen. Damit wird sie abhängig von der Politik der Arbeiterpartei, welche als oberster Interpret des Marxismus fungiert. Die Rechtswissenschaft löst sich für Polak völlig von ihrem ursprünglichen Gegenstand und wird zur Teildisziplin des Marxismus-Leninismus. Sie verliert dadurch jegliche eigenständige Bedeutung. Dies mußte auch Folgen für die Standortbestimmung der rechtswissenschaftlichen Arbeit haben. Für Polak wird der sozialistische Rechtswissenschaftler zum politischen Kämpfer, der sich an den Parteibeschlüssen zu orientieren hat. Er wird wie das Recht zum Instrument degradiert.

Dementsprechend konzipiert Polak auch seinen sozialistischen Staat, der im wesentlichen mit den schon bestehenden sozialistischen Staatskonzeptionen übereinstimmt. Von Marx übernimmt er die grundsätzliche Konzeption des Staates als Teil des Überbaus. Aus den Staatsentwürfen Lenins und Stalins greift er die instrumentelle Rolle des Staates im Aufbau des Sozialismus auf. Im Mittelpunkt der Polakschen Staatskonzeption steht entsprechend seiner Kritik am bürgerlichen Staat die Überwindung der Entfremdung des Staates von der Gesellschaft. Grundlage dieser Überlegungen ist die Entwicklung des deutschen Staates. Dieser durchlief eine lineare Entwicklung vom Kaiserreich bis hin zur Diktatur der Nationalsozialisten. Durchgängig hatte nicht das Volk, sondern der Staatsapparat und die Justiz die tatsächliche Gewalt im bürgerlichen Staat inne. Dies zeigt Polak insbesondere anhand der Weimarer Reichsverfassung auf. Hierbei wiederum nehmen seine Überlegungen zur Volkssouveränität den zentralen Platz ein. Diese zeitgeschichtliche Staatsanalyse weicht mit der Gründung der DDR zunehmend staatskonzeptionellen Überlegungen zum sozialistischen Staat. Um die Entfremdung des Staates von der Gesellschaft zu überwinden, versucht Polak den Staat als Teil der Gesellschaft zu konzipieren. Es geht ihm um die Verwirklichung der Volkssouveränität. Dabei vertritt Polak einen eigenen Souveränitätsbegriff. Das Volk ist für ihn dann souverän, wenn es sich die Marxschen Entwicklungsgesetze angeeignet hat. Folgerichtig können auch nur marxistische Massenorganisationen Träger des politischen Willens sein. Wichtigste Massenorganisation ist die Partei, da sich in ihr das historische Wissen der Arbeiterklasse vereinigt. Daher ist sie dazu berufen, den Staat zu führen. Faktisch wird sie damit zum obersten Souverän im Staat.

Da das Volk im sozialistischen Staat die Lehre des Marxismus-Leninismus verinnerlicht hat und nach ihr lebt, kann es auch keine Interessenwidersprüche im Staat geben. Vielmehr stimmen für Polak Staat und Individuum in ihrem Interesse den Sozialismus aufzubauen überein. Daher können im sozialistischen

Staat Polaks auch keine Grundrechte als Abwehrrechte existieren. An Stelle der Rechte vom Staat treten die Rechte zum Staat. Hierin kommt Polaks positives Freiheitsverständnis zum Ausdruck.

Eine derartige Konstruktion von Interessenidentität zwischen Staat und Bürger wirkt sich notwendigerweise auch auf den Rechtsbegriff Polaks aus. Zwar zwingt das sozialistische Recht den Menschen, das historisch Notwendige zu tun. Allerdings entspringt das sozialistische Recht der gesellschaftlichen Entwicklung. Daher bedeutet der Zwang des sozialistischen Rechts für Polak die freiwillige Einsicht in das historisch Notwendige und kann folglich nicht mit dem bürgerlichen Zwang verglichen werden. Implizit vertritt Polak damit die Stalinistische Position, nach welcher der Überbau nur in der Entstehung basisakzessorisch ist, anschließend aber auf die Basis zurückwirken kann. Recht und Staat dienen für Polak als Erzieher der Menschen beziehungsweise als „Motor" der gesellschaftlichen Entwicklung.

Hinzuzufügen ist, daß Polak den Inhalt der Babelsberger Konferenz maßgeblich bestimmte. Diese Konferenz hatte erheblichen Einfluss auf das Leben vieler Wissenschaftler der DDR. Allerdings stellte die Konferenz keinen rechtswissenschaftlichen Wendepunkt in der Geschichte der DDR dar. Es wurden lediglich altbekannte rechtswissenschaftliche Positionen neu zementiert.

Zu beantworten bleibt schließlich die eingangs gestellte Frage, ob Polak wirklich seinen Platz in der Rechtsgeschichte aufgrund der „Tiefe seiner Reflexion als Staats- und Rechtsdenker" neben Spinoza und Hobbes einnehmen sollte[1]. Dies muß nicht nur angesichts der Qualität der Werke Spinozas und Hobbes` verneint werden. Vielmehr hat Polak in der Sache nicht viel zu bieten. Seine Überlegungen sind vergleichsweise einfach strukturiert und wenig originell. Jede staats- und rechtskonzeptionelle Frage wird von ihm getreu der Lehre des Marxismus-Leninismus beantwortet. Das wissenschaftliche Verdienst Polaks liegt daher allein darin, als einer der ersten Rechtswissenschaftler in Deutschland eine mehr oder weniger geschlossene marxistisch-leninistische Staats- und Rechtstheorie ausgearbeitet zu haben.

---

1 Vgl. Ginnow, Polak, S. 19.

Anhang

I. Polaks Disposition vom 30.6.1948 zu seiner Vorlesung über „Allgemeine Staatslehre" an der Juristenfakultät der Universität Leipzig

Quelle: Berufungsakte Polaks, in: SAPMO-BArch DR 3/B 15149 Bl. 5, 6.

I. Das Werden der bürgerlichen Staatswissenschaft
   a) Staatslehre der Renaissance
   b) Staatslehre der Reformation
   c) Naturrecht (Grotius und Spinoza)
   d) englische Revolution (Hobbes und Locke)
   e) franz. Revolution (Montesquieu, Rousseau, Verfassungsentwicklung)

II. Die bürgerliche Staatslehre in Deutschland
   a) Kant und die historische Schule
   b) Hegel und die Hegelschule
   c) Marx und die Junghegelianer
   d) Die Revolution 1848 und die Ausgestaltung der Staatslehre bei Marx

III. Die Tendenzen der Staatswissenschaft in der Epoche des Aufschwunges der proletarischen Bewegung.
   Die Entwicklung der bürgerlichen Staatslehre in der Epoche des Niederganges der bürgerlichen Demokratie und des Imperialismus.
   1. a) Hegelianismus und die historische Schule in der Revolution nach 1848
      b) Der Positivismus
      c) Die irrationalistischen Strömungen in der Epoche nach dem ersten Weltkrieg.
   2. a) die Entwicklung der Staatslehre bei K. Marx und sein Kampf gegen die Anarchisten, das Lassalleanertum
      b) der Revisionismus und sein Einfluß auf die Staatslehre der deutschen Sozialdemokratie
      c) der Leninismus und seine Bedeutung für die Wiederherstellung der revolutionären Staatslehre
   3. Die staatstheoretische Situation der deutschen Gegenwart.

II. Polaks Vorlesung über „Staats- und Rechtsprobleme der Gegenwart" an der Juristenfakultät der Universität Leipzig (WS 1950/51)

Quelle: Berufungsakte Polaks, in: SAPMO-BArch DR 3/B 15149 Bl. 86

1. Einleitung Staats- und Rechtsprobleme als geschichtliche Probleme
2. Staat und Revolution 1848
3. Der Niedergang der Revolution von 1848 und die Staatsfrage
4. Analyse des Verfassungsstaates bei Marx im 18. Brumaire
5. Das Lassalleanertum in der deutschen Arbeiterbewegung
6. Marxsche Kritik an Lassalle
7. Die Pariser Kommune und die Frage der Diktatur des Proletariats
8. Das Bismarcksche Reich und der Gothaer Parteitag der SPD
9. Marxsche Kritik des Gothaer Programms
10. Die Staatslehre in Lenins „Was tun?" und „Zwei Taktiken"
11. Ursachen und Folgen des Revisionismus
12. Lenin „Staat und Revolution"
13. Die Konterrevolution: Diktatur des Proletariats und die nationale Frage; Ökonomie und Politik der proletarischen Revolution
14. Stalins Lehre von der Entwicklung des sozial. Staates und die Sowjet-Verfassung
15. Die Auswirkungen des II. Weltkrieges für die Staatenentwicklungen
16. Die Staatsfragen in den Volksdemokratien
17. Die Staatsfrage in der DDR

III. Arbeiten Polaks im sowjetischen Exil

Quelle: RGASPI, Akte Polak, Bl. 25 - 27

1. Theorie und Praxis der nationalsozialistischen ...[1]
   Vortrag, gehalten 1934, im Institut für Kriminalpolitik bei der Generalstaatsanwaltschaft der UdSSR

2. Theorie und Praxis des Faschismus in der Kriminal- und korrigierenden Arbeitspolitik
   Vortrag, gehalten 1934, im Institut für Kriminalpolitik bei der Generalsstaatsanwaltschaft der UdSSR

---

1 Einzelne Worte der Titel waren aufgrund der schlechten Qualität des Archivmaterials aus Moskau unleserlich und konnten daher nicht übersetzt werden.

3. Überblick über die ausländische Literatur über Kinderobdachlosigkeit und Verbrechen
Vortrag, gehalten 1934, im Institut für Kriminalpolitik bei der Generalstaatsanwaltschaft der UdSSR

4. Kriminalität und Strafprozessordnung der Hitler-Regierung
Vortrag, gehalten 1934, im Institut für Kriminalpolitik bei der Generalstaatsanwaltschaft der UdSSR
Abgedruckt in der Zeitschrift „Für die sozialistische Gesetzlichkeit“, 1934, Nr. 8

5. Verfassungs-Gesetzgebung des faschistischen Deutschlands
Vortrag gehalten im Institut für Sowjet-Organisation und Recht an der Kommunistischen Akademie[2]

6. Theorie des Staates des Deutschen Faschismus
Vortrag gehalten 1955, im Institut für Sowjetische Organisation und Recht an der Kommunistischen Akademie
Veröffentlicht in „Bote der Kommunistischen Akademie“

7. Korruption im faschistischen Deutschland
Veröffentlich in der Zeitschrift „Probleme der Kriminalpolitik“, 1935

8. ... des Staatsrechts des deutsche Faschismus
Veröffentlicht in der Zeitschrift „Sowjet-Staat“, Heft 4, 1935

9. ... im faschistischen Deutschland
Vortrag, gehalten im Institut für Sowjetische Organisation und Recht an der Kommunistischen Akademie
Veröffentlicht in der Zeitschrift „Antireligiöser“, 1936

10. Die Arbeiterfrage in der Politik des Vatikan
Vortrag gehalten im Institut für Sowjet-Organisation und Recht an der Kommunistischen Akademie 19..
Veröffentlicht in der Zeitschrift „Historiker-Marxist“

11. Verwaltungs- und Staatsgesetzgebung des deutschen Faschismus
Vortrag, gehalten im Institut für Sowjetische Organisation und Recht an der Kommunistischen Akademie, 1935

---

2 Diese Akademie wurde im Februar 1936 aufgelöst. Ihre Einrichtungen wurden in die „Akademie der Wissenschaften“ eingegliedert. (Tischler, Flucht in die Verfolgung, S. 91).

12. Massenorganisationen im staatspolitischen System des deutschen Faschismus
Vortrag, gehalten im Institut für Sowjet-Organisation und Recht an der Kommunistischen Akademie, 1936

13. Ausnahmegesetzgebung gegen die Arbeiterbewegung in Lettland
Vortrag, gehalten 1936 im Institut für Kriminalpolitik bei der Generalstaatsanwaltschaft der UdSSR
Veröffentlicht im Sammelband des Instituts

14. Ausnahmegesetzgebung gegen die Arbeiterbewegung in Litauen
Vortrag, gehalten 1936 im Institut für Kriminalpolitik bei der Generalstaatsanwaltschaft der UdSSR
Veröffentlicht im Sammelband des Instituts

15. Ausnahmegesetzgebung gegen die Arbeiterbewegung in Estland
Vortrag, gehalten 1936 im Institut für Kriminalpolitik bei der Generalstaatsanwaltschaft der UdSSR
Veröffentlicht im Sammelband des Instituts

16. Ausnahmegesetzgebung gegen die Arbeiterbewegung in Österreich
Vortrag, gehalten 1936 im Institut für Kriminalpolitik bei der Generalstaatsanwaltschaft der UdSSR
Veröffentlicht im Sammelband des Instituts

17. Ausnahmegesetzgebung gegen die Arbeiterbewegung in Finnland
Vortrag, gehalten 1937 im Institut für Kriminalpolitik bei der Generalstaatsanwaltschaft der UdSSR
Veröffentlicht im Sammelband des Instituts

18. Ausnahmegesetzgebung gegen die Arbeiterbewegung in Jugoslawien
Vortrag, gehalten 1936 im Institut für Kriminalpolitik bei der Generalstaatsanwaltschaft der UdSSR
Veröffentlicht im Sammelband des Instituts

19. Ausnahmegesetzgebung gegen die Arbeiterbewegung in Rumänien
Vortrag, gehalten 1936 im Institut für Kriminalpolitik bei der Generalstaatsanwaltschaft der UdSSR
Veröffentlicht im Sammelband des Instituts

20. Ausnahmegesetzgebung gegen die Arbeiterbewegung in Ungarn
Vortrag, gehalten 1936 im Institut für Kriminalpolitik bei der Generalstaatsanwaltschaft der UdSSR
Veröffentlicht im Sammelband des Instituts

21. Verfassungsentwicklung in Rumänien, Finnland, Litauen, Lettland und Estland
Arbeit, die für einen Sammelband des Instituts für Recht der Akademie der Wissenschaften bestimmt war, „Verfassungen bourgeoiser Länder“, 1938

22. Verfassungspraxis in Deutschland, Italien, Polen und Österreich
Vortrag, gehalten im Institut für Recht der Akademie der Wissenschaften der UdSSR

23. Der Vatikan und der italienische Faschismus
Veröffentlicht im Journal „Antireligiöser“, 1938

24. Der Vatikan und die Polen
Veröffentlicht im Journal „Antireligiöser“, 1938

25. ... bourgeoiser Staaten
Vortrag, gehalten im Institut für Recht der Akademie der Wissenschaften 1938

26. Die zersetzende Arbeit nationalsozialistischer Agenten in ausländischen Staaten
Sammlung von Material und Zusammenstellung einer Übersicht im Auftrag des Instituts für Recht der Akademie der Wissenschaften der UdSSR 1938

27. Gesetzgebung über Spionage der kapitalistischen Länder
Veröffentlicht in der Zeitschrift „Sozialistische Gesetzlichkeit“ 1938

28. Die Entwicklung der Strafgesetzgebung in den Baltischen Ländern
Veröffentlicht in der Zeitschrift „Sovetskaja ...“ 1937, Nr. 15

29. Sterilisation und Kastration in der bourgeoisen Strafpolitik
Vortrag, gehalten im Allunionsinstitut der Juristischen Wissenschaften
Veröffentlicht im Sammelband des Instituts

30. Die Entstehung der Strafgesetzgebung im faschistischen Österreich
Vortrag, gehalten im Allunionsinstitut der Juristischen Wissenschaften
Veröffentlicht in der Zeitschrift „Sozialistische Gesetzlichkeit“ 1938

31. Auszug und Übersetzung von deutschen mittelalterlichen Denkmälern über die Geschichte des Strafrechts
Im Auftrag des Instituts für Recht der Akademie der Wissenschaften
Veröffentlicht im Sammelband des Instituts 1939

32. Karolina und seine Epoche – Strafpolitik des Kaiser Karls V. in der Zeit der Bauernaufstände in Deutschland
Arbeit, geschrieben für das Institut für Recht der Akademie der Wissenschaften, 1940
Befindet sich im Archiv des Instituts

33. Untersuchung über die Zusammensetzung des Verbrechens in der bourgeoisen Strafrechtsliteratur
Arbeit, geschrieben im Auftrag des Allunionsinstituts der juristischen Wissenschaften
Veröffentlicht in der Zeitschrift „ ... Staat und Recht“ 1940

34. Untersuchungen über ... in der bourgeoisen Wissenschaft des Strafrechts
Arbeit, geschrieben im Auftrag des Allunionstituts der juristischen Wissenschaften 1940

35. Terroristische Methoden der deutschen faschistischen Regierung in den besetzten Gebieten
Vortrag im Institut für Recht der Akademie der Wissenschaften
Manuskript im Archiv des Instituts

36. Die Vernichtung des Rechts im faschistischen Deutschland
Vortrag im Institut für Recht der Akademie der Wissenschaften

37. Objektivismus und Subjektivismus in der bourgeoisen Wissenschaft des herrschenden Rechts
Dissertation, 1943/44

Quellen und Literatur

I. Ungedruckte Quellen

1. Archive

a) ABBAW
Mitgliedsakte Polaks, Bestand Akademieleitung – Personalia (Archivnummer: 356)

b) Privatarchiv Wolfgang Leonhard
Karl Polak, Verfassungsfragen, Mitschrift Wolfgang Leonhards von dem Vortrag Polaks vor der SED-Parteihochschule vom 4. Februar 1948

c) RGASPI
Akte Polak

d) SAPMO-BArch
(1) Nachlaß Otto Grotewohl (NY 4090)
(2) Nachlaß Walter Ulbricht (NY 4182)
(3) Nachlaß Wilhelm Pieck (NY 4036)
(4) Nachlaß Fred Oelßner (NY 4125)
(5) Nachlaß Hermann Matern (NY 4076)
(6) ZK Abt. Staats- und Rechtsfragen (DY 30 /IV 2/13)
(7) Konferenzen und Beratungen des PV (Parteivorstandes) der SED (DY 30/IV 2/1.01)
(8) Kommission für Staats- und Rechtsfragen(DY 30/IV 2/2)
(9) Kaderakte der SED von Polak (DY 30/IV 2/11/v 353)
(10) Sitzungen des Sekretariats der ZK der SED (DY 30 J IV 2/3A)
(11) Sitzungen des Politbüro des ZK der SED (DY 30 J IV 2/2; DY 30 J IV 2/2A)
(12) Abteilung Parteiorgane (DY 30 IV 2/5)
(13) Tagungen des Parteivorstandes und des ZK der SED (DY 30 IV 2/1)
(14) Zentralsekretariat (DY 30 IV 2/2.1)
(15) Berufungsakte Karl Polak (DR 3/B 15149)

2. Gespräche

a) Gespräch mit Werner Vahlenkamp vom 7. 11. 2000
b) Gespräch mit Wolfgang Leonhard vom 17.11.2000
c) Gespräch mit Wolfgang Polak vom 18. 12. 2000

3. Brief

Brief von Markus Wolf an den Verfasser vom 16.8.2000

II. Gedruckte Quellen

1. Schriften Polaks
(in alphabetischer Reihenfolge)

Bericht über die theoretische Konferenz über Fragen der Staats- und Rechtswissenschaft in Leipzig am 15. und 16. Dezember 1951, in: NJ 1952, S. 7 - 12

Bericht zur Vorbereitung der Ordnungen, in: Ordnung über die Aufgaben und die Arbeitsweise des Bezirkstages und seiner Organe, Berlin (Ost) 1961, S. 7 - 12

Berichterstattung. Bericht der Kommission des Staatsrates über die von ihr ausgearbeiteten Maßnahmen zur weiteren Vervollkommnung der sozialistischen Rechtspflege, Berlin (Ost) 1963

Carl Schmitt als Staatstheoretiker des deutschen Faschismus, in: ders., Reden und Aufsätze, hrsg. v. Arlt Berlin (Ost) 1968, S. 53 - 78

Das Verfassungsproblem in der geschichtlichen Entwicklung Deutschlands, Berlin 1948

Das Verfassungsproblem in der geschichtlichen Entwicklung Deutschlands, in: ders., Reden und Aufsätze, hrsg. v. Arlt, S. 150 – 174

Der Auftrag der Babelsberger Konferenz und der Entwurf eines Lehrprogramms für die Ausbildung leitender Funktionäre der Staatsorgane, in: SuR 1959, S. 483 – 504

Der Niedergang der Staatswissenschaft in Deutschland, in: NJ 1948, S. 38 – 42

Der Rechtspflegebeschluß des Staatsrats und die Lage in der Staats- und Rechtswissenschaft, in: Einheit 1962, S. 74 - 84

Der Staatsrat der DDR, in: SuR 1960, S. 1759 – 1767

Der Weg Arthur Baumgartens zum Marxismus, in: Festschrift Arthur Baumgarten, Berlin (Ost) 1960, S. 1- 23

Die Oktoberdekrete und die ersten Sowjetverfassungen, in: ders., Reden und Aufsätze, hrsg. v. Arlt, Berlin (Ost) 1968, S. 572 – 623

Die Souveränität der Deutschen Demokratischen Republik und die deutsche Staatsfrage, in: ders., Reden und Aufsätze, hrsg. v. Arlt, Berlin (Ost) 1968, S. 496 – 536

Die Staatsfrage im „Achtzehnten Brumaire", in: Festschrift für Erwin Jacobi, Berlin (Ost) 1957, S. 51 - 102

Die Verfassung der UdSSR von 1936, in: ders., Reden und Aufsätze, hrsg. v. Arlt, Berlin (Ost) 1968, S. 624 - 680

Die Weimarer Verfassung - ihre Errungenschaften und Mängel, Berlin 1950

Die Weimarer Verfassung – ihre Errungenschaften und Mängel, in: ders., Reden und Aufsätze, Berlin (Ost) 1968, S. 175 - 232

Einheitliche Staatsmacht der Arbeiter und Bauern, in: Neues Deutschland v. 10.12..1958, S. 3

Justizerneuerung, Berlin 1948

Gesellschaftliche Gesetzmäßigkeit und Völkerrechtswissenschaft, Berlin (Ost) 1962

Gewaltenteilung – Menschenrechte - Rechtsstaat, in: Einheit 1946, S. 385 – 400

Keine Menschenrechte ohne Sozialismus, in: ND v. 18. April 1963, S. 1 –2

Krisis und Neubau der Staatswissenschaft, in: NJ 1949, S. 78 – 81

Marx' Kritik der hegelschen Staatslehre, in: NJ 1949, S. 237 – 242

Marxismus und Staatslehre, Berlin (Ost) 1947

Marxismus und Staatslehre, Einheit 1947, S. 4 - 29

Sozialismus und Rechtsbewußtsein, in: Einheit 1947, S. 268 – 277

Staat - Demokratie - Leitung, hrsg. v. Benjamin, Berlin (Ost) 1985

Staat und Recht bei Grotius und Spinoza, in: NJ 1950, S. 104 – 107

Staatsform und Verfasungsstruktur der Volksdemokratien, in: NJ 1950, S. 291-295, 381 - 383

Studien zu einer existenzialen Rechtslehre, Freiburg i. Br. 1933

Thomas Hobbes und der Staat, in: Sinn und Form 1950, S. 133

Über A.J. Wyschinskis Lehren und seine Praxis, in: NJ 1955, S. 65 – 71

Über den Charakter unserer Volkswahlen, in: Mitteilungsblatt für die Mitglieder der Deutschen Akademie der Wissenschaften zu Berlin, Berlin (Ost) 1958, S. 195 – 198

Über die marxistisch-leninistischen Grundlagen des Völkerrechts, in: SuR 1959, S. 1080 - 1117

Über die weitere Entwicklung der sozialistischen Rechtspflege der DDR, in: SuR 1961, S. 607 – 657

Volk und Verfassung, Berlin 1949

Volkssouveränität und Staatsgestaltung im kommenden Deutschland, in: NJ 1948, S. 243 – 249

Wesen und Wert der Rechtsgeschichte, in: NJ 1947, S. 54 – 58

Zu den Grundsätzen des Gesetzes über die örtlichen Organe der Staatsmacht, in: ders., Reden und Aufsätze, hrsg. v. Arlt, Berlin (Ost) 1968, S. 291 – 296

Zum Gesetz über den Ministerrat der DDR und zum Gesetz über die Auflösung der Länderkammer der DDR, in: ders., Reden und Aufsätze, hrsg. v. Arlt, Berlin (Ost) 1968, S. 329- 332

Zur Dialektik in der Staatslehre, 3. Aufl., Berlin (Ost) 1963

Zur Lage der Staats- und Rechtswissenschaft in der DDR, in: SuR 1959, S. 1326 - 1351, SuR 60, S. 1 – 17

Zur Funktion der Moral in der bürgerlichen Staats- und Rechtslehre, in: SuR 1960, S. 1178 - 1199

Beitrag ohne Titel, in: Karl Marx – Begründer der Staats- und Rechtstheorie der Arbeiterklasse, Berlin 1968, S. 35 - 102

2. Sekundärliteratur

Alexy, Robert, Begriff und Geltung des Rechts, Freiburg/München 1991

ders., Eine Theorie des praktischen Diskurses, in: Normenbegründung, Normendurchsetzung, hrsg. v. Oelmüller, Paderborn 1978, S. 23 - 42

ders., Theorie der Grundrechte, 3. Aufl., Frankfurt (Main) 1996

ders., Theorie der juristischen Argumentation, 2. Aufl., Frankfurt (Main) 1991

ders., Walter Ulbrichts Rechtsbegriff, in: Die Babelsberger Konferenz vom 2./3. April 1958, hrsg. v. Eckert, Baden-Baden 1993, S. 191 - 202

Amos, Heike, Justizverwaltung in der SBZ/DDR, Köln u.a. 1996

Arlt, Reiner, Einleitung, in: Polak, Reden und Aufsätze, hrsg. v. dens., Berlin (Ost) 1968, S. 9 – 50

ders., Die Rezeption der sowjetischen Rechtswissenschaft (Theorie des Rechts) und die Babelsberger Konferenz, in: Die Babelsberger Konferenz 2./3. April 1958, hrsg. v. Eckert, Baden - Baden 1993, S. 165-186

ders., Lungwitz, Werner, Die Entwicklung des sozialistischen Rechts und die bürgerlichen Traditionen, in: SuR 1963, S. 800 – 819

ders., Stiller, Gerhard, Entwicklung der sozialistischen Rechtsordnung in der DDR, Berlin (Ost) 1973

Arnold, Jörg, Besprechung von „Rechtswissenschaft in der DDR 1949 – 1971“, hrsg. v. Dreier u.a., in: NJ 1996, S. 415 – 416

Augustinus, Aurelius, De civitate dei/ Der Gottesstaat, hrsg. v. Perl, Bd. I, Paderborn u.a. 1979

Austin, John, Lectures on Jurisprudence or the Philosophy of Positive Law (1861), Bd. I, 5. Aufl., London 1885

Baumgold, Deborah, Hobbe's political Theory, Cambridge 1988
Bernhardt, Ulrich, Die Deutsche Akademie für Staats- und Rechtswissenschaft „Walter Ulbricht“ 1948-1971, Frankfurt (Main) 1997
Baumgartner, Gabriele, Helbig, Dieter (Hrsg.), Biographisches Handbuch der SBZ/DDR 1945-1990, Bd. 1, München u.a. 1996, Bd. 2, München u.a. 1997
Benjamin, Hilde (u.a.), Zur Geschichte der Rechtspflege der DDR 1949 – 1961, Berlin (Ost) 1980
Benjamin, Michael, Vorwort, in: Polak, Staat-Demokratie-Leitung, hrsg. v. dens., Berlin (Ost) 1985, S. 7-14
Bergbohm, Karl, Jurisprudenz und Rechtsphilosophie, Leipzig 1892
Berghahn, Klaus, Seeber, Hans Ulrich, Einleitung, in: Literarische Utopien von Morus bis zur Gegenwart, hrsg. v. dens., Königstein/Ts 1983, S. 7 -25
Berlin, Isaiah, Two Concepts of Liberty, in: ders., Four Essays on Liberty, Oxford 1969, S. 118 - 172
Bernstein, Eduard, Der Sozialismus einst und jetzt, Stuttgart/Berlin 1922
Beyer, Wilhelm, Besprechung von Polak, Zur Dialektik in der Staatslehre, in: ARSP 1960, S. 306 – 309
Bittner, Claudia, Recht als interpretative Praxis, Berlin 1988
Bjarup, Jes, Skandinavischer Realismus, Freiburg u.a. 1978
Böckenförde, Ernst-Wolfgang, Die Rechtsauffassung im kommunistischen Staat, München 1967
ders., Grundrechtstheorie und Grundrechtsinterpretation, in: NJW 1974, S. 1529 - 1538
Bönninger, Karl, Die Babelsberger Konferenz und das Schicksal der Verwaltungsrechtswissenschaft, in: Die Babelsberger Konferenz 2./3. April 1958, hrsg. v. Eckert, Baden-Baden 1993, S. 203 - 208
ders., Rechtsnorm und Verwaltungsanweisung, in: Festschrift für Erwin Jacobi, Berlin (Ost) 1957, S. 333 - 361
Bracher, Karl-Dietrich, Die Auflösung der Weimarer Republik: eine Studie zum Machtverfall in der Demokratie, 3. Aufl., Villingen/Schwarzwald 1960
ders., Funke, Manfred, Jacobsen, Hans-Adolf (Hrsg.), Die Weimarer Republik 1918-1933, Düsseldorf 1987
Braun, Hans-Jürgen (Hrsg.), Solidarität oder Egoismus, Berlin 1994
Büttner, Horst, Die Entwicklung der neuen demokratischen Straf- und Zivilrechtswissenschaft und ihre Aufgaben nach der II. Parteikonferenz der SED, in: SuR 1952, S. 113 - 125

Coing, Helmut, Europäisches Privatrecht, Bd. II, München 1989
Comte, Auguste, Rede über den Geist des Positivismus/Discours sur l'esprit positif (1844), hrsg.v. Iring Fetscher, 2. Aufl., Hamburg 1966
ders., Philosophie première. Cours de philosophie positive, leçons 1 à 45, presentations et notes par Michel Serres, Francois Dagognet, Allal Sinaceur, Paris 1975
ders., Considérations philosophiques sur les sciences et les savants, abgedruckt in: Système IV, Paris 1967 (zuerst in: Producteur, Nr. 7-9, November 1825)
Crüger, Herbert, Verschwiegene Zeiten, Berlin 1990
Curley, Edwin, Descartes against the Sceptics, Oxford 1978

Descartes, René, Meditationen XII, Bd. 27, Leipzig 1915
Deutschland, Heinz, Hermann Duncker und die russische revolutionäre Bewegung, Berlin 1964

Dötsch, Jochen, Zum Verhältnis von bürgerlichem Staat und Recht, in: ders./Ernst Weihrauch, Bürgerliches Recht im politischen System des Imperialismus, Berlin (Ost) 1980, S. 9 - 23

Dreier, Ralf, Der Begriff des Rechts, in: ders., Recht-Staat-Vernunft, Frankfurt (Main) 1991, S. 95 - 119

ders., Alexy, Robert, The Concept of Jurisprudence, in: Ratio Juris 3 (1990), S. 1-13

ders., Paulson, Stanley L., Einführung in die Rechtsphilosophie Radbruchs, in: Gustav Radbruch, Rechtsphilosophie, Heidelberg 1999, S. 235 – 250

ders., Eckert, Jörn, Mollnau Karl A., Rottleuthner, Hubert (Hrsg.), Rechtswissenschaft in der DDR 1949 – 1971, Baden-Baden 1996

Duncker, Hermann u.a. (Hrsg.), Marxistische Arbeiter-Schulung, Wien/Berlin 1930

Dworkin, Ronald, Law's Empire, Cambridge Mass./London 1986

Eckert, Jörn, Berichte und Kritik, Die Babelsberger Konferenz vom 2. und 3. April 1958 – Legende und Wirklichkeit, in: Der Staat 1994, S. 59 - 75

ders., Die Deutsche Akademie für Staats- und Rechtswissenschaft „Walter Ulbricht" und die Babelsberger Konferenz, in: Die Babelsberger Konferenz vom 2./3. April 1958, hrsg. v. dens., Baden-Baden, 1993, S. 53 - 69

Ehrlich, Eugen, Die juristische Logik, Tübingen 1918

ders., Grundlegung der Soziologie des Rechts, 4. Aufl., Berlin 1989

Ellscheid, Günther, Das Naturrechtsproblem in der neueren Rechtsphilosophie, in: Einführung in die Rechtsphilosophie und Rechtstheorie der Gegenwart, hrsg. v. Kaufmann/ Hassemer, Karlsruhe 1977, S. 23 - 71

Emge, Carl August, Rudolf Stammler zum Gedächtnis, in: ZAR 1938, S. 332-335

Engels, Friedrich, Briefe an Conrad Schmidt v. 5. Aug. und 27. Okt. 1890, an Bloch v. 21./22. Sept. 1890 und an Mehring v. 14. Juli 1893, in: Karl Marx und Friedrich Engels, Ausgewählte Schriften in zwei Bänden, Bd. II, Berlin (Ost) 1957, S. 456 – 466

ders., Brief an Marx, 2.12.1861, in: MEW, Bd. 30, Berlin (Ost) 1964, S. 202-206

ders., Ludwig Feuerbach und der Ausgang der klassischen deutschen Philosophie, in: Die Neue Zeit 1886, S. 145 – 157, 193 - 209

ders., Das Begräbnis von Karl Marx (1883), MEW, Bd. 19, Berlin (Ost) 1962, S. 335-339

ders., Der Ursprung der Familie, des Privateigentums und des Staats (1884), MEW, Bd. 21, Berlin (Ost) 1962, S. 25 - 173

ders., Herrn Eugen Dührings Umwälzung der Wissenschaft („Anti-Dühring) (1876/78), MEW, Bd. 20, Berlin (Ost) 1962, S. 5 - 303

Erdmann, Karl Dietrich, Die Weimarer Republik, 12. Aufl., Stuttgart 1997, in: Handbuch der deutschen Geschichte, Bruno Gebhardt, hrsg. v. Grundmann, 9. Aufl., München 1973

Esser, Josef, Einführung in die materialistische Staatsanalyse, Frankfurt (Main) 1975

Feldmann, Georg-Wilhelm, Die Instrumentalität des Rechtes in der marxistisch-leninistischen Rechtstheorie der poststalinistischen Ära, Kiel 1971

Feth, Andrea, Hilde Benjamin – Eine Biographie, Berlin 1997

Fetscher, Iring, Karl Marx und der Marxismus. Von der Philosophie des Proletariats zur proletarischen Weltanschauung, München 1967

Forsthoff, Ernst, Der totale Staat, 2. Aufl., Hamburg 1933

Franz, Günther, Staatsverfassung. Eine Sammlung wichtiger Verfassungen der Vergangenheit und Gegenwart in Urtext und Übersetzung, 2. Aufl., Darmstadt 1964

Fuchs-Heinritz, Werner, Auguste Comte, Opladen/Wiesbaden 1998

Fuller, Lon Luvois, The Morality of Law, New Haven u.a. 1964

Geiger, Theodor, Vorstudien zu einer Soziologie des Rechts, 4. Aufl., Berlin 1987
Gerber, Karl Friedrich Wilhelm, Grundzüge eines Systems des deutschen Staatsrechts, Leipzig 1896
Gierke, Otto von, Labands Staatsrecht und die deutsche Rechtswissenschaft, in: Schmollers Jahrbuch für Gesetzgebung, Verwaltung und Volkswirtschaft 1883, S. 1097 - 1121
Ginnow, Sonja, Karl Polak, in: Rechtsgeschichtswissenschaft in Deutschland 1945 bis 1952, hrsg. v. Schröder/Simon, Frankfurt (Main) 2001, S. 19 - 30
Gottschling, Ernst, Kuntschke, Horst, Schröder, Horst, Marxistisch-Leninistischer Geschichtsbegriff und staats- und rechtswissenschaftliches Erbe, in: SuR 1963, S. 819 – 830
Graefrath, Bernhard, Erfahrungen einer wissenschaftlichen Arbeitsgemeinschaft, in: NJ 1951, S. 550
Gray, John, On Negative and Positive Liberty, in: ders., Liberalism: Essays in Political Philosophy, London/New York 1989
Grotewohl, Otto, Deutsche Verfassungspläne, Berlin 1947
ders., Die Rolle der Arbeiter- und Bauernmacht in der DDR. Referat auf der 3. Parteikonferenz der SED. 24.- 30.3.1956, Berlin (Ost) 1956
Grotius, Hugo, Vom Recht des Krieges und des Friedens (1625), Tübingen 1950
ders., Von der Freiheit des Meeres, Leipzig 1919
Grossmann, Kurt Richard, 13 Jahre „republikanische" Justiz, Berlin 1932
Gullan-Whur, Margaret, Within Reason: A Life of Spinoza, London 2000
Gumbel, Emil Julius, Zwei Jahre Morde, Berlin 1921
ders., „Laßt Köpfe rollen", in: ders., Auf der Suche nach Wahrheit, Berlin 1991, S. 48 – 80
Güpping, Stefan, Die Bedeutung der „Babelsberger Konferenz" von 1958 für die Verfassungs- und Wissenschaftsgeschichte der DDR, Berlin 1997
Gysi, Gregor, Zur Vervollkommnung des sozialistischen Rechts im Rechtsverwirklichungsprozeß, Berlin (Ost) 1975

Haacke, Stefanie, Zuteilen und Vergelten: Figuren der Gerechtigkeit bei Aristoteles, Wien 1994
Habermas, Jürgen, Diskursethik – Notizen zu einem Begründungsprogramm, in: ders., Moralbewusstsein und kommunikatives Handeln, 5. Aufl., Frankfurt (Main) 1992, S. 53 – 126
Hägerstroem, Axel, Inquiries into the Nature of Law and Morals, Uppsala 1953
Haney, Gerhard, Zum Inhalt des sozialistischen Rechtsbegriffs, in: SuR 1963, S. 121 -137
ders., Wagner, Ingo, Grundlagen der Theorie des sozialistischen Staates und Rechts, Bd. II, Leipzig 1967
Harms, Andreas, Warenform und Rechtsform: zur Rechtstheorie von Eugen Paschukanis, Baden-Baden 2000
Hart, H.L.A., Der Positivismus und die Trennung von Recht und Moral, in: ders., Recht und Moral, Göttingen 1971, S. 14 - 57
ders., The Concept of Law, Oxford 1961
Hattenhauer, Hans, Die geistesgeschichtlichen Grundlagen des deutschen Rechts, 4. Aufl., Heidelberg 1996
ders., Europäische Rechtsgeschichte, 2. Aufl., Heidelberg 1994
Haupt, Heinz-Gerhard, Hausen, Karin, Die Pariser Kommune: Erfolg und Scheitern einer Revolution, Frankfurt (Main) u.a., 1979
Hauschild, Ingrid, Von der Sowjetzone zur DDR, Frankfurt (Main) 1996
Hayek, Friedrich August von, The Road to Serfdom (1944), London u.a. 2001

Hazard, John N. (Hrsg.), Soviet Legal Philosophy, Cambridge/Mass. 1951
Heidegger, Martin, Sein und Zeit, I. Hälfte, Halle 1929
Helle, Horst-Jürgen, Soziologie und Erkenntnistheorie bei Georg Simmel, Darmstadt 1988
Helmbrecht, Annemarie, Professor Klenner und der Revisionismus, in: Neues Deutschland vom 26.2.1958, S. 4
dies., „Zur ideologischen Natur des Rechts" im Lichte des Großen Oktobers, in: SuR 1958, S. 244 - 264
Hereth, Michael, Montesquieu, Hamburg 1995
Heuer, Uwe-Jens, Demokratie und Ökonomie, in: Karl Polak – Zum 80 Geburtstag, hrsg. v. Stiller, Berlin (Ost) 1987, S. 22 - 29
ders., Rechtsverständnis in der DDR, in: Die Rechtsordnung der DDR, hrsg. v. dens., Baden-Baden 1995, S. 25 - 74
Hobbes, Thomas, Leviathan (1615), Oxford 1957
ders., Naturrecht und allgemeines Staatsrecht in den Anfangsgründen, Berlin 1926
Hochbaum, Hans-Ulrich, Staats- und verwaltungsrechtliche Gesetze der DDR, Berlin (Ost) 1958
Hoerster, Norbert, Die rechtsphilosophische Lehre vom Rechtsbegriff, in: JuS 1987, S. 181 – 187
ders., Einleitung, in: H.L.A. Hart, Recht und Moral, Göttingen 1971, S. 5 - 13
Howe, Marcus, Karl Polak, Frankfurt (Main) 2002
Huizinga, Johan, Holländische Kultur im siebzehnten Jahrhundert, Frankfurt (Main) 1977

Jaeck, Hans-Peter, Die französische bürgerliche Revolution von 1789 im Frühwerk von Karl Marx, Vaduz 1979
Jellinek, Georg, Die socialethische Bedeutung von Recht, Unrecht und Strafe, Wien 1878
ders., System der subjektiven öffentlichen Rechte, Tübingen 1919
Jewgenjew, W., Stalins Artikel: Über den Marxismus in der Sprachwissenschaft und die Aufgaben der sowjetischen Rechtswissenschaft, in: Sowjetische Beiträge zur Staats- und Rechtstheorie, Berlin (Ost) 1953, S. 146 - 160
Jhering, Rudolf v., Der Zweck im Recht, 2. Aufl., Bd. I Leipzig 1884, Bd. II, Leipzig 1886
ders., Geist des römischen Rechts auf den verschiedenen Stufen seiner Entwicklung, Teil 3, 5. Aufl., Leipzig 1906
Joseph, Detlef, Stalinismus und Rechtswissenschaft, in: Demokratie und Recht 1991, S. 277 - 302
ders., Rechtswissenschaft und SED, in: Die Rechtsordnung der DDR, hrsg. v. Heuer, Baden-Baden 1995, S. 549 - 609

Kant, Immanuel, Metaphysik der Sitten, in: Gesammelte Schriften, hrsg. v. der Königlich Preußischen Akademie der Wissenschaften, Bd. VI, Berlin 1907, S. 203 - 493
ders., Der Streit der Fakultäten, in: Gesammelte Schriften, hrsg. v. der Königlich Preußischen Akademie der Wissenschaften, Bd. VII, Berlin 1907, S. 1 - 116
Kardelj, Edvard, Die sozialistische Demokratie in der jugoslawischen Praxis, Brüssel 1955
Kelsen, Hans, Der soziologische und der juristische Staatsbegriff, Tübingen 1922
ders., Reine Rechtslehre, 2. Aufl., Wien 1983
Kersting, Wolfgang, Die politische Philosophie des Gesellschaftsvertrages, Darmstadt 1994
Kessler, Mario, Die SED und die Juden, Berlin 1995
Kintzel, Helmut, Köppen, Gerde, Ulrich, Alfred, Zu den Thesen über das deutsche staats- und rechtswissenschaftliche Erbe, in: SuR 1962, S. 1574 – 1590

Klenner, Hermann, Babelsdorf 1958 – Voreingenommene Bemerkungen zu einer voreingenommenen Konferenz, in: Der Staat 1991, S. 612 - 626
ders., Der Marxismus-Leninismus über das Wesen des Rechts, Berlin (Ost) 1954
ders., Die gescheiterte Alternative, in: Staat und Recht in den neuen Bundesländern, hrsg. v. Steding, Hamburg 1991, S. 8 - 13
ders., Studien über die Grundrechte, Berlin (Ost) 1964
ders., Über unser staatswissenschaftliches Kulturerbe, in: Neue Justiz 1952, S. 58 - 62
ders., Vom Recht der Natur zur Natur des Rechts, Berlin (Ost) 1984
Krawietz, Werner, Begriffsjurisprudenz, in: Theorie und Technik der Begriffsjurisprudenz, hrsg. v. dens., Darmstadt 1976
Kraynak, Robert P., History and Modernity in the Thought of Thomas Hobbes, Ithaca 1990
Kreische, Joachim, Konstruktivistische Politiktheorie bei Hobbes und Spinoza, Baden-Baden 2000
Krenz, Egon, Staat und Recht bei der weiteren Entfaltung der Vorzüge und Triebkräfte der sozialistischen Gesellschaft, Staats- und rechtswissenschaftliche Konferenz am 26. und 27. Juni 1985 in Berlin, Berlin (Ost) 1985
Kröger, Herbert, Die II. Parteikonferenz der SED – der Beginn einer neuen Etappe in der Entwicklung von Staat und Recht in der Deutschen Demokratischen Republik, in: NJ 1952, S. 337 - 340
Kroeschell, Karl, Rechtsgeschichte Deutschlands im 20. Jahrhundert, Göttingen 1992
Kühnrich, Heinz, Stalinismus: Der Autor im Gespräch mit Jürgen Weidlich, Berlin 1990
Kunkel, Wolfgang, Geschichte als Prozeß?, Hamburg 1987

Laband, Paul, Das Staatsrecht des Deutschen Reiches, Tübingen 1876 – 1882
Lapp, Peter Joachim, Die Volkskammer der DDR, Opladen 1975
Larenz, Karl, Gemeinschaft und Rechtsstellung, in: Deutsche Rechtswissenschaft 1936, Bd. 1, S. 31-39
ders., *Canaris, Claus-Wilhelm*, Methodenlehre der Rechtswissenschaft, 3. Aufl., Berlin u.a. 1995
Lekschas, John, *Renneberg, Joachim*, Lehren des XXII. Parteitages der KPdSU für die Entwicklung des sozialistischen Strafrechts der DDR, in: NJ 1962, S. 76 - 91
Lenin, Wladimir Iljitsch, Der Sieg der Kadetten und die Aufgaben der Arbeiterpartei (1905/6), in: Werke, Bd. 10, Berlin (Ost) 1959, S. 193 – 276
ders., Materialismus und Empiriokritizismus (1909), in: Werke, Bd. 14, Berlin (Ost) 1962, S. 7 - 366
ders., Der Imperialismus als höchstes Stadium des Kapitalismus (1915/16), in: Werke, Bd. 22, Berlin (Ost) 1977, S. 188 - 309
ders., Über eine Karikatur auf den Marxismus und über den „imperialistischen Ökonomismus" (1916/17), in: Werke, Bd. 23, Berlin (Ost) 1960, S. 18 - 71
ders., Staat und Revolution (1917), in: Werke, Bd. 25, Berlin (Ost) 1960, S. 393 - 506
ders., Über den Staat (1919), in: Werke, Bd. 29, Berlin (Ost) 1961, S. 460 - 479
ders., Über den Parteiaufbau, Berlin (Ost) 1958
ders., Zwei Arbeiten zur Gewerkschaftsfrage, Berlin (Ost) 1957
Leonhard, Susanne, Gestohlenes Leben, 5. Aufl., Herford 1968
Leschnitzer, Franz, Von Börne bis Leonhard, Rudolstadt 1966
Löbbe, Jürgen, Sozialistische Rechtsanwendung, Hamburg 1998
Lorenz, Thomas, Polak, in: Wer war wer – DDR. Ein biographisches Lexikon, hrsg. v. Cerny, 2. Aufl., Berlin 1992, S. 354
Loth, Wilfried (Hrsg.), Walter Hallstein: der vergessene Europäer?, Bonn 1995

Lukic, Radomir D., Teorija Drzava i Prava, Belgrad 1964
Lungwitz, Werner, Die neue Qualität des sozialistischen Rechts muß eingehender begründet werden, in: SuR 1962, S. 1325 – 1343

Maihofer, Werner, Demokratie und Sozialismus, Frankfurt(Main) 1968
Mampel, Siegfried, Die Entwicklung der Verfassungsordnung in der Sowjetzone Deutschlands von 1945 bis 1963, in: Jahrbuch des öffentlichen Rechts der Gegenwart, Bd. 13 (1964), S. 455 - 557
ders., Dialektik und Recht, in: Jahrbuch für Ostrecht 1960, Bd. I, S. 91 - 110
ders., Die Funktion des Staatsrates der SBZ nach dem Prinzip des demokratischen Zentralismus, in: Recht in Ost und West 1961, S. 130 - 141
ders., Die volksdemokratische Ordnung in Mitteldeutschland, Frankfurt (Main)1963
Markovits, Inga, Die Abwicklung – ein Tagebuch zum Ende der DDR Justiz, München 1993
dies., Sozialistisches und bürgerliches Zivilrechtsdenken in der DDR, Köln 1969
Marx, Karl, Zur Kritik der Hegelschen Rechtsphilosophie. Kritik des Hegelschen Staatsrechts (1843), in: MEW, Bd. 1, Berlin (Ost) 1958, S. 201-336
ders., Brief an Ruge (1843), in: MEW, Bd. 1, Berlin (Ost) 1958, S. 343 - 346
ders., Der achtzehnte Brumaire des Louis Bonaparte (1852), in: MEW, Bd. 8, S. 111-207
ders., Zur Kritik der politischen Ökonomie, Vorwort, (1859), in: MEW, Bd. 13, Berlin (Ost) 1961, S. 7 - 190
ders., Der Bürgerkrieg in Frankreich (1871), in: MEW, Bd. 17, Berlin (Ost) 1962, S. 313 - 365
ders., Erster Entwurf zum „Bürgerkrieg in Frankreich" (1871), in: MEW, Bd. 17, Berlin (Ost) 1962, S. 493 - 571
ders., Randglossen zum Programm der deutschen Arbeiterpartei („Kritik des Gothaer Programms") (1875), in: MEW, Bd. 19, Berlin (Ost) 1962, S. 15 - 32
ders., Das Kapital. Kritik der politischen Ökonomie. Dritter Band (niedergeschrieben 1865, veröffentlicht 1894 von Engels), in: MEW, Bd. 25, Berlin (Ost) 1964
ders., Brief an Engels vom 7.7. 1866, in: MEW, Bd. 31, Berlin (Ost) 1965, S. 232 - 234
ders./Engels, Friedrich, Die deutsche Ideologie (1845/46), in: MEW, Bd. 3, Berlin (Ost) 1958, S. 9 - 530
dies., Manifest der Kommunistischen Partei (1847/48), in: MEW, Bd. 4, Berlin (Ost) 1959, S. 459 - 493
dies., Sieg der Konterrevolution zu Wien (1848), in: MEW, Berlin (Ost) 1959, Bd. 5, Berlin (Ost) 1959, S. 455 - 457
May, Simon, Nietzsche`s Ethics and his War on "Morality", Oxford 1999
Meier, Helmut u.a. (Hrsg.), Erbe und Tradition in der DDR. Die Diskussion der Historiker, Berlin 1988
Meissner, Boris, Der Staatsbegriff aus der Sicht der UdSSR und DDR, in: Das deutsche Volk und seine staatliche Gestalt, hrsg. v. Blumenwitz/Ziegler, Köln 1988, S. 91 – 106
ders., Partei, Staat und Nation in der Sowjetunion – Ausgewählte Beiträge, Berlin 1985
Métall, Rudolf Aladar, Hans Kelsen – Leben und Werk, Wien 1969
Miliband, Ralph, Marx und der Staat, Berlin (West) 1971
Mitteis, Heinrich, Rechtsgeschichte und Gegenwart, in: Neue Justiz 1947, S. 27 - 29
Mollnau, Karl A., Die Babelsberger Konferenz oder: Vom Beginn der Niedergangsjurisprudenz in der DDR, in: ARSP 1991, Beiheft 44, S. 236 – 247
ders., Implementationsmechanismen der Babelsberger Konferenz, in: Staat und Recht in den neuen Bundesländern, hrsg. v. Steding, Hamburg 1991, S. 175 – 184

ders., Polak, in: Juristen – Ein biographisches Lexikon, hrsg. v. Stolleis, München 1995, S. 491 – 492
ders., Schwund der Mitte, in: Recht und Ideologie, Festschrift für Hermann Klenner zum 70. Geburtstag, Freiburg/Berlin 1996, hrsg. v. Haney/Maihofer/Sprenger, S. 402 - 419
ders., Selbstverständnis der Rechtswissenschaft und sozialistischer Rechtsstaat, in: NJ 1990, S. 2 - 5
ders., Sozialistische Gesetzlichkeit in der DDR, in: Recht im Sozialismus, Bd. 3 Sozialistische Gesetzlichkeit, Frankfurt (Main) 1999, S. 59 – 82
ders., Über die Wyschinski-Rezeption der Babelsberger Konferenz, in: Neue Justiz 1991, S. 94 – 96
ders., Wirkungsgeschichtliche Anmerkungen zum Werk Karl Polaks, in: Karl Polak – Zum 80. Geburtstag, hrsg. v. Stiller, Berlin (Ost) 1987, S. 44 – 51
ders., Vorbereitungen zur Babelsberger Konferenz im Lichte des SED-Parteiarchivs, in: Die Babelsberger Konferenz vom 2./3. April 1958, hrsg. v. Eckert, Baden-Baden 1993, S. 15 - 41
ders., Röder, Karl-Heinz, Kollektivität und Zwang, in: SuR 1963, S. 580 - 592
ders., Sander, Peter, (Leiter eines Autorenkollektivs), Rechtssetzung in der entwickelten sozialistischen Gesellschaft, Berlin (Ost) 1989
Montesquieu, Charles de Secondant Baron de la Brède et de, De l'esprit des Lois, Paris 1758
Moschütz, Hans-Dietrich, Karl Polak zur Souveränität des werktätigen Volkes und zum demokratischen Zentralismus, in: Festschrift für Karl Polak, hrsg. v. Schulze, Potsdam-Babelsberg 1986, S. 79 - 89
ders., Volkssouveränität und demokratischer Zentralismus, in: Die Verfassung der DDR – Geschichte und Gegenwart, Potsdam-Babelsberg 1984, S. 17 - 22
Müller, Claudius, Die Rechtsphilosophie des Marburger Neukantianismus, Tübingen 1994
Müller, Reinhard, „Wir kommen alle dran“ – Säuberungen unter den deutschen Politemigranten in der Sowjetunion (1934 – 1938), in: Terror – Stalinistische Parteisäuberungen 1936 – 1953, hrsg. v. Weber/Mählert, Paderborn u.a. 1998, S. 121 - 166
ders., Die Akte Wehner, Berlin 1993
Müller-Enbergs, Helmut, Wielgohs, Jan, Hoffmann, Dieter (Hrsg.), Wer war wer in der DDR?, Berlin 2000

Nathan, Hans u.a., Thesen über das deutsche staats- und rechtswissenschaftliche Erbe, in: Staat und Recht 1962, S. 830 - 837
Negri, Antonio, Die wilde Anomalie, Berlin 1982
Neye, Walter, Von der theoretischen Konferenz in Leipzig, I. Zu einigen Fragen des Zivilrechts, in: NJ 1952, S. 56 - 58
Nietzsche, Friedrich, Jenseits von Gut und Böse, Leipzig 1900
ders., Wille zur Macht, Leipzig 1930

Offe, Claus, Strukturprobleme des kapitalistischen Staates, Frankfurt (Main) 1972

Parkinson, George, Spinoza on the Freedom of Man and the Freedom of the Citizen, in: Conceptions of Liberty in Political Philosophy, edt. by Pelczynski/Gray, London 1985, S. 39 -56
Paschukanis, Eugen, Allgemeine Rechtslehre und Marxismus, Wien 1929
Petzold, Siegfried, Beschlüsse der SED – das feste Fundament des sozialistischen Rechts, in: SuR 1961, S. 658 - 682

ders., Diskussionsbeitrag, in: Staats- und rechtswissenschaftliche Konferenz in Babelsberg am 2. und 3. April. Protokoll, Berlin (Ost) 1958, S. 76 - 80
ders., *Jahn, Gustav*, Die weitere Entwicklung der sozialistischen Rechtspflege erfordert eine höhere Qualität der Rechtsprechung, in: NJ 1961, S. 116 - 120
Poppe, Eberhard, *Schüssler, Rolf*, Sozialistische Grundrechte und Grundpflichten der Bürger, in: Staat und Recht 1963, S. 209 – 228
ders., *Weichelt Wolfgang*, Karl Polaks Beitrag zur Herausbildung einer marxistisch-leninistischen Staats- und Rechtswissenschaft der DDR, in: Karl Polak – Zum 80. Geburtstag, hrsg. v. Stiller, Berlin (Ost) 1987, S. 5 - 21

Radbruch, Gustav Rechtsphilosophie, Heidelberg 1999
ders., Gesetzliches Unrecht und übergesetzliches Recht (1946), in: ders., Gesamtausgabe, Bd. 3, Heidelberg 1990, S. 83 - 93
Reich, Norbert, Einleitung, in: Stucka, Petr I., Die revolutionäre Rolle von Recht und Staat, Frankfurt (Main) 1969, S. 7 - 55
Renesse, Margot v., Eine unabhängige Justiz gibt es nur bei echter Gewaltenteilung, in: NJ 1993, S. 409 – 411
Richter, Melvin, The Political Theory of Montesquieu, Cambridge 1977
Rikklin, Alois, Montesquieus freiheitliches Staatsmodell, in: PVS 1989, S. 420 - 442
Rödder, Andreas (Hrsg), Weimar und die deutsche Verfassung: zur Geschichte und Aktualität von 1919, Stuttgart 1999
Rode, Burkhard, Maß aller Politik: das Recht – Maß allen Rechts: der Mensch, in: Staat und Recht in den neuen Bundesländern, hrsg. v. Steding, Hamburg 1991, S. 29 – 35
Röder, Karl – Heinz, Der Beitrag Karl Polaks zur Analyse und Kritik bürgerlicher Staatlichkeit, in: Karl Polak – Zum 80. Geburtstag, hrsg. v. Stiller, Berlin (Ost) 1987, S. 38 – 43
Röhrich, Wilfried, Marx und die materialistische Staatstheorie, Darmstadt 1980
Roggemann, Herwig, Die Staatsordnung der Sowjetunion, 2. Aufl., Berlin 1973
Rössler, Constatin, System der Staatslehre, Bd. I - Allgemeine Staatslehre, Leipzig 1875
Rottleuthner, Hubert, Steuerung der Justiz in der DDR: Einflußnahme der Politik auf Richter, Staatsanwälte und Rechtsanwälte, Köln 1994
ders., Zur Steuerung der Justiz in der DDR, in: ders., Steuerung der Justiz in der DDR, Bonn 1994, S. 9 -66
Rousseau, Jean-Jacques, Vom Gesellschaftsvertrag (1762), Stuttgart 1979
Rümelin, Gustav, Reden und Aufsätze, Tübingen 1875
Rümelin, Max, Die Billigkeit im Recht, Tübingen 1921

Saner, Hans, Baruch de Spinoza, in: Pipers Handbuch der politischen Ideen, hrsg. v. Fetscher u.a., Bd. 3, München 1985, S. 369 - 381
Savigny, Friedrich Carl v., Vom Beruf unserer Zeit für Gesetzgebung und Rechtswissenschaft (1840), Freiburg i.Br. 1892
Schaarschmidt, Rolf, Das Verständnis rechtlicher Wirkungsweise im Kontext der Gesellschaftskonzeptionen, in: Staat und Recht in den neuen Bundesländern, hrsg. v. Steding, Hamburg 1991, S. 36 – 45
Schapiro, Leonard, The Origins of the Communist Autocracy, London 1956
Scheler, Max, Der Formalismus in der Ethik und die materiale Wertethik, Halle 1921
ders., Versuche einer Philosophie des Lebens, in: ders., Vom Umsturz der Werte, Bd. II, Leipzig 1923
Schmitt, Carl, Der Führer schützt das Recht, in: DJZ 1934, S. 946 – 950
ders., Der Hüter der Verfassung, Tübingen 1931

ders., Der Leviathan in der Staatslehre des Thomas Hobbes, Köln 1982 (zuerst: Hamburg 1938)
ders., Der Weg des deutschen Juristen, in: DJZ 1934, S. 691 – 698
ders., Neue Leitsätze für die Rechtspraxis, in: JW 1933, S. 2793 – 2794
ders., Über die drei Arten rechtswissenschaftlichen Denkens, Hamburg 1934
ders., Verfassungslehre, München u.a. 1928
Schöneburg, Karl-Heinz, Die Bedeutung der sowjetischen Staats- und Rechtstheorie für die Arbeit der deutschen Juristen, in: NJ 1954, S. 408 – 414
ders., Hegel: Erbe und Tradition in der Staats- und Rechtstheorie, in: SuR 1981, S. 980 - 995
ders., Karl Polak und die marxistisch-leninistische Staats- und Rechtstheorie in der DDR, in: Karl Polak – Zum 80. Geburtstag, hrsg. v. Stiller, Berlin (Ost) 1987, S. 30 – 37
ders., Polak und die erste antifaschistisch-demokratische deutsche Verfassung, in: Festschrift für Karl Polak, hrsg. v. Schulze, Potstdam-Babelsberg 1986, S. 39 - 52
Schönrath, Traute, Über die Theoretische Konferenz der Juristenfakultät an der Karl-Marx-Universität, in: SuR 1958, S. 431 - 439
Schröder, Horst, Die Stellung und die Bedeutung der Staats und Rechtswissenschaftlichen Konferenz in Babelsberg in der Staats- und Rechtsgeschichte der DDR, in: Die Babelsberger Konferenz 2./3. April 1958, hrsg. v. Eckert, Baden - Baden 1993, S. 113 – 119
ders., Polak versus Mitteis, in: Rechtsgeschichtswissenschaft in Deutschland 1945 bis 1952, hrsg. v. dens./Simon, Frankfurt (Main) 2001, S. 5 - 18
Schulze, Gerhard, Karl Polak – ein Beispiel für die Einheit von Theorie und Praxis, in: Festschrift zum 80. Geburtstag von Karl Polak, hrsg. v. dens., Potsdam – Babelsberg 1986, S. 90 – 97
Schüßler, Gerhard, Der demokratische Zentralismus als Grundprinzip der sozialistischen Staatsmacht, in: SuR 58, S. 720 - 737
ders., Der demokratische Zentralismus als Grundprinzip der staatlichen Leitung und Planung, in: SuR 1973, S. 35 - 47
*ders., Gruel, Karl-Friedrich, Loose, Wolfgang, (Autorenkollektiv unter Leitung von G. Schü*ßler) Staat, Recht und Politik im Sozialismus, Berlin (Ost) 1984
Schwan, Alexander, Politische Theorien des Rationalismus und der Aufklärung, in: Politische Theorien von der Antike bis zur Gegenwart, hrsg. v. Lieber, 2. Aufl, Bonn 1993, S. 157-257
Seiffert, Wolfgang, Gegen Legenden und Mythen um die Babelsberger Konferenz, in: Die Babelsberger Konferenz 2./3. April 1958, hrsg. v. Eckert, Baden-Baden 1993, S. 187 - 190
Seton-Watson, Hugh, Von Lenin bis Malenkow, München 1955
Sieckmann, Jan-Reinard, Regelmodelle und Prinzipienmodelle des Rechtssystems, Baden-Baden 1990
Smend, Rudolf, Verfassung und Verfassungsrecht, München/Leipzig 1928
Spinoza, Baruch de, Die Ethik, in: Sämtliche Werke in sieben Bänden, hrsg. v. Gebhardt u.a., Bd. 2, Hamburg 1976
ders., Theologisch-Politischer Traktat, in: Sämtliche Werke in sieben Bänden, hrsg. v. Gebhardt u.a., Bd. 3, Hamburg 1976
ders., Abhandlung vom Staate, in: Sämtliche Werke in sieben Bänden, hrsg. v. Gebhardt u.a., Bd. 5, Hamburg 1977, S. 53 - 181
Stalin, Josef, Fragen des Leninismus, Moskau 1947
ders., Der Marxismus und die Fragen der Sprachwissenschaft, Berlin (Ost) 1952
ders., Die Ergebnisse des ersten Fünfjahrplans (1933), in: Werke, Bd. 13, Berlin (Ost) 1955, S. 145 - 192

Stammberger, Gabriele, Peschke, Michael, Gut angekommen – Moskau, Berlin 1999
Stammler, Rudolf, Wirtschaft und Recht nach der materialistischen Rechtsauffassung, Leipzig 1896
ders., Die Lehre von dem richtigen Rechte, Halle 1926
Steeger, Horst, Eröffnungsrede der wissenschaftlichen Festveranstaltung der Akademie aus Anlaß des 80. Geburtstages von Prof. Dr. Karl Polak, in: Festschrift für Karl Polak, hrsg. v. Schulze, Potsdam-Babelsberg 1986, S. 7 - 13
Steffen, Hermann, Recht und Staat im System Spinozas, Bonn 1968
Steinberg, Hans-Josef, Karl Kautsky und Eduard Bernstein, in: Deutsche Historiker, hrsg. v. Wehler, Bd. 4, Göttingen 1972, S. 53 – 64
Stiebitz, Karen, Heinz Such (1910-1976), Köln u.a. 1999
Stucka, Petr I., Die revolutionäre Rolle von Recht und Staat, Frankfurt (Main) 1969
ders., Enciklopedija gosudarvsta i prava, Bd. III, Moskau 1925/26
Such, Heinz, Gegen Erscheinungen des Dogmatismus und Rechtsnihilismus in der Staats- und Rechtswissenschaft, in: SuR 1962, S. 122 - 146
Summers, Robert S., Instrumentalism and American Legal Theory, Ithaca/London 1982

Tischler, Carola, Flucht in die Verfolgung. Deutsche Emigranten im sowjetischen Exil (1933-1945), Münster 1996
Triebel, Wolfgang, Otto Grotewohl und die Verfassungsdiskussion in Deutschland 1946 bis 1949, Berlin 1996
Tripp, Dietrich, Der Einfluss des naturwissenschaftlichen, philosophischen und historischen Positivismus auf die deutsche Rechtslehre im 19. Jahrhundert, Berlin 1983
Türke, Joachim, Demokratischer Zentralismus und kommunale Selbstverwaltung in der sowjetischen Besatzungszone Deutschlands, Göttingen 1960
Tumanow, Wladimir, Bürgerliche Rechtsideologie, Berlin (Ost) 1975

Ulbricht, Walter, Der Kampf für den Frieden, für den Sieg des Sozialismus, für die nationale Wiedergeburt Deutschlands als friedliebender, demokratischer Staat, Berlin (Ost) 1958
ders., Die Staatslehre des Marxismus-Leninismus und ihre Anwendung in Deutschland, Berlin (Ost) 1958
ders., Grundfragen der ökonomischen und politischen Entwicklung in der Deutschen Demokratischen Republik, Berlin (Ost) 1957
ders., Programmatische Erklärung des Vorsitzenden des Staatsrates der DDR vor der Volkskammer am 4. Oktober 1960, Berlin (Ost) 1960

Vaksberg, Arkady, The Prosecutor and the Prey, London 1990
Vahlenkamp, Werner, Das Schicksal der jüdischen Familie Polak aus Westerstede, in: Der oldenburgische Hauskalender (1985), Oldenburg 1985, S. 36 - 39
ders., Karl Polak, der bedeutendste Jude aus Westerstede, in: ders., Die Geschichte der Westersteder Juden – Aufstieg und Vernichtung einer kleinen Minderheit, Westerstede 1988, S. 65 – 72

Walicki, Andrzej, The Marxian Conception of Freedom, in: Conception of Liberty in Political Philosophy, edt. by Pelczynski/Gray, London 1984, S. 217 – 240
Walter, Robert (Hrsg.), Schwerpunkte der Reinen Rechtslehre, Wien 1992
Walther, Manfred, Institution, Imagination und Freiheit bei Spinoza, in: Politische Institutionen im gesellschaftlichen Umbruch, hrsg. v. Göhler u.a., Opladen 1990, S. 246 - 275
Wagner, Heike, Hilde Benjamin und die Stalinisierung der DDR Justiz, Aachen 1999

Weber, Hermann, Broszat, Martin (Hrsg.), SBZ - Handbuch, Bd. 2, München 1990
Weber, Max, Der Reichspräsident (1919), in: ders., Gesammelte politische Schriften, München 1921
ders., Der Sozialismus, Wien 1918
ders., Parlament und Regierung im neugeordneten Deutschland (1917), in: ders., Gesammelte politische Schriften, München 1921
Weichelt, Wolfgang, Über Mängel das Vorwärtsweisende nicht vergessen!, in: SuR 1958, S. 522 - 534
Weiß, Wolfgang, Der große Ankläger. Zu den Gerichtsreden von A.J. Wyschinski, in NJ 1952, S. 251 - 255
Welzel, Hans, Naturrecht und materiale Gerechtigkeit, 4. Aufl., Göttingen 1990
Westen, Klaus, Die rechtstheoretischen und rechtspolitischen Ansichten Josef Stalins, Tübingen 1959
Wielikowski, Gamschei Abraham, Die Neukantianer in der Rechtsphilosophie, München 1914
Windelband, Wilhelm, Geschichte der neueren Philosophie, Bd. I, 4. Aufl., Leipzig 1907
Wollweber, Ernst, Aus Erinnerungen. Ein Porträt Walter Ulbrichts, in: Beiträge zur Geschichte der Arbeiterbewegung 1990, S. 350 - 378
Wyschinski, Andrej Januarewitsch, Die Hauptaufgaben der Wissenschaft vom sozialistischen Sowjetrecht (1938), in: Sowjetische Beiträge zur Staats- und Rechtstheorie, Berlin (Ost) 1953, S. 50 - 108
ders., Die Lehre Lenins-Stalins von der proletarischen Revolution und vom Staat, Berlin (Ost) 1949
ders., Fragen des Rechts und des Staates bei Marx, in: Sowjetische Beiträge zur Staats- und Rechtstheorie, Berlin (Ost) 1953, S. 7 - 49
ders., Theorie der gerichtlichen Beweise im Sowjetischen Recht, 3. Aufl., Berlin (Ost) 1955
ders., Über einige Fragen des Staates und des Rechts (1948), in: Sowjetische Beiträge zur Staats- und Rechtstheorie, Berlin (Ost) 1953, S. 109 – 128
ders., Voprosy teorii gosudarstva i prava, 2. Aufl., Moskau 1949

Zuck, Rüdiger, Das Recht der Verfassungsbeschwerde, 2. Aufl., München 1988

3. Schriften ohne Verfasserangaben

Beschluß der Delegiertenkonferenz der Parteiorganisation der DASR „Walter Ulbricht" vom 11./12.1958, in: SuR 1958, S. 467 - 479
Institut für Geschichte der Arbeiterbewegung, In den Fängen des NKWD, Berlin 1991
Institut für Theorie des Staates und des Rechts der Akademie der Wissenschaften der DDR (Hrsg.), Marxistisch-leninistische Staats- und Rechtstheorie, 3. Aufl., Berlin (Ost) 1980
Meyers Neues Lexikon, Bde. 1, 11, Leipzig 1975
Nachruf des Staatsrates der DDR auf Polak, in: Neues Deutschland v. 29.10.1963, S. 2
Nachruf des ZK für Polak, in: Neues Deutschland v. 29.10.1963, S. 1 - 2
Parlamentsberichterstatter des ND, Vom Verlauf der Tagung, in: Neues Deutschland v. 9.12.1958, S. 1 - 2
Prawda Leitartikel, Für revolutionäre Wachsamkeit, in: Prawda vom 27. Februar 1937, zitiert nach dem Abdruck in: Rundschau über Politik, Wirtschaft und Arbeiterbewegung, Jg. 6 (1937) Nr. 11, S. 434 - 435
Redaktion der National-Zeitung, Beantwortung einer Leserfrage, National Zeitung v. 2.10.1963

Schrift der Akademie für Staats- und Rechtswissenschaften der DDR, Der demokratische Zentralismus - Theorie und Praxis, Berlin (Ost)1986

Der XX. Parteitag der KPdSU und die Aufgaben der sowjetischen Rechtswissenschaft, in: Sowjetwissenschaft – Gesellschaftswissenschaftliche Beiträge, Heft 7, 1956, S. 861 - 876

Staatsrecht der DDR, 2. Aufl., Berlin (Ost) 1984

Wissenschaftlicher Rat des Instituts für staats- und rechtswissenschaftliche Forschung an der DASR und das Redaktionskollegium der Zeitschrift „Staat und Recht", Dem Gelehrten Karl Polak zum Gedenken, in: SuR 1962, Heft 11, S. I – XVI

RECHTSHISTORISCHE REIHE

Band 1 Studien zu den germanischen Volksrechten. Gedächtnisschrift für Wilhelm Ebel. Vorträge gehalten auf dem Fest-Symposion anläßlich des 70. Geburtstages von Wilhelm Ebel am 16. Juni 1978 in Göttingen. Götz Landwehr (Hrsg.) 1982.

Band 2 Hans Poeschel: Die Statuten der Banken, Sparkassen und Kreditgenossenschaften in Hamburg und Altona von 1710 bis 1889. 1978.

Band 3 Thomas Kolbeck: Juristenschwemmen, Untersuchungen über den juristischen Arbeitsmarkt im 19. und 20. Jahrhundert. 1978.

Band 4 Norbert Hempel: Richterleitbilder in der Weimarer Republik. 1978.

Band 5 Rolf Stratmann: Die Scheinbußen im mittelalterlichen Recht. 1978.

Band 6 Martin C. Lockert: Die niedersächsischen Stadtrechte zwischen Aller und Weser. Vorkommen und Verflechtungen. Eine Bestandsaufnahme. 1979.

Band 7 Joachim Rückert/Wolfgang Friedrich: Betriebliche Arbeiterausschüsse in Deutschland, Großbritannien und Frankreich im späten 19. und frühen 20. Jahrhundert. Eine vergleichende Studie zur Entwicklung des kollektiven Arbeitsrechts. 1979.

Band 8 Peter Bender: Die Rezeption des römischen Rechts im Urteil der deutschen Rechtswissenschaft. 1979.

Band 9 Friedrich Karl Alsdorf: Untersuchungen zur Rechtsgestalt und Teilung deutscher Ganerbenburgen. 1980.

Band 10 Dietmar Willoweit/Winfried Schich (Hrsg.): Studien zur Geschichte des sächsisch-magdeburgischen Rechts in Deutschland und Polen (Sammelband). 1980.

Band 11 Brigitte Hempel: Der Entwurf einer Polizeiordnung für das Herzogtum Sachsen-Lauenburg aus dem Jahre 1591. 1980.

Band 12 Klaus-Detlev Godau-Schüttke: Rechtsverwalter des Reiches. Staatssekretär Dr. Curt Joël. 1981.

Band 13 Rainer Polley: Anton Friedrich Justus Thibaut (AD 1772-1840) in seinen Selbstzeugnissen und Briefen. Teil 1: Abhandlung. Teil 2: Briefwechsel. Teil 3: Register zum Briefwechsel. 1982.

Band 14 Michael Wettengel: Der Streit um die Vogtei Kelkheim 1275-1276. Ein kanonischer Prozeß.1981.

Band 15 Otto Wilhelm Krause: Naturrechtler des sechzehnten Jahrhunderts. Ihre Bedeutung für die Entwicklung eines natürlichen Privatrechts. 1982.

Band 16 Helga Spindler: Von der Genossenschaft zur Betriebsgemeinschaft. Kritische Darstellung der Sozialrechtslehre Otto von Gierkes. 1982.

Band 17 Holger Otte: Gustav Radbruchs Kieler Jahre 1919 - 1926. 1982.

Band 18 Rüdiger Teuner: Die fuldische Ritterschaft 1510 - 1656. 1982.

Band 19 Gerhard Dilcher/Rudolf Hoke/Gian Savino Pene Vidari/Hans Winterberg (Hrsg.): Grundrechte im 19. Jahrhundert. 1982.

Band 20 Karl-Hans Schloßstein: Die westfälischen Fabrikengerichtsdeputationen - Vorbilder, Werdegang und Scheitern. 1982.

Band 21 Birger Schulz: Der Republikanische Richterbund (1921-1933). 1982.

Band 22 Engelbert Krause: Die gegenseitigen Unterhaltsansprüche zwischen Eltern und Kindern in der deutschen Privatrechtsgeschichte. 1982.

Band 23 Meent W. Francksen: Staatsrat und Gesetzgebung im Großherzogtum Berg (1806-1813). 1982.

Band 24 Gerd von Sonnleithner: Bearbeitung des Handelsrechts durch Ignaz von Sonnleithner in seinem "Leitfaden über das österreichische Handels- und Wechselrecht". 1982.

Band 25 Rudolf Palme: Rechts-, Wirtschafts- und Sozialgeschichte der inneralpinen Salzwerke bis zu deren Monopolisierung. 1983.

Band 26 Helen Bosshard: Pestalozzis Staats- und Rechtsverständnis und seine Stellung in der Aufklärung. 1983.

Band 27 Jens Jessen: Die Selbstzeugnisse der deutschen Juristen. Erinnerungen, Tagebücher und Briefe. Eine Bibliographie. 1983.

Band 28 Günter Martin Jensen: Das Domanium Waldeck. Die rechtliche Zuordnung eines Fürstenvermögens. 1984.

Band 29 Johann Heinrich Kumpf: Petitionsrecht und öffentliche Meinung im Entstehungsprozeß der Paulskirchenverfassung 1848/49. 1983.

Band 30 Sabine Frey: Rechtsschutz der Juden gegen Ausweisungen im 16. Jahrhundert. 1983.

Band 31 Dietrich Joswig: Die germanische Grundstücksübertragung. 1984.

Band 32 Andreas Baryli: Konzessionssystem contra Gewerbefreiheit. Zur Diskussion der österreichischen Gewerberechtsreform 1835 bis 1860. 1984.

Band 33 Gerhard Oberkofler: Studien zur Geschichte der österreichischen Rechtswissenschaft. 1984.

Band 34 Rudolf Lauda: Kaufmännische Gewohnheit und Burgrecht bei Notker dem Deutschen. Zum Verhältnis von literarischer Tradition und zeitgenössischer Realität in der frühmittelalterlichen Rhetorik. 1984.

Band 35 Jens Jensen: Die Ehescheidung des Bischofs Hans von Lübeck von Prinzessin Julia Felicitas von Württemberg-Weiltingen AD 1648-1653. Ein Beitrag zum protestantischen Ehescheidungsrecht im Zeitalter des beginnenden Absolutismus. 1984.

Band 36 Horst Schröder: Friedrich Karl von Savigny. Geschichte und Rechtsdenken beim Übergang vom Feudalismus zum Kapitalismus in Deutschland. 1984.

Band 37 Andreas Hatzung: Dogmengeschichtliche Grundlagen und Entstehung des zivilrechtlichen Notstands. 1984.

Band 38 Matthias Klasen: Das Billwerder Landrecht. Landrecht und Landgericht in den Hamburger Elbmarschen. 1985.

Band 39 Rainer Jamin: Aufbau, Tätigkeit und Verfahren der Auseinandersetzungsbehörden bei der Durchführung der preußischen Agrarreformen. 1985.

Band 40 Henry Winter: Teilschuld, Gesamtschuld und unechte Gesamtschuld. Zur Konzeption der §§ 420 ff. BGB - Ein Beitrag zur Entstehungsgeschichte des BGB. 1985.

Band 41 Hermann Eichler: Verfassungsbewegung in Amerika und Europa. 1985.

Band 42 Dagmar Bandemer: Heinrich Albert Zachariae. Rechtsdenken zwischen Restauration und Reformation. 1985.

Band 43 Eva-Christine Frentz: Das Hamburgische Admiralitätsgericht (1623-1811). Prozeß und Rechtsprechung. 1985.

Band 44 Karl Lillig: Rechtsetzung im Herzogtum Pfalz-Zweibrücken während des 18. Jahrhunderts. Ein Beitrag zur Geschichte der territorialen Rechtsbildung. 1985.

Band 45 Walter Weber: Die Entwicklung der Sparkassen zu selbständigen Anstalten des öffentlichen Rechts. Ein Beitrag zur Entwicklung des Anstaltsbegriffs im 19. Jahrhundert. 1985.

Band 46 Bärbel Baum: Der Stabreim im Recht. Vorkommen und Bedeutung des Stabreims in Antike und Mittelalter. 1986.

Band 47 Hans Popp: Die nationalsozialistische Sicht einiger Institute des Zivilprozeß- und Gerichtsverfassungsrechts. 1986.

Band 48 John Karl-Heinz Montag: Die Lehrdarstellung des Handelsrechts von Georg Friedrich von Martens bis Meno Pöhls. Die Wissenschaft des Handelsrechts im ersten Drittel des 19. Jahrhunderts. 1986.

Band 49 Volker D. Anhäusser: Das internationale Obligationenrecht in der höchstrichterlichen Rechtsprechung des 19. Jahrhunderts. 1986.

Band 50 Udo Beer: Die Juden, das Recht und die Republik. Verbandswesen und Rechtsschutz 1919-1933. 1986.

Band 51 Herbert Grziwotz: Der moderne Verfassungsbegriff und die "Römische Verfassung" in der deutschen Forschung des 19. und 20. Jahrhunderts. 1986.

Band 52 Ralf Conradi: Karl Friedrich Eichhorn als Staatsrechtslehrer. Seine Göttinger Vorlesung über "Das Staatsrecht der deutschen Bundesstaaten" nach einer Kollegmitschrift aus dem Wintersemester 1821/22. 1987.

Band 53 Dieter Dannreuther: Der Zivilprozeß als Gegenstand der Rechtspolitik im Deutschen Reich 1871 - 1945. Ein Beitrag zur Geschichte des Zivilprozeßrechts in Deutschland. 1987.

Band 54 Stephan Felix Pauly: Organisation, Geschichte und Praxis der Gesetzesauslegung des (Königlich) Preußischen Oberverwaltungsgerichtes 1875 - 1933. 1987.

Band 55 Rüdiger Schulz: Die Entstehung des Seerechts des Allgemeinen Deutschen Handelsgesetzbuches unter besonderer Berücksichtigung der Bestimmungen über die Reederei, den Schiffer und die Schiffsmannschaft. 1987.

Band 56 Reinhold Reis: Deutsches Privatrecht in den Weistümern der Zenten Schriesheim und Kirchheim. 1987.

Band 57 Jürgen Christoph: Die politischen Reichsamnestien 1918 - 1933. 1987.

Band 58 Gerhard Oberkofler/Eduard Rabofsky: Hans Kelsen im Kriegseinsatz der k.u.k.-Wehrmacht. Eine kritische Würdigung seiner militärtheoretischen Angebote. 1988.

Band 59 Arne Wulff: Staatssekretär Prof. Dr. Dr. h.c. Franz Schlegelberger. 1876-1970. 1991.

Band 60 Gerhard Köbler (Hrsg.): Wege europäischer Rechtsgeschichte. Karl Kroeschell zum 60. Geburtstag. 1987.

Band 61 Rüdiger Hütte: Der Gemeinschaftsgedanke in den Erbrechtsreformen des Dritten Reichs. 1988.

Band 62 Markus Göldner: Politische Symbole der europäischen Integration. Fahne, Hymne, Hauptstadt, Paß, Briefmarke, Auszeichnungen. 1988.

Band 63 Wolfgang Kröner: Freiheitsstrafe und Strafvollzug in den Herzogtümern Schleswig, Holstein und Lauenburg von 1700 bis 1864. 1988.

Band 64 Werner Gaile: Die Norder Theelacht. 1988.

Band 65 Karl v. Kempis: Andreas Gaill (1526 - 1587). Zum Leben und Werk eines Juristen der frühen Neuzeit. 1988.

Band 66 Wolf-Rüdiger Osburg: Die Verwaltung Hamburgs in der Franzosenzeit. 1811-1814. 1988.

Band 67 Christian Schudnagies: Hans Frank. Aufstieg und Fall des NS-Juristen und Generalgouverneurs. 1988.

Band 68 Otmar Jung: Senatspräsident Freymuth. Richter, Sozialdemokrat und Pazifist in der Weimarer Republik. Eine politische Biographie. 1989.

Band 69 Joachim Lohner: Das landeshauptmannschaftliche Gericht in Oberösterreich zu Beginn der Neuzeit. Eine Darstellung des oberösterreichischen Prozeßrechts am obersten Territorialgericht des Landes anhand der oberösterreichischen Landtafel.1989.

Band 70 Bernd Klemann: Rudolf von Jhering und die Historische Rechtsschule. 1989.

Band 71 Adalbert Langer: Männer um die österreichische Zivilprozeßordnung 1895. Zusammenspiel / Soziales Ziel. 1990.

Band 72 Robert-Dieter Klee: Die Landessuperintendentur Lauenburg. Ursprung und Entwicklung sowie Ende der Sonderstellung des Kirchenkreises Herzogtum Lauenburg durch die nordelbische Kirchenvereinigung. 1989.

Band 73 Heinrich Herrmann: Die Gehöferschaften im Bezirk Trier. 1989.

Band 74 Wilhelm Brauneder, Franz Baltzarek (Hrsg.): Modell einer neuen Wirtschaftsordnung. Wirtschaftsverwaltung in Österreich 1914 - 1918. 1991.

Band 75 Thomas Dreyer: Die "Assecuranz- und Haverey-Ordnung" der Freien und Hansestadt Hamburg von 1731. 1990.

Band 76 Bernhard Sendler: Die Rechtssprache in den süddeutschen Stadtrechtsreformationen. 1990.

Band 77 Brigitte Lehmann: Ehevereinbarungen im 19. und 20. Jahrhundert. 1990.

Band 78 Michael Sunnus: Der NS-Rechtswahrerbund (1928-1945). Zur Geschichte der nationalsozialistischen Juristenorganisation. 1990.

Band 79 Stefan Schulz: Die historische Entwicklung des Rechts an Bienen. (§§ 961 - 964 BGB). 1990.

Band 80 Gerhard Lingelbach, Heiner Lück (Hrsg.): Deutsches Recht zwischen Sachsenspiegel und Aufklärung. Rolf Lieberwirth zum 70. Geburtstag dargebracht von Schülern, Freunden und Kollegen, herausgegeben von Gerhard Lingelbach und Heiner Lück. 1991.

Band 81 Manfred Krohn: Die deutsche Justiz im Urteil der Nationalsozialisten 1920 - 1933. 1991.

Band 82 Angelika Kühn: Privilegierung nationaler Minderheiten im Wahlrecht der Bundesrepublik Deutschland und Schleswig-Holsteins. 1991.

Band 83 Georg Brun: Leben und Werk des Rechtshistorikers Heinrich Mitteis unter besonderer Berücksichtigung seines Verhältnisses zum Nationalsozialismus. 1991.

Band 84 Wolfgang Simon: Claudius Freiherr von Schwerin. Rechtshistoriker während dreier Epochen deutscher Geschichte. 1991.

Band 85 Friedrich-Carl Wachs: Das Verordnungswerk des Reichsdemobilmachungsamtes. Stabilisierender Faktor zu Beginn der Weimarer Republik. 1991.

Band 86 Jens-Uwe Petersen: Die Vorgeschichte und die Entstehung des Mieterschutzgesetzes von 1923 nebst der Anordnung für das Verfahren vor dem Mieteinigungsamt und der Beschwerdestelle. 1991.

Band 87 Ulrike Haibach: Familienrecht in der Rechtssprache. Die historische Entwicklung zentraler Ausdrücke des geltenden Familienrechts. 1991.

Band 88 Joern Christian Nissen: Die Beratungen des Seeversicherungsausschusses der Akademie für Deutsches Recht zu einem neuen Seeversicherungsgesetz (1934-1939). Ein Beitrag zur Entwicklung der allgemeinen Lehren des Seeversicherungsrechts unter besonderer Berücksichtigung des Handelsgesetzbuchs und der Allgemeinen Deutschen Seeversicherungs-Bedingungen 1919. 1991.

Band 89 Diethard Bühler: Die Entstehung der allgemeinen Vertragsschluß-Vorschriften im Allgemeinen Deutschen Handelsgesetzbuch (ADHGB) von 1861. Ein Beitrag zur Kodifikationsgeschichte des Privatrechts im 19. Jahrhundert. 1991.

Band 90 Gerhard Oberkofler: Die Vertreter des Römischen Rechts mit deutscher Unterrichtssprache an der Karls-Universität in Prag. Vom Vormärz bis 1945. 1991.

Band 91 Ulrich Andermann: Ritterliche Gewalt und bürgerliche Selbstbehauptung. Untersuchungen zur Kriminalisierung und Bekämpfung des spätmittelalterlichen Raubrittertums am Beispiel norddeutscher Hansestädte. 1991.

Band 92 Heinz Marcus Hanke: Luftkrieg und Zivilbevölkerung. Der kriegsvölkerrechtliche Schutz der Zivilbevölkerung gegen Luftbombardements von den Anfängen bis zum Ausbruch des Zweiten Weltkrieges. 1991.

Band 93 Kirsten Kraglund: Familien- und Erbrecht. Materielles Recht und Methoden der Rechtsanwendung in der Rechtsprechung des Oberappellationsgerichts der vier Freien Städte Deutschlands zu Lübeck. 1991.

Band 94 Reinhard Lorenz: Die politische und rechtliche Stellung des Proletariats in Preußen in der Zeit zwischen den Reformen und der Revolution 1848/49. 1991.

Band 95 Eric Hilgendorf: Die Entwicklungsgeschichte der parlamentarischen Redefreiheit in Deutschland. 1991.

Band 96 Hans J. Reiter: Die Handelsgesellschaft Villeroy & Boch von der Gründung 1836 bis zum Jahr 1878. 1992.

Band 97 Martin Johannes Heller: Reform der deutschen Rechtssprache im 18. Jahrhundert. 1992.

Band 98 Michael Kotulla: Die Tragweite der Grundrechte der revidierten preußischen Verfassung vom 31.01.1850. 1992.

Band 99 Michael Siefener: Hexerei im Spiegel der Rechtstheorie. Das crimen magiae in der Literatur von 1574 bis 1608. 1992.

Band 100 Andreas Ebert-Weidenfeller: Hamburgisches Kaufmannsrecht im 17. und 18. Jahrhundert. Die Rechtsprechung des Rates und des Reichskammergerichtes. 1992.

Band 101 Enno Bommel: Die Entstehung der Verwirkungslehre in der Krise des Positivismus. 1992.

Band 102 Ralph Steppacher: Die Berücksichtigung der bäuerlichen Postulate bei der Entstehung des ZGB und der Revision des OR. Ein Beitrag zur schweizerischen Kodifikationsgeschichte (1893 - 1912). 1992.

Band 103 Martin Fleckenstein: Die Todesstrafe im Werk Carl Joseph Anton Mittermaiers (1787 - 1867). Zur Entwicklungsgeschichte eines Werkbereichs und seiner Bedeutung für Theorie- und Methodenbildung. 1992.

Band 104 Jörn Eckert: Der Kampf um die Familienfideikommisse in Deutschland. Studien zum Absterben eines Rechtsinstitutes. 1992.

Band 105 Jörg Grotkopp: Beamtentum und Staatsformwechsel. Die Auswirkungen der Staatsformwechsel von 1918, 1933 und 1945 auf das Beamtenrecht und die personelle Zusammensetzung der deutschen Beamtenschaft. 1992.

Band 106 Andreas Rohde: Die Garantiehaftung des Vermieters und ihr Verhältnis zum Unmöglichkeitsrecht in dogmengeschichtlicher und modernrechtlicher Sicht. 1992.

Band 107 Tjark Siefke Kunstreich: Gesamtvertretung. Eine historisch-systematische Darstellung. 1992.

Band 108 Jürgen Krüger: Blindheit und Königtum. Die Blindheit des Königs Georg V. von Hannover als verfassungsrechtliches Problem. 1992.

Band 109 Wolfgang Putschek: Ständische Verfassung und autoritäre Verfassungspraxis in Österreich 1933-1938 mit Dokumentenanhang. Verfassung und Verfassungswirklichkeit. Mit einem Anhang: Denkschriften von Rechtsanwalt Dr. Erich Führer 1936/37. 1993.

Band 110 Klaus Hofmann: Die Verdrängung der Juden aus öffentlichem Dienst und selbständigen Berufen in Regensburg 1933-1939. 1993.

Band 111 Franz Kilger: Die Entwicklung des Telegraphenrechts im 19. Jahrhundert mit besonderer Berücksichtigung der technischen Entwicklung. Telegraphenrecht im 19. Jahrhundert. 1993.

Band 112 Wilhelm Brauneder (Hrsg.): Heiliges Römisches Reich und moderne Staatlichkeit. 1993.

Band 113 Thomas Heinrich: Das preußische Nichtehelichenrecht: Von der Aufklärung zur Reaktion. 1993.

Band 114 Gerald Kohl: Jagd und Revolution. Das Jagdrecht in den Jahren 1848 und 1849. 1993.

Band 115 Christian Schudnagies: Der Kriegs- oder Belagerungszustand im Deutschen Reich während des Ersten Weltkrieges. Eine Studie zur Entwicklung und Handhabung des deutschen Ausnahmezustandsrechts bis 1918. 1994.

Band 116 Elisabeth Bellmann: Die Internationale Kriminalistische Vereinigung (1889-1933). 1994.

Band 117 Julia Pfannkuch: Volksrichterausbildung in Sachsen 1945-1950. 1993.

Band 118 Jörg Offen: Von der Verwaltungsgemeinschaft des BGB von 1896 zur Zugewinngemeinschaft des Gleichberechtigungsgesetzes von 1957. 1994.

Band 119 Dorothee Kohlhas-Müller: Untersuchungen zur Rechtsstellung Theoderichs des Großen. 1995.

Band 120 Monika Rose: Das Gerichtswesen des Herzogtums Pfalz-Zweibrücken im 18. Jahrhundert. Ein Beitrag zur territorialen Gerichtsbarkeit im Alten Reich. 1994.

Band 121 Jörn Eckert / Hans Hattenhauer (Hrsg.): Bibel und Recht. Rechtshistorisches Kolloquium 9. - 13. Juni 1992 an der Christian-Albrechts-Universität zu Kiel. 1994.

Band 122 Robert Martin Mizia: Der Rechtsbegriff der Autonomie und die Begründung des Privatfürstenrechts in der deutschen Rechtswissenschaft des 19. Jahrhunderts. 1995.

Band 123 Walther Graf von Plettenberg: Das Fortleben des Liber Iudiciorum in Asturien/León (8. - 13. Jh.). 1994.

Band 124 Wolfgang Schulz: Das deutsche Börsengesetz. Die Entstehungsgeschichte und wirtschaftlichen Auswirkungen des Börsengesetzes von 1896. 1994.

Band 125 Frank Hagemann: Der Untersuchungsausschuß Freiheitlicher Juristen. 1949 – 1969. 1994.

Band 126 Andreas Rethmeier: "Nürnberger Rassegesetze" und Entrechtung der Juden im Zivilrecht. 1995.

Band 127 Edith Grether: Die Poesie der Throne. Die Juristen in der Fruchtbringenden Gesellschaft. 1995.

Band 128 Anna Bartels-Ishikawa: Der Lippische Thronfolgestreit. Eine Studie zu verfassungsrechtlichen Problemen des Deutschen Kaiserreiches im Spiegel der zeitgenössischen Staats. 1995.

Band 129 Jörg Schmidt: Otto Koellreutter 1883-1972. Sein Leben, sein Werk, seine Zeit. 1995.

Band 130 Christian Hattenhauer: Wahl und Krönung Franz II. AD 1792. Das Heilige Reich krönt seinen letzten Kaiser - Das Tagebuch des Reichsquartiermeisters Hieronymus Gottfried von Müller und Anlagen. 1995.

Band 131 Jutta v. der Decken: Das Seearbeitsrecht im Hamburger Stadtrecht von 1301 bis 1603. 1995.

Band 132 Detlev Schmidt: Die Reform des Rechts der Handelsvertreter von 1953. 1995.

Band 133 Gabi Roßdeutscher: Privatautonomie im Scheidungsrecht. Scheidungsbezogene Vereinbarungen in den letzten 200 Jahren. 1995.

Band 134 Harald Kahlenberg: Leben und Werk des Rechtshistorikers Walther Merk. Ein Beispiel für das Verhältnis von Rechtsgeschichte und Nationalsozialismus. 1995.

Band 135 Michael Steitz: Adelbert Düringer am Reichsgericht (1902-1915). Seine aktienrechtlichen Entscheidungen und sein Einfluß auf das Aktienrecht in Deutschland. 1995.

Band 136 Christian Becker: Beata Justorum Translatio. Juristen in schleswig-holsteinischen Leichenpredigten. 1996.

Band 137 Christoph Seiler: Vom Allgemeinen Landrecht zum Bürgerlichen Gesetzbuch. Dargestellt am Beispiel der höchstrichterlichen Judikatur zum kaufrechtlichen Sachmängelgewährleistungsrecht. 1996.

Band 138 Bernd Mayer: Die Vertrauensmännerausschüsse auf den preußischen Steinkohlegruben an der Saar. Entstehung und Wirken. Eine rechtshistorische Untersuchung. 1996.

Band 139 Rochus Scholl: Juden und Judenrecht im Herzogtum Pfalz-Zweibrücken. Ein Beitrag zur Rechtsgeschichte eines deutschen Kleinstaates am Ende des alten Reiches. 1996.

Band 140 Meike Bursch: Judentaufe und frühneuzeitliches Strafrecht. Die Verfahren gegen Christian Treu aus Weener/Ostfriesland 1720-1728. 1996.

Band 141 Markus Hillenbrand: Fürstliche Eheverträge. Gottorfer Hausrecht 1544 - 1773. 1996.

Band 142 Ulf Häder: Das gemeinschaftliche Oberappellationsgericht thüringischer Staaten in Jena. Ein Beitrag zur Geschichte des Gerichtswesens im 19. Jahrhundert. 1996.

Band 143 Andreas Bauer: Das Gnadenbitten in der Strafrechtspflege des 15. und 16. Jahrhunderts. Dargestellt unter besonderer Berücksichtigung von Quellen der Vorarlberger Gerichtsbezirke Feldkirch und des Hinteren Bregenzerwaldes. 1996.

Band 144 Christian Wirth: Der Jurist Johann Andreas Georg Friedrich Rebmann zwischen Revolution und Restauration. 1996.

Band 145 Stefanie Müller: Die Rechtsprechung des Hanseatischen Oberlandesgerichts zum persönlichen Eherecht in Hamburgischen Gerichtsfällen von 1879 -1900. 1996.

Band 146 Jean-Nicolas Morisset: Der Frachtvertrag in der *Ordonnance de la marine* von 1681. 1996.

Band 147 Dirk Lentfer: Die Glogauer Landesprivilegien des Andreas Gryphius von 1653. 1996.

Band 148 Wencke Mull: Die Haftung für Einsturzschäden nach den §§ 836-838 BGB in der Rechtsprechung des Reichsgerichts. 1996.

Band 149 Renate Zelger: Teufelsverträge. Märchen, Sage, Schwank, Legende im Spiegel der Rechtsgeschichte. 1996.

Band 150 Guido Kraß: Das Arrestverfahren in Frankfurt am Main im Spätmittelalter. 1996.

Band 151 F. Benedict Heyn: Die Entwicklung des Eisenbahnfrachtrechts von den Anfängen bis zur Einführung des Allgemeinen Deutschen Handelsgesetzbuches (ADHGB). 1996.

Band 152 Thomas Lang: Die Staats- und Verfassungslehre Carl Salomo Zachariaes. 1996.

Band 153 Michael Hebeis: Karl Anton von Martini (1726-1800). Leben und Werk. 1996.

Band 154 Gerald Hubert: Die Diskussion um die rechtliche Natur der Bizone in den Jahren 1947-1949. 1996.

Band 155 Christof Horn: Die Rechtsprechung des Reichsgerichts in Ehescheidungssachen der Jahre 1900 bis 1905. 1996.

Band 156 Hermann Nehlsen / Georg Brun (Hrsg.): Münchener rechtshistorische Studien zum Nationalsozialismus. 1996.

Band 157 Jan Otto Clemens Kehrberg: Die Entwicklung des Elektrizitätsrechts in Deutschland. Der Weg zum Energiewirtschaftsgesetz von 1935. 1997.

Band 158 Johannes Tradt: Der Religionsprozeß gegen den Zopfschulzen (1791-1799). Ein Beitrag zur protestantischen Lehrpflicht und Lehrzucht in Brandenburg-Preußen gegen Ende des 18. Jahrhunderts. 1997.

Band 159 Dietmar Olsen: Das kaufrechtliche Sachmängelgewährleistungsrecht des Code civil in der Rechtsprechung deutscher Gerichte im 19. Jahrhundert. Ein Beitrag zur Ablösung der Partikularrechte durch das BGB. 1997.

Band 160 Ulrich Bernhardt: Die Deutsche Akademie für Staats- und Rechtswissenschaft „Walter Ulbricht" 1948-1971. 1997.

Band 161 Claudia Susan Hoppe: Die Bürgschaft im Rechtsleben Hamburgs von 1600 bis 1900. 1997.

Band 162 Franz-Rudolf Ecker: Die Entwicklung des Bergrechts im Saarbrücker Steinkohlenrevier bis zum Ende des 18. Jahrhunderts. Ein Vergleich mit dem älteren deutschen Bergrecht. 1997.

Band 163 Anne Katrin Rückert: Politik und Privatrecht in der „konservativen Revolution". 1997.

Band 164 Gisbert Laube: Der Reichskunstwart. Geschichte einer Kulturbehörde 1919-1933. 1997.

Band 165 Nicolas Lührig: Die Diskussion über die Reform der Juristenausbildung von 1945 bis 1995. 1997.

Band 166 Regula Gerber Jenni: Die Emanzipation der mehrjährigen Frauenzimmer. Frauen im bernischen Privatrecht des 19. Jahrhunderts. 1997.

Band 167 Mischa A. Färber: Das gemeinschaftliche Testament in der höchstrichterlichen Rechtsprechung zum Allgemeinen Preußischen Landrecht und zum BGB. Ein Beitrag zur Ablösung der Partikularrechte durch das BGB. 1997.

Band 168 Catherine Antoinette Gasser: Philipp Lotmar 1850-1922. Professor der Universität Bern. Sein Engagement für das Schweizerische Arbeitsrecht. 1997.

Band 169 Lars Immisch: Der sozialistische Richter in der DDR und seine Unabhängigkeit. Der Versuch eines Rechtsvergleiches zum Unabhängigkeitsbegriff in der bundesdeutschen Rechtsordnung. 1997.

Band 170 Jessica Jacobi: Besitzschutz vor dem Reichskammergericht. Die friedenssichernde Funktion der Besitzschutzklagen am Reichskammergericht im 16. Jahrhundert, dargestellt anhand von Kameralisten. 1998.

Band 171 Ewald Hügemann: Die Geschichte des öffentlichen und privaten Mietpreisrechts vom Ersten Weltkrieg bis zum Gesetz zur Regelung der Miethöhe von 1974. 1998.

Band 172 Lutz Rentzow: Die Entstehungs- und Wirkungsgeschichte der Vernewerten Landesordnung für das Königreich Böhmen von 1627. 1998.

Band 173 Sabine Stürmer: Mühlenrecht im Herzogtum Pfalz-Zweibrücken während des 18. Jahrhunderts. Ein Beitrag zum Wirtschaftsrecht eines deutschen Kleinstaates im Alten Reich. 1998.

Band 174 Mario Bogisch: *Nemo testis in re sua*. Das Problem der Zeugnisfähigkeit bei der Anwendung der deutschen Zivilprozeßordnung von 1877. 1998.

Band 175 Rainer Oßwald: Pactane sunt servanda? Freiwilligkeit, Zwang und Unverbindlichkeitserklärungen im islamischen Vertragsrecht malikitischer Schule. 1998.

Band 176 Bettina Kern: Der preußische BGB-Entwurf von 1842. 1998.

Band 177 Inken Fuhrmann: Die Diskussion über die Einführung der fakultativen Zivilehe in Deutschland und Österreich seit Mitte des 19. Jahrhunderts. 1998.

Band 178 Annette Rieck: Der Heilige Ivo von Hélory (1247-1303). Advocatus pauperum und Patron der Juristen. 1998.

Band 179 Frank Bottenberg: Die Hamburgische Strafprozeßordnung von 1869. 1998.

Band 180 Matthias Krauß: Das kursächsische Postrecht von seinen Anfängen bis zum Ende des Alten Reichs. 1998.

Band 181 Torsten Schmidt: Die Entmündigung von den Anfängen des BGB bis zu ihrer Ablösung durch das Institut der Betreuung. 1998.

Band 182 Christian Nunn: Rudolf Müller-Erzbach. 1874-1959. Von der realen Methode über die Interessenjurisprudenz zum kausalen Rechtsdenken (Leben und Werk). 1998.

Band 183 Christian Ortloff: Das staatskirchenrechtliche System Wilhelm Traugott Krugs. Glaubens- und Gewissensfreiheit – eine Forderung der Vernunft. 1998.

Band 184 Christian Hattenhauer: Schuldenregulierung nach dem Westfälischen Frieden. Der sog. § *de indaganda* und seine Umsetzung im Jüngsten Reichsabschied (AD 1648 und 1654). 1998.

Band 185 Werner Schubert: Preußen im Vormärz. Die Verhandlungen der Provinziallandtage von Brandenburg, Pommern, Posen, Sachsen und Schlesien sowie – im Anhang – von Ostpreußen, Westfalen und der Rheinprovinz (1841-1845). 1998.

Band 186 Silvia Schumacher: Das Rechtsverhältnis zwischen Eltern und Kindern in der Privatrechtsgeschichte. 1999.

Band 187 Kai Sommer: Die Strafbarkeit der Homosexualität von der Kaiserzeit bis zum Nationalsozialismus. Eine Analyse der Straftatbestände im Strafgesetzbuch und in den Reformentwürfen (1871-1945). 1998.

Band 188 Jan Erik Backhaus: Volksrichterkarrieren in der DDR. 1999.

Band 189 Ralf Ruhnau: Die Fürstlich Thurn und Taxissche Privatgerichtsbarkeit in Regensburg. Ein Kuriosum der deutschen Rechtsgeschichte. 1999.

Band 190 Antonio Grilli: Die französische Justizorganisation am linken Rheinufer 1797-1803. 1999.

Band 191 Stephanie Kammerloher-Lis: Die Entstehung des Gesetzes über die religiöse Kindererziehung vom 15. Juli 1921. 1999.

Band 192 Jan Telp: Ausmerzung und Verrat. Zur Diskussion um Strafzwecke und Verbrechensbegriffe im Dritten Reich. 1999.

Band 193 Kurt von Pannwitz: Die Entstehung der Allgemeinen Deutschen Wechselordnung. Ein Beitrag zur Geschichte der Vereinheitlichung des deutschen Zivilrechts im 19. Jahrhundert. 1999.

Band 194 Sylvia Busch: Die Entstehung der Allgemeinen Gerichtsordnung für die Preussischen Staaten von 1793/95. Ein Beitrag zur Geschichte der Kodifikationsbewegung und der Reform des Zivilprozesses in Preußen im 18. Jahrhundert. 1999.

Band 195 Dirk Bieresborn: Klage und Klageerwiderung im deutschen und englischen Zivilprozeß. Eine rechtshistorische und rechtsvergleichende Untersuchung unter besonderer Berücksichtigung der Beeinflussung durch das römisch-kanonische Verfahren. 1999.

Band 196 Andreas Thier / Guido Pfeifer / Philipp Grzimek (Hrsg.): Kontinuitäten und Zäsuren in der Europäischen Rechtsgeschichte. Europäisches Forum Junger Rechtshistorikerinnen und Rechtshistoriker München 22.-24. Juli 1998. 1999.

Band 197 Franz Smola: Die Fürstlich Liechtenstein'sche Kunstsammlung. Rechtsfragen zur Verbringung der Sammlung von Wien nach Vaduz in den Jahren 1944/45. 1999.

Band 198 Frank Martin Krauss: Das geteilte Eigentum im 19. und 20. Jahrhundert. Eine Untersuchung zum Fortbestand des Teilungsgedankens. 1999.

Band 199 Matthias Frey: Die spanische Aktiengesellschaft im 18. Jahrhundert und unter dem Código de Comercio von 1829. 1999.

Band 200 Alexandra Gilde: Die Stellung der Frau im Reichsstrafgesetzbuch von 1870/71 und in den Reformentwürfen bis 1919 im Urteil der bürgerlichen Frauenbewegung. Eine Analyse ausgewählter Straftatbestände. 1999.

Band 201 Malte Dießelhorst / Arne Duncker: Hans Kohlhase. Die Geschichte einer Fehde in Sachsen und Brandenburg zur Zeit der Reformation. 1999.

Band 202 Jörg Hillmann: Territorialrechtliche Auseinandersetzungen der Herzöge von Sachsen-Lauenburg vor dem Reichskammergericht im 16. Jahrhundert. 1999.

Band 203 Carsten Engler: Die Kommanditgesellschaft (KG) und die stille Gesellschaft im Allgemeinen Deutschen Handelsgesetzbuch (ADHGB) von 1861. 1999.

Band 204 Vesta Hoffmann-Steudner: Die Rechtsprechung des Reichsgerichts zu dem Scheidungsgrund des § 49 EheG (EheG 1938) in den Jahren 1938-1945. 1999.

Band 205 Michaela Thiele: Die Auflösung von Arbeitsverhältnissen aufgrund Anfechtung und außerordentlicher Kündigung nach der Rechtsprechung des Reichsarbeitsgerichts (1927-1945). 2000.

Band 206 Peter Landau / Hermann Nehlsen / Mathias Schmoeckel (Hrsg.): Karl von Amira zum Gedächtnis. 1999.

Band 207 Marcus Flinder: Die Entstehungsgeschichte des Zivilgesetzbuches der DDR. 1999.

Band 208 Boris Franz Leo Bromm: Die Entstehungsgeschichte des Berufs des Handelsvertreters. Unter besonderer Berücksichtigung der Sozialgesetzgebung in den Jahren von 1871-1933. 2000.

Band 209 Winfried C. J. Eberstein: Das Tierschutzrecht in Deutschland bis zum Erlaß des Reichs-Tierschutzgesetzes vom 24. November 1933. Unter Berücksichtigung der Entwicklung in England. 1999.

Band 210 Patrick Deller: Der „nach dem Vertrage" vorausgesetzte Gebrauch (§ 459 Absatz 1 Satz 1 BGB). Eine kaufrechtliche Untersuchung unter Berücksichtigung rechtshistorischer wie rechtsvergleichender Grundlagen. 2000.

Band 211 Eckard Freiherr von Bodenhausen: Haftung des Geschäftsherrn für Verrichtungsgehilfen im Straßen- und Schienenverkehr. Eine Analyse der Entscheidungen des Reichsgerichts zu § 831 BGB (1900-1945). 2000.

Band 212 Birte Gast: Der Allgemeine Teil und das Schuldrecht des Bürgerlichen Gesetzbuchs im Urteil von Raymond Saleilles (1855-1912). 2000.

Band 213 Hansjörg Michael Huber: Koloniale Selbstverwaltung in Deutsch-Südwestafrika. Entstehung, Kodifizierung und Umsetzung. 2000.

Band 214 Ulf Björner: Die Verfassungsgerichtsbarkeit im Norddeutschen Bund und Deutschen Reich (1867-1918). Eine rechtshistorische Untersuchung über Gerichtsbarkeit im Spannungsfeld von Politik und Recht innerhalb der von Bismarck geschaffenen deutschen Bundesstaaten. 2000.

Band 215 Mathias Freiherr von Rosenberg: Friedrich Carl von Savigny (1779-1861) im Urteil seiner Zeit. 2000.

Band 216 Reinhard Binder-Kriegistein: Österreichisches Adelsrecht 1868-1918/19. Von der Ausgestaltung des Adelsrechts der cisleithanischen Reichshälfte bis zum Adelsaufhebungsgesetz der Republik unter besonderer Berücksichtigung des adeligen Namensrechts. 2000.

Band 217 Claudia-Regine Nerius: Johannes Lehmann-Hohenberg (1851-1925). Eine Studie zur völkischen Rechts- und Justizkritik im Deutschen Kaiserreich. 2000.

Band 218 Ludger Meuten: Die Erbfolgeordnung des Sachsenspiegels und des Magdeburger Rechts. Ein Beitrag zur Geschichte des sächsisch-magdeburgischen Rechts. 2000.

Band 219 Christoph Alexander von Wilcken: Die Reformbestrebungen zum Genossenschaftsgesetz in der Frühzeit der Bundesrepublik. Die Beratungen der Sachverständigenkommission zur Überprüfung des Genossenschaftsrechts 1954 bis 1958 und der Referentenentwurf von 1962. 2000.

Band 220 Verein Junger RechtshistorikerInnen Zürich (Hrsg.): ¿Rechtsgeschichte(n)? ¿Histoire(s) du droit? ¿Storia/storie del diritto? ¿Legal Histori(es)? Europäisches Forum Junger Rechtshistorikerinnen und Rechtshistoriker Zürich 28.-30. Mai 1999. 2000.

Band 221 Hans Christian Schüler: Die Entstehungsgeschichte der Bundesnotarordnung vom 24. Februar 1961. 2000.

Band 222 Nils-Eberhard Schramm: Die Vereinigung demokratischer Juristen (1949-1999). 2000.

Band 223 Silke Anke Torp: Das Rechtsverhältnis zwischen den Eltern und ihren Kindern. Dienstleistungspflicht, Aussteuer und Ausstattung. Eine Analyse der Rechtsprechung des Reichsgerichts und des Reichsarbeitsgerichts zu den Vorschriften der §§ 1616 bis 1625 des Bürgerlichen Gesetzbuches in der Zeit von 1900 bis 1945. 2000.

Band 224 Martin Jürgen Maaß: Die Geschichte des Eigentumsvorbehalts, insbesondere im 18. und 19. Jahrhundert. 2000.

Band 225 Stefanie Langer: Rechtswissenschaftliche Itinerarien. Lebenswege namhafter europäischer Juristen vom 11. bis zum 18. Jahrhundert. 2000.

Band 226 Ulrich Schmitz: Der Unterhaltsanspruch des nichtehelichen Kindes gegen seinen Erzeuger. Die rechtsgeschichtliche und dogmatische Entwicklung im deutschen Recht. 2000.

Band 227 Sebastian Günther: Friedrich Carl von Savigny als Grundherr. 2000.

Band 228 Henning Ibs: Hermann J. Held (1890-1963). Ein Kieler Gelehrtenleben in den Fängen der Zeitläufe. 2000.

Band 229 Matthias Rücker: Wirtschaftswerbung unter dem Nationalsozialismus. Rechtliche Ausgestaltung der Werbung und Tätigkeit des Werberats der deutschen Wirtschaft. 2000.

Band 230 Hendrik Sandmann: Die Entwicklung von Begriff und Inhalt des Wirtschaftsrechts durch die Rechtswissenschaft in der Weimarer Republik. 2000.

Band 231 Sibylle Müller: Gibt es Menschenrechte bei Samuel Pufendorf? 2000.

Band 232 Karin Olechowski-Hrdlicka: Die gemeinsamen Angelegenheiten der Österreichisch-Ungarischen Monarchie. Vorgeschichte – Ausgleich 1867 – Staatsrechtliche Kontroversen. 2001.

Band 233 Johannes Mierau: Die juristischen Abschluß- und Diplomprüfungen in der SBZ/DDR. Ein Einblick in die Juristenausbildung im Sozialismus. 2001.

Band 234 Jörg Wolff (Hrsg.): Stillstand, Erneuerung und Kontinuität. Einsprüche zur Preußenforschung. 2001.

Band 235 Friedo Schröder: Die anwaltliche Tätigkeit während der nationalsozialistischen Herrschaft. Eine Analyse der anwaltlichen Argumentation in Zivilprozessen anhand der vorhandenen Prozeßakten der Landgerichte Frankenthal, Wiesbaden, Limburg und Frankfurt und der Handakten der *jüdischen Konsulenten* des OLG-Bezirks Frankfurt. 2001.

Band 236 Der Code pénal des Königreichs Westphalen von 1813 mit dem Code pénal von 1810 im Original und in deutscher Übersetzung. Herausgegeben und mit einer Einleitung versehen von Werner Schubert. 2001.

Band 237 Klaus Richter: Deutsches Kolonialrecht in Ostafrika 1885-1891. 2001.

Band 238 Kai von Lewinski: Deutschrechtliche Systembildung im 19. Jahrhundert. 2001.

Band 239 Alexander Herzog: Sittenwidrige Rechtsgeschäfte in der höchstrichterlichen Rechtsprechung aus den Jahren 1948-1965. 2001.

Band 240 Claudia Rönnau: Die Beratungen des Wasserrechtsausschusses der Akademie für Deutsches Recht zu einem Reichswassergesetz (1934-1941). Ein Beitrag zur Dogmatik der Begriffe *Gemeingebrauch* und *Sondergebrauch* in der Zeit des Nationalsozialismus. 2001.

Band 241 Momme Rohlack: Kriegsgesellschaften (1914-1918). Arten, Rechtsformen und Funktionen in der Kriegswirtschaft des Ersten Weltkrieges. 2001.

Band 242 Rolf Geyer: Der Gedanke des Verbraucherschutzes im Reichsrecht des Kaiserreichs und der Weimarer Republik (1871-1933). Eine Studie zur Geschichte des Verbraucherrechts in Deutschland. 2001.

Band 243 Felix Lorenz Benjamin Lehmann: Der Rote Adlerorden. Entstehung und rechtliche Grundlagen (1705-1918). 2002.

Band 244 Marc Ludwig: Der Pfändungsschutz für Lohneinkommen. Die Entstehungs- und Entwicklungsgeschichte der Vorschriften zum Schutz vor Lohnpfändung in Deutschland. 2001.

Band 245 Alexander Wachter: Dorfschule zwischen Pastor und Schulmeister. Zur Säkularisierung des niederhessischen Schulwesens im 19. Jahrhundert. 2001.

Band 246 Richard Scholz: Analyse der Entstehungsbedingungen der reichsgerichtlichen Aufwertungsrechtsprechung. Untersuchung unter besonderer Berücksichtigung der konservativen Geldpolitik der Reichsbank und der Inflationspolitik der Reichsregierung. 2001.

Band 247 Judith Laeverenz: Märchen und Recht. Eine Darstellung verschiedener Ansätze zur Erfassung des rechtlichen Gehalts der Märchen. 2001.

Band 248 Christina Schenk: Bestrebungen zur einheitlichen Regelung des Strafvollzugs in Deutschland von 1870 bis 1923. 2001.

Band 249 Nils Werner: Die Prozesse gegen die Landvolkbewegung in Schleswig-Holstein 1929/32. Ein Beitrag zur Justizkritik in der späten Weimarer Republik. 2001.

Band 250 Wolfgang Walter: Das Duell in Bayern. Ein Beitrag zur bayerischen Strafrechtsgeschichte. 2002.

Band 251 Jörn Eckert / Kjell Å. Modéer (Hrsg.): Geschichte und Perspektiven des Rechts im Ostseeraum. Erster Rechtshistorikertag im Ostseeraum 8.–12. März 2000. 2001.

Band 252 Jan Könighaus: Die Inauguration der Christian-Albrechts-Universität zu Kiel 1665. Symbolgehalt und rechtliche Bedeutung des Universitätszeremoniells. 2002.

Band 253 Andreas Görgen: Rechtssprache in der Frühen Neuzeit. Eine vergleichende Untersuchung der Fremdwortverwendung in Gesetzen des 16. und 17. Jahrhunderts. 2002.

Band 254 Ralf Schäfer: Die Rechtsstellung der Haigerlocher Juden im Fürstentum Hohenzollern-Sigmaringen von 1634-1850. Eine rechtsgeschichtliche Untersuchung. 2002.

Band 255 Regine Schmalhorst: Die Tierhalterhaftung im BGB von 1896. Die Entstehung und Änderung des § 833 BGB sowie eine Analyse der Rechtsprechung des Reichsgerichts bis 1908. 2002.

Band 256 Thomas Hense: Konrad Beyerle. Sein Wirken für Wissenschaft und Politik in Kaiserreich und Weimarer Republik. 2002.

Band 257 Christian Mahlmann: Die Strafrechtswissenschaft der DDR. Klassenkampftheorie und Verbrechenslehre. 2002.

Band 258 Henning Kahmann: Die Bankiers von Jacquier & Securius 1933–1945. Eine rechtshistorische Fallstudie zur "Arisierung" eines Berliner Bankhauses. Mit einem Geleitwort von John Kornblum. 2002.

Band 259 Volker Friedrich Drecktrah: Die Gerichtsbarkeit in den Herzogtümern Bremen und Verden und in der preußischen Landdrostei Stade von 1715 bis 1879. 2002.

Band 260 Andreas Klass: Standes- oder Leistungselite? Eine Untersuchung der Karrieren der Wetzlarer Anwälte des Reichskammergerichts (1693-1806). 2002.

Band 261 Wolfgang Eder: Das italienische Tribunale Speciale per la Difesa dello Stato und der deutsche Volksgerichtshof. Ein Vergleich zwischen zwei politischen Gerichtshöfen. 2002.

Band 262 Albrecht Cordes / Bernd Kannowski (Hrsg.): Rechtsbegriffe im Mittelalter. 2002.

Band 263 Thomas Hildebrandt: Die Brandenburgischen Provinziallandtage von 1841, 1843, und 1845 anhand ausgewählter Verhandlungsgegenstände. 2002.

Band 264 Jan Finzel: Georg Adam Struve (1619–1962) als Zivilrechtler. 2003.

Band 265 Björn Carsten Frenzel: Das Selbstverständis der Justiz nach 1945. Analyse der Rolle der Justiz unter Berücksichtigung der Reden zur *Wiedereröffnung* der Bundes- und Oberlandesgerichte. 2003.

Band 266 Nils Reichhelm: Die marxistisch-leninistische Staats- und Rechtstheorie Karl Polaks. 2003.

Christian Mahlmann

Die Strafrechtswissenschaft der DDR

Klassenkampftheorie und Verbrechenslehre

Frankfurt/M., Berlin, Bern, Bruxelles, New York, Oxford, Wien, 2002.
XIII, 196 S.
Rechtshistorische Reihe. Bd. 257
Verantwortlicher Herausgeber: Jörn Eckert
ISBN 3-631-39228-1 · br. € 35.30*

In den 50er Jahren entwickelte die Strafrechtswissenschaft der DDR nach sowjetischem Vorbild die sogenannte Klassenkampftheorie, die eine Antwort auf die Frage nach dem Wesen und den Ursachen der Kriminalität in der DDR geben sollte. Diese Theorie bildete auch die Grundlage der neuen Verbrechenslehre. Dies hinderte die Partei der SED jedoch nicht, die Strafrechtswissenschaft im Jahre 1962 zur Aufgabe der Klassenkampftheorie zu verpflichten. Durch die Art und Weise, wie sie sich dem Druck der Partei beugen mußte, wurde sie gedemütigt und erreichte ihren wissenschaftlichen Tiefpunkt. Die Strafrechtswissenschaft mußte sich für die Klassenkampftheorie entschuldigen, die noch kurz zuvor von der SED selbst vertreten worden war.

Aus dem Inhalt: Entstehen einer sozialistischen Strafrechtswissenschaft in der DDR · Erste Anzeichen einer Liberalisierung auch in der DDR · Der XX. Parteitag der KPdSU und seine Auswirkungen in der DDR · Restauration der Klassenkampftheorie durch Politik und Wissenschaft · Die Übergangsphase 1957-1961 · Vom XXII. Parteitag der KPdSU bis zum Ende der Ära Ulbricht · Die Strafrechtswissenschaft in der Ära Honecker

FSC
www.fsc.org
MIX
Papier | Fördert
gute Waldnutzung
FSC® C083411

Kolibri 360 GmbH
Ferdinand-Jühlke-Straße 7
99095 Erfurt, Deutschland
produktsicherheit@kolibri360.de

Druck:
CPI Druckdienstleistungen GmbH
im Auftrag der
Kolibri 360 GmbH
Ferdinand-Jühlke-Str. 7
99095 Erfurt